Informationsbedürfnisse von Kleinaktionären

Europäische Hochschulschriften
Publications Universitaires Européennes
European University Studies

Reihe V
Volks- und Betriebswirtschaft

Série V Series V
Sciences économiques, gestion d'entreprise
Economics and Management

Bd./Vol. 2485

PETER LANG
Frankfurt am Main · Berlin · Bern · New York · Paris · Wien

Benno Hank

Informationsbedürfnisse von Kleinaktionären

Zur Gestaltung von Investor Relations

PETER LANG
Europäischer Verlag der Wissenschaften

Die Deutsche Bibliothek - CIP-Einheitsaufnahme

Hank, Benno:

Informationsbedürfnisse von Kleinaktionären : zur Gestaltung von Investor relations / Benno Hank. - Frankfurt am Main ; Berlin ; Bern ; New York ; Paris ; Wien : Lang, 1999
(Europäische Hochschulschriften : Reihe 5, Volks- und Betriebswirtschaft ; Bd. 2485)
Zugl.: München, Univ., Diss., 1999
ISBN 3-631-34900-9

D 19
ISSN 0531-7339
ISBN 3-631-34900-9

VORWORT

Veränderungen an den Kapitalmärkten haben Unternehmen in den letzten Jahren vor neue Herausforderungen gestellt. Investor Relations, also die Kommunikation mit der Financial Community, hat in diesem Zusammenhang eine besondere Bedeutung erlangt. Vor diesem Hintergrund wird in dieser Arbeit die Frage behandelt, wie Unternehmen speziell mit der Zielgruppe der Kleinaktionäre kommunizieren müssen, um diese als eine neue Kapitalquelle erschließen zu können.

Zum Gelingen der vorliegenden Arbeit haben verschiedene Personen beigetragen, bei denen ich mich an dieser Stelle bedanken möchte.

Mein besonderer Dank gilt meinem Chef und Doktorvater, Herrn Prof. Dr. Dres. h.c. Eberhard Witte. In meiner Zeit als wissenschaftlicher Mitarbeiter am Seminar für Empirische Betriebswirtschaftliche Forschung der Universität München erhielt ich neben zahlreichen Ratschlägen und Anregungen auch den nötigen wissenschaftlichen Freiraum, der mir die Verwirklichung meines Forschungsvorhabens erlaubte. Ebenso sei Herrn Prof. Dr. Dr. h.c. Arnold Picot herzlich gedankt für die Übernahme des Korreferates.

Dank gebührt auch meinen Gesprächspartnern sowie allen Kleinaktionären, die die Aufgabe auf sich nahmen, meinen umfangreichen Fragebogen zu beantworten. Ihre Auskunftsbereitschaft machte es überhaupt erst möglich, eine realitätsnahe empirische Analyse durchzuführen und praxisrelevante Empfehlungen für die Gestaltung von Investor Relations abzuleiten. Auch dem Akademischen Börsenzirkel München e.V., der mir ermöglicht hat, meine Befragung am Aktionstag Börse durchzuführen, sei an dieser Stelle gedankt.

Wesentlich beigetragen haben auch meine Kollegen insbesondere des Instituts für Organisation und des Instituts für Betriebswirtschaftliche Risikoforschung und Versicherungswirtschaft, die durch ihre freundliche und hilfsbereite Art eine angenehme und motivierende Arbeitsatmosphäre geschaffen haben, welche eine wesentliche Voraussetzung für eine erfolgreiche Promotion ist. Aus dieser Gruppe besonders hervorzuheben sind Herr Dr. Markus Schneider, Herr Dr. Winfried Gaßner, Herr Dr. Volker Kißling und Herr Thomas Hartung, die mir in den einzelnen Entstehungsphasen meiner Promotion als EBF- bzw. Börsen-Experten mit hilfreichen Ratschlägen, anregender Kritik und aufmunternden Worten zur Seite standen. Letzteren ebenso wie Herrn Andreas Jahn und Frau Eva Lebert gebührt darüber hinaus mein besonderer Dank, haben sie doch die mühevolle Aufgabe übernommen, mein Manuskript zu korrigieren.

Benno Hank

INHALTSÜBERSICHT

INHALTSVERZEICHNIS

ABKÜRZUNGSVERZEICHNIS

Abb.	Abbildung
AG	Aktiengesellschaft
AktG	Aktiengesetz
Bed.	Bedeutung
Bd.	Band
CD-ROM	Compact Disc - Read Only Memory
DAI	Deutsches Aktieninstitut
DAX	Deutscher Aktien-Index
DIRK	Deutscher Investor-Relations-Kreis
DVFA/SG	Deutsche Vereinigung für Finanzanalyse und Anlageberatung / Schmalenbach-Gesellschaft
et al.	und andere
f.	folgende
ff.	fortfolgende
FuE	Forschung und Entwicklung
GmbH	Gesellschaft mit beschränkter Haftung
GuV	Gewinn- und Verlustrechnung
GS	Grundsatz
HGB	Handelsgesetzbuch
IAS	International Accounting Standards
IR	Investor Relations
KGaA	Kommanditgesellschaft auf Aktien
KGV	Kurs-Gewinn-Verhältnis
Mio.	Millionen
Mrd.	Milliarden
n	Stichprobengröße

NYSE	New York Stock Exchange
o.V.	ohne Verfasser
PIMS	Profit Impact of Market Strategies
r	Produkt-Moment-Korrelationskoeffizient
ROCE	Return on Capital Employed
ROI	Return on Investment
ROS	Return on Sales
S.	Seite
Sp.	Spalte
SPSS	Statistical Package for Social Sciences
US-GAAP	United States - Generally Accepted Accounting Principles
WpHG	Gesetz über den Wertpapierhandel

ABBILDUNGSVERZEICHNIS

1 EINFÜHRUNG

1.1 PROBLEMRELEVANZ UND PROBLEMSTELLUNG

Investor Relations (IR) sind seit den achtziger Jahren für viele Unternehmen zu einem bedeutenden strategischen Erfolgsfaktor geworden.[1] Die Einrichtung von IR-Abteilungen, die mit der Aufgabe betraut wurden, die Beziehungen zu den Akteuren an den Finanzmärkten - den Anlegern, den Finanzanalysten und den Wirtschaftsjournalisten - zu pflegen, wurde notwendig, um auf die veränderten, d.h. wettbewerbsintensiveren Verhältnisse an den Kapitalmärkten angemessen reagieren zu können.

Ausgelöst wurden diese Veränderungen an den Kapitalmärkten primär durch einen kontinuierlich gestiegenen Investitions- und Finanzierungsbedarf der deutschen Wirtschaft - insbesondere hervorgerufen durch die gesellschaftspolitischen Veränderungen des letzten Jahrzehnts wie der Realisierung des europäischen Binnenmarktes, der Öffnung der Märkte in Osteuropa und der deutschen Wiedervereinigung.[2] Aber auch verstärkte Expansionsbemühungen sowie teure Forschungsvorhaben und Produktentwicklungen infolge der Entdeckung neuer Technologien führten zu einem ständig wachsenden Kapitalbedarf.[3]

Als zweite Einflußgröße, die zu einer entsprechenden Verschärfung der Wettbewerbssituation beitrug, sind strukturelle Veränderungen zu nennen. Deregulierungsbestrebungen sowie die Einführung neuer elektronischer Medien erhöhten die Mobilität des Kapitals und erleichterten damit das Auftreten ausländischer Marktteilnehmer an den Börsen.[4] Speziell deutsche Unternehmen, die im internationalen Vergleich eine eher hohe Publizitätsscheue aufweisen, fanden sich dabei gegenüber den neu hinzugekommenen ausländischen Gesellschaften in einer ungünstigen Ausgangsposition wieder.[5]

Im Zuge der Veränderung der Machtverhältnisse an den Kapitalmärkten wurde vermehrt die Forderung an die Unternehmen herangetragen, ihre Kommunikati-

---

1 Vgl. Liener, G. (Investor Relations, 1993), S. 326, Breuer, R.-E. (Institution, 1991), S. 70, Verboom, E. (Investor Relations, 1992), S. 335, Paul, W. (Bedeutung, 1993), S. 133, Krekeler, M. (Zielgruppe, 1989), S. 63.

2 Vgl. Günther, T. / Otterbein, S. (Gestaltung, 1996), S. 391.

3 Vgl. Schreib, H. P. (Anleger, 1993), S. 163, Vollmar, J. (Finanzwerbung, 1989), S. 149.

4 Vgl. Ries, H. C. (Elite, 1995), S. 10, o.V. (Meinungsspiegel, 1993), S. 199, Bierbaum, D. (Anleger, 1991), S. 79 und Schmitz, R. H. (Finanzierung, 1988), S. 306. Jütten, H. (Finanzplatz, 1994), S. 34 ff., Breuer, R.-E. (Finanzplatz, 1994), S. 444.

5 Vgl. Link, R. (Investor Relations, 1993), S. 106, Becker, F. G. (Finanzmarketing, 1994), S. 297 sowie Verboom, E. (Investor Relations, 1992), S. 335.

onspolitik gegenüber der Financial Community zu intensivieren. Erhoben wurde diese Forderung in erster Linie von ausländischen, speziell aus dem angelsächsischen Sprachbereich stammenden Anlegern. Verwöhnt durch eine in ihren Heimatländern angewandte, meist sehr offene und auf Aktionärsinteressen zugeschnittene Rechnungslegung[6], erwarteten sie - im Gegenzug für ihre Bereitschaft, in Aktien ausländischer Unternehmen zu investieren - implizit eine an international übliche Standards angepaßte Kommunikationspolitik der Unternehmen. Aber auch Finanzanalysten und Portfoliomanager, deren bessere Ausbildung und Qualifikation im Zeitablauf ein erhöhtes Informationsbedürfnis ihrerseits mit sich brachte, sowie zunehmend selbstbewußter auftretende Kleinaktionäre unterstützten diese Forderung nach mehr Information.[7]

Angesichts der neuen Herausforderungen wurde die Bereitschaft, über IR-Abteilungen mit der Financial Community in einen intensiven Kommunikationsprozeß einzutreten, für die Unternehmen zu einer Notwendigkeit, um sich an den dynamischen, wettbewerbsintensiven Finanzmärkten im „Kampf um Kapital"[8] behaupten zu können.[9] Lange Zeit bildeten dabei die institutionellen Anleger und Finanzanalysten den Mittelpunkt der Bemühungen von Investor-Relations-Abteilungen. Insbesondere das vergleichsweise hohe Anlagevolumen, das jeder einzelne dieser Adressaten repräsentiert, war ausschlaggebend für eine derartige Prioritätensetzung. Demgegenüber wurde eine zielgerichtete Ansprache der

---

6 Beispielsweise ist die Rechnungslegung im angelsächsischen Sprachbereich in besonderer Weise an den Informationsinteressen der Anteilseigner orientiert, was sich in Großbritannien sinnbildlich durch das Prinzip des „true and fair view", in den USA durch das der „fair presentation" ausdrückt. Vgl. hierzu Busse von Colbe, W. (Informationsinstrument, 1993), S. 21, Bauer, S. (Aktionär, 1990), S. 239 und Rogala, D. P. (Konturen, 1990), S. 16. In der deutschen Rechnungslegung ist das in § 264 Abs. 2 Satz 1 HGB genannte analoge Konzept nur subsidiär verankert, d.h. es ist nur dann „ein den tatsächlichen Verhältnissen entsprechendes Bild der Vermögens-, Finanz- und Ertragslage" zu vermitteln, sofern dem nicht die Grundsätze ordnungsmäßiger Buchführung entgegenstehen. Vgl. hierzu ausführlicher Goebel, A. / Ley, T. (Jahresabschluß, 1993), S.1680 f.

7 Vgl. Schnitzler, L. (Aktionäre, 1994), S. 119, Günther, T. / Otterbein, S. (Gestaltung, 1996), S. 401, Bender, R.A. (Evolution, 1993), S. 73, Geipel, U. / Müller, P. (Erfahrung, 1993), S. 144, Loehr, H. (Anleger, 1990), S. 1052, Ulrich, S. (Kurs, 1990), S. 201, Kohl, H.W. / Hübener, M. (Börsen, 1991), S. 96 f., Rosen, R. v. / Achatz H. (Finanzplatz Deutschland, 1997), S. 85.

8 Gburek, M. (Kapital, 1991), S. 150.

9 Vgl. Küting, K. / Hütten, C. / Lorson, P. (Kommunikationsstrategie, 1995a), S. 1808, Pilz, H.-J. (Kommunikationskultur, 1993), S. 53, Bühner, R. (Unternehmenssteuerung, 1996), S. 334, Krumnow, J. (Unternehmenskommunikation, 1993), S. 5, o.V. (Meinungsspiegel, 1993), S. 199.

Kleinaktionäre trotz des Vorteils, daß es sich bei ihnen um loyalere Anleger handelt als bei den Institutionellen, oft vernachlässigt. Einerseits das in Deutschland vorherrschende Prinzip der Inhaberaktie, das zwangsläufig nur eine Ansprache mit hohen Streuverlusten erlaubt, andererseits das geringe Anlagevolumen pro Person ließ eine aufwendige Massenkommunikation mit privaten Anlegern lange Zeit nicht lohnenswert erscheinen.[10]

Gerade die Börseneinführungen der Telekom, aber auch von ProSieben haben jedoch gezeigt, daß sich durch eine gezielte Ansprache von Kleinaktionären eine ergiebige Quelle an Kapital erschließen läßt. Ausgehend von diesen positiven Erfahrungen der Vergangenheit ist nun zu erwarten, daß die Unternehmen diesem Adressatenkreis, der oft als „Generation der Erben" bezeichnet wird und als ausbaufähigste Quelle neuen Kapitals gilt, in Zukunft vermehrt Interesse entgegenbringen werden.[11]

Im Hinblick auf gestiegene Bedeutung von Investor Relations in den letzten Jahren verwundert es, daß man diesem Thema in Deutschland zumindest von wissenschaftlicher Seite lange Zeit keine besondere Beachtung geschenkt hat.[12] Ebenso wie die Abnehmer von Produkten und Dienstleistungen, die aus dem betrieblichen Leistungsprozeß hervorgegangen sind, können auch die Aktionäre als Kunden angesehen werden - als Kunden, die das Produkt Aktie am Absatzmarkt Börse erwerben wollen.[13] Während jedoch die „eigentlichen" Konsumenten bereits seit langer Zeit den Mittelpunkt des Interesses von Marktforschungsabteilungen, aber auch der Marketingforschung an Universitäten bilden, waren die

---

10 Vgl. Liener, G. (Investor Relations, 1993), S. 326 und S. 331, Günther, T. / Otterbein, S. (Gestaltung, 1996), S. 400 und S. 403, o. V. (Meinungsspiegel, 1993), S. 193, Neilson, W. C. / Barnes, D. M. (Keys, 1982), S. 16, Krystek, U. / Müller, M. (Investor Relations, 1993), S. 1787 f., Pauly, C. (Waschmittel, 1991), S. 111.

11 Vgl. Miller, K. L. (Rich Kids, 1998), S. 23 f. oder Rosen, R. v. (Unternehmen - Emission, 1996), S. 31.

12 Paul, W. (Investor, 1991), S. 925.

13 Unterstreichen läßt sich diese Sichtweise durch die Zitate „Die Aktie ist das Produkt der Holding" - o.V. (Story, 1998), S. 16 - oder „Die Deutschen (Unternehmen, Anm. d. Verf.) wissen jetzt, daß sie Aktien wie Waschmittel verkaufen müssen." - Pauly, C. (Waschmittel, 1991), S. 110. Vgl. außerdem Lehmann, B. (Investor Relations, 1997), S. 50. Ebenso könnte jedoch die Sichtweise vertreten werden, daß es sich bei dem Handel mit Aktien nicht um ein Problem des Absatzes, sondern der Beschaffung handelt. Dies ändert jedoch nichts an der grundsätzlichen Annahme, daß es sich hierbei um einen wichtigen Marketingaspekt handelt, der dann eben nicht ein gezieltes Absatzmarketing, sondern ein Beschaffungsmarketing erforderlich macht.

Erwartungen und Einstellungen von Aktionären nur selten Gegenstand umfassender Untersuchungen.[14]

Insbesondere fällt auf, daß eine umfassende Erforschung der Informationsbedürfnisse der unterschiedlichen Anlegertypen in Deutschland bisher weitgehend unterblieben ist.[15] Dies verwundert um so mehr, da man davon ausgehen muß, daß effiziente, an den Wünschen der Interessenten ausgerichtete Investor Relations eine fundierte Kenntnis von deren Informationsbedürfnissen voraussetzen.[16] So läßt es sich vielleicht auch auf eben diesen Mangel an einer gesicherten Ausgangsbasis zurückführen, daß bisher noch keine allgemein anerkannten Regeln für die Investor-Relations-Arbeit der Unternehmen entwickelt werden konnten.[17]

Angesichts dieses Forschungsdefizits sowie unter Berücksichtigung der in Zukunft zunehmenden Bedeutung der Kleinaktionäre für die IR-Arbeit von Unternehmen ergeben sich für die vorliegende Arbeit folgende Ziele:

---

14 Die Vielfalt der Forschung bezüglich der „eigentlichen" Konsumenten zeigt sich anhand des großen Angebots allgemeiner Lehrbücher. Exemplarisch genannt seien an dieser Stelle z.B. Trommsdorff, V. (Konsumentenverhalten, 1993), Kroeber-Riel, W. (Konsumentenverhalten, 1992) oder auch Müller-Hagedorn, L. (Konsumentenverhalten, 1986). Speziell zum Aspekt Informationsverhalten von Konsumenten kann auf die Forschungsarbeiten von Tölle, K. (Informationsverhalten, 1983) oder Raffée, H. / Silberer, G. (Informationsverhalten, 1981) verwiesen werden.
Zum Mangel bezüglich der Forschung zum Verhalten von Finanzmarktteilnehmern hingegen vgl. Hinweise bei Goebel, A. / Ley, T. (Jahresabschluß, 1993), S. 1679, Becker, F. G. (Finanzmarketing, 1994), S. 295 f., Roop, J. J. (Marketing, 1982), S. 32, Link, R. (Investor Relations, 1993), S. 115.

15 Zur Forschung in Deutschland vgl. Schering AG (Hrsg.) (Finanzkommunikation, 1987) und Verlagsgruppe Handelsblatt / IRES Marketing GmbH (Hrsg.) (Investor Relations, 1991). Wesentlich mehr Forschungsaufwand zum Bereich Informationsbedürfnisse von Anlegern wird dagegen im angelsächsichen Sprachbereich betrieben. Vgl. hierzu die Arbeiten von Pike, R. / Meerjansen, J. / Chadwick, L. (Shares, 1993), Beattie, V. / Jones, M. J. (Reports, 1992), Gibson, C. (Analysts, 1987), Day, J. F. S. (Annual Reports, 1986), McCaslin, T. E. / Stanga, K. G. (Needs, 1986), Werba, G. (Analysts, 1982), Moizer, P. / Arnold, J. (Appraisal, 1984), Arnold, J. / Moizer, P. (Analysts, 1984), Robbins, W. A. (Consensus, 1984), Berliner, R. W. (Analysts, 1983), McNally, G. M. / Eng, L. H. / Hasseldine, C. R. (Financial Reporting, 1982), Benjamin, J. J. / Stanga, K. G. (Statements, 1977), Chenhall, R. H. / Juchau, R. (Needs, 1977), Baker, H. K. / Haslem, J. A. (Needs, 1973).

16 Die Bedeutung einer effizienten Kommunikation wird ausführlich diskutiert bei Graves, J. J. (Dollars, 1984b), S. 28 ff.

17 Vgl. o.V. (Meinungsspiegel, 1993), S. 192.

⇨ Durchführung einer theoretischen und empirischen Analyse der Informationsbedürfnisse von Kleinaktionären.

⇨ Ableitung von praxisbezogenen Handlungsempfehlungen für die Gestaltung einer auf die Zielgruppe Kleinaktionäre zugeschnittenen IR-Strategie auf Basis der aus der Analyse gewonnenen Erkenntnisse.

1.2 AUFBAU DER ARBEIT

Mit der vorliegenden Arbeit sollen - wie bereits beschrieben - die Informationsbedürfnisse von Kleinaktionären erforscht werden, um auf Basis der erworbenen Erkenntnisse Handlungsempfehlungen für effiziente, weil an den Bedürfnissen der Adressaten ausgerichtete Investor Relations geben zu können. Abbildung 1.1 gibt einen Überblick über die in den einzelnen Kapiteln behandelten Teilfragen, die beantwortet werden müssen, damit die gesteckte Zielsetzung insgesamt erfüllt werden kann.

Ziel von *Kapitel 2* ist es, durch die Vermittlung wesentlicher Grundlagen in die Thematik von Investor Relations einzuführen. Im Rahmen einer ausführlichen Begriffsklärung werden zuerst verschiedene, in der Literatur verwendete Definitionen gegenübergestellt und diskutiert, darauf aufbauend wird eine eigene Definition entwickelt. Anschließend wird eine Abgrenzung der Investor Relations von anderen Formen der Marktkommunikation eines Unternehmens - Public Relations und Werbung - vorgenommen.

Kapitel 3 beschäftigt sich mit dem Problem, die Forschungsfrage - Ermittlung der Informationsbedürfnisse von Kleinaktionären - zu präzisieren, d.h. im Hinblick auf die späteren theoretischen Überlegungen sowie die empirische Untersuchung soll geklärt werden, bezüglich welcher konkreten Aspekte - Kommunikationsinhalte, Kommunikationsträger etc. - die Informationsbedürfnisse der Kleinaktionäre zu ermitteln sind. Basis für diese Überlegungen bildet die Systematik der Kommunikationsplanung. Es wird beschrieben, hinsichtlich welcher Variablen im Rahmen der Planung von Kommunikationsstrategien Entscheidungen zu treffen sind. Damit wird gleichzeitig dargestellt, hinsichtlich welcher Aspekte im Zuge der Entscheidungsvorbereitung eine Analysetätigkeit vorgenommen werden muß.

Unter Bezugnahme auf den konzeptionellen Rahmen, der im vorangegangenen Abschnitt abgesteckt wurde, beschäftigen sich die folgenden zwei Kapitel mit dem eigentlichen Kern der Arbeit, der Ermittlung der Informationsbedürfnisse von Kleinaktionären.

In *Kapitel 4* erfolgt die Betrachtung zunächst aus einer rein theoretischen Perspektive. Ausgehend von verschiedenen Deduktionsgrundlagen werden zuerst allgemein, d.h. unabhängig von einem speziellen Adressatenkreis, mögliche Informationsbedürfnisse von Kapitalanlegern abgeleitet (Kapitel 4.1). Im folgenden werden diese allgemeinen Aussagen in dem Sinne verfeinert, daß unter Berücksichtigung der besonderen Charakteristika von Kleinaktionären Annahmen über ihre spezifischen Informationsbedürfnisse deduziert werden (Kapitel 4.2).

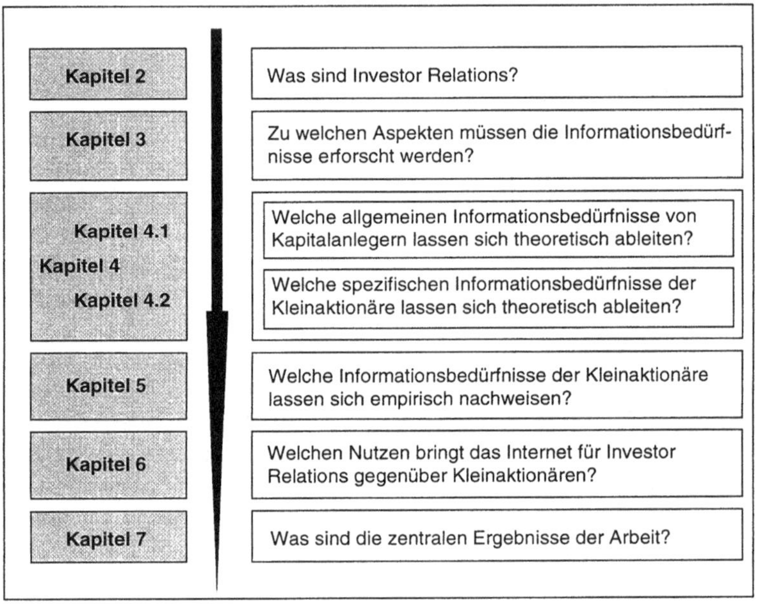

Abb. 1.1: Aufbau der Arbeit

Angeregt durch die theoretischen Überlegungen wurde im Rahmen der Dissertation jedoch zusätzlich eine großzahlige empirische Untersuchung durchgeführt, mittels der die tatsächlichen Informationsbedürfnisse von Kleinaktionären erforscht wurden. Die Erläuterung der zugrunde gelegten Untersuchungsmethodik sowie der Befunde dieser Analyse werden in *Kapitel 5* dargestellt.

Verschiedene Ergebnisse der empirischen Untersuchung führten zu der zentralen Gestaltungsempfehlung, das Medium Internet verstärkt für Investor Relations mit Kleinaktionären zu nutzen. In diesem Zusammenhang ist Gegenstand von *Kapitel 6* die Analyse, welche Vorteile und Nachteile mit dem Einsatz dieses Kommunikationsträgers verbunden sind.

Kapitel 7 schließt die Arbeit mit der Identifikation neuer Forschungsaspekte, mit einem Ausblick über die zu erwartende zukünftige Entwicklung von Investor Relations und insbesondere mit einer Zusammenfassung der zentralen Ergebnisse ab.

2 BEGRIFFSKLÄRUNG

Aufgabe dieses Kapitels ist es, in die Thematik Investor Relations einzuführen, also zu klären, *was Investor Relations eigentlich sind.* Zu diesem Zweck wird zuerst eine sehr ausführliche Begriffsklärung vorgenommen (Kap. 2.1). Aufbauend auf diesem Grundlagenwissen werden anschließend die Unterschiede und Gemeinsamkeiten von Investor Relations und den anderen Formen der Marktkommunikation[1] eines Unternehmens - Public Relations und Werbung - diskutiert (Kap. 2.2).

2.1 DEFINITION DES BEGRIFFS INVESTOR RELATIONS

In der Literatur konnte sich bisher noch keine allgemein anerkannte Definition für den zumindest in Deutschland noch sehr jungen Begriff Investor Relations etablieren. In einem ersten, groben Zugriff könnte Investor Relations als eine weitestgehend auf kommunikativen Aktivitäten basierende Beziehungspflege zur Financial Community bezeichnet werden. Wie differenziert der Begriff jedoch in der Literatur verstanden wird, zeigt sich an der Vielzahl verschiedener und teilweise widersprüchlicher Begriffsklärungen. Unterschiedliche Meinungen kommen dabei hinsichtlich der folgenden fünf Detailaspekte zum Ausdruck:[2]

- ⇨ Umfang der Aktivitäten
- ⇨ Freiwilligkeit der Maßnahmen
- ⇨ Abgrenzung der Zielgruppen
- ⇨ Primäre Zielsetzung
- ⇨ Rechtsform

Im folgenden sollen die unterschiedlichen Auffassungen zu diesen Aspekten aufgezeigt und diskutiert werden, bevor zum Abschluß des Kapitels eine eigene Definition vorgestellt wird.

2.1.1 UMFANG DER AKTIVITÄTEN

Ein divergierendes Begriffsverständnis wird in der sehr uneinheitlichen Abgrenzung von Aktivitäten, die zu Investor Relations gezählt werden, offensichtlich. Zwar ist als eine fast uneingeschränkte Gemeinsamkeit aller Definitionen zu konstatieren, daß der Begriff Investor Relations immer mit „Kommunikationspolitik

1 Vgl. zum Begriff Marktkommunikation Meyer, P. W. (Wirtschaft, 1973), S. 61 ff.

2 Vgl. Allendorf, G. J. (Investor Relations, 1996), S. 6 f.

für das Objekt Wertpapier“[3] in Verbindung gebracht wird.[4] Jedoch zeigen sich Unterschiede in den Auffassungen der einzelnen Verfasser darin, daß von einem Teil Investor Relations auf die Kommunikationspolitik alleine beschränkt werden, während der andere Teil zusätzlich zur Kommunikationspolitik weitere Bereiche, z.B. die Dividendenpolitik oder die Emissionspolitik, den Investor Relations zurechnet.

Eine enge Auslegung vertreten beispielsweise *Pohle*, der Investor Relations als den zielgerichteten „Einsatz von Kommunikationsinstrumenten“[5] definiert, oder auch *Gburek*, der darunter „die auf den Kapitalmarkt bezogenen Maßnahmen der Kommunikationspolitik“[6] versteht. In den Definitionen von *Lingenfelder/Walz* oder der Studie von *Handelsblatt/IRES GmbH* kommt dagegen eine weite Auslegung zum Ausdruck. Investor Relations werden darin nicht alleine auf kommunikationspolitische Maßnahmen begrenzt, statt dessen werden darunter „alle jene Maßnahmen“[7] bzw. „die Gesamtheit aller (...) Maßnahmen“[8] subsumiert, die der Pflege der Beziehungen zum Kapitalmarkt dienen. So wird als ein weiterer Teilbereich von Investor Relations neben der Kommunikationspolitik von *Hartmann* oder von *Loehr* beispielsweise die Dividendenpolitik angeführt.[9] Auch *Drill* verweist in seiner Definition sowohl auf ein publizitätsbezogenes als auch auf ein finanzbezogenes Instrumentarium zur Erfüllung von Investor-Relations-Zielen. Dem finanzbezogenen Instrumentarium ordnet er dabei neben der Dividendenpolitik auch die Titel-, die Emissions- und die Börsenpolitik zu.[10]

Als Weiterführung dieser unterschiedlichen, oben genannten Auffassungen kann die Systematisierung von *Link* gewertet werden, nach der in Investor Relations im engeren Sinne und Investor Relations im weiteren Sinne unterschieden werden kann. Ersterem werden alleine kommunikative Maßnahmen zugeordnet, letzteres

---

3 Bittner, T. (Investor Relations, 1996), S. 6.

4 Vgl. hierzu Becker, F.G. (Finanzmarketing, 1994), S. 298.

5 Pohle, K. (Investors Relations, 1991), S. 281.

6 Gburek, Investor Relations, Werben um neue Aktionäre in Wiwo, 9/91, S. 105.

7 Verlagsgruppe Handelsblatt / IRES Marketing GmbH (Hrsg.) (Investor Relations,1991), Kapitel 1.1.

8 Lingenfelder, M. / Walz, H. (Finanzmarketing, 1988), S. 467.

9 Vgl. Hartmann, H. (Investor Relations, 1968), S. 189, Loehr, H. (Anleger, 1990), S. 1052 sowie Loehr, H. (Bewertung, 1993), S. 189.

10 Vgl. zur Definition Drill, M. (Investor Relations, 1995), S. 55, zum finanzbezogenen Instrumentarium S. 145 ff. Ähnlich definiert Büschgen, H. (Börsen-Lexikon, 1989), S. 372, die Dividenden- und Emissionspolitik als Teilbereiche von Investor Relations.

umfaßt neben kommunikativen Aktivitäten auch produkt-, sortiments-, preis- und distributionspolitische Maßnahmen.[11]

In Anlehnung an den verwandten Begriff Public Relations, mit dem eine Form der Marktkommunikation eines Unternehmens bezeichnet wird, deren Ziel das Werben um Vertrauen in der Öffentlichkeit ist, soll in dieser Arbeit der Begriff Investor Relations in seiner engen Auslegung, also mit Beschränkung auf kommunikative Maßnahmen, verstanden werden.

2.1.2 FREIWILLIGKEIT DER MASSNAHMEN

In besonderer Weise wird in Definitionen, z.B. von *Hartmann*, von *Allendorf* oder *Lingenfelder/Walz*, darauf hingewiesen, daß IR-Maßnahmen aus freiem Willen von den Unternehmen durchgeführt werden.[12] Bezogen auf den Aspekt der Kommunikationspolitik läßt sich diese Überlegung in dem Sinne interpretieren, daß Aktivitäten, die im Rahmen der gesetzlichen Pflichtkommunikation durchgeführt werden, nicht Bestandteil von Investor Relations sind.[13] Eine derartige undifferenzierte Auslegung würde jedoch eine zu weite Einschränkung bedeuten, könnten dadurch doch Kernelemente einer finanzmarktbezogenen Kommunikation wie Jahresabschluß oder Hauptversammlung nicht zum IR-Instrumentarium gezählt werden.

Gegen diese enge Auslegung wendet sich auch *Hartmann*. Dieser deutet an, daß auch im Rahmen der Pflichtkommunikation Investor Relations betrieben werden kann, z.B. wenn „... die Verwaltung über die gesetzliche Mindestpublizität hinaus (-geht, Anm. d. Verf.), indem sie die Aussagefähigkeit des Geschäftsberichts (...) freiwillig über das vorgeschriebene Maß hinaus erhöht“[14]. Generell sind per Gesetz verschiedene, von den Unternehmen zu erbringende Kommunikationsmaßnahmen verbindlich vorgeschrieben, weshalb eine Abhebung von anderen alleine durch die Durchführung dieser Maßnahmen nicht möglich ist. Es bieten sich den Unternehmen jedoch große Freiräume hinsichtlich der Gestaltung bei der

---

11 Vgl. Link, R. (Publikumsgesellschaften, 1991), S. 10.

12 Vgl. Hartmann, H. (Investor Relations, 1968), S. 70, Allendorf, G. J. (Investor Relations, 1996), S. 6 ff. sowie Lingenfelder, M. / Walz, H. (Finanzmarketing, 1988), S. 467.

13 Vgl. hierzu eine ähnliche Argumentation bei Allendorf, G. J. (Investor Relations, 1996), S. 8 f.

14 Hartmann, H. (Investor Relations, 1968), S. 83. Der Begriff Geschäftsbericht ist in diesem Zusammenhang als Ausdruck für eine Berichtsform aufzufassen, wie sie nach dem - aus heutiger Sicht - alten Aktienrecht (§ 148 altes AktG) vorgeschrieben war. Er umfaßt neben Bilanz und Gewinn- und Verlustrechnung auch Lage- und Erläuterungsbericht. Vgl. zu dieser Begriffsklärung o.V. (Geschäftsbericht, 1988), S. 2082.

Pflichtpublizität und dadurch eine Möglichkeit zur Differenzierung.[15] So erlauben diese Freiräume einerseits eine sehr restriktive, den Mindestangaben entsprechende Information der Interessenten, andererseits kann der jeweilige Ersteller aber auch die gesetzlich festgelegten Mindestanforderungen überbieten. Diese Ausführungen zeigen, daß auch die sogenannten Maßnahmen der Pflichtkommunikation freiwillige Bestandteile enthalten, die letztlich zugunsten von Investor Relations genutzt werden können. Eine vollkommene Ausgrenzung der Instrumente der sogenannten Pflichtkommunikation aus Investor Relations erscheint damit nicht zulässig.

Für Vertreter der Auffassung, daß die Freiwilligkeit ein notwendiges Kriterium einer Investor-Relations-Aktivität darstellt, bringt der oben erwähnte Fall das besondere Problem mit sich, exakt abgrenzen zu müssen, welche Information freiwillig erbracht wurde und welche aufgrund gesetzlicher Vorschriften gegeben wurde. Eine zweifelsfreie Bestimmung erscheint aufgrund der stellenweise sehr vagen Formulierungen im Gesetz in vielen Fällen jedoch nicht eindeutig möglich. Die Frage, ob oder in welchem Ausmaß ein Unternehmen bei Erstellung der Instrumente der Pflichtkommunikation zusätzlich Investor Relations betrieben hat, ist daher schwer zu beantworten.

Aufgrund dieser Abgrenzungsproblematik wird im Rahmen der vorliegenden Arbeit die gesamte Pflichtkommunikation als Teil von Investor Relations angesehen. Mit dieser Überlegung erfolgt in besonderer Weise eine Annäherung an die Praxis, da auch aus Unternehmenssicht die Pflichtmaßnahmen oft den Investor Relations zugeordnet werden.[16] Entsprechend der in dieser Arbeit vertretenen Sichtweise betreibt also ein Unternehmen, das bei seiner Kommunikation nur die gesetzlich vorgeschriebenen Mindestanforderungen der Pflichtpublizität erfüllt, bereits Investor Relations, dies jedoch eben nur in einem minimalen Ausmaß.

2.1.3 ABGRENZUNG DER ZIELGRUPPEN

Die Frage, welche Zielgruppen mit Investor-Relations-Aktivitäten angesprochen werden sollen, wird in der Literatur sehr unterschiedlich beantwortet. Dennoch kann eine wesentliche, nahezu alle verschiedenen Definitionen übergreifende Gemeinsamkeit festgestellt werden: Institutionelle und individuelle Eigenkapitalgeber werden als primäre Adressaten von Investor Relations angesehen. Verein-

---

15 Beispielsweise spricht Baetge, J. (Bilanzen, 1994), S. 626, im Zusammenhang mit dem Lagebericht von unbestimmten Rechtsbegriffen, „die aufgrund unterschiedlicher Interpretationsmöglichkeiten den subjektiven Einfluß des Unternehmens auf den Inhalt (...) erhöhen".

16 Vgl. Bauer, S. (Aktionär, 1990), S. 231, Allendorf, G. J. (Investor Relations, 1996), S. 7.

zelt wird, um der Gefahr einer zu einseitigen Vorgehensweise vorzubeugen, in diesem Zusammenhang auch speziell betont, daß sich die Aufmerksamkeit des Unternehmens nicht allein auf aktuelle, sondern auch auf potentielle Eigenkapitalgeber richten sollte.[17]

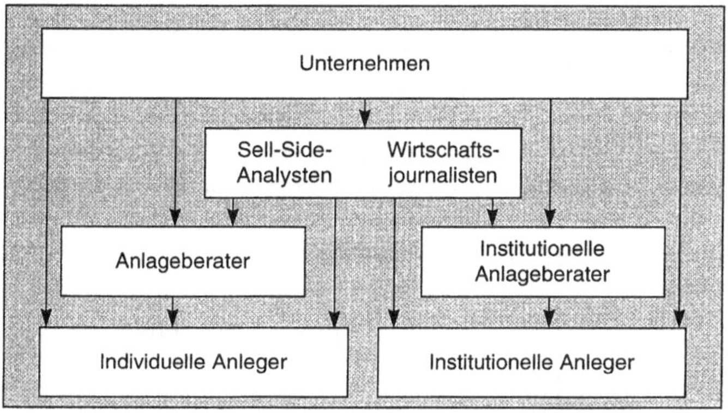

Abb. 2.1: Aufbau der ein- und mehrstufigen Finanzkommunikation[18]

Analog zur Vermarktung von Gütern und Dienstleistungen kommen auch bei der Vermarktung von Aktien nebeneinander die Formen der einstufigen und der mehrstufigen Kommunikation zwischen Unternehmen und Anlegern zum Einsatz. Die mehrstufige Finanzkommunikation erfolgt vor allem über professionelle, d.h. berufsmäßige Multiplikatoren.[19] Als eine wesentliche Gruppe sind dabei vor allem die Sell-Side-Analysten[20] zu nennen, welche die originären Informationen der Unternehmen aufbereiten und kommentieren. Ihre Berichte dienen sowohl Investoren als auch Anlageberatern - unabhängig davon, ob diese nun institutio-

17 Vgl. Pohle, K. (Investors Relations, 1991), S. 281, Paul, W. (Investor, 1991), S. 923, Geipel, U. / Müller, P. (Erfahrung, 1993), S. 144.

18 Quelle: Link, R. (Publikumsgesellschaften, 1991), S. 317.

19 Ausführlichere Erläuterungen zum Kommunikationsprozeß finden sich bei Link, R. (Publikumsgesellschaften, 1991), S. 316 ff.

20 Als Sell-Side-Analysten werden unabhängige Mitarbeiter von z.B. Brokerhäusern bezeichnet, die ihr Research an Anlageberater sowie individuelle und institutionelle Investoren verkaufen. Buy-Side-Analysten sind dagegen Angestellte bei institutionellen Anlegern, die auf die Analysen der Sell-Side zurückgreifen, um Empfehlungen für die Auswahl von Titeln und für die optimale Portefeuillestrukturierung zu geben. Vgl. hierzu die sehr ausführlichen Erläuterungen bei Bittner, T. (Investor Relations, 1996), S. 24 ff., sowie Günther, T. / Otterbein, S. (Gestaltung, 1996), S. 402 und Paul, W. (Investor, 1991), S. 933.

nelle oder individuelle Anleger betreuen - als Informationsquelle. Neben der Information durch Analysten kommt ebenfalls der begleitenden Berichterstattung durch Wirtschaftsjournalisten für die anderen Adressaten hohe Bedeutung zu.[21]

Im Hinblick auf die aufgezeigten Kommunikationsbeziehungen, die zwischen den verschiedenen Gruppen der Financial Community bestehen, wird offensichtlich, daß eine alleinige Ansprache der individuellen und institutionellen Anleger für effiziente Investor Relations nicht ausreichend sein kann. Vielmehr müssen auch die verschiedenen Gruppen von Multiplikatoren seitens der Unternehmen in die Investor Relations eingebunden werden. In diesem Zusammenhang ist festzustellen, daß in den meisten Begriffsklärungen die verschiedenen Multiplikatoren - wohl aufgrund ihrer Beratungsfunktion gegenüber den Investoren - stillschweigend unter dem Begriff Eigenkapitalgeber subsumiert werden. Nur selten werden sie im Rahmen von Definitionen explizit als Zielgruppen von Investor Relations genannt.[22]

Angesichts des in Abbildung 2.1 aufgeführten mehrstufigen Kommunikationsprozesses stellt sich die Frage, ob ein Unternehmen die Ansprache aller verschiedenen Zielgruppen durch ein standardisiertes Kommunikationsprogramm bewältigen kann oder ob nicht für jede einzelne Zielgruppe ein spezifisches Programm erarbeitet werden muß, wenn die Effizienz der Finanzkommunikation gewahrt bleiben soll.[23]

Ein Blick in die Literatur deutet auf die zweite Variante hin. So wird dort beispielsweise die Forderung nach Professional Investor Relations erhoben, womit die spezifische Beziehungspflege mit institutionellen Investoren sowie berufsmäßigen Beratern im Gegensatz zu den Shareholder Relations als Ausdruck für die Kommunikation mit Privatanlegern besonders betont wird.[24] *Becker*[25], der sich

---

21 Vgl. zur Multiplikatorfunktion der Finanzanalysten insbesondere Sienel, W. (Aktienanalyse, 1995), S. 78 ff. und o. V. (Analysten, 1996), S. 23 sowie des weiteren Link, R. (Publikumsgesellschaften, 1991), S. 76, Hommelhoff, P. (Gesellschafter, 1983), S. 243 f., Neilson, W. C. / Barnes, D. M. (Keys, 1982), S. 17, o.V. (Story, 1998), S. 20.

22 Ausdrücklich genannt werden sie bei Allendorf, G. J. (Investor Relations, 1996), S. 8 oder Link, R. (Investor Relations, 1993), S. 107 bzw. in eingeschränkter Form bei Paul, W. (Investor, 1991), S. 923. Nicht explizit genannt, aber doch stillschweigend berücksichtigt werden sie bei Lingenfelder, M. / Walz, H. (Finanzmarketing, 1988), S. 467 f. oder bei Pohle, K. (Investors Relations, 1991), S. 281.

23 Vgl. zur Gestaltung zielgruppenspezifischer Investor-Relations-Programme Holoyda, O. (Analysts, 1989), S. 75 ff., Fridson, M. S. (Bondholders, 1989), S. 84 ff., Garcia, B. E. (Media, 1989), S. 100 ff., Greer, R. P. (Shareholders, 1989), S. 112 ff.

24 Vgl. hierzu Maier, M. (Shareholder-Marketing, 1992), S. 33, Hartmann, H. (Investor Relations, 1968), S. 74 f.

einer derartigen Einteilung der IR-Adressaten nicht anschließen kann, schlägt die Erarbeitung von zielgruppenspezifischen Kommunikationsstrategien in folgender Weise vor. Er vermutet mehr Gemeinsamkeiten zwischen institutionellen und privaten Anlegern und faßt daher die Beziehungspflege zu beiden Gruppen unter dem Begriff Stockholder Relations zusammen. In seiner Systematisierung von Investor Relations stellt er den Stockholder Relations die Opinionleader Relations gegenüber, womit er der Beziehungspflege mit den Multiplikatoren besonderes Gewicht verleiht.

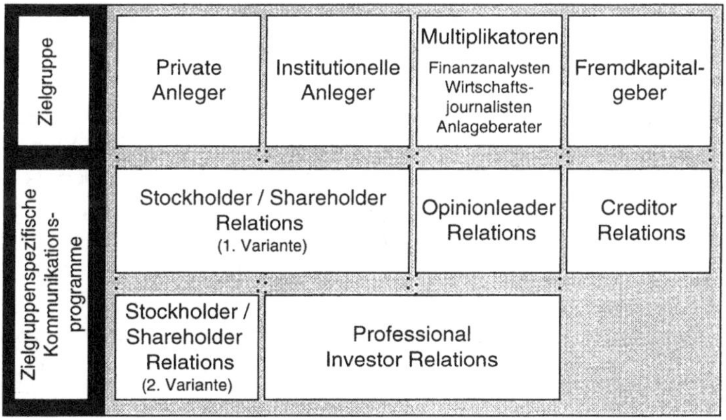

Abb. 2.2: Systematisierung der Teilbereiche von Investor Relations

Darüber hinaus wird in der Literatur auch die Frage diskutiert, ob die Fremdkapitalgeber als Adressaten von Investor-Relations-Maßnahmen anzusehen sind. So wird dort die Auffassung, daß Fremdkapitalgeber nicht zu den IR-Zielgruppen zählen,[26] ebenso häufig vertreten wie die gegensätzliche Meinung, nach der sie zum Kreis der IR-Adressaten gerechnet werden[27]. Die zweite Auffassung führt in ihrer Konsequenz zu der Forderung nach einer auf die Fremdkapitalgeber abge-

---

25 Vgl. Becker, F.G. (Finanzmarketing, 1994), S. 299 (Abb. 1) bzw. S. 300.

26 Speziell die Unternehmen selbst teilen diese Meinung. In einer Befragung von Unternehmen des DIRK hinsichtlich ihrer Prioritätensetzung bezüglich der IR-Zielgruppen rangieren die Fremdkapitalgeber abgeschlagen auf dem letzten Platz. Vgl. hierzu Günther, T. / Otterbein, S. (Gestaltung, 1996), S. 493, aber auch Allendorf, G. J. (Investor Relations, 1996), S. 8 und Krystek, U. / Müller, M. (Investor Relations, 1993), S. 1785.

27 Vgl. hierzu Hartmann, H. (Investor Relations, 1968), S. 70 ff., o.V. (Meinungsspiegel, 1993), S. 192 und Lingenfelder, M. / Walz, H. (Finanzmarketing, 1988), S.467, Mindermann, H.-H. (Investor Relations, 1992), S. 224.

stimmten Kommunikationspolitik, den Creditor Relations.[28] Abbildung 2.2 bietet eine überblicksartige Zusammenfassung der unterschiedlichen oben genannten Systematisierungen.

Wie bereits im Rahmen der Erläuterung von Problemrelevanz und Problemstellung erläutert wurde, ist es Ziel dieser Arbeit, die Informationsbedürfnisse der Kleinaktionäre zu untersuchen und darauf aufbauend Empfehlungen für ein auf sie abgestimmtes Kommunikationsprogramm zu erarbeiten. Mit Bezug auf die vorangegangene Begriffsklärung behandelt diese Arbeit daher spezifische Probleme der Stockholder bzw. Shareholder Relations.

2.1.4 PRIMÄRE ZIELSETZUNG

Ebenso wie bei den zuvor behandelten Aspekten kommen auch bezüglich der Zielsetzung von Investor Relations in der Literatur zwei sehr unterschiedliche Sichtweisen der Verfasser zum Ausdruck. Ähnlich wie bei den bereits diskutierten Aspekten kann auch in diesem Fall zwischen einer engeren und einer weiteren Auslegung differenziert werden. So werden von Verfassern, die eine enge Auslegung vertreten, nur monetäre Aspekte - insbesondere die Maximierung des Aktienkurses oder die Senkung der Kapitalkosten - als primäre Ziele von Investor Relations genannt.[29] In ähnlicher Weise definieren auch *Krystek/Müller* Investor Relations als „kommunikative, vertrauensschaffende Maßnahmen mit dem Ziel der Aktienkurssteigerung“[30]. Auch in diesem Fall wird mit der Aktienkurssteigerung eine monetäre Zielgröße angegeben. Zusätzlich wird jedoch darauf hingewiesen, wie dieses Ziel zu erreichen ist: durch vertrauensschaffende Maßnahmen. Entsprechend dieser Überlegung kann die Gewinnung von Vertrauen also als ein Subziel angesehen werden, dessen Erfüllung notwendig ist, um das Oberziel Aktienkurssteigerung zu erreichen.

In der genannten Definition von *Krystek/Müller* wird eine Überlegung von *Hartmann* aufgenommen. Dieser sieht die Gewinnung von Vertrauen „als das allgemeine und oberste Ziel“ von Investor Relations an. In seiner Argumentation führt er aus, daß die Erfüllung aller weiteren speziellen Ziele direkt von dem Maß an

---

28 Vgl. Lingenfelder, M. / Walz, H. (Finanzmarketing, 1988), S. 467, Drill, M. (Investor Relations, 1995), S. 53 und Hartmann, H. (Investor Relations, 1968), S. 74.

29 Vgl. Haubrock, A. (Anleger, 1990), S. 54, Loehr, H. (Bewertung, 1993), S. 189, Süchting, J. (Finanzmarketing, 1986), S. 654. Eine ähnliche Feststellung findet sich auch bei Günther, T. / Otterbein, S. (Gestaltung, 1996), S. 397.

30 Krystek, U. / Müller, M. (Investor Relations, 1993), S. 1785.

Vertrauen abhängt, das ein Unternehmen bei seinen IR-Adressaten genießt.[31] Als eines dieser speziellen Ziele kann sicher die oben erwähnte Kurswertmaximierung angeführt werden. Daneben lassen sich in der Literatur jedoch weitere, zum Teil auch nicht-monetäre Aspekte finden, deren Erreichen ebenso nur dann möglich ist, wenn es den Unternehmen gelingt, ein entsprechendes Vertrauensverhältnis zu seinen Zielgruppen aufzubauen. Einen Eindruck, für welche speziellen Zielsetzungen die Erfüllung des Ziels Vertrauensschaffung und Vertrauensstärkung eine unerläßliche Voraussetzung darstellt, vermittelt das in Abbildung 2.3 aufgeführte hierarchische Zielsystem.[32]

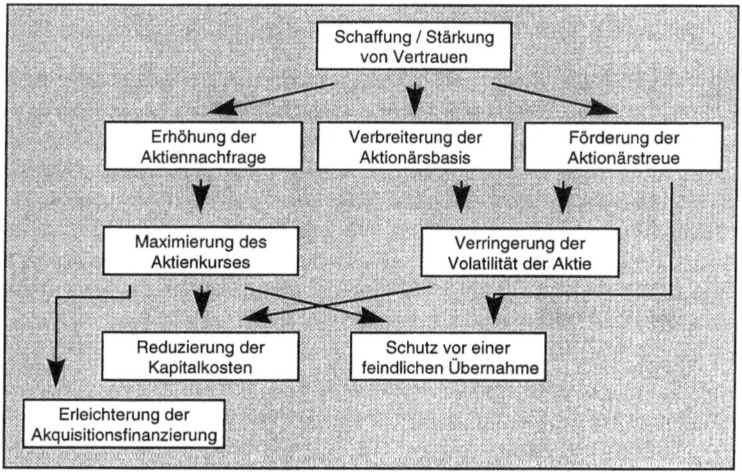

Abb. 2.3: Unternehmerisches Zielsystem von Investor Relations

Eine Sichtweise, der zufolge die Schaffung und Stärkung von Vertrauen das primäre Ziel von Investor Relations ist, erklärt auch, warum deren Vertreter in ihren Definitionen den strategischen Aspekt von Investor Relations besonders betonen. Vertrauensaufbau bedarf einer langfristigen Planung. Zu erreichen ist die Erfüllung dieses Ziels nur mit einem gewissen Time-Lag und daher niemals durch kurzfristig gesteuerte Aktivitäten. Dementsprechend haben Investor Relations nach *Hartmann* durch „ein geplantes, langfristiges und kontinuierliches Pro-

---

31 Vgl. Hartmann, H. (Investor Relations, 1968), S. 88 f. sowie seine Definition, S. 70.

32 Eine ausführliche Erläuterung zu den Zielen sowie den untereinander bestehenden Beziehungen findet sich bei Paul, W. / Zieschang, M. (Investor Relations, 1994), S. 1485 ff, ein Vergleich der Meinungen von Analysten und IR-Managern über die Ziele von IR bei Kennedy, R. E. / Wilson, M. H. (Analysts, 1980), S. 64.

gramm"[33] oder nach *Allendorf* durch eine „strategisch angelegte (...) Kommunikation"[34] zu erfolgen. *Drill* spricht in diesem Zusammenhang von einer „planmäßigen und strategischen Beziehungspflege"[35].

Im Gegensatz zu den anfangs beschriebenen Definitionen, die eine Reduktion des vielschichtigen IR-Zielsystems allein auf finanzielle Größen implizieren und damit eine sehr verengte Sichtweise vermitteln, wird im Rahmen dieser Arbeit eine weite Auffassung vertreten. Die Vertrauensbildung bei potentiellen Aktionären und die Vertrauensstärkung bei aktuellen Aktionären, die unerläßlich für die Erfüllung einer Vielzahl weiterer spezieller Ziele sind, werden als die primären Zielsetzungen von Investor Relations angesehen.

2.1.5 Rechtsform

Im Hinblick auf die Frage, ob Investor Relations nur für Unternehmen einer bestimmten Rechtsform relevant sind, fällt auf, daß der Begriff Investor Relations „fast ausschließlich auf die Kommunikationspolitik von Aktiengesellschaften"[36] angewendet wird. So werden vereinzelt Investor Relations explizit als die Beziehungspflege einer Aktiengesellschaft zu ihren Aktionären bezeichnet. Vorwiegend kommt diese Sichtweise jedoch nur unterschwellig zum Ausdruck wie z.B. bei *Krystek/Müller* oder bei *Loehr*, die beide als Zielsetzung die Maximierung des *Aktien*kurses nennen.[37]

Mit der Begründung, daß eine Senkung der Kapitalkosten bzw. der Schutz vor plötzlichem Kapitalentzug beispielsweise auch für Personengesellschaften von elementarer Bedeutung ist, wird von *Lingenfelder/Walz* die divergierende Meinung vertreten, daß eine Eingrenzung auf Aktiengesellschaften und Kommanditgesellschaften auf Aktien nicht gerechtfertigt sei. Angesichts der Tatsache, daß bei ihnen - anders als in dieser Arbeit - Investor Relations auch die Beziehungs-

---

33 Hartmann, H. (Investor Relations, 1968), S. 70.

34 Allendorf, G. J. (Investor Relations, 1996), S. 9.

35 Drill, M. (Investor Relations, 1995), S. 55.

36 Becker, F.G. (Finanzmarketing, 1994), S. 298.

37 Der Begriff Aktiengesellschaft findet sich ausdrücklich bei Drill, M. (Investor Relations, 1995), S. 55 bzw. bei Schreib, H. P. (Investor Relations, 1990), S. 37. Auch bei der Ausschreibung des IR-Preises '92 der Wirtschaftswoche wurden lediglich Aktiengesellschaften bzw. Kommanditgesellschaften auf Aktien zur Teilnahme aufgerufen. Vgl. o.V. (IR-Preis, 1991), S. 111. Dagegen haben Loehr, H. (Bewertung, 1993), S. 189 sowie Krystek, U. / Müller, M. (Investor Relations, 1993), S. 1785 eine analoge Eingrenzung stillschweigend vorgenommen.

pflege zu den Fremdkapitalgebern umfassen, ist diese Überlegung durchaus nachvollziehbar.[38]

Es stellt sich jedoch die Frage, inwieweit Investor Relations für eine durchschnittliche Personengesellschaft sinnvoll sind, in der die Eigenkapitalgeber, z.B. durch eine Tätigkeit in der Geschäftsführung, viel stärker in das Geschehen eingebunden sind und eine sehr viel bessere Möglichkeit als Aktionäre haben, relevante Unterlagen ihres Unternehmens einzusehen. Ebenso muß für GmbHs der Sinn umfangreicher und kostenintensiver IR-Maßnahmen hinterfragt werden. Zwar besteht auch in diesen Gesellschaften ebenso wie bei Aktiengesellschaften in gewissen zeitlichen Abständen die Notwendigkeit, Eigenkapital zu akquirieren, so daß hier situationsspezifisch Handlungssbedarf bezüglich einer Kommunikation über finanzielle Sachverhalte besteht. Anders als bei Aktien börsennotierter Unternehmen gibt es für Anteile an derartigen Gesellschaften jedoch keinen permanenten Handel unter einer Vielzahl von Eigentümern, der durch umfangreiche, kontinuierliche Investor-Relations-Tätigkeiten einer eigens dafür etablierten Spezialabteilung unterstützt werden muß.[39] Diese Überlegung kann sogar auf nicht börsennotierte Aktiengesellschaften übertragen werden. Da auch bei diesen Unternehmen ein stetiger Handel mit Aktien weitestgehend eingeschränkt ist - beispielsweise weil sich eine derartige Gesellschaft zu 100 Prozent in Familienbesitz befindet -, ist gleichzeitig der Bedarf an einer den Kaufprozeß unterstützenden kontinuierlichen Kommunikation äußerst eingeschränkt.

Mit dem Hinweis, daß in dieser Arbeit die Fremdkapitalgeber nicht zu den IR-Adressaten gezählt werden, werden Investor Relations im folgenden als finanzmarktbezogene Kommunikationspolitik börsennotierter Gesellschaften definiert.

2.1.6 ZUSAMMENFASSUNG

Einen abschließenden Überblick über die vorangegegangene Diskussion hinsichtlich der verschiedenen umstrittenen Aspekte bietet Abbildung 2.4. Ebenso wird darin eine eigene Definition vorgestellt, die die Grundlage für die folgenden Ausführungen darstellt.

---

38 Vgl. Lingenfelder, M. / Walz, H. (Finanzmarketing, 1988), S. 467.

39 Vgl. Link, R. (Finanzmarketing, 1995), S. 690, Mindermann, H.-H. (Beratungsaufgabe, 1995), S. 250.

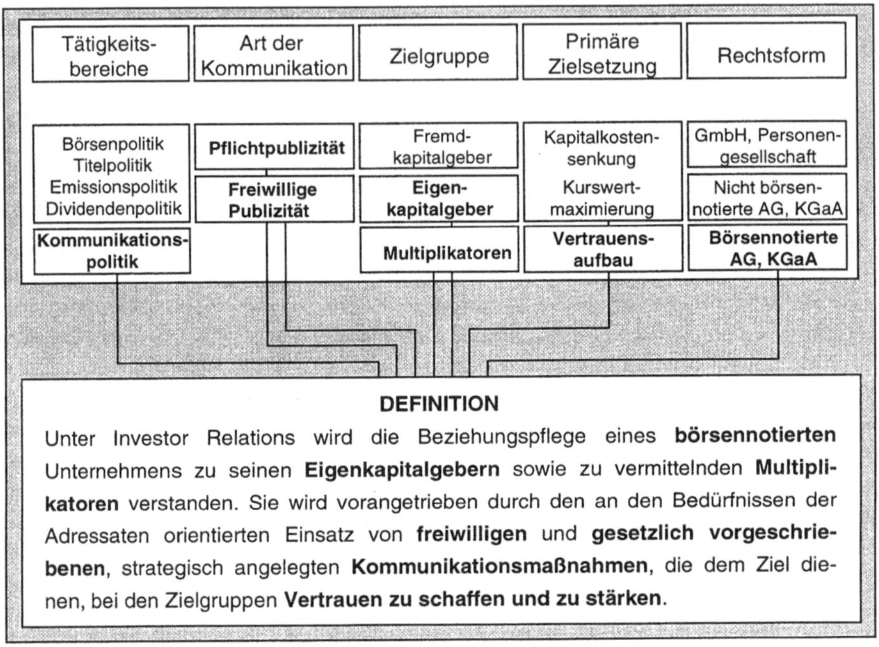

Abb. 2.4: Definition von Investor Relations

Abschließend wird darauf hingewiesen, daß in dieser Arbeit ebenso wie in Teilen der Literatur als Synonym für den Begriff Investor Relations auch der Begriff Finanzkommunikation verwendet wird.[40]

2.2 Abgrenzung der Begriffe Investor Relations, Public Relations und Werbung

In der Literatur finden sich sehr unterschiedliche Meinungen hinsichtlich der Frage, wie Investor Relations zwischen den unternehmensbezogenen Kommunikationsformen Werbung und Public Relations einzuordnen sind. Von verschiedenen Autoren werden Investor Relations als Teilbereich von Public Relations angesehen, und zwar als derjenige, der sich speziell an die verschiedenen Gruppen des

40 Vgl. hierzu beispielsweise Link, R. (Publikumsgesellschaften, 1991), S. 315. Bezüglich der Verwendung der Begriffe Kapitalmarkt bzw. Anleger ist anzumerken, daß diese in Übereinstimmung mit der hier vorgelegten Definition von Investor Relations immer unter dem Aspekt Eigenkapital zu verstehen sind. Kapitalmarkt wird insofern als Synonym zum Begriff Börse verwendet, Anleger im Sinne von Eigenkapitalgeber.

Finanzmarkts wendet.[41] In der Literatur wird aber auch die Meinung vertreten, Investor Relations seien eher den Kommunikationsformen Werbung bzw. - aufgrund der hohen Bedeutung der persönlichen Kommunikation für Investor Relations - Direktwerbung ähnlich.[42] Im folgenden sollen nun anhand der Kriterien Zielgruppen, Ziele sowie Gestaltung die wesentlichen Unterschiede der Werbung und der Public Relations dargestellt und in diesem Zusammenhang eine Einordnung von Investor Relations zwischen diesen beiden Polen vorgenommen werden.

Im Rahmen der Werbung werden diejenigen Personen oder Institutionen als Zielgruppe ausgewählt, mit denen das Unternehmen ein direktes Leistungsverhältnis auf den Absatz- bzw. Beschaffungsmärkten anstrebt. Für die Öffentlichkeitsarbeit, bei der die Zielgruppen meistens extern vorgegeben sind, sind dagegen in besonderem Maße auch Personen der gesamtgesellschaftlichen Umwelt interessant, mit denen keine leistungswirtschaftlichen Beziehungen unterhalten werden wie z.B. Umweltschutzgruppen oder sonstige Interessenverbände. Mit der spezifischen Ausrichtung auf verschiedene Gruppen des Finanzmarkts, der je nach Sichtweise als Beschaffungsmarkt für den knappen Produktionsfaktor Kapital oder als Absatzmarkt für das „Produkt“ Aktie angesehen werden kann, weisen Investor Relations hinsichtlich des Kriteriums Zielgruppe eine höhere Ähnlichkeit zur Werbung auf.[43]

Das wesentliche Ziel von Public Relations besteht in der Schaffung von Vertrauen zum Unternehmen bei der Öffentlichkeit. Demgegenüber wird als primäres Ziel der Werbung der Abschluß von Marktverträgen genannt. Erst auf den zweiten Blick wird bei diesem Kriterium die geistige Nähe von Investor Relations und Werbung offensichtlich.[44] Zwar wurde in der Definition die besondere Bedeutung der Schaffung von Vertrauen für den Erfolg von Investor Relations hervorgehoben. Im Falle von Investor Relations stellt der Aufbau einer Vertrauensbasis

41 Vgl. Lingenfelder, M. / Walz, H. (Finanzmarketing, 1988), S. 467, Hartmann, H. (Investor Relations, 1968), S. 1, Pape, U. (Controlling, 1997), S. 167. Nach Goebel, A. / Ley, T. (Jahresabschluß, 1993), S. 1679 handelt es sich um eine frühe Entwicklungsstufe, in der Investor Relations als ein Teilbereich von Public Relations aufgefaßt werden konnten.

42 Ein Verfechter dieser Auffasung ist Bittner, T. (Investor Relations, 1996), S. 8 f. Ebenso spricht Loehr, H. (Anleger, 1990), S. 46 im Zusammenhang mit Investor Relations vom Prinzip der seriösen Werbung.

43 Vgl. Schineis, M. (Öffentlichkeitsarbeit, 1992), S. 109, Schneider, K. (Hrsg.) (Werbung, 1995), S. 342, Meyer, P. W. (Wirtschaft, 1973), S. 64, Häusele, S. (Investor Relations, 1997), S. 133.

44 Vgl. Schineis, M. (Öffentlichkeitsarbeit, 1992), S. 109, Schneider, K. (Hrsg.) (Werbung, 1995), S. 340.

im Gegensatz zu Public Relations jedoch keines der letztlich zu erreichenden Oberziele dar, sondern es wird als ein - natürlich sehr wichtiges - Subziel gewertet, das erfüllt sein muß, um z.B. Aktionäre zum Kauf einer Aktie, also zum Abschluß eines Marktvertrages bewegen zu können.[45] Überdies soll in diesem Zusammenhang ausdrücklich darauf hingewiesen werden, daß mit Investor Relations anders als mit Public Relations kein allgemeines Vertrauen zum Unternehmen, sondern ein produktspezifisches - im Falle der Aktie bewertungsspezifisches - Vertrauen in die wirtschaftlichen Fähigkeiten des Unternehmens bei den Zielgruppen aufgebaut werden soll.[46]

Ein kurzer Vorgriff auf die späteren Ausführungen wird notwendig, um die Ähnlichkeit bzw. Unähnlichkeit von Investor Relations und Public Relations bzw. Werbung im Hinblick auf das Entscheidungskriterium Gestaltung der Kommunikation aufzeigen zu können. Vergleicht man einerseits die Art der Ansprache, andererseits die Verwendung bestimmter Kommunikationsmittel und Kommunikationsträger, so scheinen Investor Relations grundsätzlich den Public Relations näher zu sein. Im Gegensatz zur Werbung, die in weiten Teilen eine sehr emotionale Ansprache wählt, steht bei Investor Relations ebenso wie bei Public Relations eine offene, wahre, sachliche und informative Kommunikation im Vordergrund. Anstelle von Überredung oder unterschwelliger Beeinflussung zielen Investor Relations vermehrt darauf ab, durch rationale Argumente von den Vorteilen des Unternehmens zu überzeugen.[47] Unterschiede zwischen Werbung und Investor Relations bzw. Parallelen zwischen Investor und Public Relations werden auch im Hinblick auf die jeweils bevorzugt genutzten Kommunikationsmittel offensichtlich. Während bei der Werbung zur Vermittlung der Botschaft vornehmlich auf unpersönliche Kommunikationsmittel wie Inserate, Spots usw. zurückgegriffen wird, kommt bei Investor Relations ebenso wie bei Public Rela-

---

45 Vgl. hierzu die Ausführungen in Kapitel 2.1.4.

46 Vgl. Bittner, T. (Investor Relations, 1996), S. 9. Daß zwischen diesen beiden Vertrauensarten unterschieden werden muß, belegt folgendes Beispiel: Die Entlassung von Mitarbeitern vermindert in weiten Teilen der Bevölkerung, insbesondere bei nicht-selbständigen Arbeitnehmern, das allgemeine Vertrauen in das jeweilige Unternehmen. Von Anlegern wird dieser Schritt jedoch möglicherweise als eine notwendige Maßnahme zur Kostenreduzierung begriffen und erhöht insofern das bewertungsspezifische Vertrauen in das Management bzw. Unternehmen.

47 Vgl. Meyer, P. W. (Wirtschaft, 1973), S. 62 zum Charakter der Werbung, zum Charakter der Öffentlichkeitsarbeit dagegen Apitz, K. / Stoltz, V. (Öffentlichkeitsarbeit, 1982), S. 145.

tions der Face-to-Face-Kommunikation mit den Interessenten eine herausragende Bedeutung zu.[48]

Die Einordnung von Investor Relations wurde weniger mit der Absicht vorgenommen, eine klare Abgrenzung zwischen den Begriffen Investor Relations und Werbung bzw. Investor Relations und Public Relations zu finden, als vielmehr, um darauf hinzuweisen, daß Investor Relations eine Kommunikationsform des Unternehmens darstellt, die mit den anderen zuvor genannten Formen eng verwandt ist. Aufbauend auf der Erkenntnis, daß sowohl Werbung als auch Public Relations „... die gleichen oder ähnliche Methoden zur Erreichung ihrer kommunikativen Ziele zur Verfügung stehen“[49], z.B. daß beide Formen „nach dem Vier-Phasen-System Problem-Analyse, Planung, Durchführung, Wirkungskontrolle“[50] aufgebaut sind, kann geschlossen werden, daß diese Methoden aufgrund der Verwandtschaft auch auf den Bereich Investor Relations übertragen werden können. So ist es eben ein Ausschnitt des angesprochenen Vier-Phasen-Prozesses, der als eine wesentliche Grundlage für die Zwecke dieser Arbeit übernommen und im folgenden Kapitel 3 eingehender beleuchtet wird.

---

48 Vgl. Meffert, H. (Marketing, 1986), S. 473, Apitz, K. / Stoltz, V. (Öffentlichkeitsarbeit, 1982), S. 155 f.

49 Schineis, M. (Öffentlichkeitsarbeit, 1992), S. 110.

50 Oeckl, A. (Public Relations, 1981), S. 286.

3 PRÄZISIERUNG DER FORSCHUNGSFRAGE

Wie zu Beginn dargestellt, ist es Ziel der Arbeit, die Informationsbedürfnisse von Kleinaktionären zu erforschen. Gegenstand dieses Kapitels ist es nun, die zentrale Forschungsfrage zu präzisieren, d.h. zu klären, *zu welchen konkreten Aspekten die Informationsbedürfnisse von Kleinaktionären ermittelt werden müssen.*

Zur Lösung dieses Problems wird folgende Vorgehensweise gewählt: Anhand eines Schemas, das den Ablauf des Planungsprozesses der Werbung bzw. Public Relations abbildet, wird zuerst verdeutlicht, welche kommunikationspolitischen Entscheidungen dabei vom Kommunikator zu treffen sind (Kapitel 3.1). Anschließend wird der Frage nachgegangen, ob bzw. inwieweit diese Systematik auch für Investor Relations verwendet werden kann. Aufbauend auf der Erkenntnis, daß eine einfache Übertragung nicht möglich ist, wird im folgenden ein modifiziertes Ablaufschema für die Planung von Investor Relations vorgestellt (Kapitel 3.2). Abschließend wird untersucht, bei welchen der in dem Ablaufschema aufgeführten kommunikationspolitischen Teilentscheidungen es im Hinblick auf eine sinnvolle Entscheidungsfindung unverzichtbar ist, daß der Kommunikator über eine genaue Kenntnis von den Informationsbedürfnissen der Adressaten verfügt. Auf diese Weise wird ermittelt, bezüglich welcher konkreten kommunikationspolitischen Entscheidungen eine Analyse der Bedürfnisse und Wünsche der Kommunikationsadressaten, wie sie dieser Arbeit zugrunde liegt, durchgeführt werden muß. Damit sind die zentralen, zu erhebenden Variablen definiert (Kapitel 3.3).

3.1 PLANUNGSPROZESS DER WERBUNG UND DER PUBLIC RELATIONS

In einer nach ihm benannten Formel faßt *Lasswell* die wesentlichen kommunikationspolitischen Entscheidungen, die als zentrale Elemente eines Kommunikationsplanungsprozesses anzusehen sind, prägnant zusammen: „Who says what in which channel to whom with what effect?“[1]. Diese Formel kann als Basis für die Entwicklung differenzierterer Modelle[2] angesehen werden, anhand derer die ein-

---

1 Lasswell, H. D. (Communication, 1960), S. 117.

2 Modelle, in denen der Planungsprozeß der Kommunikation bzw. der Werbung schematisch dargestellt wird, finden sich bei Sander, M. (Planungsprozeß, 1993), S. 269, Falkenhahn, H. G. / Bleul, W. (Planung, 1981), S. 156 f., Bruhn, M. (Marketing, 1989), S. 401, Pickert, M. (Konzeption, 1994), S. 31, Schweiger, G. / Schrattenecker, G. (Werbung, 1986), S. 32, Meffert, H. (Marketing, 1986), S. 449, Rogge, H.-J. (Werbung, 1996), S. 43, Tietz, B. / Zentes, J. (Werbung, 1980), S. 47, Weis, H. C. (Marketing, 1995), S. 367, Fischer, H. (Marketingkommunikation, 1980), S. 1077, Berndt, R. (Marketing, 1995), S. 329. Ein Vergleich dieser Modelle führt zu dem Ergebnis, daß nahezu alle die Elemente Ziele, Zielgruppe, Budget, Botschaft, Mittel und Träger berücksichtigen. Vernachlässigt

zelnen Teilbereiche des Prozesses der Werbung bzw. Marktkommunikation aufgezeigt werden können.[3]

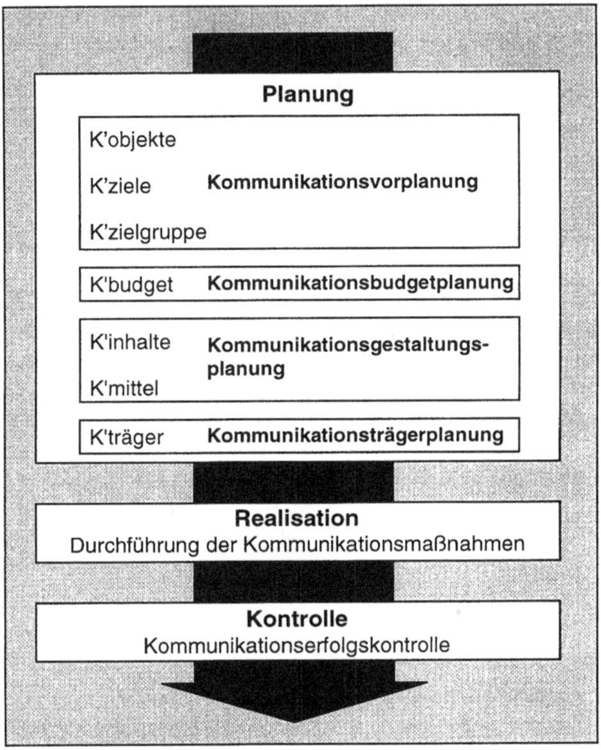

Abb. 3.1: Planungs-, Realisations- und Kontrollprozeß der Marktkommunikation

Ein derartiges Modell, das im wesentlichen auf der graphischen Darstellung des Gesamtprozesses der Werbeplanung, -realisation und -kontrolle nach *Sander* ba-

wird dagegen bisweilen der Entscheidungstatbestand Kommunikationsobjekt. Demgegenüber werden die Elemente Kommunikationsgebiet bzw. Kommunikationszeitraum, die im obigen Modell als Teilaspekte im Rahmen der Kommunikationsträgerplanung implizit enthalten sind, vereinzelt explizit genannt. Neben diesen Gemeinsamkeiten können als wesentliche Unterschiede der Modelle die uneinheitlichen Phasengliederungen des Planungsprozesses bzw. die uneinheitliche Benennung der Phasen angeführt werden.

3 Vgl. hierzu Abb. 1 bei Schweiger, G. / Schrattenecker, G. (Werbung, 1986), S. 1.

siert, ist in Abbildung 3.1 dargestellt.[4] Obiges Modell unterscheidet sich jedoch von demjenigen von *Sander* insofern, als der Begriff Werbung konsequent durch den Begriff Kommunikation ersetzt wurde. Damit soll exakt das offenkundig zum Ausdruck gebracht werden, was im vorangegangenen Abschnitt nachgewiesen wurde - die Tatsache, daß der Planungs-, Realisations- und Kontrollprozeß eben nicht nur spezifisch für den Bereich Werbung gültig ist, sondern daß er auch auf Public Relations oder Investor Relations als weitere Formen der Marktkommunikation eines Unternehmens übertragen werden kann.[5]

Wie aus der Abbildung hervorgeht, erfordert die effiziente Marktkommunikation eines Unternehmens eine systematische Abfolge einzelner Aktivitäten, die sich ihrerseits unter Beachtung jeweiliger Abhängigkeiten zu Phasen zusammenfassen lassen. Somit ergibt sich ein Prozeß, der sich aus den Phasen Kommunikationsplanung, Kommunikationsdurchführung und Kommunikationserfolgskontrolle zusammensetzt. Die Kommunikationsplanung, auf die im folgenden genauer eingegangen wird, läßt sich ihrerseits in vier Teilbereiche - die Kommunikationsvorplanung, die Kommunikationsbudgetplanung, die Kommunikationsgestaltungsplanung und die Kommunikationsträgerplanung - aufgliedern.

3.1.1 KOMMUNIKATIONSVORPLANUNG

Die Bestimmung des Kommunikationsobjekts ist eine von drei grundlegenden kommunikationspolitischen Entscheidungen, die in der Phase der Kommunikationsvorplanung bewußt oder unbewußt durch den Kommunikator zu treffen sind. Ebenso müssen die spezifischen mit der Kommunikation verfolgten Zielsetzungen bestimmt werden. Aufgrund bestehender Interdependenzen ist parallel darüber zu entscheiden, wer die Adressaten sind, die im Rahmen der Kommunikation angesprochen werden sollen und auf die die einzelnen Maßnahmen ausgerichtet sein müssen. Die Festlegung der Zielgruppen bildet daher den dritten Aspekt der Kommunikationsvorplanung.

Entscheidungsvariable Kommunikationsobjekt

Mit dem Kommunikationsobjekt wird der relevante Gegenstand der Kommunikation festgelegt, d.h. es wird bestimmt, worüber mit der Zielgruppe kommuniziert werden soll. So können - in Analogie zur Definition von Werbeobjekten

---

4 Vgl. Sander, M. (Planungsprozeß, 1993), S. 269.

5 Vgl. hierzu das Zitat von Bruhn, M. (Marketing, 1989), S. 402, der einen ähnlichen Planungsprozeß wie Sander vorstellt. Von seinem Modell behauptet er: „Dieser Planungsprozeß gilt im Prinzip für den Einsatz sämtlicher Kommunikationsinstrumente, wenn auch selbstverständlich die institutionellen Besonderheiten (...) in den einzelnen Planungsphasen berücksichtigt werden müssen."

nach Behrens - Kommunikationsobjekte definiert werden als immaterielle und materielle Gehalte (Substrate) der mit der Kommunikation verfolgten Zwecke. In bezug auf die Marktkommunikation eines Unternehmens stellt bei der Werbung ein erstelltes Produkt oder eine Dienstleistung, bei Public Relations dagegen das Unternehmen an sich das relevante Kommunikationsobjekt dar.[6]

Entscheidungsvariable Kommunikationsziel

Mit der Festlegung der Ziele, d.h. der Definition, welche Zustände durch den Einsatz der Kommunikation angestrebt und erreicht werden sollen, wird die fundamentale Voraussetzung für die effiziente Gestaltung des Kommunikationsprozesses geschaffen. Denn den Zielen kommt einerseits Steuerungs- und Koordinationsfunktion zu, da durch sie ein Orientierungsrahmen für die weiteren operativen Aufgaben der Kommunikationsplanung und -durchführung geschaffen wird. Andererseits bilden sie die Meßlatte, anhand der der Erfolg der Kommunikation bewertet werden kann.[7] Bei der Bestimmung der Kommunikationsziele bietet sich eine konsequente Ableitung dieser aus den übergeordneten allgemeinen Unternehmenszielen an. Entsprechend lassen sich diese in die unternehmerische Zielhierarchie einbetten.[8]

Entscheidungsvariable Kommunikationszielgruppe

Die Bestimmung einer oder mehrerer Zielgruppen als Teilbereich der Vorplanung dient dazu, eine Auswahl derjenigen Personen zu treffen, die speziell durch die Kommunikation über ein bestimmtes Kommunikationsobjekt angesprochen werden sollen.[9]

Aus ökonomischer Sicht wird durch die Auswahl von spezifischen Zielgruppen anstelle einer Ansprache aller prinzipiell möglichen Adressaten dem Problem begrenzter Ressourcen eines Unternehmens Rechnung getragen. In diesem Fall wird

---

6 Vgl. Behrens, K. C. (Absatzwerbung, 1963), S. 55, Fischer, H. (Marketingkommunikation, 1980), S. 1077, Sander, M. (Planungsprozeß, 1993), Tietz, B. / Zentes, J. (Werbung, 1980), S. 54, Schineis, M. (Öffentlichkeitsarbeit, 1992), S. 127.

7 Vgl. Aaker, D. A. / Myers, J. G. (Advertising, 1987), S. 85, Cunningham, J. H. / Murphy, I. C. M. (Advertising, 1993), S. 87, Weis, H. C. (Marketing, 1995), S. 368, Reim, J. (Werbeplanung, 1986), S. 10, Pickert, M. (Konzeption, 1994), S. 44, Dohmen, J. (Planung, 1982), S. 144.

8 Vgl. Sander, M. (Planungsprozeß, 1993), S. 272, Meyer, P. W. / Hermanns A. (Wirtschaftswerbung, 1981), S. 71, Pepels, W. (Marketingpraxis, 1993), S. 620 sowie die Grafik von Bidlingmaier, J. (Werbeziele, 1970), S. 405.

9 Vgl. Huth, R. / Pflaum, D. (Werbelehre, 1996), S. 82, Meffert, H. (Marketing, 1986), S. 457.

der Einsatz kommunikativer Aktivitäten auf diejenigen Personen beschränkt bzw. konzentriert, die am ehesten zu der erwünschten Handlung, z.B. zum Kauf eines bestimmten Produkts, angeregt werden können.[10] Die Zielgruppen sind unter Berücksichtigung der konfliktären Kriterien Homogenität und Größe so zu bilden, daß sie die Vorteile einer standardisierten Massenkommunikation - Kostenaspekte - und die Vorteile der Individualkommunikation - adressatenspezifische, bedürfnisorientierte Ansprache - bestmöglich miteinander verbinden.[11]

3.1.2 KOMMUNIKATIONSBUDGETPLANUNG

Insbesondere im Fall der Massenkommunikation, wie z.B. bei Werbung oder bei Public Relations werden aus Sicht des Kommunikators neben den oben genannten Entscheidungen zusätzlich Kostenüberlegungen hinsichtlich der Kommunikation notwendig.

Der Vorplanung schließt sich daher die Phase der Kommunikationsbudgetplanung an, in der die Höhe der finanziellen Mittel, die für kommunikative Maßnahmen zur Erreichung der Kommunikationsziele eingesetzt werden sollen, festgelegt wird.[12] Vereinzelt wird dieser Planungsphase auch die Entscheidung zugeordnet, wie dieser Etat sachlich oder zeitlich aufzuteilen ist.[13] Diese Entscheidung, die einen simultanen Ablauf von Kommunikationsbudget- und Kommunikationsträgerplanung erforderlich macht, kann als gutes Beispiel dafür dienen, daß aufgrund einer Vielzahl von Interdependenzen eine sukzessive Kommunikationsplanung, wie sie Abbildung 3.1 suggeriert, unmöglich ist.[14]

3.1.3 KOMMUNIKATIONSGESTALTUNGSPLANUNG

Diese Phase der Kommunikationsgestaltungsplanung teilt sich in zwei Teilaufgaben auf. So sind zunächst vom Kommunikator die zu kodierenden Kommunikationsinhalte, die die Kommunikationsbotschaft bilden, zu formulieren. Daran anschließend müssen Gestaltungsentscheidungen hinsichtlich der Kommunikati-

---

10 Vgl. Weis, H. C. (Marketing, 1995), S. 374, Dohmen, J. (Planung, 1982), S. 141, Reim, J. (Werbeplanung, 1986), S. 60.

11 Vgl. Reim, J. (Werbeplanung, 1986), S. 60, Sander, M. (Planungsprozeß, 1993), S. 274.

12 Vgl. Sander, M. (Planungsprozeß, 1993), S. 274, Weis, H. C. (Marketing, 1995), S. 366.

13 Vgl. Schweiger, G. / Schrattenecker, G. (Werbung, 1986), S. 33, Schmalen, H. (Kommunikationspolitik, 1992), S. 16.

14 Vgl. Bänsch, A. (Kommunikationspolitik, 1995), Sp. 1188.

onsmittel, über die die Botschaft in eine transferierbare Form umgesetzt wird, getroffen werden.[15]

3.1.3.1 ENTSCHEIDUNGSVARIABLE KOMMUNIKATIONSINHALT

Letztlich besteht die zentrale Aufgabe für den Kommunikator darin, im Sinne der zuvor gesetzten Ziele verhaltensbeeinflussend auf den Adressaten einzuwirken. Inwieweit diese Einflußnahme wirksam werden kann, hängt wesentlich von der Formulierung einer Kommunikationsbotschaft ab, die die zentralen Aussagen, die den Zielgruppen in Form mehrerer Schlagwörter, eines Slogans oder als Text übermittelt werden sollen, umfaßt.[16]

Der erste Schritt bei der Formulierung der Kommunikationsbotschaft besteht darin, die Mitglieder der relevanten Zielgruppe über ihre persönlichen Vorteile der aus Sicht des Kommunikators gewünschten Handlung aufzuklären bzw. zu verdeutlichen, welchen Nutzen ihnen diese Handlung bringt. Dabei wird es insbesondere vom Kommunikationsobjekt abhängen, ob in diesen Aussagen rationale, soziale, sensorische oder egoistische Nutzenaspekte hervorgehoben werden.[17]

Effiziente Kommunikation setzt jedoch weniger auf Überreden als auf Überzeugen. Das impliziert, daß die Kommunikationsbotschaft durch Aussagen angereichert werden muß, welche die zuvor aufgestellten Behauptungen den Adressaten mittels Argumenten, Begründungen und Beweisen glaubhaft machen.[18]

In engem Zusammenhang mit der Entscheidung über die Art der Überzeugung steht auch die Bestimmung der generellen Ansprachefom bzw. des Grundtons der Kommunikation. Dadurch wird im wesentlichen festgelegt, welches Flair die Kommunikation ausstrahlen soll bzw. wie der Adressat die Kommunikation erleben soll. In Anlehnung an Aristoteles' Rhetorikregeln, nach denen ein Zuhörer durch Appelle an seine Gefühle, an sein Gewissen oder durch logische Argu-

---

15 Vgl. Sander, M. (Planungsprozeß, 1993), S. 277 f., Dohmen, J. (Planung, 1982), S. 145, Meyer, P. W. / Hermanns A. (Wirtschaftswerbung, 1981), S. 127, Weis, H. C. (Marketing, 1995), S. 374.

16 Vgl. Sander, M. (Planungsprozeß, 1993), S. 278, Berndt, R. (Marketing, 1995), S. 393, Edler, F. (Werbetheorie, 1966), S. 52 f., Scheuch, F. (Marketing, 1996), S. 360.

17 Vgl. Kotler, P. (Marketing Management, 1994), S. 605 und S. 632, Dohmen, J. (Planung, 1982), S. 145, Pepels, W. (Lexikon, 1996), S. 547, Reim, J. (Werbeplanung, 1986), S. 75.

18 Vgl. Reim, J. (Werbeplanung, 1986), S. 75, Pickert, M. (Konzeption, 1994), S. 81, Weis, H. C. (Marketing, 1995), S. 375.

mentation überzeugt werden kann, lassen sich eine primär emotional, moralisch oder rational ausgerichtete Form der Ansprache unterscheiden.[19]

3.1.3.2 ENTSCHEIDUNGSVARIABLE KOMMUNIKATIONSMITTEL

Die zweite Phase der Kommunikationsgestaltungplanung beschäftigt sich mit der Umsetzung der zuvor festgelegten, abstrakten Kommunikationsinhalte in übertragbare Kommunikationsmittel. Dies macht sowohl Entscheidungen hinsichtlich inhaltlicher als auch formaler Elemente erforderlich.[20]

Bezugnehmend auf die vorgeschaltete Entscheidung über den Grundton der Werbung ist zunächst die Darstellungsform der Kommunikationsinhalte zu konkretisieren. *Gaede* schlägt in diesem Zusammenhang Darstellungsformen vor, die hinsichtlich der Verwendung inhaltlicher Elemente, wie z.B. Humor, emotionale Reize, furchtinduzierende Aussagen usw., unterschiedlich ausgeprägt sind und in Abhängigkeit von der Art der angesprochenen Zielgruppe unterschiedlich effizient sind.[21]

Durch die Bestimmung formaler Elemente wird daran anschließend die Art festgelegt, wie die Kommunikationsinhalte in eine übermittelbare Form transferiert werden sollen. Im Rahmen einer visuellen Umsetzung kann beispielsweise auf Sprachzeichen, z.B. Worte oder Texte, und auf Bildzeichen, z.B. Abbildungen oder Symbole, bzw. auf Bildsequenzen zurückgegriffen werden. Im Rahmen einer akustischen Umsetzung bieten sich dagegen akustische Zeichen, wie Stimmen, Geräusche oder Musik, an.[22]

Prinzipiell können die nach den oben genannten Aspekten umgesetzten Kommunikationsinhalte sowohl direkt, d.h. im persönlichen Kontakt in Informationsgesprächen oder Pressekonferenzen, als auch indirekt über Medien übermittelt

---

19 Vgl. Huth, R. / Pflaum, D. (Werbelehre, 1996), S. 104, Schneider, K. (Hrsg.) (Werbung, 1995), S. 245, Schweiger, G. / Schrattenecker, G. (Werbung, 1986), S. 130 ff., Kotler, P. (Marketing Management, 1994), S. 605.

20 Vgl. Sander, M. (Planungsprozeß, 1993), S. 278 f., Huth, R. / Pflaum, D. (Werbelehre, 1996), S. 109.

21 Vgl. Gaede, W. (Gestaltungs-Konzept, 1982), S. 1005 ff. Beachte hierzu aber auch Scheuch, F. (Marketing, 1996), S. 362 f. und Reim, J. (Werbeplanung, 1986), S. 76 ff. sowie Kotler, P. (Marketing Management, 1994), S. 635 f.

22 Vgl. Bruhn, M. (Marketing, 1989), S. 421, Rogge, H.-J. (Werbung, 1996), S. 292, Kotler, P. (Marketing Management, 1994), S. 607, Fischer, H. (Marketingkommunikation, 1980), S. 1080. Eher unüblich, jedoch nicht vollkommen undenkbar, ist die Verwendung von Elementen, mit denen der Geruchs-, der Geschmacks- oder der Tastsinn des Adressaten, wie z.B. durch Warenproben, im Rahmen von Promotionaktionen angesprochen wird.

werden. Die Entscheidung, welche Anspracheform gewählt wird, ist dabei vornehmlich von der Größe, der Erreichbarkeit und der Zusammensetzung der Zielgruppe abhängig.[23]

Im Fall einer unpersönlichen Kommunikation wird eine Konservierung der Kommunikationsinhalte in Form von Kommunikationsmitteln notwendig, um die Botschaft reproduzierbar und über Medien transportierbar zu machen. Als Beispiele für Kommunikationsmittel, die für die einzelnen Ausprägungsformen der unternehmensbezogenen Kommunikation eine sehr unterschiedliche Bedeutung besitzen können, lassen sich Anzeigen, Funk- und Fernsehspots, Presseartikel, Warenproben, Verpackung usw. anführen. Bei der Auswahl ist zu berücksichtigen, daß jedes dieser Kommunikationsmittel individuelle Eigenarten, z.B. uni- versus multisensorische Ansprache sowie eine unterschiedliche Effizienz hinsichtlich des Erreichens erwünschter Wirkungen, wie z.B. Information, Aufmerksamkeit aufweist.[24]

3.1.4 KOMMUNIKATIONSTRÄGERPLANUNG

Die Kommunikationsträgerplanung[25] bildet den Abschluß des Kommunikationsplanungsprozesses. Ziel dieser Phase ist die Entwicklung eines Mediaplans, der angibt, mittels welchem Kommunikationsträger die Distribution der in den Kommunikationsmitteln konservierten Botschaften an die zuvor ausgewählten Zielgruppen erfolgen soll. Ebenso muß aus diesem Plan ersichtlich sein, wie die Ansprache der Adressaten in zeitlicher Hinsicht zu gestalten ist.[26]

---

23 Vgl. Kotler, P. (Marketing Management, 1994), S. 608 ff., Meyer, P. W. / Hermanns, A. (Wirtschaftswerbung, 1981), S. 127, Schineis, M. (Öffentlichkeitsarbeit, 1992), S. 130.

24 Vgl. Rogge, H.-J. (Werbung, 1996), S. 281, Huth, R. / Pflaum, D. (Werbelehre, 1996), S. 112 f., Reim, J. (Werbeplanung, 1986), S. 84 f., Schineis, M. (Öffentlichkeitsarbeit, 1992), S. 131, Meffert, H. (Marketing, 1986), S. 475, Fischer, H. (Marketingkommunikation, 1980), S. 1080, Pepels, W. (Werbepraxis, 1987), S. 97.

25 Parallel zur obigen Bezeichnung werden auch die Begriffe Kommunikationsstreuplanung bzw. Mediaplanung verwendet. Grundsätzlich ist das Ziel dieser Planungsphase die Auswahl einer Werbeträgerkombination, mit der eine effiziente Informationsübermittlung an die Zielgruppen mit der erforderlichen Kontaktfrequenz zur richtigen Zeit auf wirtschaftliche Weise möglich wird. Vgl. hierzu Grimm, R. / Grünthal, R. (Werbeträger, 1982), S. 164, Huth, R. (Media-Analyse, 1982), S. 201 und Huth, R. / Pflaum, D. (Werbelehre, 1996), S. 102.

26 Vgl. Weeser-Krell, L. M. (Marketing-Kommunikation, 1987), S. 7 f., Pickert, M. (Konzeption, 1994), S. 32, Unger, F. (Werbemanagement, 1989), S. 334, Meffert, H. (Marketing, 1986), S. 450, Bruhn, M. (Marketing, 1989), S. 422 ff.

Die Auswahl der geeigneten Kommunikationsträger, die in der Realität weitgehend parallel zu den Entscheidungen über die Kommunikationmittel sowie über das Kommunikationsbudget stattfinden wird, erfolgt in zwei Stufen. Zuerst sind im Rahmen der Intermediaplanung aus den verschiedenen Tägermedienkategorien - Printmedien, elektronischen Medien sowie Medien der Außen- und Direktwerbung - geeignete Kommunikationsträgergruppen, z.B. Fachzeitschriften oder Hörfunksender, auszuwählen. Kriterien, die hierbei herangezogen werden können, beziehen sich auf die charakteristischen Eigenschaften der jeweiligen Mediengattung wie beispielsweise Darstellungsmöglichkeit, zeitliche Verfügbarkeit, Erreichbarkeit der Zielgruppe, Erscheinungshäufigkeit, Durchdringung, Aufnahmesituation, kommunikationsträgerspezifisches Image usw. Auf der zweiten Stufe - der Intramediaplanung - ist eine Entscheidung hinsichtlich des konkreten Kommunikationsträgers, z.B. die Frankfurter Allgemeine Zeitung aus der Kommunikationsträgergruppe Tageszeitung, erforderlich.[27]

Sind vom Kommunikator Botschaft, Mittel und Träger der Kommunikation festgelegt worden, schließt sich die Entscheidung hinsichtlich des zeitlichen Einsatzes der Kommunikation an. Nach der Systematik von *Hill* besteht die Möglichkeit einer einmaligen, zeitlich begrenzten Kommunikation, einer kontinuierlichen Kommunikation, einer intermittierenden Kommunikation mit kurzfristig intensiven Aktionen in unregelmäßigen Zeitabständen oder einer Kombination dieser Möglichkeiten.[28]

3.2 PLANUNGSPROZESS DER INVESTOR RELATIONS

Im vorangegangen Kapitel wurden der Planungsprozeß der Werbung bzw. der Public Relations sowie die darin enthaltenen kommunikationspolitischen Entscheidungen dargestellt. Im Zusammenhang mit der zu Beginn der Arbeit vorgenommenen Einordnung von Investor Relations als Kommunikationsform, die einerseits zur Werbung, andererseits zur Public Relations hohe Analogien aufweist, ist es naheliegend, diesen allgemeinen Planungsprozeß auch auf den Bereich Investor Relations zu übertragen.[29]

27 Vgl. Bruhn, M. (Marketing, 1989), S. 425, Schmalen, H. (Kommunikationspolitik, 1992), S. 126 ff., Huth, R. (Media-Analyse, 1982), S. 221 ff. sowie Abb. 5 bei Diller, H. (Marketingplanung, 1980), S. 223.

28 Vgl. Hill, W. (Marketing, 1982), S. 172. Eine analoge Einteilung, allerdings ohne den Verweis auf die Möglichkeit zur Kombination, findet man bei Kotler, P. (Marketing Management, 1994), S. 645 f.

29 Vgl. hierzu Kapitel 2.2.

Die folgenden Ausführungen widmen sich nun der Frage, ob diese Übertragung uneingeschränkt möglich ist oder ob sie eine Modifikation erforderlich macht. Zur Beantwortung dieser Frage wird zunächst - auf der Grundlage einer Beschreibung der typischen Merkmale des Aktienkaufs - die Bedeutung der Vertrauensbildung als primäres Kommunikationsziel herausgearbeitet. Daran anschließend wird dargestellt, daß zur Erreichung dieses Ziels ein Steuerungsmechanismus für die Finanzkommunikation in Form eines übergeordneten Grundsatzsystems sinnvoll ist. Als Quintessenz dieser Überlegungen ergibt sich die Forderung, daß in einen Planungsprozeß von Investor Relations zusätzlich die Festlegung von Kommunikationsgrundsätzen als Teilentscheidung zu integrieren ist.

3.2.1 CHARAKTERISTIKA DES FINANZIERUNGSTITELS AKTIE

Ein typisches Merkmal des Aktienkaufs bringt das folgende Zitat kurz, aber treffend auf den Punkt: „Shareholders invest in 'promise'."[30] Mit der Aktie erkauft sich ein Eigenkapitalgeber ein Leistungsversprechen, d.h. ohne eine exakt festgelegte, sofortige Gegenleistung, sondern in der Hoffnung auf zukünftige Dividendenzahlungen und Wertzuwächse in Form von Kursgewinnen stellt er einem Unternehmen Geld zur Verfügung. Dabei impliziert das Wort Hoffnung bereits, daß diese zukünftigen Erträge mit Unsicherheit behaftet sind. Denn ebenso besteht für den Aktionär die Gefahr eines vollkommenen Verlustes seines investierten Kapitals.[31]

Im Hinblick auf diese aufgezeigten Charakteristika des Aktienkaufs sowie auf die besondere Bedeutung von Geld als Wirtschaftsgut erklärt sich die hohe Sensibilität, die Aktionären bzw. der Börse zugeschrieben wird.[32] Investor Relations kommt nun die Aufgabe zu, dieser Sensibilität der Aktionäre von Seiten des Unternehmens adäquat zu begegnen. Dabei ist es - wie bereits im Rahmen der Zielsetzung von Investor Relations angesprochen wurde - von besonderer Bedeutung, dem Aktionär Vertrauen zu vermitteln - Vertrauen in das Management, in dessen Handlungen, in die Produkte; Vertrauen, daß sich die zukünftige Unternehmenstätigkeit, die die Basis für die Erfüllung des Leistungsversprechens bildet, erfolgreich entwickeln wird. Es bleibt damit festzuhalten, daß eine gelungene

---

30 Vgl. Budd, J. F. (Perspective, 1988), S. 16.

31 Vgl. Link, R. (Publikumsgesellschaften, 1991), S. 32 f., Breuer, R.-E. (Institution, 1991), S. 70, o. V. (Meinungsspiegel, 1993), S. 186, Süchting, J. (Finanzmanagement, 1995), S. 247 f.

32 Vgl. Breuer, R.-E. (Institution, 1991), S. 70, der in diesem Zusammenhang diese Eigenart mit einem Zitat - Geld ist scheu wie ein Reh - beschreibt.

Überzeugungsarbeit und ein erfolgreicher Vertrauensaufbau eine unerläßliche Voraussetzung dafür ist, daß die Aktionäre die mit dem Aktienkauf verbundene Unsicherheit als akzeptabel empfinden und sich zu einer riskanten Vorleistung entschließen können.[33]

In dem zuvor angesprochenen Punkt - der Bildung von Vertrauen - zeigt sich eine wesentliche Übereinstimmung von Investor und Public Relations. Auch mit Public Relations wird in erster Linie das Ziel verfolgt, bei den Adressaten, in diesem Fall der gesamten Öffentlichkeit, Vertrauen zu schaffen und zu vermehren. Zur Erreichung dieses Ziels wird oft die zentrale Handlungsmaxime „Tu Gutes und rede darüber" zitiert, die auch auf den Bereich von Investor Relations übertragbar ist. Dieses Motto impliziert, daß der Aufbau und die Erhaltung von Vertrauen bei den Aktionären im wesentlichen von den Handlungen und Aktionen des Unternehmens abhängig ist. Aber auch die ergänzende Funktion der Kommunikation, durch die den Adressaten diese Handlungen vor Augen geführt werden, kommt darin zum Ausdruck.

Es stellt sich nun die Frage, ob bzw. welche speziellen Anfordungen eine Finanzkommunikation konkret erfüllen muß, um den komplizierten Prozeß der Vertrauensbildung bei sensibel reagierenden Nachfragern wie den Aktionären und für eine abstrakte Leistung wie der Aktie optimal unterstützen zu können.

3.2.2 MODIFIZIERTER PLANUNGSPROZESS: ERWEITERUNG UM DEN ASPEKT KOMMUNIKATIONSGRUNDSÄTZE

Vertrauen kann interpretiert werden als eine „menschliche Gemütsverfassung, die im wesentlichen auf Erfahrungen der Vergangenheit (...) basiert".[34] Dieser Begriffsauffassung folgend kann Vertrauen also nicht sofort, sondern erst nach Ablauf eines gewissen Zeitraums, in dem die dafür erforderlichen Erfahrungen gesammelt werden konnten, empfunden bzw. geschenkt werden. Im Hinblick auf die Zielsetzung der Finanzkommunikation ist dies derart zu interpretieren, daß sich der beabsichtigte Vertrauensaufbau nicht von heute auf morgen verwirklichen läßt. Vielmehr ist dazu ein langwieriger, anhaltender Kommunikationsprozeß erforderlich.

Durch eine kontinuierliche Berichterstattung, d.h. durch eine Vielzahl einzelner, aber koordinierter kommunikativer Aktivitäten ist daher Kontakt mit den Adressaten aufzunehmen, über die Handlungen des Unternehmens zu berichten und auf

---

33 Vgl. Claussen, R. / Klein, J. / Schlosser, C. (Investor-Relations, 1997), S. 359, Link, R. (Investor Relations, 1993), S. 110, Süchting, J. (Bankmanagement, 1992), S. 423, Süchting, J. (Unternehmung, 1980), S. 221, Schweizer, M. (Chancen, 1993), S. 161.

34 Vgl. Bittl, A. (Vertrauen, 1997), S. 131.

diese Weise eine Begründung zu vermitteln, warum man als Aktionär Vertrauen zum Unternehmen haben kann. Doch obgleich eine derartige Vertrauensbasis kaum durch eine einzige kommunikative Maßnahme geschaffen werden kann, so kann sie jedoch durch eine einzige unbedachte Kommunikationsaktivität maßgeblich erschüttert oder sogar vollkommen zerstört werden.[35]

Um dieser geschilderten Problematik mit den Maßnahmen der Finanzkommunikation effizient begegnen zu können, erscheint es sinnvoll, ein umfassendes Leitbild zu entwickeln, von dem eine Steuerungsfunktion im Sinne einer konsequenten Ausrichtung der Kommunikationsaktivitäten auf die primäre Zielsetzung Vertrauensschaffung ausgeht. Als entsprechendes Leitbild ist ein IR-Grundsatzsystem zu etablieren. In diesem sind diejenigen Prinzipien enthalten, deren Beachtung für die Erreichung des gesetzten Ziels als unerläßlich erscheint. Als Vorgriff auf die späteren Ausführungen sollen beispielhaft an dieser Stelle der Grundsatz der Wahrheit oder der Grundsatz der Kontinuität genannt werden. Diese übergeordneten Prinzipien, die sich auf die Finanzkommunikation im Ganzen beziehen, dienen einerseits als Orientierungsrahmen für die Gestaltung und den Einsatz kommunikativer Aktivitäten. Andererseits können sie auch als Regeln für ein zielkonformes Verhalten angesehen werden und auf diese Weise handlungsweisend für die Kommunikatoren, also die IR-Manager, wirken. Wert entwickelt dieses Grundsatzsystem vor allem dadurch, daß es durch seine Funktion als Steuerungsmechanismus sowohl zur Koordination einzelner Maßnahmen als auch zur Vermeidung nicht-zielkonformer Kommunikationsaktivitäten beiträgt.

Abgeleitet aus obigen Überlegungen erwächst die Forderung, die Festlegung von IR-Grundsätzen als einen weiteren Teilaspekt, der in den Planungsprozeß der Kommunikationsplanung zu integrieren ist, zu betrachten.[36] Insofern muß das im vorangegangenen Kapitel vorgestellte Planungsschema, das diesem Entscheidungstatbestand keine Beachtung in Form einer expliziten Erwähnung schenkt,

---

35 In diesem Zusammenhang sei hingewiesen auf die unglückliche Bemerkung des ehemaligen Vorstandsvorsitzenden der Deutschen Bank, der im Zusammenhang mit dem Ruin von Bauunternehmer Jürgen Schneider die dadurch verursachten Zahlungsausfälle als Peanuts abtat. Welche weitreichenden Folgen dieser Ausspruch für das Image der Deutschen Bank hatte, zeigt sich darin, daß darauf bezugnehmend ein Film mit dem Titel „Peanuts - Die Bank zahlt alles" gedreht wurde.

36 Daß die Festlegung von Grundsätzen insbesondere für Investor Relations von besonderer Bedeutung ist, belegen entsprechende Forderungen sowohl von Seiten der Theorie - Allendorf, G. J. (Investor Relations, 1996), S. 61 f., Drill, M. (Investor Relations, 1995), S. 104 ff., Günther, T. / Otterbein, S. (Gestaltung, 1996), S. 395 f. - als auch von Seiten der Praxis - Paul, W. (Investor, 1991), S. 940.

modifiziert werden.[37] Der Planungsprozeß von Investor Relations, wie er sich durch die Anpassung an finanzmarkt- bzw. aktienspezifische Besonderheiten durch Hinzufügen des Entscheidungsaspekts Kommunikationsgrundsätze ergibt, ist in Abbildung 3.2 dargestellt.

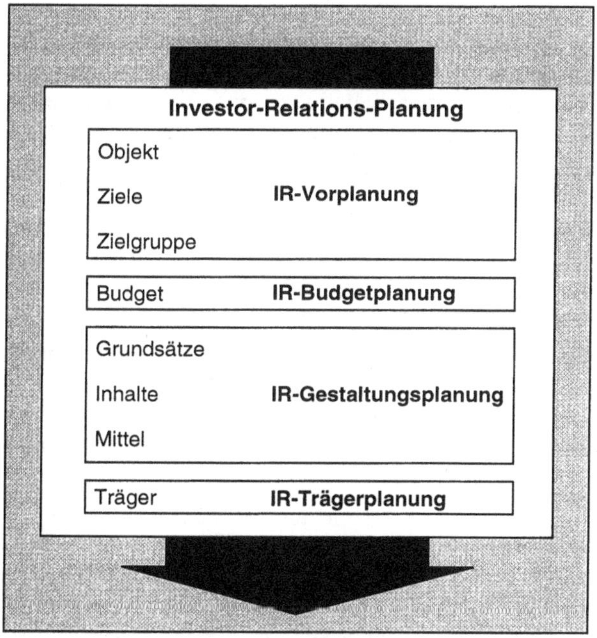

Abb. 3.2: Planungsprozeß von Investor Relations

Wie die Grafik zeigt, kann bzw. sollte die Festlegung von Investor-Relations-spezifischen Kommunikationsgrundsätzen als Teilaspekt der Kommunikationsgestaltungsplanung aufgefaßt werden. Diese Zuordnung erscheint insbesondere vor dem bereits erwähnten Hintergrund, daß bei der Auswahl relevanter Kommunikationsinhalte eine Orientierung an den zuvor festgelegten Prinzipien erfolgen sollte, praktikabel. Werden beispielsweise als Reaktion auf Forderungen oder Wünsche der Adressaten vom Kommunikator ein Grundsatz der Offenheit oder ein Grundsatz der Glaubwürdigkeit als Basisprinzipien festgesetzt, dann macht dies beispielsweise eine schonungslose und wahre Information und Kommunikation über alle Faktoren, also auch negative unternehmensbezogene Informationen

37 Eine entsprechende Modifikation findet sich bei Link, R. (Publikumsgesellschaften, 1991), S. 315.

und Fakten erforderlich und bestimmt damit in Teilen die Auswahl der Kommunikationsinhalte.

3.3 IDENTIFIKATION DER RELEVANTEN UNTERSUCHUNGSASPEKTE

Durch die vorangegangenen Ausführungen sollte ein Verständnis dafür vermittelt werden, welche Aspekte die Planung einer Investor-Relations-Strategie umfaßt. Diesem beschriebenen Prozeß der Kommunikationsplanung ist eine Phase sorgfältiger Analysetätigkeit vorgeschaltet. Die umfangreiche Recherche unterschiedlicher planungsrelevanter Daten ist unverzichtbar, damit sich der Kommunikator das notwendige Wissen über entscheidungsrelevante Faktoren aneignen und dadurch eine hohe Entscheidungsqualität sicherstellen kann. In diesem Zusammenhang definiert *Link* fünf verschiedene Aspekte, die Gegenstand der Marktforschung für Investor Relations sind: die sozio-kulturellen, politisch-rechtlichen, technologischen und ökonomischen Rahmenfaktoren, der Markt, die Nachfrager, die übrigen Marktteilnehmer und das eigene Unternehmen.[38]

Im Zusammenhang mit der Intention dieses Kapitels, die Forschungsfrage zu präzisieren, ergibt sich nun folgendes Problem: Für welche der oben genannten Entscheidungen des Planungsprozesses von Investor Relations ist vor allem die genaue Kenntnis der Nachfrager und dabei speziell ihrer Informationsbedürfnisse unerläßlich?

Betrachtet man die Aspekte, die Gegenstand der Kommunikationsvorplanung oder der Kommunikationsbudgetplanung sind, also Kommunikationsobjekt, -ziele, -zielgruppen und -budget, so ist festzustellen, daß in diesen Fällen für die Entscheidungsfindung in erster Linie unternehmensinterne Faktoren, z.B. vorhandene Ressourcen, übergeordnete Strategien usw. ausschlaggebend sind. Beispielsweise setzt die Bestimmung des Kommunikationsbudgets Wissen um die finanzwirtschaftlichen Ressourcen des eigenen Unternehmens voraus. Für die Festlegung kommunikationspolitischer Ziele ist dagegen eine exakte Kenntnis der übergeordneten Unternehmensziele wichtig. Ebenso hängt die Auswahl der anzusprechenden Zielgruppe von den Zielsetzungen des Unternehmens ab. Wird beispielsweise das Ziel verfolgt, schnell zu expandieren, und wird daher eine umfangreiche Kapitalerhöhung notwendig, so werden institutionelle Anleger mit hohem Anlagevolumen den Kleinaktionären als Adressaten von Investor Relations vorgezogen werden.

Diese Beispiele belegen, auf welchem Vorwissen in diesen Fällen die Entscheidungsfindung basiert. Entscheidungsrelevant sind vor allem die eigenen Wünsche

38 Vgl. Link, R. (Publikumsgesellschaften, 1991), S. 33, aber auch Pickert, M. (Konzeption, 1994), S. 34, Sander, M. (Planungsprozeß, 1993), S. 269.

des Kommunikators. Dementsprechend haben also die Verantwortlichen im Unternehmen die Aufgabe, ihre eigenen Bedürfnisse zu analysieren und als Ergebnis klare Vorstellungen zu entwickeln und zu formulieren, was und wer überhaupt mit der Kommunikation erreicht werden soll. Andererseits müssen sich die Verantwortlichen durch eine sorgfältige Unternehmensanalyse Wissen über die prinzipiellen Möglichkeiten aneignen, in welchem Ausmaß Kommunikationsmaßnahmen betrieben werden können. Demgegenüber ist die Kenntnis hinsichtlich der Wünsche und Meinungen der Adressaten, die von diesen Aspekten nicht unmittelbar berührt sind und insofern nur schwerlich eine fundierte Meinung dazu abgeben können, für die Entscheidungsfindung von untergeordneter Bedeutung.

Anders gestaltet sich die Sachlage jedoch bei den daran anschließenden Entscheidungen hinsichtlich der Kommunikationsgrundsätze, -inhalte, -mittel und -träger. In diesem Fall sind es in erster Linie die Adressaten, die direkt mit den Ergebnissen dieser Entscheidungen konfrontiert sind. Und ebenso sind es alleine sie, die direkt beurteilen, ob diese kommunikationspolitischen Entscheidungen vom Kommunikator „richtig“ getroffen worden sind. Dabei erfolgt die Beurteilung in folgender Art und Weise: Verfolgt ein Unternehmen seine Kommunikation in der Art, daß eine schlagkräftige Aussage einer wahren vorgezogen wird, so werden sicher die Zielpersonen keine Reaktion zeigen, sofern Ihnen an einer seriösen, am Grundatz der Glaubwürdigkeit orientierten Information gelegen ist. Wählt ein Unternehmen eine emotionale Form der Ansprache, so werden die Kommunikationsmaßnahmen von den gewünschten Adressaten kaum registriert werden, wenn diese eigentlich rational überzeugt werden wollen. Hat sich ein Unternehmen für Inserate als Kommunikationsmittel entschieden, so werden die anvisierten Zielpersonen nicht zu der beabsichtigten Handlung angeregt werden können, wenn diese vorrangig auf eine multisensorische Ansprache in Form von Werbespots reagieren. Nutzt ein Unternehmen Printmedien als Kommunikationsträger, so werden die Kommunikationsmaßnahmen von den Adressaten kaum wahrgenommen, wenn sich diese bevorzugt über das Fernsehen informieren. Die Frage, ob obige kommunikationspolitische Entscheidungen richtig getroffen wurden, wird also dadurch beantwortet, ob der Adressat die Botschaft der Kommunikation wahrgenommen, verstanden und in Form der vom Kommunikator gewünschten Handlung umgesetzt hat.[39]

39 Vgl. Marr, R. / Picot, A. (Absatzwirtschaft, 1991), S. 707 f. sowie Süchting, J. (Finanzmanagement, 1995), S. 254.

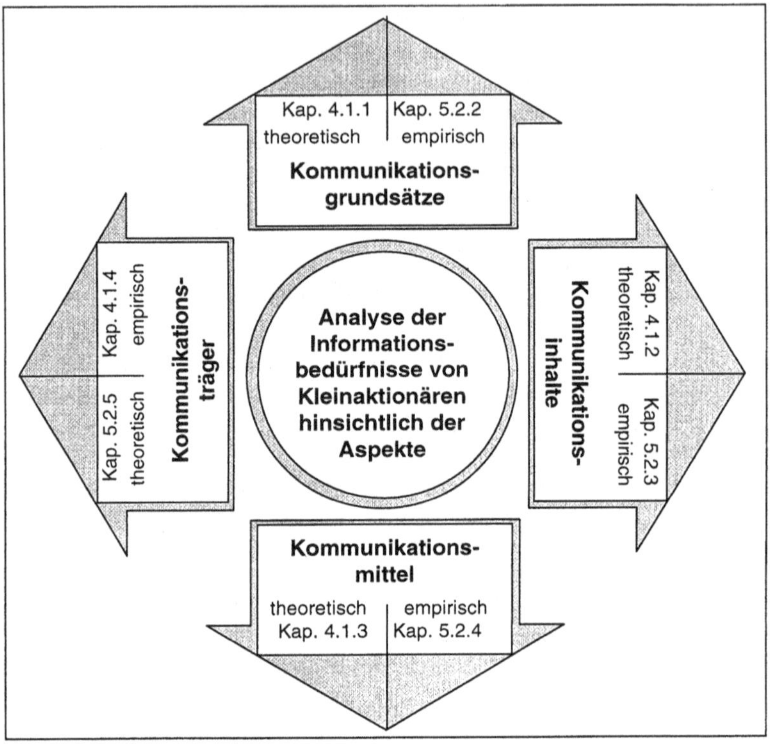

Abb. 3.3: Konzeptioneller Rahmen

Zusammenfassend ist also festzustellen: Im Gegensatz zu den anfangs genannten Aspekten zeichnen sich „richtige“ Entscheidungen hinsichtlich der Kommunikationsgrundsätze, -inhalte, -mittel und -träger dadurch aus, daß sie sich - gemäß dem Motto „Der Wurm muß dem Fisch schmecken, nicht dem Angler“ - an den Bedürfnissen der Adressaten und nicht an den Vorstellungen bzw. Möglichkeiten des Kommunikators orientieren. Diese Überlegungen weiterverfolgend setzt die Fähigkeit, die Kommunikationsgestaltungs- und Kommunikationsträgerplanung „richtig“ vorzunehmen, unweigerlich ein umfangreiches Wissen des Kommunikators um die Informationsbedürfnisse der Adressaten voraus. Übertragen auf Investor Relations müssen sich IR-aktive Unternehmen also ein Wissen um die

Bedürfnisse der Anleger aneignen.[40] Dies macht eine umfangreiche Analysetätigkeit notwendig, die sich - den vorangegangenen Überlegungen entsprechend - schwerpunktmäßig mit folgenden Fragestellungen auseinanderzusetzen hat:

⇨ *Kommunikationsgrundsätze:* Welche grundsätzlichen Anforderungen stellen Kleinaktionäre an die Finanzkommunikation als Ganzes?

⇨ *Kommunikationsinhalte:* Welche konkreten Informationen wünschen Kleinaktionäre über das Unternehmen oder die Aktie zu erfahren?

⇨ *Kommunikationsmittel:* In welcher Form sollen diese Informationen aus Sicht der Kleinaktionäre übermittelt werden?

⇨ *Kommunikationsträger:* Über welche Trägermedien sollen die Informationen übertragen werden?

Mit der Identifikation dieser vier Untersuchungsschwerpunkte ist die zu Beginn von Kapitel 3 gestellte Frage, hinsichtlich welcher konkreten Aspekte die dieser Arbeit zugrundeliegende Analyse der Informationsbedürfnisse von Kleinaktionären durchgeführt werden muß, beantwortet. Gleichzeitig wird damit ein konzeptioneller Rahmen geschaffen, an dem sich - wie Abbildung 3.3 demonstriert - sowohl die folgende Darstellung der theoretischen Überlegungen als auch der empirischen Ergebnisse orientiert.

40 Vgl. hierzu allgemein Marr, R. / Picot, A. (Absatzwirtschaft, 1991), S. 707, mit speziellem Bezug zu Investor Relations Bruns, H.-G. (Aktienplazierung, 1998), S. 393. Die vorgeschlagene Vorgehensweise wurde auch von der Schering AG verfolgt. So wurden vor der Formulierung ihrer Informationspolitik erst ausführlich die Informationsbedürfnisse der primären Zielgruppen, der Finanzanalysten und Anlageberater, erforscht. Vgl hierzu Schering AG (Hrsg.) (Information Policy, 1988), S. 3 sowie Schering AG (Hrsg.) (Finanzkommunikation, 1987), S. 2.

4 THEORETISCHE ABLEITUNG DER INFORMATIONSBEDÜRFNISSE

Während in den vorangegangenen Kapiteln notwendige Grundlagen erläutert wurden, widmen sich die folgenden Ausführungen dem eigentlichen Kern der Arbeit, der Analyse der Informationsbedürfnisse von Kleinaktionären. Dieses Thema wird im vorliegenden Kapitel 4 aus einer theoretisch-deduktiven Perspektive betrachtet, wobei im Rahmen dieser deduktiven Analyse ein zweistufiges Vorgehen gewählt wird. Kapitel 4.1 beschäftigt sich zuerst allgemein, d.h. im Hinblick auf die Menge *aller* Eigenkapitalgeber, mit der Frage, *welche Informationsbedürfnisse ihrerseits sich theoretisch ableiten lassen*. Aufbauend auf den Erkenntnissen aus dieser „groben" Analyse wird im folgenden eine Verfeinerung in der Art vorgenommen, daß in Kapitel 4.2 deduziert wird, welche spezifischen Informationsbedürfnisse Kleinaktionäre aufweisen.

4.1 ALLGEMEINE ABLEITUNG DER INFORMATIONSBEDÜRFNISSE

Ziel von Kapitel 4.1 ist es, die für die IR-Planung relevanten Informationsbedürfnisse der Eigenkapitalgeber hinsichtlich der Aspekte Kommunikationsgrundsätze (Kap. 4.1.1), Kommunikationsinhalte (Kap. 4.1.2), Kommunikationsmittel (Kap. 4.1.3) und Kommunikationsträger (Kap. 4.1.4) auf Basis theoretischer Überlegungen zu ermitteln. Im Aufbau der Unterkapitel, die jeweils einem der genannten Aspekte gewidmet sind, spiegelt sich dabei folgendes Vorgehen wider: Zuerst werden auf Basis übergeordneter, themenverwandter Deduktionsgrundlagen - soweit vorhanden - die Bedürfnisse bzw. die daraus resultierenden Anforderungen der IR-Adressaten abgeleitet, welche bei der Planung der IR-Strategie zu berücksichtigen sind. Im Anschluß daran werden die Anforderungen zu einer Gesamtsystematik zusammengefaßt und im Sinne theoretisch abgeleiteter Handlungsempfehlungen für die Gestaltung des jeweiligen Aspekts im Überblick dargestellt.

4.1.1 GRUNDSÄTZE DER INVESTOR-RELATIONS-POLITIK

Bereits bei der Modifikation des Kommunikationsplanungsprozesses im Hinblick auf die Charakteristika von Investor Relations wurde die besondere Bedeutung von Kommunikationsgrundsätzen, an denen die Kommunikation in ihrer Gesamtheit ausgerichtet werden sollte, herausgestellt.[1] Den Gegenstand dieses Kapitels bilden nun Überlegungen, welche grundlegenden Prinzipien aus Sicht der Adressaten gefordert werden könnten und wie sich diese in einem umfassenden Grundsatzsystem zusammenführen lassen.

1 Vgl. hierzu Kapitel 3.2.2.

4.1.1.1 ABLEITUNG VON ANFORDERUNGEN HINSICHTLICH DER KOMMUNIKATIONSGRUNDSÄTZE

Hinweise für mögliche Anforderungen, denen eine IR-Kommunikation in ihrer Gesamtheit gerecht werden sollte, lassen sich aus sehr unterschiedlichen Deduktionsgrundlagen gewinnen. Beispielsweise liefern die Erkenntnisse der Erfolgsfaktorenforschung zum Bereich Informationsvermittlung, aber auch verschiedene gesetzliche Bestimmungen Anhaltspunkte hinsichtlich der Bedürfnisse von Aktionären, denen durch die Formulierung von IR-Grundsätzen Rechnung getragen werden sollte. Ebenso können aufbauend auf den Erfahrungen, wie durch kommunikative Aktivitäten der Prozeß der Vertrauensbildung unterstützt werden kann, Rückschlüsse gezogen werden hinsichtlich der Implementierung von IR-Grundprinzipien, die aus Sicht der Adressaten bei der Finanzkommunikation zu beachten sind.

4.1.1.1.1 DEDUKTIONSGRUNDLAGE QUALITÄTSKRITERIEN DER INFORMATIONSVERMITTLUNG

Allgemein dient eine Investor-Relations-Abteilung als Vermittler von unternehmensbezogenen Daten an die Adressaten Aktionäre. Dementsprechend erscheint es sinnvoll, Qualitätskriterien für eine erfolgreiche Informationsvermittlung, wie sie beispielsweise aus der Arbeit innerbetrieblicher Dokumentenbeschaffungsstellen bekannt sind, zu diskutieren und daraus Rückschlüsse auf die Bedürfnisse der IR-Adressaten hinsichtlich der Vermittlung von Finanzinformationen zu ziehen.

Als drei wesentliche Qualitätsaspekte derartiger Stellen werden die Aktualität, die Vollständigkeit und die Präzision der Informationsvermittlung angesehen. Aktualität kann dabei in dem Sinne interpretiert werden, daß die übermittelten Informationen den letzten Stand der Kenntnisse zu einem bestimmten Aspekt darstellen. Mit Vollständigkeit ist gemeint, daß alle Facetten und Details eines interessierenden Themas durch die gegebenen Informationen abgedeckt sind. Gemäß dem Kriterium Präzision wird bewertet, wie genau sich die übermittelten Informationen auf den interessierenden Aspekt beziehen. Präzision bedeutet damit, exakt diejenigen Daten zu liefern, die zur Beantwortung einer Fragestellung wesentlich sind und deswegen angefordert wurden. Das heißt auch, auf unnötige, nicht themenbezogene zusätzliche Informationen zu verzichten.[2]

---

2 Vgl. Janke, E. (Dokumentenbeschaffung, 1990), S. 166 ff., Ruffer, J. (Informationsvermittlung, 1989), S. 310 f., Schwuchow, W. (Informationsdienste, 1993), S. 7, Herget, J. / Hensler, S. (Informationsvermittlung, 1992a), S. 385.

Aufgrund der ähnlichen Ausgangssituation können die Bedürfnisse der Kunden von Informationsvermittlungsstellen, die sich in obigen Qualitätskriterien widerspiegeln, nahezu analog für die IR-Adressaten angenommen werden. Auch für den Bereich Investor Relations erscheint eine Forderung der Aktionäre nach *Aktualität, Vollständigkeit* und Präzision bzw. *Wesentlichkeit* der Finanzinformationen, die durch die Formulierung von entsprechenden Grundsätzen berücksichtigt werden sollte, nachvollziehbar.

Eine Modifikation scheint jedoch hinsichtlich eines vierten Qualitätsaspektes, der Zuverlässigkeit der Informationsvermittlung notwendig. Mit dem Kriterium Zuverlässigkeit wird auf die Richtigkeit bzw. Fehlerhaftigkeit der Informationen abgestellt.[3] Da es sich bei IR-Informationen um unternehmensinterne Daten handelt, die sich größtenteils eindeutig recherchieren lassen, ist die Gefahr einer unbewußten falschen Datenweitergabe, wie sie die Begriffe Zuverlässigkeit bzw. Fehlerhaftigkeit implizieren, eher von untergeordneter Bedeutung. Stattdessen sieht sich der IR-Adressat eher der Gefahr ausgesetzt, unwahre im Sinne von bewußt verfälschten Informationen vermittelt zu bekommen, durch die eine augenblicklich schlechte Unternehmenssituation kaschiert werden soll. Entprechend dieser Argumentation läßt sich daher weniger ein Bedürfnis nach zuverlässigen, als vielmehr nach *wahren Informationen* ableiten.

4.1.1.1.2 DEDUKTIONSGRUNDLAGE GESETZLICHE BESTIMMUNGEN

Neben den eben diskutierten Erfolgsfaktoren bei der Informationsvermittlung lassen sich auch aus den gesetzlichen Vorschriften, in denen das Verhältnis Unternehmen - Aktionär geregelt wird, Anhaltspunkte gewinnen, welche Prinzipien aus Sicht der Adressaten im Rahmens eines IR-Grundsatzsystems zu berücksichtigen sind. Sowohl Aktiengesetz als auch Handelsgesetzbuch enthalten Regelungen, wie die sogenannte Pflichtkommunikation zwischen Unternehmen und Aktionär zu gestalten ist. Diese Regelungen dienen primär der Wahrung der Aktionärsinteressen. Durch eine Analyse dieser gesetzlichen Vorschriften sollte daher auf Bedürfnisse der Aktionäre, denen durch die Formulierung übergeordneter IR-Grundsätze Rechnung zu tragen ist, geschlossen werden können.

Besondere Bedeutung wird in den gesetzlichen Vorschriften der *Gleichbehandlung* der Aktionäre eingeräumt. Neben der allgemeinen Bestimmung in § 53 a AktG, die festschreibt, daß „Aktionäre (...) unter gleichen Voraussetzungen gleich zu behandeln (sind, Anm. d. Verf.)“, existieren zusätzlich speziellere Vorschriften wie beispielsweise § 131 Abs. 4 AktG, der allen Aktionären das gleiche

---

3 Vgl. Ruffer, J. (Informationsvermittlung, 1989), S. 310 f., Schwuchow, W. (Informationsdienste, 1993), S. 7, Janke, E. (Dokumentenbeschaffung, 1990), S. 168.

Recht auf Auskunft über Unternehmensinformationen einräumt.[4] Hinter diesen Vorschriften kann ein Bedürfnis der Aktionäre nach Gleichbehandlung vermutet werden, das auch bei der Gestaltung von freiwilligen Investor-Relations-Maßnahmen zu berücksichtigen ist. Prinzipiell schreibt § 53 a AktG auch für diesen Bereich bereits die Gleichbehandlung der Aktionäre vor. Die Formulierung eines speziellen Kommunikationsgrundsatzes für die IR-Arbeit erscheint damit überflüssig. Jedoch versucht ein Unternehmen - wie bei der Bestimmung der IR-Zielgruppen erläutert wurde - mit seiner Investor-Relations-Arbeit nicht nur die gegenwärtigen, sondern auch potentielle Aktionäre anzusprechen, die nicht von § 53 a AktG betroffen sind. Es ist plausibel anzunehmen, daß auch diese Zielgruppe das Bedürfnis nach Gleichbehandlung aufweist und daß von der Tatsache, ob dieses Bedürfnis durch das Unternehmen befriedigt wird, auch deren Kaufentscheidung beeinflußt wird. Insofern sind Unternehmen durchaus mit der Anforderung konfrontiert, im Hinblick auf diese Problematik einen speziellen Grundsatz der Gleichbehandlung für Investor Relations zu formulieren.

Die eben beschriebene gesetzliche Forderung nach Gleichbehandlung der Aktionäre drückt sich auch in der in § 15 WpHG kodifizierten Ad-hoc-Publizität aus. Demnach sind zur Vermeidung der Gefahr von Insidergeschäften neue kursrelevante Informationen ad hoc, also sofort allgemein bekannt zu machen.[5] Neben der Forderung nach Gleichbehandlung kann aus diesen Bestimmungen zur Ad-hoc-Publizität aber auch das Bedürfnis der Aktionäre nach einer *unverzüglichen, aktuellen Informationsweitergabe* abgeleitet werden, wie es bereits bei der Behandlung der Erfolgskriterien der Informationsvermittlung angesprochen worden ist.

Einen Anhaltspunkt für die Ermittlung der Bedürfnisse der Aktionäre stellen auch die an verschiedenen Stellen in den Gesetzen verstreuten Schutzklauseln dar. Diese erlauben eine Einschränkung der gesetzlich vorgeschriebenen Publizität, sofern dadurch Gefährdungen des Unternehmens eintreten könnten.[6] So kann beispielsweise nach § 286 Abs. 2 die eigentlich geforderte Umsatzsegmentierung unterbleiben oder gemäß 131 Abs. 3 Nr. 1 AktG in der Hauptversammlung die Auskunft vom Vorstand verweigert werden, wenn die dadurch vermittelten In-

---

4 Vgl. hierzu auch Feuerhake, R. (Kommunikationskultur, 1993), S. 101.

5 Vgl. zur Ad-hoc-Publizität sowie zum Insiderrecht generell Möller, A. (Insiderrecht, 1994), S. 99 ff., Waschkowski, H. (Insiderrichtlinien, 1995), S. 707 ff., Wittich, G. (Ad hoc-Publizität, 1997), S. 130, Gerke, W. / Arneth, S. (Insiderinformationen, 1997), S. 167 ff. sowie die gesetzlichen Regelungen zum Insiderrecht, Artikel 1 Abschnitt 3 und 6 im Gesetz über den Wertpapierhandel und zur Änderung börsenrechtlicher und wertpapierrechtlicher Vorschriften (Zweites Finanzmarktförderungsgesetz).

6 Vgl. auch Ewert, R. / Wagenhofer, A. (Unternehmenspublizität, 1992), S. 300.

formationen geeignet sind, „ ... der Gesellschaft einen nicht unerheblichen Nachteil zuzufügen“[7]. Diese Klauseln dienen also dem Schutz des Unternehmens vor Reaktionen der Umwelt, die allein aus der Informationsweitergabe resultieren könnten. Schutz des Unternehmens ist jedoch gleichzusetzen mit der Wahrung der Interessen all jener, die von der positiven Entwicklung und dem Erfolg eines Unternehmens profitieren wie z.B. das Management, die Mitarbeiter und natürlich auch die Aktionäre. Entsprechend der vorangegangenen Überlegungen kann damit den Aktionären ein Bedürfnis nach einer *begrenzten Offenlegung* von Unternehmensdaten unterstellt werden.

4.1.1.1.3 DEDUKTIONSGRUNDLAGE PROZESS DER VERTRAUENSBILDUNG

Wie im Rahmen der Begriffsklärung bereits ausführlich diskutiert wurde, ist die Schaffung und die Stärkung von Vertrauen bei den Akteuren am Kapitalmarkt die primäre Zielsetzung der Investor-Relations-Arbeit von Unternehmen. Die besondere Bedeutung von Vertrauen resultiert daraus, daß nur dann, wenn dieses bei den Aktionären vorhanden ist, sie die mit dem Aktienkauf verbundene Unsicherheit als akzeptabel empfinden und sich zum Kauf entschließen können.

Als Pendant zu jeder Variablen, die ursächlich für einen Teil der Unsicherheit beim Aktienkauf ist, braucht der Aktionär eine spezifische Art von Vertrauen. So ist beispielsweise eine Art von Vertrauen notwendig, daß sich die exogenen Faktoren, z.B. das Konkurrenzverhalten oder die Nachfrage nach Produkten, möglichst günstig für das Unternehmen entwickeln werden. Ebenso braucht der Aktionär das Vertrauen in die Fähigkeiten und Kompetenzen des Unternehmens, zukünftige Probleme erfolgreich meistern zu können. Nicht zuletzt wird nur derjenige Aktien kaufen, der das Vertrauen hat, daß das Unternehmen nicht entgegen der Aktionärsinteressen handeln wird.[8]

Im Zusammenhang mit der dritten Form von Vertrauen - das Vertrauen in den „guten Willen“ des Unternehmens - ist die mögliche Forderung des Aktionärs nach *Offenheit* und *Transparenz* bei der Finanzkommunikation zu sehen. Das Verhältnis von Unternehmen und Aktionär ist Beispiel einer Principal-Agent-Beziehung[9], in der zwischen den beiden Parteien Informationsasymmetrien be-

---

7 Vgl. hierzu § 131 Abs. 3 AktG.

8 Vgl. zur selben Thematik, jedoch unter Verwendung einer anderen Terminologie die Erläuterungen von Ripperger, T. (Ökonomik, 1998), S. 34 ff.

9 Vgl. zur Principal-Agent-Theorie allgemein Jensen, M. C. / Meckling, W. H. (Agency Costs, 1976), Picot, A. (Theorien, 1991), S. 150 ff., zu ihrer speziellen Bedeutung im Zu-

stehen. Das hat zur Folge, daß der Aktionär a priori nicht über alle Informationen hinsichtlich des Unternehmens verfügt, die für seine Anlageentscheidung ausschlaggebend wären. Von der Art, in der ein Unternehmen nun dem Wunsch nach Offenheit in der Kommunikation nachkommt bzw. ob es bewußt versucht, Informationsgefälle aufrechtzuerhalten, dürfte abhängen, ob die Aktionäre das Vertrauen entwickeln können, daß das Unternehmen in ihrem Sinne handeln und ihre Interessen berücksichtigen wird.[10]

Neben dem Vertrauen in die Aufrichtigkeit des Unternehmens muß der Aktionär auch Vertrauen in dessen Fähigkeiten und Kompetenzen haben. Seitens der Unternehmen wird versucht, diese Form von Vertrauen vor allem durch eine rationale Form der Überzeugung zu schaffen. So wird vor den Augen der Kapitalmarktakteure die gegenwärtige Lage erläutert, es wird über beabsichtigte Maßnahmen informiert und auf dieser Basis argumentiert, warum sich die zukünftige Entwicklung eines Unternehmens erfolgreich gestalten könnte.[11]

Eine wesentliche Grundvoraussetzung, daß ein Unternehmen mit dieser rationalen Überzeugung erfolgreich sein und daß auf dieser Basis Vertrauen erzeugt werden kann, ist darin zu sehen, daß die Art der Überzeugung optimal auf die individuellen Eigenschaften des Gegenübers zugeschnitten ist. Jeder Aktionär hat spezifische Bedenken, sieht spezielle Probleme bei der Kapitalanlage, die nur durch die dazu passenden Argumente aus dem Weg geräumt werden können. Jeder Aktionär hat auch ein unterschiedliches Wissen und eine andere Vorbildung. Daran muß sich der Kommunikator bei der Frage, welche Informationen gegeben werden oder mit welcher Ausführlichkeit die Argumentation erfolgen soll, orientieren. Es bleibt festzuhalten, daß der Aktionär schneller und stärker Vertrauen empfinden wird, der unter Berücksichtigung seiner individuellen Charakteristika von den Vorteilen der Kapitalanlage überzeugt wird. Daraus die Forderung des Aktionärs nach einer individuellen Ansprache abzuleiten, erscheint überzogen, nicht jedoch das Bedürfnis zumindest nach einer *Zielgruppenbezogenheit* bei der Finanzkommunikation.

Neben der Forderung nach Offenheit und Zielgruppenbezogenheit läßt sich im Zusammenhang mit der Problematik des Vertrauensaufbaus auch der Wunsch der Aktionäre nach *Stetigkeit* und *Kontinuität* in der Finanzkommunikation ableiten.

---

sammenhang mit Investor Relations Günther, T. / Otterbein, S. (Gestaltung, 1996), S. 394 sowie Jacob, A.-F. (Vertrauenskapital, 1991), S. 120.

10 Vgl. Chugh, L. C. / Meador, J. W. (Analysts, 1984), S. 21, Thompson, C. R. (Company, 1982), S. 48.

11 Vgl. Kohlhaussen, M. (Investor Relations, 1996), S. 426.

„Vertrauen entsteht ... meist nicht spontan, sondern muß durch einen kontinuierlichen Prozeß wachsender Vertrautheit erworben werden.“[12] Dieser Annahme kann entgegengehalten werden, daß der Aktionär einen derartigen kontinuierlichen Prozeß nicht real-time miterleben muß, er kann ihn auch quasi im Zeitraffer nachvollziehen. Beispielsweise kann sich ein Aktionär sämtliche Publikationen, Zeitungsartikel und sonstige Nachrichten über ein Unternehmen, die innerhalb des vergangenen Jahres veröffentlicht wurden, besorgen und ebenso wie derjenige, der alles zeitgleich miterlebt hat, nun auf Basis dieser Informationen innerhalb kürzester Zeit ein Urteil hinsichtlich der Vertrauenswürdigkeit eines Unternehmens fällen. In diesem Falle kann Vertrauen innerhalb eines relativ kurzen Augenblicks geschaffen werden. Es ist nun jedoch anzunehmen, daß derselbe Anleger nicht erst nach Ablauf des nächsten Jahres, sondern von nun an in kurzen, regelmäßigen Abständen sein Urteil auf seine Richtigkeit hin überprüfen will. Spätestens also, um einmal geschaffenes Vertrauen erhalten und möglicherweise ausbauen zu können, sehen sich Unternehmen der Forderung nach einer kontinuierlichen Finanzkommunikation ausgesetzt.[13]

4.1.1.2 GRUNDSATZSYSTEM DER INVESTOR-RELATIONS-POLITIK

Die Ausführungen dieses Abschnitts widmen sich der Beschreibung eines umfassenden Grundsatzsystems[14] von Investor Relations, das den zuvor abgeleiteten Bedürfnissen der Aktionäre sowie den daraus resultierenden Anforderungen Rechnung trägt. Folgende sechs übergeordnete Grundsätze sind in diesem Zusammenhang formuliert worden:

Grundsatz der Transparenz

Eine Ausrichtung nach dem Grundsatz der Transparenz verlangt vom kommunizierenden Unternehmen in erster Linie, negative Unternehmensnachrichten mit derselben Offenheit und demselben Engagement zu kommunizieren wie gute. Eine andere Einstellung, wie beispielsweise eine rein reaktive, passive oder eine nur sukzessive Informationsbereitstellung hinsichtlich kurssenkend wirkender Information, ein Zurückhalten solcher Nachrichten oder gar eine unwahre oder verfälschende Berichterstattung bringt möglicherweise kurzfristig Vorteile. Langfristig büßt ein Unternehmen bzw. sein Management mit diesem als „stonewalling“ be-

12 Krystek, U. / Müller, M. (Investor Relations, 1993), S. 1786.

13 Vgl. Gentz, M. (Investor Relations, 1995), S. 109, o. V. (Meinungsspiegel, 1993), S. 196.

14 Ähnliche Grundsatzsysteme finden sich bei Allendorf, G. J. (Investor Relations, 1996), S. 61 f., Drill, M. (Investor Relations, 1995), S. 104 ff., Günther, T. / Otterbein, S. (Gestaltung, 1996), S. 395 f.

zeichneten, auf fehlende Integrität hinweisenden Verhalten seine Glaubwürdigkeit ein, was sich insbesondere auf die Aufnahmebereitschaft zukünftiger guter Unternehmensnachrichten seitens der Adressaten negativ auswirkt.[15]

In einer weitergehenden Interpretation können als Unterpunkte des Prinzips der Transparenz der Grundsatz der Vollständigkeit, der Grundsatz der Wahrheit sowie der Grundsatz der Aktualität angesehen werden. Somit bedeutet eine transparente Finanzkommunikation eines Unternehmens, daß grundsätzlich über alle kursrelevanten Faktoren wahr und unverzüglich zu berichten ist.[16] Auf die Einschränkung, die durch den Zusatz „grundsätzlich" zum Ausdruck kommt, wird im Rahmen des Grundsatzes der begrenzten Offenlegung genauer eingegangen.

Grundsatz der Kontinuität

Kontinuität im Rahmen der Investor Relations sollte sich darin ausdrücken, daß ein konstant hohes Aktivitätsniveau bei der Kommunikation insbesondere unabhängig von der jeweiligen wirtschaftlichen Situation des Unternehmens beibehalten wird. Auf diese Weise wird die Glaubwürdigkeit des Unternehmens bzw. seines Managements unterstrichen. Im Hinblick auf die Erzielung von Kontinuität bietet es sich daher an, anstelle von sporadischen Maßnahmen Investor Relations derart zu systematisieren, daß Standardinformationen Jahr für Jahr im gleichen Rhythmus übermittelt werden.[17]

Diesem Grundsatz der Kontinuität diametral entgegengesetzt ist jedoch das Verhalten vieler am Kapitalmarkt agierender Unternehmen. Anstatt für den IR-Adressaten ein „kommunikatives Dauererlebnis" zu schaffen und ihm dadurch permanent wiederkehrende Anreize für ein Investment in die eigene Aktie zu liefern, kann vielfach beobachtet werden, daß Unternehmen ihre Finanzkommunikation nur vor Kapitalerhöhungen intensivieren, zu anderen Zeitpunkten Investor Relations von ihnen aber vernachlässigt wird.[18]

---

15 Vgl. Breuer, R.-E. (Institution, 1991), S. 72, Bittner, T. (Investor Relations, 1996), S. 18, Higgins, R. B. / Bannister B. D. (Communication, 1992), S. 35, o. V. (Structure, 1984), S. 22, Thompson, C. R. (Company, 1982), S. 48, Brantley, W. F. (Approach, 1990), S. 11.

16 Vgl. hierzu Link, R. (Publikumsgesellschaften, 1991), S. 348 und Allendorf, G. J. (Investor Relations, 1996), S. 61 f.

17 Vgl. Roop, J. J. (Program, 1982), S. 31, Goldman, A. I. (Develop, 1982), S. 30, Lingenfelder, M. / Walz, H. (Finanzmarketing, 1988), S. 469, o. V. (Meinungsspiegel, 1993), S. 196, Paul, W. (Börseneinführung, 1992), S. 951.

18 Vgl. Krystek, U. / Müller, M. (Investor Relations, 1993), S. 1785 f., Liener, G. (Investor Relations, 1993), S. 331, Paul, W. (Investor, 1991), S. 939 f., Hirschbil, H. (Identität, 1990), S. 101.

Grundsatz der begrenzten Offenlegung

In bezug auf die zuvor genannten Schutzklauseln, bei denen es sich um Kann-Bestimmungen handelt, würde es für eine allein vom Grundsatz der Vollständigkeit dominierte Finanzkommunikation bedeuten, daß von der Möglichkeit der Informationsverweigerung kein Gebrauch gemacht wird. Die Wahrung des Interesses eines Aktionärs, die positive Entwicklung eines Unternehmens nicht zu beeinträchtigen, macht jedoch die Formulierung eines Grundsatzes der begrenzten Offenlegung notwendig. Dabei kann zwischen einer inhaltlich und einer zeitlich begrenzten Offenlegung differenziert werden.

Inhaltlich begrenzte Offenlegung drückt sich darin aus, daß über einzelne, strategisch bedeutsame Aspekte, z.B. über neue Produkte oder innovative Strategien, nicht informiert wird. Dadurch soll die Gefahr, Reaktionen der Umwelt im Sinne von speziellen Gegenmaßnahmen herauszufordern und somit eine Verschlechterung der Wettbewerbssituation herbeizuführen, vermieden werden.[19] Da bei einer sehr restriktiven Kommunikationspolitik jedoch nicht gleichzeitig das Bedürfnis der Adressaten nach vollständiger Information adäquat befriedigt werden kann, müssen die Vorteile und die Nachteile eines bestimmten Niveaus der Offenlegung sorgfältig gegeneinander abgewogen werden.[20]

Insbesondere um noch laufende Prozesse, z.B eine bevorstehende Akquisition, nicht zu gefährden, kann eine Ausnahme vom Grundsatz der Kontinuität in Form einer zeitlich begrenzten Nicht-Kommunikation, d.h. eine „quiet period" erforderlich werden. Ein zuvor geschaffenes Vertrauensverhältnis zu Anlegern und Multiplikatoren vorausgesetzt kann eine derartige Vorgehensweise „zumindest dann längerfristig auf Akzeptanz stoßen, wenn es gut begründet ist und im Hinblick auf Folgesituationen auch ex-post nachvollziehbar bleibt"[21].

---

19 Vgl. hierzu Drill, M. (Investor Relations, 1995), S. 105 ff. In diesem Zusammenhang wäre jedoch die Frage zu stellen, ob Konkurrenten nicht auch bessere Quellen finden können, um relevante Daten über ein anderes Unternehmen zu erhalten. Vgl. zu dieser sowie zu weiteren Überlegungen hinsichtlich der Offenlegung von Unternehmensdaten Pohle, K. (Investors Relations, 1991), S. 282, Rehkugler, H. (Unternehmenskommunikation, 1993), S. 46 sowie Ewert, R. / Wagenhofer, A. (Unternehmenspublizität, 1992), S. 301 ff.

20 Eine umfassende Diskussion der Vor- und Nachteile einer offenen Informationspolitik findet sich bei Drill, M. (Investor Relations, 1995), S. 98 ff. sowie bei Higgins, R. B. / Diffenbach, J. (Strategy, 1989), S. 134 ff. Vgl. hierzu auch Chugh, L. C. / Meador, J. W. (Analysts, 1984), S. 17 und 20 f., Kellenberger, R. (Berichterstattung, 1981), S. 77 ff., Krumnow, J. (Unternehmenskommunikation, 1993), S. 8, o. V. (Bilanzgewinne, 1987), S. 114.

21 Link, R. (Publikumsgesellschaften, 1991), S. 349. In ähnlicher Weise äußern sich zu diesem Aspekt Rogala, D. P. (Konturen, 1990), S. 17, Schirmacher, A. F. (Kommunikation,

Grundsatz der Wesentlichkeit

Von *Herdt* stammt das Zitat, daß es „... bei allen von der Kommunikation lebenden und auf sie angewiesenen Marktteilnehmern entscheidend darauf ankomme, nicht 'maßlos', sondern einfach gut informiert zu sein“[22]. Damit kommt zum Ausdruck, daß dem Grundsatz der Vollständigkeit nicht nur aus der Notwendigkeit der Geheimhaltung bestimmter Daten Grenzen gesetzt sind, sondern auch aus Gründen der Verständlichkeit bzw. aus Gründen der Vermeidung eines „information overloads“ bei den Adressaten.[23] Die Beachtung des Grundsatzes der Wesentlichkeit ist insbesondere für die Auswahl der im Rahmen von Investor Relations zu vermittelnden Kommunikationsinhalte von Bedeutung. So sollte beispielsweise bei der inhaltlichen Gestaltung von Kommunikationsmitteln darauf geachtet werden, daß unnötige Details, z.B. übermäßig ausführliche Informationen zur Vergangenheit des Unternehmens, zugunsten einer präzisen und kompakten Darstellung der wesentlichen, für die Investitionsentscheidung relevanten Daten in den Hintergrund treten.[24]

Grundsatz der Zielgruppenbezogenheit

Interessenten einer Aktie unterscheiden sich erheblich voneinander. Ebenso wie sie unterschiedliche Eigenschaften und Verhaltensweisen aufweisen, differieren auch ihre individuellen, finanzwirtschaftlichen Kenntnisse, ihre spezifischen, mit der Investition verbundenen Zielsetzungen sowie die persönliche Perspektive, aus der sie das Investitionsobjekt Aktie bzw. Unternehmen beurteilen. Sich auf diese individuellen Charakteristika bzw. die daraus entstehenden Bedürfnisse einzustellen und die jeweiligen Unterschiede bei der Gestaltung von Investor Relations zu berücksichtigen, ist ein Ziel, dem durch die Formulierung des Grundsatzes der Zielgruppenbezogenheit Rechnung getragen werden sollte.[25] Insbesondere bei der Wahl der Kommunikationsinhalte, der Gestaltung der Anspracheform, der formalen Aufbereitung der Informationen sowie der Festlegung der Kommunikationsträger ist diesem Grundsatz Beachtung zu schenken.

1991), S. 54, Link, R. (Aktienmarketing, 1994), S. 369, Drill, M. (Investor Relations, 1995), S. 143.

22 Herdt, H. K. zitiert nach Paul, W. (Bedeutung, 1993), S. 145.

23 Vgl. zum Begriff „information overload“ Witte, E. (Informationsverhalten, 1988), S. 229.

24 Vgl. Allendorf, G. J. (Investor Relations, 1996), S. 62, Paul, W. (Investor, 1991), S. 940, Verboom, E. (Investor Relations, 1992), S. 339, Liener, G. (Rechnungslegung, 1992), S. 274.

25 Vgl. o. V. (Meinungsspiegel, 1993), S. 191, Günther, T. / Otterbein, S. (Gestaltung, 1996), S. 395, Paul, W. (Bedeutung, 1993), S. 141, Liener, G. (Investor Relations, 1993), S. 330.

Grundsatz der Gleichbehandlung

Die in dem Zitat - Investor Relations „should be tailored to meet the specific needs of the listeners" - ausgedrückte Forderung nach Zielgruppenorientierung wird allerdings durch die Prämisse eingeschränkt, daß „the essence of the message should be the same no matter who the audience is"[26]. Zielgruppenbezogenheit ist also nur dann möglich, wenn dadurch nicht gleichzeitig der Grundsatz der Gleichbehandlung durchbrochen wird. Diesem Grundsatz zufolge müssen kursbeeinflussende Informationen hinsichtlich inhaltlicher und zeitlicher Aspekte in gleichartiger Form übermittelt werden, um dadurch allen Interessenten denselben Informationsstand zu ermöglichen.[27]

Sehr unterschiedliche Interpretationshilfen für den Terminus Gleichbehandlung gibt die Literatur. *Bruns* versteht diese in dem Sinn, daß „ ... alle Zielgruppen sinngemäß gleiche Antworten auf gleiche Fragen erhalten"[28]. Für *Link*, der bei dieser Auslegung einen Vorteil für die Analysten sieht, bedeutet Gleichbehandlung hingegen, „ ... nicht etwa den Hauptversammlungsteilnehmern weniger zu sagen als geschickt fragenden Analysten"[29]. Als absolutes Extrem ist die Aussage von Plaut - institutionelle Anleger und internationale Aktienanalysten „ ... können nicht genauso behandelt und mit den gleichen Informationen abgespeist werden wie Pensionäre, die ein paar Aktien des Unternehmens halten"[30] - zu werten, die trotz gegensätzlicher Beteuerung als Aufruf zum Verstoß gegen den Gleichbehandlungsgrundsatz wirkt.

---

26 Beide Zitate finden sich bei o. V. (Structure, 1984), S. 22. Auch wenn sich diese Zitate speziell auf Reden, Präsentationen und Diskussionen im Rahmen der Finanzkommunikation beziehen, so können sie doch auch auf Investor Relations allgemein übertragen werden. Ähnlich äußert sich Verboom, E. (Investor Relations, 1992), S. 339.

27 Vgl. o. V. (Meinungsspiegel, 1993), S. 193, Brantley, W. F. (Approach, 1990), S. 10, Link, R. (Aktienmarketing, 1994), S. 368, Müller-Berghoff, B. H. (Kommunikationskultur, 1993), S. 22.

28 o. V. (Meinungsspiegel, 1993), S. 194.

29 Link, R. (Aktienmarketing, 1994), S. 368.

30 Plaut, T. C. (Analysten, 1991), S. 113. Die im Zusammenhang mit diesem Zitat angeführte Argumentation, daß eine ein- oder zweiprozentige Beteiligung die institutionellen Anleger dazu verpflichtet, „andere Fragen zu stellen und andere Informationen zu verlangen als private Investoren", kann nicht als Begründung dafür herhalten, warum die den Institutionellen gegebenen Unternehmensdaten, zumindest bei entsprechendem Interesse, nicht auch privaten Investoren zugänglich gemacht werden sollten bzw. warum die Kleinaktionäre stattdessen mit weniger Information „abgespeist" werden sollten. Vgl. hierzu auch die Meinung von Müller-Berghoff, B. H. (Kommunikationskultur, 1993), S. 22.

Allgemein wird die Meinung vertreten, daß eine Angleichung des Informationsstandes der Adressaten auch bei einer zielgruppenspezifischen Verwendung bestimmter Medienarten möglich ist.[31] Zwar wenden sich beispielsweise die klassischen Mittel der Investor-Relations-Arbeit, Unternehmenspräsentationen oder Gruppen- und Einzelgespräche, oft nur an ausgewählte Analysten und Investoren. Dennoch wird darin nicht automatisch ein Widerspruch zum Grundsatz der Gleichbehandlung gesehen, sofern in diesen „nur bereits öffentlich bekannte Tatsachen besprochen werden oder im Anschluß an diese Veranstaltungen umgehend Öffentlichkeit hergestellt wird“[32]. Dies gelingt z.B. durch den Rückgriff auf Nachrichtendienste wie Reuters, durch das parallele Einschalten der Presse bzw. die Veröffentlichung in einem überregionalen Börsenpflichtblatt.[33] *Strenger* vertritt in diesem Zusammenhang den Ansatz, daß kursrelevante Informationen allen Interessenten in standardisierter Form über allgemein verbreitete Nachrichtensysteme bekannt gemacht werden sollen. In eventuell zielgruppenspezifisch ausgerichteten Informationsveranstaltungen könnten die standardisiert übermittelten Daten im folgenden eingehender beleuchtet und interpretiert werden.[34]

Angesichts der Konsequenzen, die mit der Verletzung des Gleichbehandlungsgrundsatzes für ein Unternehmen verbunden sind, sollte dieses Prinzip bei der Gestaltung von Investor Relations stets berücksichtigt werden. So schützt eine konsequente Beachtung nicht nur vor der Gefahr einer Schadensersatzpflicht, sondern hilft auch, einen nur schwer korrigierbaren Vertrauensschaden bei den benachteiligten Zielpersonen zu vermeiden.[35]

---

31 Vgl. o. V. (Meinungsspiegel, 1993), S. 194, Feuerhake, R. (Kommunikationskultur, 1993), S. 102.

32 Feuerhake, R. (Kommunikationskultur, 1993), S. 102.

33 Die Herstellung von Öffentlichkeit durch Pressemitteilungen etc. nach Gesprächen mit Multiplikatoren ist wegen der Einstellung zur Insiderthematik, z.B. die Wertung von Analysten als Primärinsider, von besonderer Bedeutung. Vgl. hierzu Diehl, U. (Investor Relations, 1993), S. 181, o. V. (Primär-Insider, 1996), S. 30, Liener, G. (Investor Relations, 1993), S. 328, Götz, J. (Ad hoc-Publizität, 1997), S. 144 oder auch die Veröffentlichungsvorschriften in bezug auf die Ad-hoc-Publizität gemäß § 15 Abs. 3 WpHG.

34 Vgl. Strenger, C. (Kommunikation, 1993), S.62 ff. Kritisch anzumerken ist hierbei jedoch, daß eine exakte Definition, was als kursrelevante Information einzustufen ist, von erheblichen Abgrenzungsproblemen begleitet wird. Vgl. hierzu Bittner, T. (Investor Relations, 1996), S. 21.

35 Vgl. o. V. (Meinungsspiegel, 1993), S. 192 und S. 195, Goldman, A. I. (Develop, 1982), S. 30.

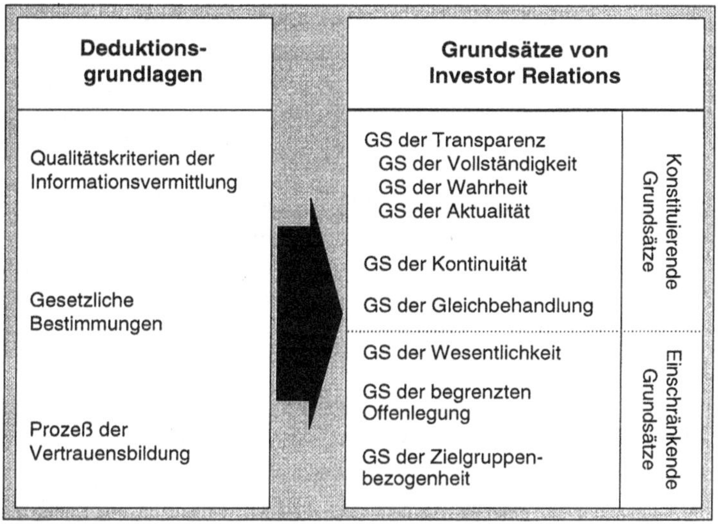

Abb. 4.1: Kommunikationsgrundsätze von Investor Relations

Im Sinne einer kurzen Zusammenfassung dieses Kapitels ist folgendes Ergebnis zu konstatieren: Ausgehend von den Deduktionsgrundlagen Qualitätskriterien der Informationsvermittlung, gesetzliche Bestimmungen und Prozeß der Vertrauensbildung ließen sich Anforderungen der IR-Adressaten ableiten, denen Unternehmen im Rahmen von Investor Relations durch die Befolgung übergeordneter Grundsätze mit entweder konstituierendem oder einschränkendem Charakter Rechnung tragen sollten. Überblicksartig faßt auch Abbildung 4.1. die wesentlichen Aspekte der vorangegangen Ausführungen noch einmal zusammen.

4.1.2 KOMMUNIKATIONSINHALTE DER INVESTOR-RELATIONS-POLITIK

Nach der Festlegung übergeordneter Grundsätze stellt die Festlegung der zu vermittelnden Botschaft die nächste wichtige Teilentscheidung im Prozeß der Kommunikationsplanung dar. Wie bei den Erläuterungen zur Kommunikationsplanung beschrieben, besteht die Botschaft einerseits aus der Behauptung, daß das Kommunikationsobjekt dem Interessenten einen besonderen Nutzen bringt, und andererseits aus einer Begründung für die Behauptung.

Hinsichtlich des Herausstellens eines besonderen Nutzens bieten sich bei dem standardisierten Objekt Aktie, das nicht wie normale Produkte des täglichen Konsums über eine Vielzahl verschiedener Produkteigenschaften verfügt, nicht allzu viele Möglichkeiten. Unter Berücksichtigung der Ziele des Anlegers können in diesem Zusammenhang lediglich die Ertragschancen, das geringe Risiko und die hohe Fungibilität besonders betont werden. Vielfältige Möglichkeiten bestehen jedoch in der Art, wie die erhobene Behauptung von der Vorteilhaftigkeit der Aktie begründet wird.[36] Welche Aspekte aus Sicht der Adressaten in diese Argumentation einfließen sollten, wird im folgenden Abschnitt behandelt. Dabei wird auch in diesem Kapitel die Vorgehensweise, wie sie bei der Generierung der IR-Grundsätze verfolgt wurde, beibehalten: Ausgehend von verschiedenen Deduktionsgrundlagen werden zuerst die Informationsbedürfnisse der IR-Adressaten hinsichtlich der Kommunikationsinhalte theoretisch abgeleitet. Auf Basis dieser Vorüberlegungen wird anschließend eine umfassende Systematik vorgestellt, in der sämtliche Aspekte, die im Rahmen von IR-Aktivitäten den Aktionären vermittelt werden sollten, aufgeführt sind.

4.1.2.1 Ableitung von Anforderungen hinsichtlich der Kommunikationsinhalte

Eine Analyse, an welchen Informationen Aktionäre interessiert sein könnten, kann auf verschiedenen Fundamenten aufbauen. So kann beispielsweise untersucht werden, welche verschiedenen Formen der Aktienanalyse existieren und welche Informationen zu deren Durchführung benötigt werden. Aber auch die Ergebnisse aus der Erfolgsfaktorenforschung geben Anhaltspunkte, welchen Informationsaspekten Bedeutung zukommen könnte. Nicht zuletzt lassen sich aus der Kritik an der deutschen Rechnungslegung und aus den dazu entworfenen Verbesserungsvorschlägen Rückschlüsse auf die Informationsbedürfnisse von Aktionären ziehen.

4.1.2.1.1 Deduktionsgrundlage Aktienanalyse

Zunächst erscheint es am naheliegendsten, die Methoden, die bei der Analyse von Aktien zum Einsatz kommen, eingehender zu untersuchen und anhand der dabei als Input benötigten Daten auf die Informationsbedürfnisse von Aktionären zurückzuschließen. Den Gegenstand der folgenden Ausführungen bilden daher die zwei im Rahmen der Aktienanalyse üblicherweise verwendeten Verfahren, die fundamentale und die technische Analyse.

---

36 Flach, U. E. / Wilhelm S. (Going Public, 1997), S. 105 und S.108 f. weisen in diesem Zusammenhang darauf hin, daß eine „Equity-Story“ zu erarbeiten und zu kommunizieren ist, mittels der gegenüber den Adressaten die besondere Attraktivität des Unternehmens begründet wird.

Fundamentale Aktienanalyse

Die Bewertung einer Aktie mittels der Fundamentalanalyse baut auf der Ermittlung ihres wahren bzw. inneren Werts auf. Zu dieser Ermittlung kann auf zwei verschiedene Verfahren - die ertragsorientierte und die substanzorientierte Aktienbewertung - zurückgegriffen werden.[37]

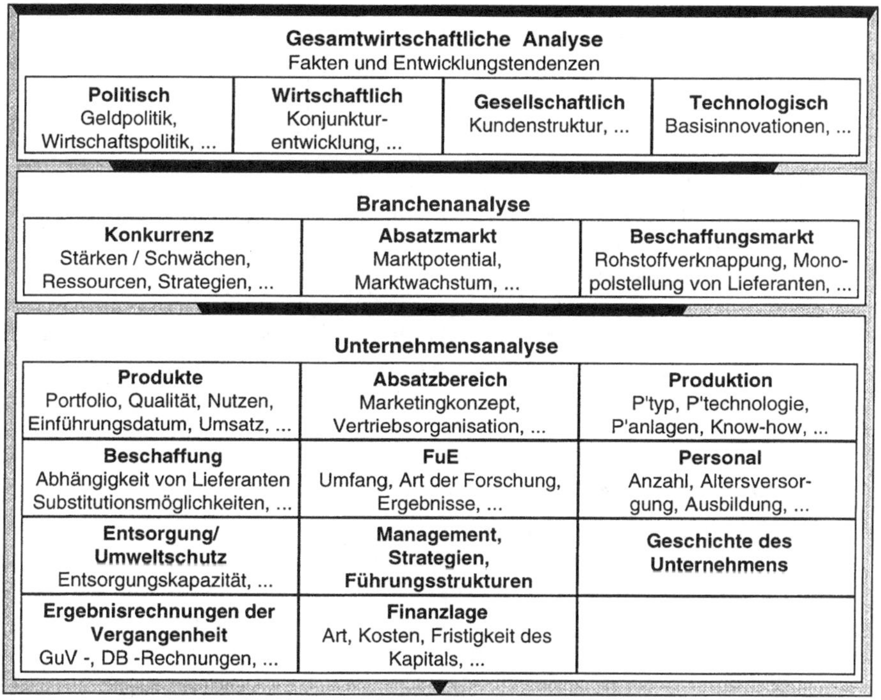

Abb. 4.2: Phasenschema der Fundamentalanalyse[38]

Die *ertragsorientierte Aktienbewertung* orientiert sich am Barwertkonzept, demzufolge sich der innere Wert einer Aktie als Gegenwartswert eines zukünftigen, von der Ertragskraft des Unternehmens abhängigen Zahlungsstroms ergibt. Ab-

---

37 Vgl. hierzu Perk, R. (Aktienanalyse, 1990), S. 3 ff., Auer, K. (Finanzanalyse, 1991), S. 163 f.

38 Bei der Entwicklung der Grafik wurde insbeondere auf die Überlegungen von Born, K. (Unternehmensanalyse, 1995), S. 68 und Sieben, G. / Zapf, G. (Hrsg.) (Unternehmensbewertung, 1981), S. 71 zurückgegriffen.

hängig davon, welche konkrete Stromgröße im Rahmen des Barwertmodells zur Berechnung herangezogen wird, können Dividenden-, Gewinn- und Cashflow-Modelle unterschieden werden.[39]

Die Prognose der zukünftigen Ertragskraft eines Unternehmens, die von vielen unterschiedlichen Variablen determiniert wird, macht die Analyse und Auswertung eines umfangreichen Datenmaterials erforderlich. Zur Strukturierung des Problems wird deshalb ein Verfahren, das die drei Schritte gesamtwirtschaftliche Analyse, Branchenanalyse und Unternehmensanalyse umfaßt, als sinnvoll angesehen. In den ersten beiden Phasen geht es um die Ermittlung von externen Faktoren, die vom Unternehmen zwar nicht beeinflußt werden können, von denen aber dennoch erhebliche Auswirkungen auf den Unternehmenserfolg zu erwarten sind. Dazu zählen beispielsweise Variablen wie allgemeine Konjunkturentwicklung, Kundenmacht oder Konkurrenzsituation. In der dritten Phase bezieht sich die Analysetätigkeit dagegen auf interne, vom Unternehmen gestaltbare Einflußfaktoren. Unter Berücksichtigung der vorangegangenen Analyseergebnisse läßt sich anschließend, ausgehend von der gegenwärtigen Ertragslage eines Unternehmens und unter Berücksichtigung der vergangenen Entwicklung, die zukünftige Ertragskraft und damit der Wert einer Aktie teils unter Verwendung statistischer Verfahren, teils auf Basis subjektiver oder intuitiver Bewertungen schätzen.[40] Einen zusammenfassenden Überblick über die Informationen, die in den einzelnen Phasen den Gegenstand der Analyse bilden und daher für einen IR-Adressaten, der seine Entscheidung auf Grundlage der Fundamentalanalyse fällt, von besonderem Interesse sind, gibt Abbildung 4.2.

Wie diese Ausführungen zeigen, sind Anlegern, die eine ertragsorientierte Bewertung ihrer Aktien vornehmen, umfangreiche Informationsbedürfnisse hinsichtlich *gesamtwirtschaftlicher, branchenbezogener und unternehmensbezogener Faktoren* zu unterstellen. Daten über die Aktie selbst werden dagegen vernachlässigt. Hinsichtlich des Zeitbezugs der Informationen ist zu konstatieren, daß für den Kaufmann, der - so ein bekannter Ausspruch - „nichts für das Gewesene gibt" vorrangig *Aussagen über die zukünftige Entwicklung* von Bedeutung sind. Jedoch ist zur Ermittlung des Status quo, von dem aus die Prognose entwikkelt wird, der Rückgriff auf *gegenwartsbezogenes Datenmaterial* unerläßlich, und auch aus *vergangenheitsbezogenen Daten* lassen sich interessante Rückschlüsse über eine mögliche zukünftige Entwicklung einzelner Sachverhalte ziehen.

---

39 Vgl. Auer, K. (Finanzanalyse, 1991), S. 164 f., Bittner, T. (Investor Relations, 1996), S. 39.

40 Vgl. Scheld, G. A. / Demming, C. (Aktienanalyse, 1993), S. 298 ff., Bittner, T. (Investor Relations, 1996), S. 37 ff., Peters, H.-W. (Aktienmarktanalyse, 1987), S. 4 f., Steiner, M. / Bruns, C. (Wertpapiermanagement, 1995), S. 272 ff., Loistl, O. (Wertpapiermanagement, 1996), S. 186 ff.

Im Gegensatz zum obigen Verfahren ist bei der von der Wissenschaft eher abgelehnten *substanzorientierten Bewertung* nicht die zukünftige Ertragskraft, sondern die vorhandene Substanz des Unternehmens der relevante wertbestimmende Indikator. Ziel der substanzorientierten Akienbewertung ist die Ermittlung des Reinvermögens einer Gesellschaft, das sich als Differenzwert zwischen Aktiva und Passiva - Substanzwert - errechnen läßt. Dabei können je nach Analysezweck unterschiedliche Wertansätze - Liquidations- bzw. Reproduktionswerte - zum Einsatz kommen.[41] Anschließend kann der Wert einer Aktie als auf sie entfallender Anteil am ermittelten Reinvermögen bestimmt werden.[42]

Die Analyse von Aktien mittels des substanzorientierten Verfahrens läßt auf weitreichende Informationsbedürfnisse hinsichtlich *finanzwirtschaftlichen Datenmaterials* schließen, das über die im Rahmen der gesetzlichen Rechnungslegung gegebenen Informationen hinausgeht. Für die Ermittlung des Substanzwertes sind insbesondere zwei Arten von Informationen erforderlich: Die ersteren müssen Aufschluß darüber geben, inwieweit in den einzelnen Bilanzpositionen stille Reserven bzw. stille Lasten enthalten sind, die das Eigenkapital des Unternehmens mehren bzw. mindern. Die zweite Art von Daten muß dagegen Angaben enthalten, ob zusätzlich Werte bzw. Schulden existieren, die nicht bilanziert sind, reell jedoch auf das Reinvermögen Einfluß haben. Als Beispiel wären hier selbsterstellte immaterielle Vermögensgegenstände zu nennen, z.B. Patente, die nicht bilanziert werden dürfen, mit denen im Falle des Verkaufs jedoch durchaus Veräußerungserlöse erzielt werden könnten. Generell deutet dieses Beispiel darauf hin, daß eine *Kommentierung der einzelnen Bilanzpositionen* durch zusätzliche Erläuterungen, z.B. über die verwendeten Ansatz- und Bewertungsmethoden usw., notwendig wird, um den Jahresabschluß zu einem für den Investor sinnvollen Informationsinstrument zu machen.[43]

Technische Aktienanalyse

Im Gegensatz zur Fundamentalanalyse wird bei der technischen Aktienanalyse, die insbesondere ergänzend bei der Bestimmung des Timings von Kauf oder Verkauf von Aktien zum Einsatz kommt, bewußt auf die Ermittlung eines inneren Wertes als Indikator für den zukünftigen Kurswert verzichtet. Die Bewertung ei-

41 Weit verbreitet ist auch eine Mischform. So kann der Substanzwert auch unter Verwendung von Reproduktionswerten beim betriebsnotwendigen, von Liquidationswerten dagegen beim nicht betriebsnotwendigen Vermögen berechnet werden.

42 Vgl. Auer, K. (Finanzanalyse, 1991), S. 163 f., Buchner, R. (Finanzanalyse, 1981), S. 221, Perk, R. (Aktienanalyse, 1990), S. 5 ff., Trenner, D. (Aktienanalyse, 1988), S. 139 ff.

43 Vgl. Bellinger, B. / Vahl, G. (Unternehmensbewertung, 1984), S. 160, Auer, K. (Finanzanalyse, 1991), S. 164, Perk, R. (Aktienanalyse, 1990), S. 6.

ner Aktie erfolgt also nicht anhand der Auswertung grundlegender Unternehmensdaten, sondern durch eine auf die Aktie bezogene „Beobachtung des Handelsablaufes und der Transaktionen unmittelbar an der Börse selbst"[44]. Als Hilfsmittel dieser Bewertung, d.h. zur Aufnahme der Beobachtungen, dienen insbesondere Charts, in denen parallel die Verläufe von Kurs und Umsatz der Aktie abgetragen werden. Anhand der grafischen Darstellung lassen sich im Rahmen des „chart reading" bestimmte Formationen in den Aktienkurs- bzw. Umsatzverläufen identifizieren, die Rückschlüsse über die zukünftige Entwicklung des Aktienkurses erlauben und damit Hinweise für die Kauf- oder Verkaufentscheidung liefern. Unterstützend werden neben Charts auch Kennzahlen, die auf den Variablen Kurs und Umsatz basieren und diesbezüglich einen Vergleich der Aktienmit der Gesamtmarktentwicklung ermöglichen, herangezogen.[45]

Den obigen Ausführungen ist zu entnehmen, daß zur Bewertung von Aktien mittels der technischen Analyse nur ein sehr geringes Datenmaterial notwendig ist. Keine fundamentalen Informationen über das Unternehmen, sondern lediglich *Angaben zur Aktie* selbst sowie zusätzlich Vergleichsdaten der Aktien anderer Unternehmen sind die einzigen Informationen, die für einen Anleger von Interesse sind. Im wesentlichen beziehen sich diese Angaben zur Aktie auf die jeweiligen Kurse und Umsätze an den einzelnen zurückliegenden Handelstagen. Somit wird offensichtlich, daß für Chartisten lediglich *gegenwartsbezogene bzw. vergangenheitsbezogene Daten* von Interesse sind.

4.1.2.1.2 DEDUKTIONSGRUNDLAGE ERFOLGSFAKTORENFORSCHUNG

Die Wahl von Untersuchungen zur Erfolgs-/Mißerfolgsfaktorenforschung als eine mögliche Basis für die theoretische Herleitung von Informationsbedürfnissen der Anleger geht von der plausiblen Annahme aus, daß IR-Adressaten insbesondere unternehmensbezogene Informationen über diejenigen Schlüsselfaktoren erhalten wollen, die den Erfolg bzw. Mißerfolg der unternehmerischen Tätigkeit wesentlich beeinflussen. Im folgenden werden Ergebnisse der Erfolgsfaktorenforschung vorgestellt, wobei aus der Vielzahl der Forschungsprojekte[46] stellvertretend das PIMS-Programm, die Untersuchung von *Peters/Waterman* sowie die Analyse zur

---

44 Hielscher, U. (Aktienanalyse, 1995), S. 1817.

45 Vgl. Perridon, L. / Steiner, M. (Finanzwirtschaft, 1997), S. 208 ff., Demming, C. / Scheld, G. A. (Aktienanalyse, 1995), S. 667 ff., Peters, H.-W. (Aktienmarktanalyse, 1987), S. 5 ff., Rau, F. H. (Aktienanalyse, 1993), S. 847, Auer, K. (Finanzanalyse, 1991), S. 163, Welcker, J. (Aktienanalyse, 1986), S. 22 ff.

46 Eine weitgehend vollständige Übersicht über den Stand der Erfolgsfaktorenforschung und die verschiedenen Untersuchungen gibt Fritz, W. (Schlüsselfaktor, 1990), S. 94 ff.

Krisenerklärung von *Hauschildt* als Deduktionsgrundlagen herangezogen werden.

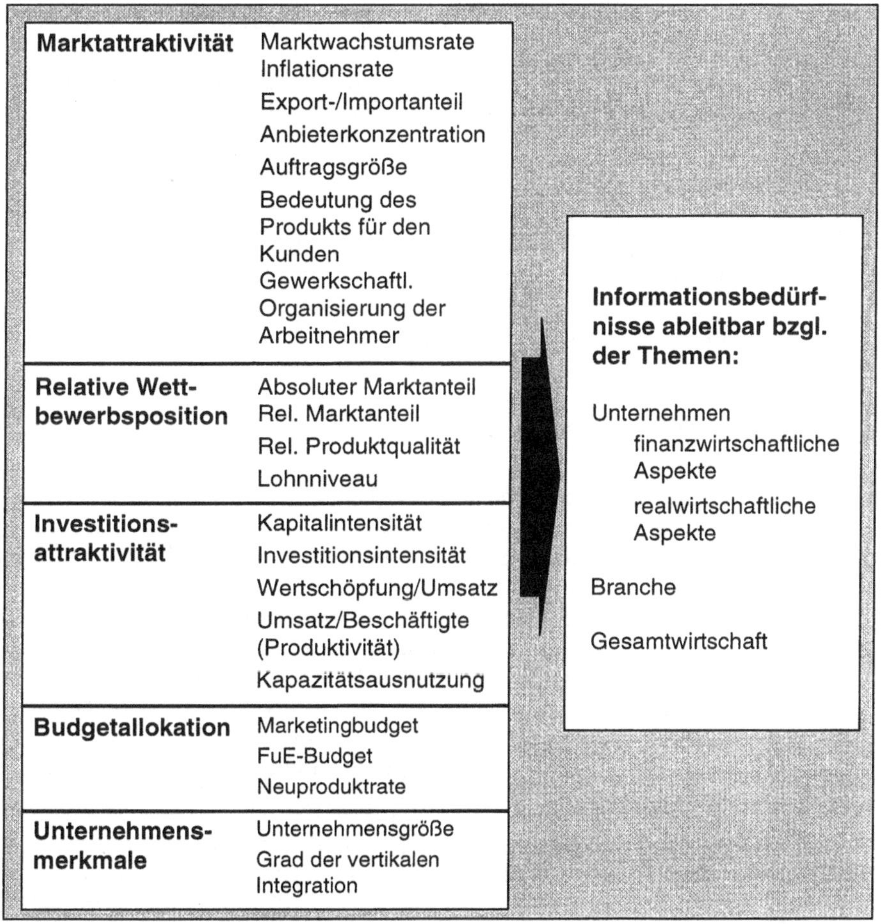

Abb. 4.3: Ermittlung von Informationsbedürfnissen auf Basis der Erfolgsfaktoren gemäß PIMS-Projekt[47]

47 Grafik in enger Anlehnung an Barzen, D. / Wahle, P. (PIMS-Programm, 1991), S. 103. Zur Signifikanz der einzelnen Faktoren vgl. Schoeffler, S. (PIMS-Program, 1983), S. 23-5.

PIMS-Projekt

Das PIMS-Projekt ist eine erstmals von General Electric durchgeführte und später vom Strategic Planning Institute an der University of Massachusetts fortgeführte Studie zur Rentabilitätsbewertung strategischer Geschäftseinheiten. Auf Basis einer zentralen Datenbank, in der Informationen von über 3000 Geschäftseinheiten aus 300 Unternehmen gespeichert sind, wurden zentrale Determinanten identifiziert, die einen maßgeblichen Einfluß auf den Erfolg eines Unternehmens - gemessen am Return on Investment[48] - aufweisen.

Das zentrale Endergebnis der unternehmens- und branchenübergreifenden Studie bildet ein 37 unabhängige Variablen umfassendes multiples Regressionsmodell, mit dem 80 % der Varianz der Rentabilität zwischen unterschiedlichen Geschäftseinheiten erklärt werden kann. Im Zuge einer faktorenanalytischen Verdichtung konnten diese unabhängigen Variablen zu fünf Schlüsselfaktoren zusammengefaßt werden. Einen Überblick über die Erfolgsfaktoren, die annahmegemäß für einen Investor von besonderem Interesse sind, gibt Abbildung 4.3.[49]

Untersuchung von Peters/Waterman

Neben PIMS zählt auch die in dem Buch „In Search of Excellence“ dargestellte Untersuchung von *Peters/Waterman* zu den bekanntesten Studien aus dem Gebiet der Erfolgsfaktorenforschung. Ausgangspunkt der Untersuchung ist ein theoretisch entwickeltes Modell, das 7-S-Modell. In diesem kommt die Überzeugung zum Ausdruck, daß neben den harten Faktoren Struktur, Strategie, Stammpersonal und Systeme insbesondere „soft facts“ - Selbstverständnis, Spezialkenntnisse, Stil -, welche die Unternehmenskultur widerspiegeln, einen besonderen Einfluß auf den Erfolg eines Unternehmens ausüben.[50] Mit dem Ziel, „Ideen für die praktische Umsetzung, insbesondere bei den 'weichen S' “[51] zu entdecken, wurden von den Autoren vor dem Hintergrund des 7-S-Modells Befragungen in erfolgreichen und weniger erfolgreichen amerikanischen Unternehmen durch-

48 Zur Messung des Erfolgs wurden neben dem ROI auch der ROS sowie der Cashflow herangezogen. Die Ergebnisse hinsichtlich der ermittelten Einflußfaktoren auf den ROI nehmen in den verschiedenen Darstellungen in der Literatur jedoch den höchsten Stellenwert ein. Vgl. Schäfer, S. 48.

49 Zum PIMS-Programm (Profit Impact of Market Strategies) vgl. Schoeffler, S. (PIMS-Program, 1983), S. 23-1 ff., Jacob, H. (PIMS-Programm, 1983), Chrubasik, B. / Zimmermann, H.-J. (Schlüsselfaktoren, 1987), S. 438 ff., Fritz, W. (Schlüsselfaktor, 1990), S. 93 ff., Barzen, D. / Wahle, P. (PIMS-Programm, 1991).

50 Vgl. hierzu Peters, T. J. / Waterman, R. H. (Spitzenleistungen, 1991), S.25 ff., Schäfer, S. (Erfolgsfaktoren, 1996), S. 43 ff., Krüger, W. (Unternehmenserfolg, 1988), S. 28 f.

51 Peters, T. J. / Waterman, R. H. (Spitzenleistungen, 1991), S. 34.

geführt. Die acht aus dieser Untersuchung hervorgegangenen Erfolgsfaktoren, die als „Ausprägungen der Modellfaktoren“[52] angesehen werden können, sind in Abbildung 4.4 aufgeführt.

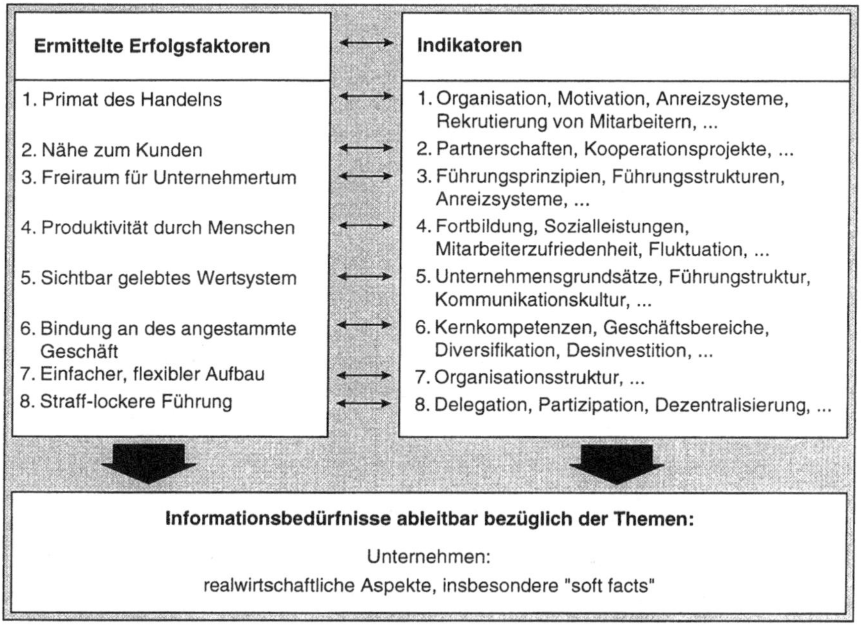

Abb. 4.4: Ermittlung von Informationsbedürfnissen auf Basis der Erfolgsfaktoren gemäß Peters/Waterman[53]

Im Gegensatz zu den im PIMS-Projekt identifizierten Erfolgsfaktoren weist ein Großteil der in Abbildung 4.4 aufgeführten Schlüsselfaktoren das Problem auf, daß sie einerseits seitens des Unternehmens nur schwer überzeugend kommunziert werden können und daß sie andererseits seitens eines Externen wie dem IR-Adressaten nur schwer nachvollzogen und kaum überprüft werden können. So ist es offensichtlich einfacher, sprachlich zu kommunizieren, daß eine Steigerung des Marktanteils erreicht werden konnte, als daß eine Optimierung des sichtbar gelebten Wertesystems eingetreten ist. Will der IR-Adressat dennoch über die Existenz bzw. Nicht-Existenz dieser „soft facts“ in einem Unternehmen Auf-

52 Schäfer, S. (Erfolgsfaktoren, 1996), S. 44.

53 Quelle: in Anlehnung an Peters, T. J. / Waterman, R. H. (Spitzenleistungen, 1991), S. 32.

schluß haben, so wird er insbesondere an Indikatoren interessiert sein, die Rückschlüsse auf ihr Vorliegen zulassen. Diese Indikatoren, hinsichtlich denen Informationsbedürfnisse bestehen und die paradoxerweise meist eher harte, dafür aber quantifizierbare Faktoren repräsentieren, sind ebenfalls in Abbildung 4.4 aufgeführt.

Untersuchung von Hauschildt

Es wäre jedoch sehr kurzsichtig, würde man dem Anleger unterstellen, sein Informationsbedürfnis würde sich nur auf die vermeintlichen Erfolgsfaktoren des Unternehmens richten. Vielmehr ist anzunehmen, daß sich der Aktionär in besonderer Weise auch dafür interessiert, wie es um diejenigen Faktoren steht, die für Unternehmenskrisen ursächlich sind.

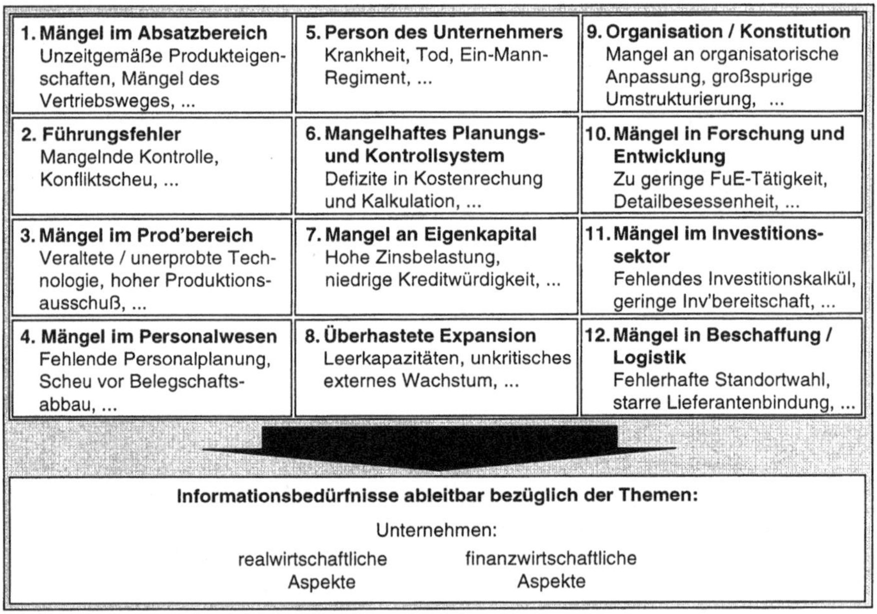

Abb. 4.5: Ermittlung von Informationsbedürfnissen auf Basis der Mißerfolgsfaktoren gemäß Hauschildt[54]

Eine bekannte Studie zur Forschungsrichtung Krisenerklärung und Krisenprognose ist die Kieler Untersuchung von *Hauschildt*[55]. Im Rahmen dieser Studie, in

54 Quelle: in Anlehnung an Hauschildt, J. (Schaden, 1983), S. 144.

der 72 Fälle von Mismanagement mittels einer Dokumentenanalyse untersucht wurden, konnten entscheidende Mißerfolgsfaktoren identifiziert und zwölf Mißerfolgssegmenten zugeordnet werden. Abbildung 4.5 gibt einen Überblick über die ermittelten Krisenursachen, aufgeführt in der Rangfolge ihrer Bedeutung.

Mit der vorangegangenen Darstellung wurden drei wichtige Projekte vorgestellt, die sich mit der Frage beschäftigt haben, welches die wesentlichen Faktoren sind, die für den Erfolg bzw. den Mißerfolg eines Unternehmens verantwortlich sind. Es erscheint offensichtlich, daß Anleger ein besonderes Interesse zeigen dürften zu erfahren, wie in demjenigen Unternehmen, für das sie eine Bewertung vornehmen wollen, diese identifizierten Erfolgsfaktoren ausgeprägt sind. Unter dieser Prämisse geben also die vorangegangenen Ausführungen darüber Auskunft, über welche Kommunikationsinhalte im Rahmen von Investor Relations zu berichten ist.

Folgendes Resümee ist nun aus den vorangegangenen Erläuterungen zu ziehen: Es lassen sich Informationsbedürfnisse der IR-Adressaten ableiten, die ein weites Spektrum sehr unterschiedlicher Aspekte umfassen. So wird zunächst die besondere Bedeutung der Vermittlung von Informationen über das Unternehmen betont. Während dem Aktionär gemäß PIMS-Projekt und *Hauschildt* ein Interesse sowohl hinsichtlich *finanzwirtschaftlicher* als auch hinsichtlich *realwirtschaftlicher Aspekte* unterstellt werden kann, deuten die Ergebnisse von *Peters/Waterman* lediglich auf den Wunsch nach Informationen über die realwirtschaftlichen Faktoren hin. Die Ergebnisse des PIMS-Projekts unterstützen zudem die Annahme, daß auch *gesamtwirtschaftliche und branchenbezogene Faktoren* für den Bewertungsprozeß des Anlegers eine Rolle spielen könnten.

Wie bereits beschrieben heben sich die Ergebnisse von *Peters/Waterman* von den anderen vorgestellten Untersuchungen vor allem dadurch ab, daß nicht nur „hard facts", sondern auch „soft facts" als relevante Erfolgsfaktoren identifiziert wurden. Dabei wurde auch die Problematik, welche die sprachliche Kommunikation über diese Faktoren mit sich bringt, angesprochen. „Soft facts" sind kaum quantifizierbar, d.h sie können nicht „ ... durch die Zuordnung eines zahlenmäßigen Ausdrucks oder einer Zahl"[56] wiedergegeben werden. Bei ihnen bietet sich daher eigentlich nur die Möglichkeit, mittels *verbaler Aussagen* über diese zu kommunizieren. Demgegenüber weisen „hard facts", insbesondere wenn es sich dabei um finanzwirtschaftliche Aspekte handelt, den Vorteil der Quantifizierbarkeit auf. Im Hinblick auf die Gestaltung der Kommunikationsbotschaft stellt sich nun die Frage, ob die Adressaten eher eine Information auf Basis von *quantitativem Da-*

---

55 Vgl. hierzu Hauschildt, J. (Schaden, 1983), S. 142 ff.

56 Pressmar, D. (Quantifizierung, 1989), S. 1679.

tenmaterial, also vornehmlich Zahlen, oder *qualitativem Datenmaterial*, also vornehmlich verbal, schätzen.

4.1.2.1.3 DEDUKTIONSGRUNDLAGE RECHNUNGSLEGUNGSKRITIK

Neben der Aktienanalyse sowie der Erfolgsfaktorenforschung kann auch aus der Kritik an den deutschen Rechnungslegungsvorschriften auf die Informationsbedürfnisse der Anleger hinsichtlich Investor Relations zurückgeschlossen werden.

Der wesentliche Kritikpunkt bezieht sich auf den im internationalen Vergleich geringeren Informationsgehalt von Jahresabschlüssen deutscher Unternehmen, der im wesentlichen durch die stark auf Gläubigerschutz ausgerichteten Bilanzierungsregeln verursacht wird. Im Hinblick auf eine Verbesserung des Informationsgehaltes plädieren Kritiker daher für eine Angleichung bzw. eine Übernahme der stärker am „true and fair view“- bzw. am „decision-usefulness“-Prinzip orientierten US-amerikanischen bzw. internationalen Bilanzierungsvorschriften US-GAAP bzw. IAS.[57] Solange eine Steigerung des Informationsgehaltes deutscher Jahresabschlüsse durch eine derartige Änderung der Rechnungslegungsvorschriften jedoch nicht vorgenommen wird, werden sich die Unternehmen seitens der Bilanzadressaten einem besonderen Informationsbedürfnis ausgesetzt sehen. Die Interessenten werden eine *Kommentierung* durch Zusatzinformationen und Erläuterungen zum Jahresabschluß wünschen, die ihnen eine exakte Beurteilung und Interpretation dessen erlauben.[58]

Welche Zusatzinformationen von den Bilanz- bzw. IR-Adressaten als notwendig angesehen werden, läßt sich annäherungsweise unter Rückgriff auf einen Vergleich von US-GAAP, IAS und handelsrechtlichen Bilanzierungsvorschriften

---

57 Vgl. Küting, K. / Hütten, C. / Lorson, P. (Kommunikationsstrategie, 1995a), S. 1809, Förschle, G. / Glaum, M. / Mandler, U. (Ergebnisse, 1995), S. 399 ff., Wüstemann, J. (Bilanzrecht, 1996), S. 421, Mandler, U. (Rechnungslegung, 1996), S. 722, Loehr, H. (Bewertung, 1993), S. 17 ff. Nicht zuletzt im Zusammenhang mit der Dotierung von Daimler Benz an der NYSE und der damit verbundenen Aufdeckung von 4 Mrd. stillen Reserven in der Bilanz zeigte sich der unterschiedliche Anspruch der Rechnungslegungssysteme bezüglich der Information der Aktionäre. Vgl. hierzu Gburek, M. (Anleger, 1993), S. 18. Ebenso bestätigt eine Untersuchung in der Schweiz den Zusammenhang von Rechnungslegungsnorm und Qualität der Aktionärsinformation, vgl. Braun, T. (Aktionärsinformation, 1994), S. 282.

58 Vgl. hierzu auch die Überlegungen von Moxter, die sich in der von ihm vertretenen „Abkopplungsthese“ widerspiegeln. In dieser macht er sich einerseits für eine Beibehaltung der deutschen Rechnungslegungsvorschriften stark, gleichzeitig fordert er zur Verbesserung des Informationswertes des Jahresabschlusses eine Intensivierung der Erläuterungs- und Erklärungsfunktion des Anhangs. Moxter, A. (Bilanzierung, 1995), S. 426 ff.

ableiten. Im Bereich Ansatz weisen die deutschen Vorschriften eine vergleichsweise große Vielfalt von Wahlrechten auf, z.B. bei Rückstellungen oder derivativen Geschäfts- oder Firmenwerten. Entsprechend dürften sich weitergehende Informationsbedürfnisse der Investoren daher auf Erläuterungen beziehen, die über die Ausübung von entsprechenden Wahlrechten Auskunft geben. Denn nur durch diese Zusatzangaben wird der Bilanzadressat in die Lage versetzt, die einzelnen Bilanzpositionen richtig interpretieren und darauf aufbauend unternehmensübergreifende Vergleiche durchführen zu können.[59]

Neben Ansatzwahlrechten können auch Ansatzverbote, wie beispielsweise bei FuE-Kosten, Werbeaufwendungen, selbsterstellten immateriellen Vermögensgegenständen oder von originären Firmenwerten zu Informationsverzerrungen hinsichtlich der tatsächlichen wirtschaftlichen Lage eines Unternehmens führen. Speziell die Existenz von Ansatzverboten fördert daher seitens der IR-Adressaten die Erwartung, über derartige nicht-bilanzierte, aber ökonomisch wertvolle Posten außerhalb des Jahresabschlusses ausführlich qualitativ und quantitativ informiert zu werden.[60]

Auch im Bereich Bewertung verhindern Einzelvorschriften, insbesondere aber auch die übergeordneten Grundsätze ordnungsmäßiger Buchführung, eine informative, den tatsächlichen Verhältnissen entsprechende Bilanzierung im Sinne des „true and fair view"-Prinzips zugunsten des Ziels Substanzerhaltung. Das Vorsichtsprinzip beispielsweise mit seinen Auswirkungen auf die Festlegung der Höhe von Rückstellungen, das Realisationsprinzip, das eine Teilgewinnrealisierung verhindert oder die Bildung stiller Reserven fördert, aber auch der Einfluß des Steuerrechts über das Prinzip der Umkehrmaßgeblichkeit können je nach Auslegung zu erheblichen Über- oder Unterbewertungen von einzelnen Bilanzpositionen führen und dadurch erheblich den Aussagewert des Jahresabschlusses mindern.[61] Insofern ist es für einen IR-Adressaten von Bedeutung, seitens des Unternehmens umfassende Informationen zu den bei der Bilanzierung verwen-

59 Vgl. Busse von Colbe, W. (Informationsinstrument, 1993), S. 22 ff., Mandler, U. (Rechnungslegung, 1996), Tab. 3 auf S. 723, Goebel, A. (US-GAAP, 1995), S. 2490 f., Gburek, M. (Rechner, 1988), S. 37, o. V. (Bilanzgewinne, 1987), S.116. Illustre Beispiele für die Ausübung von Wahlrechten finden sich bei Zimmerer, C. (Rechnungslegung, 1983), S. 87 ff.

60 Vgl. Busse von Colbe, W. (Informationsinstrument, 1993), S. 22 ff., Goebel, A. / Ley, T. (Jahresabschluß, 1993), S. 1680 f., Mandler, U. (Rechnungslegung, 1996), Tab. 3 auf S. 723, Goebel, A. (US-GAAP, 1995), S. 2490 f.

61 Vgl. Mandler, U. (Rechnungslegung, 1996), Tab. 3 auf S. 723, Goebel, A. (US-GAAP, 1995), S. 2490 f., Moxter, A. (Bilanzierung, 1995), S. 421 f., Weber, C.-P. (Informationsgehalt, 1993), S. 114.

deten Bewertungsmethoden und zu den daraus resultierenden Konsequenzen zu erhalten.

Neben diesen bilanzierungskommentierenden Zusatzinformationen werden auch Daten, die die Bilanzierung erweitern, notwendig. Deutsche und US-amerikanische bzw. internationale Rechnungslegungsvorschriften unterscheiden sich nicht nur hinsichtlich der oben beschriebenen Art der Bilanzierung, sondern auch hinsichtlich der einzelnen Sachverhalte, die publiziert werden müssen. So lassen die deutschen Bilanzierungsnormen Regelungen, die die Erstellung von Kapitalflußrechnungen und eine detaillierte Segmentberichterstattung[62] verbindlich vorschreiben, vermissen. Speziell bei ausländischen Investoren, aber auch bei international erfahrenen Anlegern sind daher Informationsbedürfnisse zu erwarten, die nur durch freiwillige Erläuterungen zu den genannten Aspekten sowie durch weitere, in anderen Ländern, übliche Zusatzinformationen, z.B. mittels Cashflow-Rechnungen, mittels Angaben zur Entwicklung wichtiger Kennzahlen oder mittels einer umfassenden Prognosepublizität, zu befriedigen sind.[63]

4.1.2.2 Systematik der Kommunikationsinhalte der Investor-Relations-Politik

Als Ergebnis der vorangegangenen Ausführungen zu den einzelnen Deduktionsgrundlagen konnten einzelne Informationsbedürfnisse und damit korrespondierende Anforderungen hergeleitet werden, die seitens der IR-Adressaten hinsichtlich der Art und der Darstellungweise der Kommunikationsinhalte bestehen. Im folgenden werden nun diese einzelnen Informationsbedürfnisse hinsichtlich der Themenschwerpunkte sowie hinsichtlich deren Darstellungsweise zusammengefaßt und systematisch dargestellt.

4.1.2.2.1 Themenschwerpunkte

Die bisherigen Erläuterungen haben gezeigt, daß eine optimale Informationsversorgung der IR-Adressaten nur dadurch gewährleistet werden kann, wenn seitens

62 Bisher ist lediglich eine segmentbezogene Aufgliederung des Umsatzes, nicht jedoch anderer Daten wie beispielsweise Investitionen, Mitarbeiterzahlen usw., im Gesetz kodifiziert. Vgl. hierzu § 285 Nr. 4 HGB. Vgl. zur Forderung nach einer Segmentberichterstattung zur Erhöhung des Informationswerts auch Ballwieser, W. (Informationsökonomie, 1985), S. 47 ff.

63 Vgl. Küting, K. / Hütten, C. / Lorson, P. (Kommunikationsstrategie, 1995b), S. 1846 ff., Loehr, H. (Bewertung, 1993), S.191, Dietz, H. (Kapitalflußrechnungen, 1976), S. 275, Busse von Colbe, W. (Informationsinstrument, 1993), S. 23, Breuer, R.-E. (Institution, 1991), S. 76.

der Unternehmen über eine Vielzahl sehr unterschiedlicher Aspekte informiert wird. Im wesentlichen bilden Informationen über das gesamtwirtschaftliche und das branchenbezogene Unternehmensumfeld, über das Unternehmen selbst sowie über dessen Aktie die relevanten Kommunikationsinhalte von Investor Relations.

Informationsaspekt Unternehmensumfeld

Das Umfeld, in dem ein Unternehmen agiert, wird einerseits durch gesamtwirtschaftliche, andererseits durch branchenspezifische Faktoren determiniert. Die gesamtwirtschaftlichen Faktoren, die gesamte Volkswirtschaften, teilweise sogar die gesamte Weltwirtschaft nachhaltig beeinflussen können, lassen sich weiter untergliedern in technologische, politische, wirtschaftliche und gesellschaftliche Einflußfaktoren. Branchenspezifische Einflußfaktoren wirken demgegenüber nur auf einzelne Segmente. Zu diesen können neben den spezifischen Merkmalen der Wettbewerbsstruktur auch die Charakteristika des Beschaffungs- und des Absatzmarktes gezählt werden.[64]

Informationsaspekt Unternehmen

Neben den gesamtwirtschaftlichen und branchenspezifischen Faktoren ist natürlich das Unternehmen selbst eine wesentliche Thematik, über die im Rahmen von Investor Relations kommuniziert wird. Bei den unternehmensspezifischen Informationen kann zwischen finanzwirtschaftlichen und realwirtschaftlichen Daten unterschieden werden.

Mit dem Ziel, eine optimale Grundlage zu schaffen, ist den IR-Adressaten zunächst ein Überblick über die Lage des Unternehmens unter Zuhilfenahme *finanzwirtschaftlicher Daten* zu geben. Von besonderer Bedeutung sind:[65]

⇨ Informationen hinsichtlich des *Vermögens unter besonderer Berücksichtigung von Investitionen*, die eine Analyse der Vermögensstruktur, der Investitionsstruktur und der Investitionspolitik erlauben und damit Aufschluß über die Flexibilität, die Stabilität und die Kapazitätsnutzung eines Unternehmens geben.

⇨ Informationen hinsichtlich des *Kapitals*, die eine Analyse der Finanzierungsstruktur, der Finanzierungsdauer und damit Aufschluß über die Quellen

---

64 Vgl. Breuer, R.-E. (Institution, 1991), S. 70, Bittner, T. (Investor Relations, 1996), S. 37 f., Born, K. (Unternehmensanalyse, 1995), S. 68 f., Link, R. (Aktienmarketing, 1994), S. 368, Krüger, R. (Jahresabschluß, 1983), S. 281, Helling, N. (Unternehmensbewertung, 1994), S. 104 f.

65 Vgl. Perridon, L. / Steiner, M. (Finanzwirtschaft, 1997), S. 530 ff., Olfert, K. (Finanzierung, 1994), S. 353.

der Finanzierung sowie der Zusammensetzung des Kapitals nach Art, Sicherheit und Fristigkeit geben.

⇨ Informationen hinsichtlich *Vermögen und Kapital* in Kombination, die eine Analyse der Liquidität unter Berücksichtigung unterschiedlicher Fristigkeiten erlauben.

⇨ Informationen hinsichtlich *Erträgen und Aufwendungen*, die die Basis für die Erfolgs- und die Rentabilitätsanalyse bilden.

Bei der Darstellung der wirtschaftlichen Lage eines Unternehmens mittels finanzwirtschaftlicher Daten ist außer auf die zuvor genannten Daten insbesondere auf verschiedene Formen von Zusatzrechnungen zurückzugreifen. Dabei sind es vor allem Kapitalfluß- und Cashflow-Rechnungen, in eingeschränkter Form auch Substanzerhaltungsrechnungen oder Wertschöpfungsrechnungen, die erheblich zu einer Verbesserung des Informationsniveaus der IR-Adressaten beitragen.[66]

Neben der Berichterstattung über finanzwirtschaftliche Aspekte kommt den Investor Relations aber auch die Aufgabe zu, die Adressaten mit *Informationen über die operativen bzw. realwirtschaftlichen Vorgänge* im Unternehmen zu versorgen.

Dazu zählt einerseits eine fundierte Berichterstattung über den Transformationsprozeß bzw. die daran beteiligten Funktionsbereiche, wobei der Bereich FuE aufgrund seiner besonderen Bedeutung für die zukünftige Unternehmensentwicklung eine Vorrangstellung gegenüber anderen Gebieten wie Beschaffung, Produktion oder Absatz einnimmt. Andererseits bilden auch die aus dem Transformationsprozeß hervorgegangenen Leistungen, also die jeweiligen Produkte oder Dienstleistungen, von deren Wettbewerbsfähigkeit in erster Linie der wirtschaftliche Erfolg eines Unternehmens abhängig ist, einen wesentlichen Gegenstand der Finanzkommunikation.[67]

Insbesondere in Verbindung mit den Informationen über die Wettbewerbsfähigkeit der Produkte bietet es sich an, ausführlich auf die Marktposition des Unternehmens einzugehen. In diesem Zusammenhang sind die Adressaten der Finanzkommunikation darüber zu informieren, welche Stellung das Unternehmen gegenwärtig am Markt einnimmt und welche Stärken und Schwächen das Unter-

---

66 Vgl. Goebel, A. / Ley, T. (Jahresabschluß, 1993), S. 1682 f., Pellens, B. (Publizität, 1995), S. 1596, Busse von Colbe, W. (Informationsinstrument, 1993), S. 20, Beyer, A. (Information, 1996), S. 16.

67 Vgl. Brantley, W. F. (Approach, 1990), S. 9, Sieben, G. / Zapf, G. (Hrsg.) (Unternehmensbewertung, 1981), S. 72 ff., Born, K. (Unternehmensanalyse, 1995), S. 69 ff., Zdral, W. (Geschäftsbericht, 1989), S. 94, Kohl, H. W. / Hübener, M. (Börsen, 1991), S. 97, Paul, W. (Investor, 1991), S. 938.

nehmen im Vergleich zu den Konkurrenten - ausgedrückt beispielsweise in Form eines Imageprofiles - aufweist. Aber nicht nur die gegenwärtige Marktposition, auch die Unternehmenshistorie, mit der die Entwicklung des Unternehmens bis zum aktuellen Zeitpunkt überblicksartig dargestellt wird, stellt eine für die Finanzkommunikation relevante Thematik dar.[68]

Auch Informationen über die Personen, die für den vergangenen und gegenwärtigen Erfolg verantwortlich waren und die darüber hinaus die eigentlichen Garanten auch für die zukünftige Ertragskraft darstellen, nehmen bei der Finanzkommunikation einen besonderen Stellenwert ein. So ist den IR-Adressaten Auskunft über die Fähigkeiten und die Motivation der Mitarbeiter oder über die Qualität des Managements zu erteilen. Letztere drückt sich nicht zuletzt in der Güte der jeweiligen Unternehmensstrategie aus. Aus diesem Grund rücken auch Informationen bzw. Aussagen zu den zukünftigen Zielen und den zu deren Erfüllung geplanten Maßnahmen, aber auch zum Ausmaß der Zielerreichung in der Vergangenheit in den Mittelpunkt des Interesses.[69]

Darauf aufbauend erscheint es sinnvoll, die Aktionäre und Multiplikatoren über die Unternehmensphilosophie, in der sich das Selbstverständnis und die Werthaltung eines Unternehmens ausdrückt, zu unterrichten. Unter diesem Themenkreis werden sehr unterschiedliche Kommunikationsinhalte subsumiert. Informationen hinsichtlich des Umgangs mit den Mitarbeitern - ausgedrückt durch die Indikatoren Organisations- und Kommunikationsstruktur oder Führungsstil - zählen dazu ebenso wie eine gesellschaftspolitische Stellungnahme, in der die Einstellung zu den verschiedenen Bezugsgruppen der Öffentlichkeit und zur natürlichen Umwelt sowie das soziale und kulturelle Engagement des Unternehmens erläutert wird.[70]

Informationsaspekt Aktie

Neben dem Unternehmensumfeld sowie dem Unternehmen selbst bilden konkrete Angaben zur Aktie einen weiteren Themenschwerpunkt von Investor Relations.

---

68 Vgl. Rau, F. H. (Aktienanalyse, 1993), S. 846, Link, R. (Publikumsgesellschaften, 1991), S. 80, Link, R. (Investor Relations, 1993), S. 117, Krüger, R. (Jahresabschluß, 1983), S. 280.

69 Vgl. Chugh, L. C. / Meador, J. W. (Analysts, 1984), S. 19 f., Schreib, H. P. (Jahresabschluß, 1983), S. 600, Süchting, J. (Finanzmarketing, 1986), S. 659, Kellerhoff, P. (Investitionsfinanzierungsbank, 1983), S. 307, Friedrich, M. (Jo-Jo, 1993), S. 57.

70 Vgl. Zdral, W. (Geschäftsbericht, 1989), S. 94, Ellis, C. D. (Investor Relations, 1985), S. 38, Born, K. (Unternehmensanalyse, 1995), S. 76 f., Blechner, N. (Aktionärszeitung, 1994), S. 26 ff., Obermeier, G. (Unternehmensinformation, 1993), S. 87, Paul, W. (Investor, 1991), S. 929.

In diesem Zusammenhang ist der Aktionär über verschiedene aktien- bzw. aktienkursbezogene Kennzahlen und Daten zu unterrichten. Darunter zählen Informationen über die Dividende oder das Ergebnis je Aktie, über den Aktienkurs, das Kurs-Gewinn- oder Kurs-Cashflow-Verhältnis ebenso wie Angaben zum Beta-Faktor, zu den Handelsvolumina der Aktie oder zur Aktionärsstruktur. Mit diesen Daten werden dem Aktionär wesentliche Informationen an die Hand gegeben, anhand derer er eine Beurteilung der Aktie nach den für die Anlageentscheidung relevanten Kriterien - Ertrag, Sicherheit, Fungibilität - vornehmen kann.[71]

4.1.2.2.2 DARSTELLUNGSWEISE DER KOMMUNIKATIONSINHALTE

Im vorangegangen Abschnitt wurden Themengebiete, die für einen Aktionär interessant sein könnten, ausführlich dargestellt und beschrieben. Aus den zuvor vorgestellten Deduktionsgrundlagen konnten jedoch nicht nur wertvolle Hinweise gewonnen werden, über *welche* Themen im Rahmen von Investor Relations berichtet werden soll, sondern auch *wie* über diese Themen zu berichten ist. Gegenstand der folgenden Ausführungen ist es, verschiedene Möglichkeiten der Darstellung zu diskutieren.

Gewichtung der Informationsaspekte

Als übergeordnete Informationsaspekte wurden das durch gesamtwirtschaftliche und branchenspezifische Faktoren determinierte Unternehmensumfeld, das Unternehmen selbst sowie die Aktie identifiziert. In diesem Zusammenhang stellt sich zwangsläufig die Frage, wie bedeutend die einzelnen Informationsaspekte für die Aktionäre sind und mit welcher Intensität daher im Rahmen von Investor Relations darüber zu berichten ist.

Unumstritten ist die Tatsache, daß Daten, die über das Unternehmen und über dessen Aktie Aufschluß geben, einen sehr hohen Stellenwert genießen. Da diese Informationen durch Unternehmensexterne nicht in der von den Adressaten gewünschten Weise vermittelt werden können, wird offensichtlich, daß diese zu den zentralen Kommunikationsinhalten von Investor Relations zu rechnen sind. Anders verhält sich die Sachlage jedoch bei den umfeldbezogenen Informationen.

Im Hinblick auf die Tatsache, daß sich der IR-Adressat über diese nicht unternehmensspezifischen Daten ohne großen Aufwand auch bei allgemein zugänglichen Quellen informieren könnte, stellt sich generell die Frage, ob und inwieweit den Interessenten diese Daten durch das Unternehmen zur Verfügung zu stellen

---

71 Vgl. Buchner, R. (Finanzanalyse, 1981), S. 218 f., Scheld, G. A. / Demming, C. (Aktienanalyse, 1993), S. 298, Bittner, T. (Investor Relations, 1996), S. 38, Schnitzler, L. (Buchstaben, 1992), S. 63, Link, R. (Aktienmarketing, 1994), S. 368.

sind. Diese Überlegung gewinnt an Bedeutung, wenn man sich bewußt macht, daß unternehmenseigenenen Darstellungen und Berichten oft ein geringer Grad an Neutralität und Objektivität unterstellt wird.[72]

Trotz dieser Bedenken erscheint die Berichterstattung über gesamtwirtschaftliche und branchenspezifische Faktoren innerhalb der IR-Kommunikation für ein Unternehmen vorteilhaft. So läßt sich auf diese Weise am wirksamsten erreichen, daß die IR-Adressaten ein Verständnis für die Bedeutung der Einflußfaktoren entwickeln, auf dem aufbauend eine ungerechtfertigte Beurteilung der Aktie im Sinne einer Unterbewertung vermieden werden kann. Des weiteren ist das Unternehmen selbst am ehesten in der Lage, den Einfluß der einzelnen Umfeldfaktoren auf die Ertragsentwicklung abzuschätzen und die daraus resultierenden Konsequenzen im Sinne von Chancen und Risiken darzustellen und zu verdeutlichen. Eine konsequente Information über die Rahmenfaktoren sollte ein Unternehmen außerdem betreiben, um sicherzustellen, daß den IR-Adressaten die eigenen, unternehmensspezifischen Qualitäten bewußt werden. Denn erst bei exakter Kenntnis der externen Rahmenfaktoren und ihrer Wirkungsweise kann der Anleger abschätzen, ob und inwieweit die Performance eines Unternehmens von äußeren Einflußfaktoren oder von den unternehmerischen Fähigkeiten abhängig ist.[73]

Die erhöhte Intensität der Informationsvermittlung zu den Aspekten Unternehmen und Aktie impliziert automatisch auch einen hohen Detailliertheitsgrad der diese Bereiche beschreibenden Daten. Dabei ist jedoch zu beachten, daß die IR-Adressaten abhängig von ihren persönlichen Eigenschaften nur begrenzt in der Lage sind, Information aufzunehmen und zu verarbeiten. Dieser Gefahr, bei den Adressaten durch zu viele detaillierte Informationen einen „information overload" zu bewirken, sollte durch die Auswahl einer adäquaten Menge an Information Rechnung getragen werden.[74]

Quantitatives und qualitatives Datenmaterial

Grundsätzlich kann sich die Vermittlung von Informationen entweder mehr auf qualitatives Datenmaterial, also auf verbale Aussagen oder mehr auf die Angabe von Zahlen, d.h. auf quantitatives bzw. numerisches Datenmaterial, stützen. Von

---

72 Vgl. Thomas, K. (Jahresabschluß, 1983), S. 71.

73 Vgl. Scheld, G. A. / Demming, C. (Aktienanalyse, 1993), S. 298 ff., Seed, A. H. (Shareholder, 1985), S. 51, Küting, K. / Hütten, C. / Lorson, P. (Kommunikationsstrategie, 1995b), S. 1847, Helling, N. (Unternehmensbewertung, 1994), S. 104, Born, K. (Unternehmensanalyse, 1995), S. 68, Rappaport, A. (Shareholder Value, 1994), S. 175.

74 So wird beispielsweise anstelle des früheren Mangels an aktuellen und detaillierten Finanzinformationen von Kutzer, H. (Information, 1997), S. 117 f. heute ein Überangebot identifiziert, das zu „Informations-Verdauungsproblemen" führt.

Vorteil erscheint letzteres, da numerische Daten höhere Exaktheit und Objektivität signalisieren.

Daß quantitative Informationen den Anschein größerer Exaktheit erwecken, beruht im wesentlichen darauf, daß durch die Angabe einer Zahl ein bestimmter Sachverhalt ohne Abschweifungen „auf den Punkt" gebracht wird. Interpretationsspielräume werden damit ausgeschlossen. Demgegenüber ist durch verbale Aussagen eine derartige Exaktheit kaum erreichbar. Formulierungen lassen sich praktisch immer unterschiedlich deuten und entsprechend den Vorstellungen einer bestimmten Interessengruppe interpretieren. In vielen Fällen dürfte diese zwangsläufige Ungenauigkeit qualitativer Information seitens des Kommunikators sogar erwünscht sein, kann er es auf diese Weise doch umgehen, auf eine bestimmte von ihm getroffene Aussage eindeutig „festgenagelt" zu werden.[75]

Quantitative Daten spiegeln nicht nur eine höhere Exaktheit, sondern auch eine höhere Objektivität wider. Die Richtigkeit einer Angabe von numerischen Werten zur Darstellung eines Sachverhalts kann verhältnismäßig einfach festgestellt werden. Schätzungen von Kennzahlen beispielsweise lassen sich auf ihre Plausibilität hin überprüfen, Rechenwege können nachvollzogen werden. Nicht zuletzt besteht die Möglichkeit, die Angaben mit denen anderer Unternehmen zu vergleichen. Im Hinblick auf die Möglichkeit, bei quantitativem Datenmaterial Verzerrungen relativ einfach aufdecken zu können, erscheint die Wahrscheinlichkeit, daß der Sender eine bewußte Datenmanipulation vornimmt oder daß er bei der Ermittlung nicht die notwendige Sorgfalt walten läßt, eher gering. Qualitative Aussagen bieten dem Adressaten aufgrund der zuvor angesprochenen fehlenden Exaktheit hingegen nicht in dem Maß wie quantitative Daten die Möglichkeit zur Überprüfung. Dies kann den Adressaten zu der Annahme verleiten, daß die fehlende Möglichkeit zur Prüfung bewußt zur Manipulation des Sachverhalts im Sinne einer besseren Darstellung der eigenen Situation ausgenützt wird.

Investoren dürften vor allem an einer exakten und neutralen objektiven Informationsvermittlung interessiert sein. Es erscheint daher im Rahmen von Investor Relations sinnvoll, Sachverhalte nicht verbal wiederzugeben, sondern stattdessen - soweit möglich - eine Quantifizierung dieser Aspekte vorzunehmen und damit weitestgehend unter Verwendung von Zahlen darüber zu berichten. Problematisch gestaltet sich allerdings eine auf quantitativen Daten basierende Berichterstattung über ein Thema, hinsichtlich dem, wie beispielsweise beim Aspekt Arbeitszufriedenheit oder Kommunikationskultur, eine Quantifizierung überhaupt nicht möglich oder, wie beim Aspekt strategische Planung, eine Quantifizierung mit großer Unsicherheit behaftet ist.

---

75 Vgl. o. V. (Meinungsspiegel, 1993), S. 197.

Im ersten Fall würde eine konsequente Fokussierung auf rein quantitatives Datenmaterial dazu führen, daß auf die Übermittlung von Informationen zu einzelnen Teilaspekten vollkommen verzichtet wird. Eine derartige Haltung erscheint jedoch weder sinnvoll noch zweckmäßig, würden damit doch wesentliche und aus Sicht des Adressaten möglicherweise entscheidungsrelevante Informationsinhalte vollkommen vernachlässigt werden. Insofern ist in diesem Fall auf die Vermittlung qualitativer Informationen auszuweichen, wobei jedoch die oben beschriebenen Probleme durch die Wahl einer nüchternen und präzisen Sprache sowie die Vermittlung kurz gehaltener, aber klarer Aussagen reduziert werden können. Eventuell bietet sich jedoch auch die Möglichkeit, quantifizierbare Indikatoren, die mit dem jeweiligen Themenschwerpunkt korrelieren und auf diese Weise Rückschlüsse erlauben, zu ermitteln und dadurch zu informieren. So könnte beispielsweise für die Arbeitszufriedenheit als quantifizierbarer Indikator die Zahl der Fehltage oder die Fluktuation herangezogen werden.

Eine weitere Möglichkeit besteht darin, über Aspekte, die nicht quantifizierbar und darüber hinaus auch nur schwer durch Schrift oder Sprache ausgedrückt werden können, wie beispielsweise Managementqualität, durch konkrete Handlungen seitens des Senders und persönliches Erleben seitens des Adressaten zu informieren. Insofern erlangen insbesondere persönliche Kommunikationsmittel einen besonderen Stellenwert im Rahmen von Investor Relations.

Hinsichtlich der Frage, wie vorzugehen ist, wenn eine Quantifizierung von Daten mit hoher Unsicherheit behaftet und somit die Aussagekraft der zu übermittelnden quantitativen Informationen eher als gering anzusehen ist, können zwei verschiedene Meinungen vertreten werden. Einerseits kann argumentiert werden, daß eine numerische Schätzung mit der Angabe von Eintrittswahrscheinlichkeiten weniger Interpretationsspielraum als rein verbale Aussagen lassen. Andererseits spiegeln Zahlen in diesem Fall eine Exaktheit vor, die eigentlich nicht berechtigt ist. Denn derartige Prognosen beruhen auf einer so großen Vielfalt an Schätzungen, daß jeder Zahlenwert zwangsweise als spekulativ erscheint. Insofern ist dem Adressaten eventuell mehr gedient, wenn ihm verbal die möglichen zukünftigen Konsequenzen und Auswirkungen ausführlich erläutert werden, und er auf dieser Basis eine mögliche Quantifizierung selbst vornehmen kann.

Vergangenheits-, gegenwarts- und zukunftsorientierte Informationen

Über jedes der zuvor genannten Themen läßt sich mit einem unterschiedlichen Zeitbezug berichten. Beispielsweise kann über die Entwicklung eines bestimmten Sachverhalts, z.B. Absatzzahlen, in der Vergangenheit, über den gegenwärtigen Stand oder über die erwartete Entwicklung in der Zukunft informiert werden.

Bei Investor Relations kommt ein besonderer Stellenwert der Vermittlung zukunftsorientierter Informationen zu. Begründen läßt sich ihre herausragende Stellung mit dem Argument, „(...) that the investing public doesn't care much about yesterday, but is interested more in what the corporation is going to do for the investor tomorrow“[76]. Die Forderung nach primär zukunftsorientierten Informationen, mit denen der Investor weniger über das bisher Erreichte, als vielmehr über das in der Folgezeit zu Erreichende unterrichtet werden soll, darf jedoch nicht in der Art mißverstanden werden, daß die Kommunikation über gegenwärtige oder vergangene Tatbestände vollkommen vernachlässigt oder reduziert werden sollte.

Eine genaue Kenntnis über die gegenwärtige wirtschaftliche Lage ist für die IR-Adressaten eine unerläßliche Voraussetzung für die Erstellung eigener oder das Nachvollziehen fremder Prognosen, erfüllen doch die gegenwärtigen Daten am besten die Funktion als Indikatoren für die zukünftige Entwicklung. Anhand historischer Daten läßt sich dagegen unter anderem beurteilen, wie das Unternehmen in der Vergangenheit in bestimmten Situationen agierte oder inwieweit ein Unternehmen die eigenen gesteckten Ziele in der Vergangenheit erreichen konnte. Sie erlauben damit dem IR-Adressaten, eigene Vorstellungen über die Zukunft des Unternehmens zu entwickeln und gleichzeitig eine Einschätzung hinsichtlich der Güte der vom Management vorgelegten Prognosen vorzunehmen.[77]

Fakten-nennende und fakten-kommentierende Informationen

Unterschiede in der Art, wie im Rahmen von Investor Relations über die verschiedenen Themen berichtet wird, zeigen sich auch darin, ob relevante Fakten lediglich genannt werden oder ob diese auch in irgendeiner Form kommentiert werden.

Insbesondere mit der zuvor herausgestellten Notwendigkeit, zukunftsorientierte Daten zu veröffentlichen, geht die Forderung nach einer ausführlichen Kommentierung der Informationen einher. Ein IR-Adressat, der von den durch das Unternehmen selbst erstellten realistischen, aber dennoch mit Unsicherheit behafteten Prognosen und Zukunftsaussichten überzeugt werden soll, wird nicht damit zufrieden sein, allein mit den entsprechenden Fakten, z.B. der Angabe einer bestimmten prognostizierten Kennziffer konfrontiert zu werden. Vielmehr müssen ihm gleichzeitig Hintergrundinformationen, z.B. zu den bei der Ermittlung zu-

---

76 Seed, A. H. (Shareholder, 1985), S. 45.

77 Vgl. Chugh, L. C. / Meador, J. W. (Analysts, 1984), S. 20, Süchting, J. (Finanzmarketing, 1986), S. 659, Küting, K. / Hütten, C. / Lorson, P. (Kommunikationsstrategie, 1995b), S. 1846 f., Rogala, D. P. (Konturen, 1990), S. 18, Schreib, H. P. (Jahresabschluß, 1983), S. 599 f., Müller, E. (Interessen, 1983), S. 238, Verboom, E. (Investor Relations, 1992), S. 337 f.

grunde gelegten Prämissen und Hypothesen, mitgeteilt werden, die es ihm erlauben, die Prognosen nachzuvollziehen und nachzuprüfen.[78]

Aber nicht nur im Bereich der Prognosepublizität, sondern auch bei anderen Themengebieten ist neben einer Nennung auch eine Kommentierung der Fakten notwendig. Beispielsweise werden Rechnungslegungsdaten erst dadurch entscheidungsrelevant und damit wertvoll, wenn gleichzeitig Zusatzangaben zu den angewendeten Bewertungs- und Ansatzmethoden vorliegen. Informationen über sonstige finanzwirtschaftliche Kennziffern, wie z.B. das Ergebnis je Aktie oder den Cashflow bleiben unvollständig und weitgehend aussagelos ohne Angabe des angewandten Berechnungsschemas. Darüber hinaus steigt der Aussagewert dieser Daten auch dann erheblich, wenn sie nicht isoliert vorgestellt, sondern im Rahmen von Zeit-, Betriebs- oder Branchenvergleichen erläutert und interpretiert werden.[79]

Ebenso wie bei den finanzwirtschaftlichen Daten nützt auch bei den realwirtschaftlichen Informationen der reine Hinweis auf bestimmte Fakten, z.B. auf die Durchführung einer Akquisition, wenig, wenn eine Kommentierung hinsichtlich der daraus resultierenden ökonomischen Konsequenzen und Vorteile, z.B. Synergieeffekte oder Erhöhung der Marktmacht, unterbleibt.

Abschließend sind in Abbildung 4.6 die wesentlichen Überlegungen der vorangegangenen Diskussion noch einmal aufgeführt. So konnten auf Basis der Untersuchung der verschiedenen Verfahren der Aktienanalyse sowie wesentlicher Studien der Erfolgsfaktorenforschung und nicht zuletzt auch durch die Auseinandersetzung mit der Kritik an der deutschen Rechnungslegung Hinweise erarbeitet werden, an welchen Kommunikationsinhalten Anleger interessiert sein könnten. Als übergeordnete Themenbereiche wurden dabei die Gesamtwirtschaft, dic Branche, das Unternehmen sowie die Aktie identifiziert. Anhaltspunkte gaben diese Deduktionsgrundlagen auch für die Art und Weise, wie über diese Themenbereiche zu berichten ist. Als wesentliche Gestaltungsparameter der Darstellungsform wurden dabei der Zeitbezug der Information - Zukunft, Gegenwart, Vergangenheit -, die Art des Datenmaterials - qualitativ oder quantitativ - sowie

78 Vgl. Küting, K. / Hütten, C. / Lorson, P. (Kommunikationsstrategie, 1995b), S. 1847, o. V. (Meinungsspiegel, 1993), S. 197, Beermann, K. / Fülling, F. / Sperl, A. (Zusatzinformationen, 1976), S. 201.

79 Vgl. Küting, K. / Hütten, C. / Lorson, P. (Kommunikationsstrategie, 1995b), 1847 f., Kellerhoff, P. (Investitionsfinanzierungsbank, 1983), S. 303, Baetge, J. (Rechnungslegungszwecke, 1976), S. 17, Baden, K. (Leerformeln, 1992), S. 211.

der Charakter der Angaben - fakten-nennend oder fakten-kommentierend - identifiziert.[80]

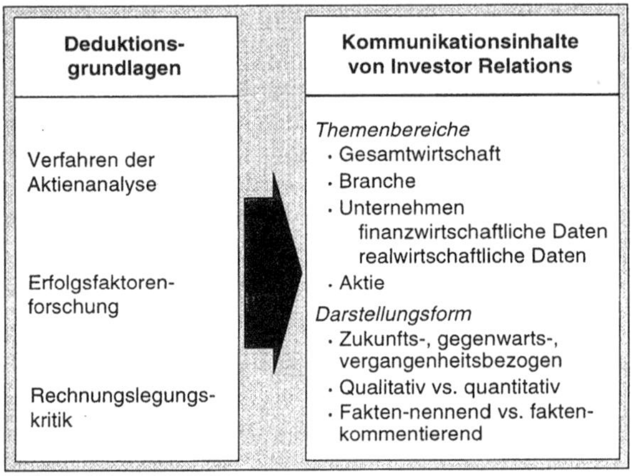

Abb. 4.6: Kommunikationsinhalte von Investor Relations

4.1.3 KOMMUNIKATIONSMITTEL DER INVESTOR-RELATIONS-POLITIK

Bei der Erläuterung des Ablaufs der Kommunikationsplanung wurde herausgestellt, daß im Anschluß an die Bestimmung der Inhalte festzulegen ist, welche Kommunikationsmittel zur Übertragung der Nachrichten genutzt werden sollen und wie diese hinsichtlich der Verwendung inhaltlicher und formaler Elemente zu gestalten sind.[81] In diesem Kapitel soll nun zunächst - auf Basis der Zielsetzungen der IR-Adressaten - abgeleitet werden, wie sich deren Interessen und Wünsche zu dieser Fragestellung verhalten. Anschließend wird untersucht, inwieweit die gebräuchlichen Kommunikationsmittel von Investor Relations, die teilweise aus dem Bereich der Werbung oder der Public Relations, teilweise als Instrumente der Pflichtkommunikation bekannt sind, den aus diesen Bedürfnissen resultierenden Anforderungen entsprechen.

---

80 Vgl. hierzu auch die Kriterien, nach der Geschäftsberichte in einer entsprechenden Untersuchung des Manager Magazins beurteilt wurden, bei Baden, K. (Leerformeln, 1992), S. 212.

81 Vgl. Kapitel 3.1.3.2.

4.1.3.1 ABLEITUNG VON ANFORDERUNGEN HINSICHTLICH DER KOMMUNIKATIONSMITTEL

Grundsätzlich wird sich ein Anleger nur dann für den Kauf einer Aktie entscheiden, wenn das Unternehmen respektive dessen Management sein volles Vertrauen genießt. Denn - wie weiter oben beschrieben[82] - handelt es sich beim Aktienkauf um eine Geldangelegenheit, die aufgrund unvollständiger Information mit dem Risiko eines vollkommenen Verlustes des investierten Betrages behaftet ist.

Vertrauen, welches die Begründung dafür darstellt, daß dieses Risiko überhaupt eingegangen wird, beinhaltet eine kognitive und eine emotionale Komponente. Das kognitive Vertrauen entsteht daraus, daß konkrete Informationen über den Gegenstand des Vertrauens vorliegen, die den Vertrauensgeber veranlassen, auf Basis kalkulierender und rationaler Erwägungen positive Erwartungen gegenüber dem Vertrauensnehmer zu hegen. Affektives bzw. emotionales Vertrauen zeigt sich dagegen darin, daß der Vertrauensgeber eine positive Einstellung gegenüber dem Vertrauensnehmer entwickelt, die sich nicht aufgrund der zuvor angesprochenen kognitiven Denkprozesse gebildet hat, sondern die das Resultat von als positiv empfundenen Gefühlen, Emotionen und Assoziationen ist. Die Existenz unterschiedlicher Arten von Vertrauen führt zu der Annahme, daß auch der Prozeß des Vertrauensaufbaus auf zwei verschiedene Arten - entweder durch umfassende Information und rationale Argumentation oder durch das Wecken von Emotionen und Gefühlen - seitens des Vertrauensnehmers vorangetrieben werden kann.[83]

Eine Übertragung dieser allgemeinen theoretischen Ausführungen auf den Bereich von Investor Relations legt die Vermutung nahe, daß insbesondere der ersten Form der Vertrauensbildung eine hohe Bedeutung zukommen dürfte. Es erscheint plausibel, daß die meisten IR-Adressaten, insbesondere Analysten und Institutionelle, in erster Linie demjenigen Unternehmen Vertrauen entgegenbringen werden, das sie systematisch und durch rationale Argumente von der eigenen Leistungsfähigkeit und damit von der Vorteilhaftigkeit des Kaufs der Aktie überzeugen kann.

Mit dem *Bedürfnis, durch logische Argumentation mittels sachlicher, nüchterner Information von der Vorteilhaftigkeit des Aktienkaufs überzeugt zu werden*, gehen gleichzeitig bestimmte Anforderungen an die formale Gestaltung der Kommuni-

82 Vgl. Kapitel 3.2.1.

83 Vgl. hierzu auch Ripperger, T. (Ökonomik, 1998), S. 95 f. sowie die dort angegebene Literatur. Die Polarität zwischen rationaler und emotionaler Bildung von Vertrauen und die entsprechenden Formen der Ansprache im Rahmen von IR spricht auch Süchting, J. (Finanzmanagement, 1995), S. 253 f. an.

kationmittel einher. So dürften für Aktionäre in erster Linie diejenigen Kommunikationsmittel von Interesse sein, die neben der Berichterstattung in Form von Texten und Zahlen zusätzlich Übersichtsgrafiken oder Tabellen zur Veranschaulichung umfassen. Der Wunsch nach schriftlichem Informationsmaterial ist möglicherweise auch aus einem weiteren Grund nachvollziehbar. So erweckt dieses von Natur aus eher den Anschein, dem geforderten Grundsatz der Wahrheit zu entsprechen, wie das Zitat „Verläßlichkeit des gedruckten Wortes“[84] oder Churchills Ausspruch „I am a great believer in the written word“[85] belegen. Die schriftliche Informationsvermittlung könnte gegenüber einer mündlichen Informationsweitergabe aber auch aus dem Grund präferiert werden, daß Schriftstücke im Gegensatz zu einem Gespräch länger Bestand haben. Durch die Nutzung speicherbaren bzw. archivierbaren schriftlichen Informationsmaterials sind dem Adressat die Begründungen und Argumente des Senders, die für eine angesprochene rationale Überzeugung charakteristisch sind, permanent offengelegt. Dadurch hat der Adressat eine ungleich bessere Möglichkeit, die Beweisführung nachzuvollziehen, zu durchdenken, zu beurteilen und mehrmals auf ihre Richtigkeit zu prüfen, als wenn ihm eine Argumentation einmal in einem flüchtigen Augenblick vorgetragen wurde.

Die zuvor erwähnte Forderung nach Nüchternheit bzw. Sachlichkeit, die bei der Auswahl und Formulierung der Inhalte der schriftlichen Kommunikationsmittel entscheidend ist, darf jedoch nicht zu der Annahme verleiten, daß der formalen Aufbereitung und Gestaltung keine besonderes Engagement gewidmet werden soll. Vielmehr ist beispielsweise auf Aspekte der grafischen Textgestaltung, die den Lesewiderstand verringern oder die Aufmerksamkeit erhöhen, ebenso wie auf Corporate-Identity-Gesichtspunkte in besonderer Weise zu achten.

Wie jedoch nicht zuletzt die Börseneinführung der Telekom gezeigt hat, ist der Aufbau von für den Aktienkauf notwendigem Vertrauen - insbesondere bei Kleinaktionären - auch unter weitgehendem Verzicht auf sachliche Information und Fakten und stattdessen über eine eher emotionale, appellierende Ansprache möglich.[86] Beispielsweise wurde bei der Börseneinführung der Telekom in Fernsehspots mit Manfred Krug eine Identifikationsfigur geschaffen, die im Sinne ei-

---

84 Vollmar, J. (Finanzwerbung, 1989), S. 152.

85 Paul, W. (Bedeutung, 1993), S. 147.

86 Vgl. allgemein zur Bedeutung einer stärkeren Einbeziehung von emotionalen Aspekten beim Marketing Ceyp, M. (Erlebnis-Marketing, 1996), S. 29 ff., Weinberg, P. (Erlebnismarketing, 1992), Gröppel, A. (Erlebnisstrategien, 1990).

ner Vorbildfunktion die Zuschauer vor allem auf emotionaler Ebene zum Kauf von Aktien bewegen sollte.[87]

Wenngleich eine derartige Werbung bei rational entscheidenden Anlegern sicher weitgehend wirkungslos bleibt, so ist dennoch nicht gänzlich auszuschließen, daß sie sich ebenso bei ihrer - unbewußten - Entscheidung, einem Unternehmen Vertrauen entgegenzubringen, nicht alleine von einer rationalen, sondern zusätzlich von einer emotionalen Komponente leiten lassen. Die Annahme erscheint plausibel, daß Anleger nicht nur aufgrund logischer Argumente die Richtigkeit ihres Entschlusses zugunsten eines Unternehmens bestätigt sehen wollen, sondern zusätzlich aufgrund emotionaler Argumente, wie z.B. des Gefühls, sich mit dem Unternehmen identifizieren zu können. Dieses emotional begründete Vertrauen kann ihnen beispielsweise ein in Diskussionen kompetent wirkender Vorstand, der zudem seinen Aktionären und Mitarbeitern die notwendige Wertschätzung zollt, ebenso vermitteln wie ein dynamisch wirkendes Management, eine zufriedene und engagierte Belegschaft oder Innovationskraft ausstrahlende Produkte.[88]

Sinnvoll begründen bzw. nachvollziehen läßt sich diese Argumentation aufgrund der Tatsache, daß es sich bei den beispielhaft genannten Aspekten um jene im Rahmen der Ausführungen zu den Kommunikationsinhalten diskutierten „soft facts" handelt, die den Erfolg eines Unternehmens wesentlich beeinflussen.[89] Insofern erscheint es logisch, daß ein Anleger, der die Existenz dieser weichen Erfolgsfaktoren in einem Unternehmen wahrnimmt, eher geneigt ist, diesem auch sein Vertrauen entgegenzubringen.

Das *Bedürfnis der Aktionäre, auch auf emotionaler Ebene überzeugt zu werden*, kann durch die oben beschriebene, sachlich argumentierende und auf Texten basierende Ansprache nicht befriedigt werden. Dementsprechend ist seitens der Aktionäre ein besonderes Interesse an denjenigen Kommunikationsmitteln zu vermuten, mit denen eine lebendige und daher eher emotionale oder appellierende Ansprache möglich ist. Insbesondere multisensorische, persönliche Kommunikationsmittel dürften daher eine hohe Wertschätzung genießen. Diese Kommunikationsmittel wie beispielsweise Unternehmenspräsentationen, Aktionärsmessen oder Betriebsbesichtigungen bieten den Aktionären die Möglichkeit, einen persönlichen Eindruck von den Organen, der Struktur oder auch der Leistungsfähigkeit des Unternehmens gewinnen und sich damit von der Existenz weicher Erfolgsfaktoren überzeugen zu können. Darüber hinaus ist es wahrscheinlich, daß

87 Vgl. hierzu Seeger, C. (Profis, 1998), S. 133 f.

88 Vgl. Süchting, J. (Communications, 1991), S. 17, o. V. (Structure, 1984), S. 26, Strixner, K. (Ansprache, 1994), S. 870, Blechner, N. (Aktionärszeitung, 1994), S. 27.

89 Vgl. Kapitel 4.1.2.1.2.

seitens der Aktionäre die Forderung nach persönlichen Kommunikationsmitteln auch deswegen erhoben wird, da diese einen direkten Dialog zwischen IR-Adressaten und Unternehmen erlauben und daher auch unter dem Gesichtspunkt Informationswert für die IR-Adressaten von besonderer Bedeutung sind.

Die vorangegangenen Überlegungen zusammenfassend, können also zwei Anforderungen abgeleitet werden, die mit den beiden Formen des Vertrauensaufbaus korrespondieren und von deren Erfüllung es abhängen könnte, wie Anleger den Wert einzelner Kommunikationsmittel beurteilen. Einerseits sollten Kommunikationsmittel durch ihre spezifischen Eigenschaften die rationale Komponente des Vertrauensaufbaus unterstützen. In diesem Zusammenhang kommt also dem *Informationswert* eines Kommunikationsmittels besondere Bedeutung zu. Andererseits besteht der Anspruch, daß Kommunikationsmittel daneben auch über Charakteristika verfügen, die in besonderer Weise dem Ziel dienlich sind, auf der Basis von Emotionen Vertrauen zu generieren. In diesem Fall ist es der dem Kommunikationsmittel immanente *Erlebniswert*, der diesbezüglich als Beurteilungskriterium herangezogen werden kann.

4.1.3.2 SYSTEMATIK DER KOMMUNIKATIONSMITTEL DER INVESTOR-RELATIONS-POLITIK

Zur Erfüllung der zuvor abgeleiteten Erwartungen der IR-Adressaten steht den IR-Verantwortlichen eine Vielzahl von unterschiedlichen Kommunikationsmitteln zur Verfügung. Nach der Systematik von *Link* lassen sich diese in persönliche, unpersönliche und unterstützende Kommunikationsmittel unterscheiden.[90]

Im folgenden sollen nun die einzelnen in der Finanzkommunikation eingesetzten Instrumente vorgestellt und charakterisiert werden. Diese Charakterisierung erfolgt im Hinblick auf die zuvor ermittelten Bewertungskriterien Informationswert bzw. Erlebniswert, also jeweils im Hinblick auf die Möglichkeit, durch ihre Verwendung einerseits das Bedürfnis der Adressaten nach Informationen befriedigen, andererseits die gewünschte emotionale Ansprache durchführen zu können. Dabei darf die konsequente Einzelbetrachtung jedes Instrumentes jedoch nicht darüber hinwegtäuschen, daß Investor Relations nur dann Wirkung erzielen können, wenn alle Kommunikationsmittel zusammen im Rahmen eines integrativen, koordinierten Einsatzes genutzt werden.[91]

---

90 Vgl. zu den folgenden Ausführungen hinsichtlich der einzelnen Informationsinstrumente die sehr detaillierte Darstellung von Link, R. (Publikumsgesellschaften, 1991), S. 116 ff. sowie die jeweils zu den einzelnen Instrumenten zusätzlich angegebene Literatur.

91 Auch bei der Vergabe des Investor-Relations-Preises der Wirtschaftswoche wird die Güte der Finanzkommunikation eines Unternehmens insbesondere nach dem Kriterium der

4.1.3.2.1 PERSÖNLICHE KOMMUNIKATIONSMITTEL

Hauptversammlung

Obgleich vom Gesetzgeber in erster Linie als Entscheidungsgremium zur Beschlußfassung von bedeutenden unternehmensbezogenen Fragen wie der Entlastung des Vorstands, der Bestellung des Abschlußprüfers oder der Verwendung des Bilanzgewinns verstanden, übernimmt die Hauptversammlung als zentrales persönliches Kommunikationsmittel zunehmend eine neue Funktion. So dient sie insbesondere dem Vorstand als kommunikative Plattform, um interessierte Aktionäre und Meinungsbildner über das vergangene Geschäftsjahr, die derzeitige Lage sowie über zukünftige Entwicklungen zu informieren.[92] Die seltene gleichzeitige Anwesenheit von Vorstand und einer Vielzahl von Aktionären kann dabei dazu genutzt werden, letzteren das Gefühl der Wertschätzung und der Identifikation mit dem Unternehmen zu vermitteln, das gerade für emotionalere Anlegertypen von Bedeutung ist.

Insbesondere bei Kenntnis der praxisorientierten Veröffentlichungen zu diesem Aspekt erscheint die oben genannte positive Einschätzung hinsichtlich der Bedeutung der Hauptversammlung als zentrales Kommunikationsmittel ungerechtfertigt. Denn oft sind Hauptversammlungen auch charakterisiert durch ein langatmiges Programm mit endlosen Diskussionen, durch ausufernde Selbstdarstellungen des Vorstands inklusive ausweichenden Antworten auf konkrete Fragen, durch Mangel an neuen Informationen sowie das vermehrte Auftreten von ihr Fragerecht nutzenden Selbstdarstellern und Scheinaktionären. Dies sind die wesentlichen Ursachen dafür, daß die Hauptversammlung ihrem Anspruch, mit den Aktionären und den Meinungsbildnern ausführlich über unternehmensinterne Belange zu kommunizieren, nur in Ansätzen gerecht werden kann.[93]

Unternehmenspräsentationen

Unternehmenspräsentationen vor institutionellen Investoren an den bedeutendsten Finanzzentren im In- und Ausland, vor Finanzanalysten oder in Verbindung mit Banken oder Aktionärsvereinigungen vor Privatanlegern sind im Rahmen von

---

Ganzheitlichkeit des IR-Konzepts beurteilt. Vgl. hierzu Rubach, J. / Köhler, W. (Chemie, 1990), S. 120 und Hennes, M. (Anleger, 1990), S. 122.

92 Vgl. hierzu Drill, M. (Investor Relations, 1995), S. 128 sowie zu den Entscheidungstatbeständen § 119 AktG.

93 Vgl. Velte, G. (Kür, 1992), S. 47, Link, R. (Aktienmarketing, 1994), S. 367 f., Bennigsen-Foerder, R. v. (Aktionäre, 1987), S. 1002, Schreib, H. P. (Anleger, 1993), S. 168 f., Strenger, C. (Informationsanspruch, 1996), S. 469.

Investor Relations von besonderer Bedeutung. Ebenso wie die Hauptversammlung bieten sie den Teilnehmern die Gelegenheit, sich durch das Auftreten des Unternehmensvertreters ebenso wie durch die präsentationsunterstützende Verwendung von Produktproben ein persönliches Bild vom Unternehmen oder seinen Leistungen zu machen und dadurch auch eine emotionale Bindung dazu zu entwickeln. Darüber hinaus weisen sie - im Gegensatz zur Hauptversammlung - zusätzlich zwei unbestreitbare Vorteile auf: vollkommene Gestaltungsfreiheit sowie die Möglichkeit einer zielgruppenspezifischen Fokussierung. Daraus resultiert in erster Linie ein höherer Informationswert für die Teilnehmer, da die Präsentation nicht an strikte gesetzliche Vorgaben gebunden ist, sondern sie sowohl hinsichtlich inhaltlicher als auch hinsichtlich formaler Elemente spezifisch auf eine relativ homogene Adressatengruppe mit sehr ähnlichen Erwartungen und annähernd gleichen Vorkenntnissen abgestimmt werden kann. In Abhängigkeit von der Teilnehmerzahl bietet sich zudem für den Einzelnen die Gelegenheit, im Zuge einer anschließenden Diskussion Fragen zu stellen und so selbst individuelle Informationsbedürfnisse zu befriedigen.[94]

Pressemeetings und Pressekonferenzen

Pressemeetings bzw. Pressekonferenzen sind als Veranstaltungen gedacht, durch die speziell die Informationsbedürfnisse der Wirtschafts- und Finanzjournalisten befriedigt werden sollen. Zu diesen wird in erster Linie zum Zeitpunkt der Veröffentlichung des Jahresabschlusses - Bilanzpressekonferenz - sowie bei wichtigen Neuigkeiten wie z.B. Akquisitionen, Werkseröffnungen und Neugründungen geladen.[95]

Ebenso wie die zielgerichteten Unternehmenspräsentationen für Anleger und Analysten sind die Pressekonferenzen für Journalisten einerseits aufgrund des persönlichen Kontaktes zu Unternehmensvertretern, andererseits aufgrund ihres hohen Informationswertes besonders wertvoll. Lediglich die Einladung zu Pressekonferenzen, bei denen eine Art von Informationen mitgeteilt wird, die die Anfertigung eines größeren Berichts, z.B. wegen fehlender Neuigkeit nicht lohnt, wird ungern gesehen, erweckt diese doch bei den Journalisten den Verdacht, das Unternehmen wolle eine preisgünstige Werbekampagne mittels Presseberichterstattung treiben.[96]

---

94 Remmers, J. (Aktienpräsentationen, 1993), S. 320 ff., Paul, W. (Investor, 1991), S. 937 f., Bittner, T. (Investor Relations, 1996), S. 16 f., Diehl, U. (Investor Relations, 1993), S. 180, Bauer, S. (Aktionär, 1990), S. 236.

95 Vgl. Günther, T. / Otterbein, S. (Gestaltung, 1996), S. 408.

96 Vgl. Schirmacher, A. F. (Kommunikation, 1991), S. 54, Drill, M. (Investor Relations, 1995), S. 136 f.

Einzel- und Round-Table-Gespräche

Den Finanzanalysten und - in Abhängigkeit vom Anlagevolumen - auch den Aktionären wird zudem seitens der Unternehmen die Möglichkeit zu Gruppen- oder Einzelgesprächen geboten. Ziel dieser Gespräche ist es weniger, das Unternehmen generell vorzustellen, als vielmehr entsprechend dem Wunsch der jeweiligen Teilnehmer Details und Hintergrundinformationen zu bestimmten Fragestellungen und Aspekten zu liefern. Auf diese Weise soll gewährleistet werden, daß den Adressaten das Unternehmen, seine Stärken und seine Strategien bewußt sind und daß dadurch Fehlinterpretationen insbesondere auf Seiten der meinungsbildendenden Analysten vermieden werden.[97]

Der große Informationswert aufgrund der individuellen Betreuung der Gesprächsteilnehmer und der persönliche Kontakt zu kompetenten, meist hochrangigen Unternehmensvertretern sind die wesentlichen Gründe, warum diese Gespräche seitens der Adressaten als sehr wichtige Informationsmedien eingeschätzt werden. Der kleine Teilnehmerkreis in diesen Gesprächen bringt für die Gesprächsteilnehmer aber noch einen zusätzlichen Vorteil: Andere können nicht am Nutzen aus den Antworten auf eigene geschickt gestellte Fragen partizipieren. Insofern besteht keine Gefahr, etwaige individuelle Wissensvorteile einzubüßen. Letzteres deutet aber gleichzeitig auf die besondere Problematik dieses Kommunikationsmittels, die inbesondere Kleinaktionäre zu Reaktionen veranlaßt. So sind Unternehmen, die Informationsübermittlung in Kleingruppen- und Einzelgesprächen mit ihrer selektiven Auswahl von Gesprächsteilnehmern betreiben, seitens der Nichtteilnehmer relativ schnell dem Vorwurf ausgesetzt, gegen den Grundsatz der Gleichbehandlung oder gegen Insiderregeln zu verstoßen.[98]

Aktionärsmessen und IR-Foren

Zielgruppenübergreifend, damit jedoch automatisch nicht optimal an den Bedürfnissen einer einzelnen Zielgruppe orientiert, präsentieren sich Unternehmen auf Aktionärsmessen und IR-Foren. Neben dem Meinungsaustausch zwischen Unternehmensrepräsentanten und IR-Nachfragern in Vorträgen und bei persönlichen Diskussionen tragen diese in besonderer Weise dazu bei, die rationale, rein auf finanzielle Interessen ausgerichtete Beziehung zwischen Aktionär und Unternehmen um eine emotionale Komponente zu bereichern. Denn insbesondere die Anreicherung des Messestandes durch Produktproben oder die Präsentation eines

---

97 Vgl. Goldman, A. I. (Develop, 1982), S. 32, Günther, T. / Otterbein, S. (Gestaltung, 1996), S. 409, Schmitz, R. H. (Aktionäre, 1993), S. 838.

98 Vgl. Liener, G. (Investor Relations, 1993), S. 330, Bittner, T. (Investor Relations, 1996), S. 18, Bauer, S. (Aktionär, 1990), S. 239, Loistl, O. (Insiderregelung, 1993), S. 459.

neu entwickelten Prototyps ermöglichen dem Aktionär spezifische Einblicke ins Unternehmen.[99]

Sonstige persönliche Maßnahmen

Begleitend zu Unternehmenspräsentationen, Pressekonferenzen oder Gesprächen, die am Standort des Unternehmens stattfinden, bieten sich *Betriebsbesichtigungen* an. Der IR-Adressat erhält dadurch die Möglichkeit, sich direkt vor Ort mit den verschiedenen Facetten des Unternehmens, mit seinen Produkten, in eingeschränkter Form auch mit der Organisation oder dem Führungsstil vertraut zu machen. Auch wenn der IR-Adressat teilweise nicht das eigentlich notwendige technische Wissen mitbringt, z.B. eine komplexe Fertigungstechnologie voll zu verstehen, so ermöglicht eine Betriebsbesichtigung ihm jedoch einen Blick hinter die Kulissen. Er erhält dadurch am effektivsten einen direkten Einblick auf die reellen Faktoren, die hinter den unterschiedlichen Kennzahlen und dem zu analysierenden Datenmaterial stehen.[100]

Generell wichtig, jedoch von besonderer Bedeutung zur Nachbereitung von Präsentationen, Gesprächen oder Pressekonferenzen ist die Dialogbereitschaft seitens der IR-Abteilung im Sinne der *Beantwortung von Anfragen per Telefon oder per E-Mail.* Aus Sicht der IR-Adressaten ist dieses Kommunikationsmittel von besonderem Wert, da alleine daraus die Möglichkeit erwächst, schnell und unverzüglich Informationen bei kompetenten Gesprächspartnern hinsichtlich spezifischer individueller Fragestellungen einholen zu können.[101]

Vielfach wird in der Literatur zum Thema Investor Relations betont, daß eine persönliche Ansprache der Kleinaktionäre nicht möglich oder in Bezug auf das Anlagevolumen nicht zweckmäßig ist. *Direct Mails*, die neben standardisierten Unternehmensinformationen insbesondere persönliche Anschreiben enthalten, entziehen einer derartigen Einschätzung zumindest in Ansätzen die Grundlage. Zwar erschwert das in Deutschland existierende System der Inhaberaktie die Ermittlung von Aktionären des Unternehmens, dennoch kann in Zusammenarbeit

---

99 Vgl. Lindental, E. (Angepriesen, 1992), S. 22 ff., Tiemann, K. (Investor Relations, 1997), S. 41 ff., Haubrock, A. (Anleger, 1990), S. 54, Remmers, J. (Aktienpräsentationen, 1993), S. 321 f.

100 Vgl. hierzu Drill, M. (Investor Relations, 1995), S. 131, Bittner, T. (Investor Relations, 1996), S. 15. Eine Betriebsbesichtigung konzerneigener, aber im Ausland befindlicher Produktionsstätten hat der Getränkehersteller Pernod Ricard mit seinen inländischen Aktionären in Form einer „Wirtschafts-Tourismus-Reise" unternommen. Vgl. hierzu Blechner, N. (Aktionärszeitung, 1994), S. 27.

101 Vgl. Müller-Berghoff, B. H. (Kommunikationskultur, 1993), S. 25, Hauck, K.-W. (Anleger, 1990), S. 15.

mit Depotbanken oder im Zuge der Bearbeitung von Anfragen oder der Bestellung von Geschäftsberichten eine Adreßdatenbank aufgebaut werden, auf deren Basis Mailingaktionen und somit eine gezielte und von den Kleinaktionären geschätzte, persönliche Ansprache möglich wird.[102]

4.1.3.2.2 UNPERSÖNLICHE KOMMUNIKATIONSMITTEL

Geschäftsbericht, Zwischenbericht, Kurzbericht

Oft als „Visitenkarte des Unternehmens" bezeichnet, sticht der Geschäftsbericht, der neben den gesetzlich vorgeschriebenen Bestandteilen Jahresabschluß, Lagebericht, Bericht des Aufsichtsrates und Ergebnisverwendungsvorschlag weitere Wahlbestandteile zur Darstellung zusätzlicher freiwilliger Informationen enthält, als zentrales Instrument aus der Gruppe der unpersönlichen Kommunikationsmittel heraus. Seine Bedeutung für die Anlageentscheidung ist durch zahlreiche Untersuchungen, in denen ein signifikanter Zusammenhang zwischen Jahresabschlußinformation und Kursveränderungen nachgewiesen wurde, eindrucksvoll belegt.[103]

Ähnlich wie bei der Hauptversammlung ist der Informationswert des Geschäftsberichts dennoch nicht unumstritten. Wie kaum ein anderes Kommunikationsmittel ermöglicht der zumeist leicht erhältliche Geschäftsbericht den Lesern, sich zügig, aber dennoch umfassend über die Tätigkeiten, die Struktur und die Leistungen eines Unternehmens zu informieren. Positiv gewertet wird ebenso, daß sich der Geschäftsbericht aufgrund der Notwendigkeit, bei der Erstellung gesetzliche Bestimmungen, wie z.B. die Stetigkeitsgrundsätze, einzuhalten, zudem als gute Grundlage für die Analyse der Unternehmensentwicklung mit Hilfe von Zeitvergleichen eignet. Zudem stellt der Jahresabschluß als Teil des Geschäftsberichts das einzige Kommunikationsmittel dar, das von einer unternehmensexternen Prüfungsgesellschaft kontrolliert wird. Insofern ist hinsichtlich des darin veröffentlichten Datenmaterials keine bewußte Verfälschung seitens des Unternehmens und damit eine Abweichung vom Grundsatz der Wahrheit anzunehmen.[104]

---

102 Vgl. Bauer, S. (Aktionär, 1990), S. 237 f., o. V. (Structure, 1984), S. 23.

103 Vgl. Paul, W. (Investor, 1991), S. 939, Zdral, W. (Geschäftsbericht, 1989), S. 88, Goebel, A. / Ley, T. (Jahresabschluß, 1993), S. 1681, Coenenberg, G. / Haller, A. (Rechnungslegung, 1993), S. 570 ff.

104 Vgl. Küting, K. / Hütten, C. / Lorson, P. (Kommunikationsstrategie, 1995b), S. 1848, Roop, J. J. / Lee, S. F. (Weapon, 1990), S. 6 f., Mahoney, W. F. (Investor Relations, 1991), S. 259 ff.

Wie jedoch bereits aus der geschilderten Kritik an der Rechnungslegung hervorgegangen ist, sind nicht zuletzt die deutschen Bilanzierungsregeln verantwortlich für die meist nur schwach ausgebildete Informationsfunktion des Jahresabschlusses. Daneben schmälert die Tatsache, daß es sich bei Berichterstattung im Jahresabschluß hauptsächlich um veraltete Daten des letzten Geschäftsjahres handelt und daß diese zudem mit erheblichem Zeitverzug veröffentlicht werden, den Wert des Geschäftsberichts für den externen Betrachter ebenso wie der Aspekt, daß sich die zusätzliche freiwillige Kommunikation nicht selten eher am Prinzip der positiven Selbstdarstellung des Managements als an dem der objektiven Information der Aktionäre orientiert.[105] Problematisch ist auch die infolge der zielgruppenübergreifenden Gestaltung des Geschäftsberichts gewählte Darstellungsform, die als Kompromiß hinsichtlich der Interessen aller Adressaten gewertet werden muß.[106]

Neben dem Geschäftsbericht ist insbesondere unter dem Gesichtspunkt der kontinuierlichen Berichterstattung von den Aktionären die Veröffentlichung eines ausführlichen, gesetzlich vorgeschriebenen Zwischenberichts bzw. von freiwillig erbrachten Quartalsberichten erwünscht. Denn beide Kommunikationsmittel versorgen den Interessenten auch zwischen zwei Jahresabschlüssen mit Informationen über die Unternehmensentwicklung und geben ihm auf diese Weise die Chance, zeitnah eine Beurteilung der Kapitalanlage vorzunehmen. Während auf den Zwischenbericht hinsichtlich der Beurteilung der Vor- und Nachteile sowie der Anforderung eine ähnliche Haltung wie zum Geschäftsbericht zutrifft, ist der Wert der freiwilligen Quartalsberichte als Kommunikationsmittel insbesondere von der Art der Gestaltung abhängig. Denn einerseits ermöglicht die Gestaltungsfreiheit eine informativere Berichterstattung als in den Pflichtveröffentlichungen, andererseits wirkt sich der Mangel an unternehmensübergreifenden Standards negativ auf die Vergleichbarkeit aus.[107]

---

105 Vgl. Krüger, R. (Jahresabschluß, 1983), S. 271, Vollmar, J. (Finanzwerbung, 1989), S. 149, Kellerhoff, P. (Investitionsfinanzierungsbank, 1983), S. 302.

106 Chugh, L. C. / Meador, J. W. (Analysts, 1984), S. 19, Süchting, J. (Communications, 1991), S. 17, Liener, G. (Investor Relations, 1993), S. 326, Frings, P. A. (Berichterstattung, 1972), S. 216 ff.

107 Vgl. Pellens, B. (Publizität, 1995), S. 1594 f., Paul, W. (Bedeutung, 1993), S. 144, Schreib, H. P. (Anleger, 1993), S. 167, o.V. (Aussagefähigkeit, 1982), S. 996. Vorschläge zur Gestaltung des Geschäftsberichts finden sich bei Zimmerer, C. (Geschäftsbericht, 1989), S. 66.

Berichterstattung in Printmedien, Funk und Fernsehen

Einerseits durch Presseinformationen, die den Zeitungs- und Zeitschriftenverlagen sowie den Fernseh- und Rundfunksendern zugeleitet werden, andererseits durch das Angebot an die Printmedien, Artikel von Unternehmensmitarbeitern für eine Veröffentlichung zur Verfügung zu stellen, besteht für ein Unternehmen die Möglichkeit, im Rahmen der Berichterstattung von Presse, Hörfunk und Fernsehen die Aufgaben von Investor Relations voranzutreiben.

Die Kommunikationsmittel Presseartikel bzw. Börsensendung sind Bestandteile einer indirekten Kommunikation zwischen Unternehmen und Aktionär, d.h. es ist ein Multiplikator in Form eines Reporters in den Kommunikationsprozeß eingeschaltet, der verschiedene Funktionen übernimmt. So filtert dieser - vielleicht nicht immer im Sinne jedes einzelnen Aktionärs - aus der Vielfalt börsenbezogener Daten die relevanten heraus, prüft sie, bereitet sie auf, stellt sie übersichtlich zusammen und erleichtert so dem Leser die Informationsaufnahme. Als Folge dieser indirekten Kommunikation resultieren Beiträge, die vor allem das Bedürfnis der Adressaten nach sachlicher Information erfüllen. Denn grundsätzlich darf angenommen werden, daß in diesen von neutralen Journalisten erarbeiteten Artikeln und Börsensendungen eine objektivere Sicht der Situation vertreten wird als in unternehmenseigenen Darstellungen. Besondere Bedeutung kommt dem Kommunikationsmittel Presseartikel, das aus Sicht der Adressaten die unverzügliche und gleichzeitige Information aller Zielgruppen sicherstellt, aber auch aufgrund der im WpHG kodifizierten Insiderregeln zu.[108]

Im Zuge der permanent steigenden Sendezeit von Börsensendungen bieten sich begleitend zur Pressearbeit Rundfunk- und Fernsehinterviews von hierarchisch hochstehenden Unternehmensrepräsentanten an. Weniger unter dem Gesichtspunkt, neue Informationen zu übermitteln, als vielmehr, um einerseits gemäß dem Grundsatz der Kontinuität regelmäßig Präsenz zu zeigen und andererseits dem Adressaten die Identifikation mit dem Unternehmen und seinem Management zu ermöglichen, sind diese von hohem Wert für die unternehmensspezifische Finanzkommunikation.[109]

Finanzanzeigen, Rundfunk- und Fernsehspots

Neben den Aktionärsbriefen erfüllen Finanzanzeigen, insbesondere Anzeigen mit Responsefunktion, den von den IR-Adressaten geäußerten Wunsch nach kontinuierlicher Kommunikation mit dem Unternehmen. Je nach Art - als Pflichtanzei-

---

108 Vgl. Schirmacher, A. F. (Kommunikation, 1991), S. 52 ff., o. V. (Meinungsspiegel, 1993), S. 198, Tiemann, K. (Investor Relations, 1997), S. 34.

109 Vgl. Link, R. (Publikumsgesellschaften, 1991), S. 340, Blechner, N. (Aktionärszeitung, 1994), S. 27, Husman, N. (Börsen-Zapping, 1998), S. 182 f.

ge, in der beispielsweise die Einladung zur Hauptversammlung oder die Dividendenbekanntmachung publiziert wird, als Finanzanzeigen i. e. S. mit dem Ziel der Vermittlung von Kapitalmarktdaten oder als Imageanzeige mit dem Inhalt, dem Leser die Produkte des Unternehmens näherzubringen - sprechen sie den Leser eher rational oder eher emotional an. Fraglich bleibt jedoch, welchen Stellenwert sie als Instrumente der objektiven Informationsvermittlung von beispielsweise unternehmensbezogenen Daten bei den Adressaten genießen. Denn aufgrund ihrer Nähe zu den aus dem Konsumgüterbereich bekannten Werbeanzeigen ist nicht anzunehmen, daß sie seitens der Adressaten als glaubwürdige Bezugsquellen von Informationen akzeptiert werden.[110]

Analog zur Werbung mit Finanzanzeigen in den Printmedien bietet sich in den elektronischen Medien das Schalten von Rundfunk- bzw. Fernsehspots an. Mit Rücksicht auf die Situation, in der diese Spots normalerweise von den Adressaten aufgenommen werden, einerseits und unter Berücksichtigung von Kostenaspekten andererseits, erklärt sich, daß ein primäres Ziel dieser Kommunikationsform die Übermittlung emotionaler Eindrücke zur Erlangung eines positiven Images und nicht eine zeitraubende Darstellung detaillierter Unternehmensinformation ist.[111] Daß Imageanzeigen und Werbespots jedoch gerade durch ihre vorwiegend emotionale Argumentation den Aufbau von Vertrauen und die Nachfrage nach Aktien insbesondere bei Kleinaktionären wirkungsvoll unterstützen können, hat die Börseneinführung der Telekom eindrucksvoll bestätigt.[112]

Aktionärsbrief

Um dem Wunsch der IR-Adressaten nach Kontinuität in der Kommunikation zu entsprechen und sie damit auch in ruhigeren Zeiten der Wertschätzung des Unternehmens zu versichern, bietet sich die Nutzung des Kommunikationsmittels Aktionärsbrief an. Entweder regelmäßig oder ereignisbezogen an Interessenten auf Anforderung oder auch über Banken verschickt, dient er der sachlichen Information durch die Übermittlung von aktuellen Zahlen, Berichten oder von Hintergrundinformationen, aber auch durch die Nachbereitung bzw. die Berichterstattung über die Hauptversammlung.[113]

---

110 Süchting, J. (Communications, 1991), S. 17, Breuer, R.-E. (Institution, 1991), S. 74, Vollmar, J. (Finanzwerbung, 1989), S. 149, Allendorf, G. J. (Investor Relations, 1996), S. 67 ff., Demuth, A. / Garbett, Th. / Richter, G. (Unternehmenswerbung, 1984), S. 46 f.

111 Vgl. Link, R. (Publikumsgesellschaften, 1991), S. 332.

112 Die gleiche Erfahrung konnte bereits zuvor bei der Markteinführung von Sixt gemacht werden. Vgl. hierzu o.V. (Going Public, 1987), S. 32.

113 Vgl. Schnitzler, L. (Buchstaben, 1992), S. 63, Blechner, N. (Aktionärszeitung, 1994), S. 26, Loehr, H. (Anleger, 1990), S. 1052, Schreib, H. P. (Anleger, 1993), S. 168.

Fact Book, Unternehmensbroschüre, IR-Broschüren

In Kombination mit anderen Kommunikationsmitteln wie beispielsweise Unternehmenspräsentationen erscheint die Ausgabe von Begleitmaterial in Form eines Fact Books[114] oder von Unternehmens- und Aktienbroschüren quasi als generelle Nachschlagewerke sinnvoll. Ersteres repräsentiert eine kompakte Zusammenfassung „of the necessary facts, figures and key rations" in einer einzigen Quelle, das mit dem Vorteil verbunden ist, daß „a company can save the analyst a lot of hard and tedious work, and perhaps make a friend at the same time"[115]. Eher auf den Aktionär ausgerichtet und damit für ihn von Nutzen ist dagegen die Unternehmens- bzw. die IR-Broschüre, von denen die erste eher über operative, die zweite stärker über finanzielle Aspekte informiert.[116]

4.1.3.2.3 UNTERSTÜTZENDE KOMMUNIKATIONSMITTEL

Neben den persönlichen und den unpersönlichen Kommunikationsmitteln umfaßt die von *Link* übernommene Systematik als dritte Gruppe zusätzlich solche Kommunikationsmittel, die nicht eigenständig, sondern nur unterstützend eingesetzt werden können. Dazu zählen beispielsweise Filme, Bilder oder Präsentationsfolien, mit denen oft auf nüchternem Zahlenwerk basierende Unternehmenspräsentationen angereichert werden können. Entsprechendes gilt für Produktproben sowie Preisausschreiben und Gewinnspiele, in denen für den Gewinner Leistungen oder Aktien des Unternehmens bereitstehen. Wie diese Beispiele zeigen, könnten diese unterstützenden Kommunikationsmittel in erster Linie geschätzt werden, weil sie bei den Adressaten einen tieferen Eindruck vom Unternehmen hinterlassen.[117]

Abschließend wird das Ergebnis der in diesem Kapitel ausgeführten Überlegungen noch einmal zusammenfassend in Abbildung 4.7 dargestellt. In dieser Abbildung sind alle im Rahmen von Investor Relations üblichen persönlichen und unpersönlichen Kommunikationsmittel aufgeführt. Darüber hinaus wurde unter Berücksichtigung der zuvor beschriebenen Charakteristika eine Bewertung vorgenommen, wie bei ihnen der Informations- bzw. Erlebniswert ausgeprägt ist und inwieweit sie sich daher für die rationale bzw. emotionale Vertrauensbildung eignen.

---

114 Vgl. Fenkart, P. (Investor-Relations, 1997), S.12.

115 o. V. (Structure, 1984), S. 23.

116 Vgl. Günther, T. / Otterbein, S. (Gestaltung, 1996), S. 406, Müller-Berghoff, B. H. (Kommunikationskultur, 1993), S. 25.

117 Vgl. Link, R. (Publikumsgesellschaften, 1991), S. 340 f., Blechner, N. (Aktionärszeitung, 1994), S. 27.

Kommunikationsmittel	Informationswert	Erlebniswert
Hauptversammlung	0	+
Unternehmenspräsentation	+	+
Pressekonferenz, Pressemeeting	+	+
Einzel- und Round-Table-Gespräch	+	+
Aktionärsmesse, IR-Forum	0	+
Betriebsbesichtigung	0	+
Aktionärstelefon	+	-
Geschäfts- und Zwischenbericht	+	0
Presseartikel	+	-
Finanzanzeige, Rundfunk- und Fernsehspot	-	+
Aktionärsbrief	+	0
Fact Book, Broschüre	0	+

\+ Informationswert bzw. Erlebniswert stark ausgeprägt
0 Informationswert bzw. Erlebniswert mittelmäßig ausgeprägt
\- Informationswert bzw. Erlebniswert schwach ausgeprägt

Abb. 4.7: Kommunikationsmittel von Investor Relations

4.1.4 Kommunikationsträger der Investor-Relations-Politik

Wie die Darstellung des Planungsprozesses gezeigt hat, schließt sich - sofern im Rahmen der Kommunikation die Adressaten nicht nur persönlich angesprochen werden sollen - an die Phase der Kommunikationsgestaltungsplanung die Kommunikationsträgerplanung an. Ziel dieser Planungsphase ist die Auswahl derjenigen Medien, die für die Übertragung der zuvor ausgewählten unpersönlichen Kommunikationsmittel geeignet erscheinen.

Gegenstand dieses Kapitels ist es nun zuerst, die wesentlichen Anforderungen, die seitens der IR-Adressaten an die Trägermedien gestellt werden könnten, zu ermitteln. Ähnlich wie im vorangegangenen Kapitel erfolgt daran anschließend eine Bewertung der im Rahmen von Investor Relations verwendeten Kommunikationsträger anhand der zuvor ermittelten Kriterien.

4.1.4.1 Ableitung von Anforderungen hinsichtlich der Kommunikationsträger

In vielen Fällen hängt die Wahl des Adressaten, welchen Kommunikationsträger er nutzt, von den darin gebotenen Kommunikationsmitteln ab. Hat beispielsweise ein Aktionär eine Aversion gegen Texte und zeigt er dementprechend ein vollkommenes Desinteresse an allen schriftlichen Kommunikationsmitteln, so geht damit automatisch eine Entscheidung gegen Printmedien und für Fernsehen und Hörfunk einher. Die Frage, welcher Kommunikationsträger genutzt werden soll, ist mit der Entscheidung für ein bestimmtes Kommunikationsmittel also bereits weitgehend entschieden. Die spezifischen Charakteristika eines Mediums - mit Ausnahme der ihnen immanenten Fähigkeit, ein bestimmtes Kommunikationsmittel übertragen zu können - liefern in diesen Fällen keine Begründung für die Bevorzugung bestimmter Medien durch die Adressaten.

In vielen Fällen bieten sich für die Übertragung eines bestimmten Kommunikationsmittels jedoch mehrere Möglichkeiten an. Beispielsweise kann der Geschäftsbericht den Adressaten als Druckwerk, als CD-ROM oder auch im Rahmen des Internets angeboten werden. In dieser Situation wird die Entscheidung, ein bestimmtes Trägermedium zu nutzen, also nicht mehr vom darin enthaltenen Inhalt, sondern von den individuellen Charakteristika des Trägermediums abhängen. Die Frage, welche Eigenschaften des Kommunikationsträgers für seine Wahl entscheidend ist, wird im folgenden diskutiert.

Aus Sicht des IR-Adressaten zeichnet sich eine optimale IR-Arbeit dadurch aus, daß sie ihn in optimaler Weise im Bewertungs- und Entscheidungsprozeß unterstützt.[118] Diese Unterstützung äußert sich nun unter anderem darin, daß für die Übermittlung diejenigen Kommunikationsträger gewählt werden, die den Adressaten aufgrund ihrer individuellen Merkmale die Daten und Inhalte in geeigneter Weise für die Zwecke der Informationssammlung bzw. der Informationsaufnahme bereitstellen.

Als optimale Unterstützung wird seitens der Adressaten gewertet, wenn ihnen der gewählte Kommunikationsträger eine Informationsaufnahme gestattet, die sie entsprechend ihrer individuellen Bedürfnisse selbst gestalten können. Eigene Gestaltung bedeutet dabei, daß der Adressat aus einer zur Verfügung gestellten Menge von Daten die gewünschten Informationen individuell auswählen und sie zu dem von ihm gewünschten Zeitpunkt in der von ihm gewünschten Reihenfolge mit der von ihm gewünschten Geschwindigkeit aufnehmen kann. Präferiert werden dürften daher alle diejenigen Kommunikationsträger, die den Adressaten eine *zeitliche und inhaltliche Unabhängigkeit bei der Informationsaufnahme* einräumen.[119] Nicht alleine die zeitliche und inhaltliche Unabhängigkeit bei der Informationsaufnahme, sondern auch die Unabhängigkeit hinsichtlich des Ortes der Informationsaufnahme ist ein entscheidendes Gütekriterium eines Kommunikati-

---

118 Vgl. Gburek, M. (Rechner, 1988), S. 38, Chugh, L. C. / Meador, J. W. (Analysts, 1984), S. 21.

119 Vgl. Merbold, C. (Medienlandschaft, 1985), S. 115, Deller, D. / Stubenrath, M. / Weber, C. (Internetpräsenz, 1997), S. 1579, Tomczak, T. / Gräf, H. (Online-Marketing, 1997), S. 16.

onsträgers. Denn prinzipiell ist ein Bedürfnis nach einer *nicht-ortsgebundenen Informationsaufnahme* anzunehmen, aus der sich die Forderung nach transportierbaren Kommunikationsträgern ableiten läßt.[120]

In enger Verbindung mit der Informationsaufnahme steht auch die Frage, ob und wie die übermittelten Daten gespeichert werden können. Insbesondere das zuvor im Zusammenhang mit den IR-Inhalten ermittelte Bedürfnis, Unternehmensdaten im Zeitvergleich zu beurteilen, legt die Vermutung nahe, daß Aktionäre daran interessiert sind, erhaltenes *Informationsmaterial zu archivieren.*

Als positiv wird es der Adressat daneben auch empfinden, wenn das Kommunikationsmedium nicht nur eine einseitige Informationsvermittlung vom Sender zum Empfänger, sondern auch eine zweiseitige Kommunikation aufgrund einer integrierten Rückkopplungsfunktion zuläßt, somit über *Dialogfähigkeit* verfügt. Denn so wird auf unkomplizierte Weise der Wunsch des Adressaten erfüllt, direkt, d.h. ohne Ausweichen auf ein anderes Medium, mit dem Sender zur Aufnahme eines Dialogs oder zur Klärung von Rückfragen hinsichtlich der Botschaft in Kontakt zu treten.[121]

Ein weiterer Wunsch der Adressaten dürfte darin bestehen, daß die vom Sender ausgewählten Kommunikationsträger eine *einfache und unkomplizierte Nutzung* ermöglichen. Im Hinblick auf die üblichen Medien Zeitung, Zeitschrift, Fernsehen erscheint die Erfüllung dieses Kriteriums selbstverständlich und nicht nennenswert. Jedoch unter Berücksichtigung der Tatsache, daß das Internet im Rahmen von Investor Relations zunehmend als Kommunikationsträger Verwendung findet, erklärt sich die Bedeutung dieser Forderung. Unter demselben Blickwinkel ist auch das Bedürfnis der Adressaten nach einer *einfachen Zugänglichkeit* zu den Informationen zu sehen, die sich darin ausdrückt, ob der Kommunikationsträger leicht zu beziehen ist bzw. ob ohne größeren Aufwand auf ihn zurückgegriffen werden kann.[122]

Weniger bewußt als unbewußt äußert sich das Bedürfnis des Adressaten nach *Imagekompatibilität* zwischen Kommunikationsinhalt und dem zur jeweiligen Übermittlung genutzten Kommunikationsträger. Wie einerseits bei der Darstellung der Grundsätze, andererseits bei der Diskussion hinsichtlich der Kommunikationsmittel detailliert herausgearbeitet wurde, ist die nüchterne und sachliche Informationsweitergabe unter strenger Beachtung des Grundsatzes der Wahrheit

---

120 Vgl. O'Reilly, C. A. / Chatman, J. A. / Anderson, J. C. (Message, 1983), S. 616, Picot, A. / Reichwald, R. (Informationswirtschaft, 1991), S. 262.

121 Vgl. Tomczak, T. / Gräf, H. (Online-Marketing, 1997), S. 16.

122 Vgl. O'Reilly, C. A. / Chatman, J. A. / Anderson, J. C. (Message, 1983), S. 616, aber auch Picot, A. / Reichwald, R. (Informationswirtschaft, 1991), S. 262.

die wesentliche Grundlage einer erfolgreichen IR-Politik. Gemäß der Forderung nach Imagekompatibilität dürften daher seitens der Adressaten insbesondere denjenigen Kommunikationsträgern Wertschätzung entgegengebracht werden, die über das Image verfügen, *seriöse und wahre Informationsvermittlung* zu betreiben.[123]

Im Rahmen der Diskussion hinsichtlich der Grundsätze von Investor Relations konnte ein Bedürfnis der Aktionäre nach aktueller und unverzüglicher Berichterstattung durch die Unternehmen festgestellt werden. Auf Basis dieser Überlegung läßt sich eine weitere an die Kommunikationsmedien gestellte Forderung ableiten. Demnach dürften - vor allem im Hinblick auf die Ad-hoc-Publizität - diejenigen Kommunikationsträger, die die *aktuellste und zeitnäheste Berichterstattung* erlauben, für die Adressaten von besonderem Interesse sein.[124]

4.1.4.2 Systematik der Kommunikationsträger der Investor-Relations-Politik

Im vorangegangenen Abschnitt wurde ermittelt, welche Faktoren die Entscheidung der Aktionäre, ob und wie intensiv sie bestimmte Kommunikationsträger nutzen, bestimmen. Folgende Entscheidungskriterien konnten ermittelt werden: die Möglichkeit einer freien Gestaltung der Informationsaufnahme, die örtliche Ungebundenheit, die Möglichkeit zur Archivierung, die Existenz einer Rückkopplungsmöglichkeit, die Zugänglichkeit, die für die Nutzung erforderlichen Kenntnisse, die Aktualität der Berichterstattung in diesem Medium sowie das Image des Kommunikationsträgers. Gegenstand der folgenden Ausführungen ist es, die Eignung der unterschiedlichen Kommunikationsträger, die für Investor Relations zur Verfügung stehen, im Hinblick auf die zuvor genannten Kriterien zu diskutieren.

Für die Übermittlung von unpersönlichen IR-Kommunikationsmitteln bieten sich grundsätzlich dieselben Kommunikationsträger an, die auch für die Zwecke der Werbung bzw. der Public Relations - dort möglicherweise mit einer anderen Intensität - genutzt werden. Diese lassen sich in Printmedien, elektronische Medien sowie Medien der Außenwerbung unterscheiden. Aufgrund ihrer geringen Bedeutung für Investor Relations wird auf letztere in der folgenden Darstellung jedoch nicht näher eingegangen.[125]

---

123 Vgl. O'Reilly, C. A. / Chatman, J. A. / Anderson, J. C. (Message, 1983), S. 616, Rogge, H.-J. (Werbung, 1996), S. 200, Picot, A. / Reichwald, R. (Informationswirtschaft, 1991), S. 262.

124 Vgl. Tomczak, T. / Gräf, H. (Online-Marketing, 1997), S. 22.

125 Vgl. Rogge, H.-J. (Werbung, 1996), S. 169 ff. sowie die dort angegebene Literatur.

4.1.4.2.1 PRINTMEDIEN

Die Gruppe der für Investor Relations relevanten Printmedien umfaßt mit Tages- und Wochenzeitungen, Fachzeitschriften, Anzeigenblättern, aber auch mit in eigener Verantwortung der Unternehmen herausgegebenen Druckschriften eine sehr heterogene Menge von Kommunikationsträgern. Erstere, für die charakteristisch ist, daß sie von unternehmensfremden, zwischen Unternehmen und Aktionären geschalteten Informationsvermittlern und daher nicht direkt von der IR-Abteilung beeinflußbar sind, dienen im Rahmen von Investor Relations insbesondere der Übermittlung von Finanzanzeigen sowie der allgemeinen Berichterstattung mittels Artikeln oder Mitteilungen. Letztere stellen statt dessen Übertragungsmedien für die Kommunikationsmittel Geschäftsbericht, Unternehmensbroschüre oder Aktionärsbrief dar.

Ein gemeinsames Merkmal aller Printmedien besteht darin, daß sie dem Leser eine freie, unabhängige Informationsaufnahme erlauben. Der Adressat kann beispielsweise bei einem Artikel in der Zeitung oder auch im Geschäftsbericht zu einem ihm passenden Zeitpunkt und entsprechend seiner individuellen Gewohnheit - von hinten nach vorne, mit Wiederholung oder Unterbrechungen - lesen. Auch der Ort, an dem die Informationsaufnahme erfolgen soll, kann aufgrund der Transportierbarkeit der Printmedien, frei gewählt werden. Positiv zu werten ist ebenso, daß sie eine Archivierung einzelner Artikel bzw. des gesamten Druckwerks mit einem gewissen Aufwand möglich machen. Darüber hinaus sind weder die Nutzung noch die Erhältlichkeit bei diesen Kommunikationsträgern übermäßig problembehaftet.

Im Hinblick auf das Kriterium Seriosität bzw. Wahrheitsgehalt des Kommunikationsträgers muß zwischen den verschiedenen Arten von Printmedien differenziert werden. So haben insbesondere die überregionalen Tages- oder Wochenzeitungen sowie einzelne Fachzeitschriften im Gegensatz zu Publikumszeitschriften den Ruf, eine sehr seriöse und wahre Berichterstattung zu betreiben. Demgegenüber stehen jedoch die von dem Unternehmen herausgegebenen - und nicht wie der Geschäftsbericht durch unternehmensexterne Organisationen geprüften - Printmedien unter Verdacht, zum Zwecke einer besseren Darstellung des eigenen Unternehmens verzerrt über unternehmensbezogene Belange zu informieren.

Weniger den Anforderungen entsprechend verhalten sich Printmedien hinsichtlich des Kriteriums Aktualität, da ihre zeitaufwendigere Produktion - anders als beispielsweise bei elektronischen Medien - sich automatisch verzögernd auf die Nachrichtenweitergabe auswirkt. Negativ zu werten ist zudem die fehlende direkte Dialogfähigkeit. In gewisser Weise wird dafür jedoch ein Ausgleich geschaffen, indem in den darin geschalteten Kommunikationsmitteln auf die

Möglichkeit zur Kontaktaufnahme über andere Kommunikationsträger, z.B. Telefon oder Postkarte, durch die Beilage einer Antwortkarte oder durch die Angabe einer Servicenummer verwiesen wird.[126]

Wie die Charakterisierung gezeigt hat, entsprechen die Printmedien in wesentlichen Punkten - Unabhängigkeit der Informationsaufnahme, Möglichkeit zur Archivierung, einfache Nutzung und Erhältlichkeit - den zuvor ermittelten Anforderungen. Dabei dürften von diesen insbesondere Tages- und Wochenzeitungen sowie Fachzeitschriften aufgrund ihres seriösen Images eine hohe Wertschätzung bei den Adressaten genießen.

Es ist anzunehmen, daß die Printmedien für die Adressaten als zentrale Informationsquelle von hoher Bedeutung sind. Jedoch kommt ihnen weniger die Aufgabe einer Vermittlung aktueller, kursrelevanter Tatsachen zu. Vielmehr sind sie die wesentlichen Übertragungsmedien für eine generelle, erläuternde und kommentierende Berichterstattung über das interessierende Unternehmen.

4.1.4.2.2 ELEKTRONISCHE MEDIEN

Fernsehen und Hörfunk

Für die Zwecke von Investor Relations können sich Unternehmen der Medien Fernsehen und Hörfunk in zweierlei Hinsicht bedienen: Einerseits wird über diese Kommunikationsträger im Rahmen der durch Pressemitteilungen seitens des Unternehmens initiierten Berichterstattung durch die Journalisten - also mittels spezieller Berichte über das Unternehmen, Börsensendungen, Interviews oder allgemeiner Nachrichtensendungen - mit den IR-Adressaten kommuniziert. Andererseits bieten sich diese Medien auch für die Übermittlung von IR-spezifischen Fernseh- bzw. Hörfunkspots an.

Im Gegensatz zu den Printmedien erlauben die Kommunikationsträger Hörfunk oder Fernsehen dem IR-Adressaten keine individuell angepaßte Informationsaufnahme hinsichtlich Zeitpunkt, Geschwindigkeit oder Reihenfolge, vielmehr ist diese durch die Programmgestaltung des jeweiligen Senders extern vorgegeben. Hingegen ist die Zugänglichkeit zu den Informationen unproblematisch, da in nahezu allen Haushalten Fernseher oder Radios existieren. Die - zumindest in Bezug auf das Fernsehen - nur sehr begrenzte Möglichkeit zu einer ortsungebundenen Informationsaufnahme stellt dagegen einen entscheidenden Nachteil dieser Mediengattung dar.

126 Vgl. hierzu beispielsweise das System der Kennziffernzeitschriften, Rogge, H.-J. (Werbung, 1996), S. 187.

Keine generelle Aussage, da vom jeweiligen Fernseh- bzw. Hörfunksender abhängig, ist über das Image der Kommunikationsträger möglich. So dürfte insbesondere die Berichterstattung in öffentlich-rechtlichen gegenüber privat finanzierten Sendern seriöser eingeschätzt werden. Allen gemeinsam ist jedoch wiederum das Image der aktuellen Berichterstattung, das sich insbesondere in der Möglichkeit der Live-Übertragung manifestiert. Abschließend bleibt festzustellen, daß ebenso wie bei den Printmedien auch bei den Kommunikationsträgern Hörfunk bzw. Fernsehen keine Dialogfunktion integriert ist.

Aufgrund der beschriebenen Charakteristika, insbesondere der exogenen Determiniertheit der Informationsvermittlung bzw. -aufnahme, ist anzunehmen, daß die elektronischen Medien Hörfunk und Fernsehen im Vergleich zu den Printmedien für die Adressaten eher von untergeordneter Bedeutung sind und als Ergänzung genutzt werden. Jedoch ist bei außergewöhnlichen aktuellen wirtschaftlichen Ereignissen, bei denen die hohe Aktualität der Berichterstattung im Fernsehen bzw. Hörfunk besonders zum Tragen kommt, von einer intensivierten Nutzung des Kommunikationsträgers Fernsehen bzw. Radio durch die Adressaten auszugehen.[127]

Prinzipiell in der IR- oder Marketingliteratur erwähnt, jedoch aufgrund mangelnder Zielgruppenspezifität als ungeeignet eingeschätzt, soll das Filmtheater als möglicher Kommunikationsträger abschließend zumindest genannt sein.

Computergestützte Medien

Eine zunehmende Bedeutung als für Investor Relations genutzte Kommunikationsträger haben in letzter Zeit die computergestützten Medien erfahren, die allgemein in Online- und Offline-Medien unterschieden werden können. Vermehrt übernehmen sie im Rahmen von Investor Relations Funktionen, für die lange Zeit die Printmedien genutzt wurden.

CD-ROMs werden beispielsweise verstärkt als Träger für unternehmenseigene Publikationen wie „Unternehmensbroschüren" oder dem Geschäftsbericht eingesetzt, konkurrieren somit mit den gedruckten Versionen dieser Kommunikationsmittel.[128] Das Internet bietet dagegen eine Infrastruktur, mit der die traditionelle Vorherrschaft der herkömmlichen Zeitschriften und Zeitungen für die Vermittlung von Finanzinformationen gebrochen werden kann. So positionie-

---

127 Vgl. Link, R. (Publikumsgesellschaften, 1991), S. 332.

128 Der Vollständigkeit halber soll an dieser Stelle auf die Verwendung von Videokassetten als Kommunikationsträger hingewiesen werden. Zwar gehören diese nicht zur Gruppe der elektronischen Medien, jedoch weisen sie hinsichtlich ihrer Merkmale und dem Verwendungszweck große Ähnlichkeiten auf. Vgl. hierzu auch Appleman, M. J. (Rediscovering, 1984), S. 12, Budd, J. F. (Perspective, 1988), S. 16, Rogala, D. P. (Konturen, 1990), S. 18.

ren sich Verlage zumeist parallel mit einer Online-Ausgabe der von ihnen herausgegebenen Zeitschrift oder Zeitung im Internet. Banken, Börsen oder Interessenverbände wie beispielsweise Aktionärsvereinigungen werden zunehmend als Informationsintermediäre aktiv und präsentieren auf eigenen Web-Seiten Analysen, Finanzdaten oder Zahlenmaterial über Unternehmen. Auch die Unternehmen selbst nützen die Möglichkeit des Internets zur Ansprache der Aktionäre. Ebenso wie sie in eigener Regie schriftliches Informationsmaterial erstellen, bauen sie eigene Web-Seiten auf, über die sie die Aktionäre mit Informationen über die aktuelle Entwicklung oder auch Zahlen aus dem aktuellen Geschäftsbericht versorgen.

Gegenüber der Nutzung von Printmedien, aber auch der CD-ROM als Kommunikationsträger, bietet eine Informationsvermittlung über das Internet folgenden Vorteil: Der Zugriff des Adressaten auf Informationen erfolgt im Internet online. Das bedeutet, es ist möglich, auf Datenbanken zurückzugreifen, an denen noch kurz zuvor Veränderungen vorgenommen wurden und die - in Abhängigkeit von der Datenbankpflege - topaktuelle Daten enthalten. Neben der Möglichkeit zur Vermittlung aktueller Informationen ist mit der Nutzung des Internets auch der Vorteil verbunden, daß es durch den Rückgriff auf integrierte E-Mail-Programme über eine direkte Dialogfunktion verfügt und somit dem Adressaten unkompliziert die Möglichkeit verschafft, mit dem Sender in Kontakt zu treten.[129]

Allen computergestützten Medien, d.h. dem Geschäftsbericht auf CD-ROM ebenso wie der Online-Zeitschrift im Internet, ist gemein, daß sie eine vollkommen unabhängige, individuell gestaltbare Informationsaufnahme zulassen. Im Gegensatz zu den Printmedien bieten sie, sofern Suchfunktionen integriert bzw. Verknüpfungshinweise definiert wurden, sogar Unterstützung bei der Informationssuche und helfen dadurch, den dafür zu erbringenden Zeitaufwand zu reduzieren. Nicht zuletzt ist mit der Vermittlung von Unternehmensinformationen per CD-ROM oder per Internet der besondere Vorteil verbunden, daß die Archivierung der Daten für den Adressaten erheblich erleichtert wird.

Drei Gründe können jedoch dafür angeführt werden, warum den computergestützten Medien bei den IR-Adressaten dennoch nur ein geringer Stellenwert zukommen könnte. Erstens wird die Zugänglichkeit zu dem gewünschten Datenmaterial durch die Tatsache erschwert, daß der Adressat einen Computer, im Falle des Internet zudem einen speziellen Netzzugang dazu besitzen muß. Zweitens liegen Nutzungsbarrieren in der Art vor, daß für die Verwendung dieses Mediums eine spezielle Kenntnis im Umgang mit Computern notwendig ist.[130] Drittens ist die Informationsaufnahme nur an dem mit einem Computer ausge-

129 Vgl. Merbold, C. (Medienlandschaft, 1985), S. 114.

130 Vgl. Deller, D. / Stubenrath, M. / Weber, C. (Internetpräsenz, 1997), S. 1579.

statteten Arbeitsplatz daheim oder im Büro möglich und damit örtlich stark eingeschränkt.

Nachdem nun die Beschreibung und Beurteilung der Kommunikationsträger, die für die Übermittlung unpersönlicher Kommunikationsmittel zur Verfügung stehen, abgeschlossen ist, sollen die Ergebnisse in Form der folgenden Abbildung 4.8 noch einmal überblicksartig zusammengefaßt werden.

++	Kriterium voll erfüllt
+	Kriterium erfüllt
0	Kriterium schwach erfüllt
-	Kriterium nicht erfüllt

Kommunikationsträger	Kriterien: Freie Gestaltung der Informationsaufnahme	Ortsungebundenheit	Archivierung	Einfache Zugänglichkeit zu Informationen	Einfaches Handling	Aktualität	Dialogfähigkeit
Printmedien	+	+	+	++	++	+	-
Hörfunk	-	0	-	+	+	++	-
Fernsehen	-	-	-	+	+	++	-
Offline-Medien, z.B. CD-ROM	++	-	++	-	-	-	-
Internet	++	-	++	-	-	++	++

Abb. 4.8: Kommunikationsträger von Investor Relations

Exkurs: Kommunikationsträgergebundene persönliche Kommunikation

Im Rahmen eines kleinen Exkurses soll kurz auf die kommunikationsträgergebundene persönliche Kommunikation eingegangen werden. Wie sich bei der Darstellung der Kommunikationsmittel gezeigt hat, kommt im Rahmen von Investor Relations der Hauptversammlung, aber auch den Präsentationen oder Gesprächen zur Bearbeitung individueller Anfragen eine besondere Bedeutung zu. Eine derartige persönliche Kommunikation ist jedoch nicht notwendigerweise daran gebunden, daß sich Sender und Empfänger am selben Ort aufhalten müssen. Die Verwendung elektronischer Medien ermöglicht stattdessen auch die Interaktion zwischen zwei entfernten Kommunikationspartnern. Als Beispiel hierfür ist die Video- und Telefonkonferenz mit IR-Managern und Analysten als Teilnehmern ebenso anzuführen wie die Live-Übertragung einer Hauptversammlung in wichtige Städte, bei der zusätzlich durch eine Telefonschaltung die Möglichkeit für Rückfragen der entfernten Zuschauer geschaffen wird.[131]

Die Entscheidung, ob ein bzw. welcher Kanal für die Kommunikation gewählt wird, beeinflußt wesentlich das soziale Klima zwischen Sender und Empfänger. Während beispielsweise im Falle einer Videokonferenz viele der Vorteile, die ein normales Gespräch bietet, erhalten bleiben, ist eine Telefonkonferenz mit erheblichen Einbußen verbunden. Es besteht kein direkter Sichtkontakt mehr zum Gegenüber, und somit ist eine Wahrnehmung der Gestik und Mimik, d.h. all der Reaktionen, die sich in der Körpersprache ausdrücken, nicht mehr möglich.[132] In Abhängigkeit von den Zielen des Adressaten, die er mit der Kommunikation in einer speziellen Situation verfolgt - z.B. reine Informationsaufnahme oder der Versuch, tiefere persönliche Einblicke zu gewinnen -, dürfte eine bestimmte der oben beschriebenen Kommunikationsformen präferiert werden.

4.1.5 ZUSAMMENFASSUNG

Kapitel 4.1 diente dazu, in einer theoretischen Analyse abzuleiten, welche Bedürfnisse die Anleger im Hinblick auf die Gestaltung der Investor-Relations-Arbeit von Unternehmen haben. Entsprechend dem in Kapitel 3 erarbeiteten konzeptionellen Rahmen bildeten speziell ihre Wünsche hinsichtlich der Kommunikationsgrundsätze, der Kommunikationsinhalte sowie der Kommunikationsmittel und Kommunikationsträger die relevanten Untersuchungsaspekte.

Aufbauend auf dem Wissen aus dieser theoretischen Analyse um die Wünsche der IR-Adressaten wurde hinsichlich der ersten beiden Aspekte jeweils eine umfassende Systematik entwickelt, in der alle Grundsätze bzw. sämtliche Inhalte aufgeführt wurden, die von Seiten der Adressaten als notwendig angesehen werden. Eine etwas veränderte Vorgehensweise wurde bezüglich der Aspekte Kommunikationsmittel und Kommunikationsträger gewählt. Aufgrund der ermittelten Bedürfnisse und Anforderungen der IR-Adressaten wurde zuerst ein Kriterienkatalog entwickelt. Anschließend wurden anhand dieses Katalogs bewertet, wie sich

131 Vgl. hierzu auch Budd, J. F. (Perspective, 1988), S. 16., Deller, D. / Stubenrath, M. / Weber, C. (Internetpräsenz, 1997), S. 1579.

132 Vgl. Reichwald, R. (Kommunikation, 1993), S. 456.

Kommunikations-grundsätze	Kommunikations-inhalte	Kommunikations-mittel	Kommunikations-träger
• GS der Transparenz GS der Wahrheit GS der Vollständigkeit GS der Aktualität • GS der Kontinuität • GS der begrenzten Offenlegung • GS der Wesentlichkeit • GS der Zielgruppen-orientierung • GS der Gleichbehand-lung	**Informationsaspekte** • Gesamtwirtschaftliche Faktoren • Branchenbezogene Faktoren • Unternehmensbezogene Faktoren Finanzwirtschaftliche Aspekte Realwirtschaftliche Aspekte • Aktie **Darstellungsform** • Zukunfts-, gegenwarts-, vergangenheitsbezogen • Qualitativ vs. quantitativ • Fakten-nennend vs. fakten-kommentierend	**Unpersönliche Kommuni-kationsmittel** • Geschäftsbericht, Kurz-bericht, Zwischenbericht • Presseartikel, Börsensen-dung • Finanzanzeige, Rundfunk- und Fernsehspot • Aktionärsbrief • Fact Book, Unternehmens- und Aktionärsbroschüre **Persönliche Kommunika-tionsmittel** • Hauptversammlung • Unternehmenspräsentation • Pressekonferenz, -meeting • Einzel- und Round-Table-Gespräch • Aktionärsmesse, IR-Forum • Betriebsbesichtigung • Hotline (Telefon/E-Mail)	**Printmedien** • Zeitung • Fachzeitschrift • Unternehmenseigene Publikationen **Elektronische Medien** • Hörfunk • Fernsehen • Computergestützte Medien Offline-Medien, z.B. CD-ROM Online-Medien, z.B. Internet

Abb. 4.9: Zusammenfassung der wählbaren Handlungsoptionen bei der Gestaltung von Investor Relations

die in anderen Bereichen üblichen, aber auch für die Zwecke von Investor Relations genutzten Kommunikationsmittel bzw. Kommunikationsträger dazu eignen, die Bedürfnisse der IR-Adressaten zu befriedigen. Als Zusammenfassung der vorangegangen Überlegungen gibt Abbildung 4.9 abschließend einen umfassenden Überblick über die möglichen Gestaltungsvariablen hinsichtlich der vier Aspekte Kommunikationsgrundsätze, -inhalte, -mittel und -träger.

Bisher wurde die Untersuchung der Bedürfnisse allgemein, d.h. bezogen auf alle verschiedenen Typen von IR-Adressaten und nicht allein unter besonderer Berücksichtigung der Kleinaktionäre durchgeführt. Diese gewählte, umfassende Perspektive spiegelt sich auch in Abbildung 4.9 wider. Sie zeigt die Gesamtheit aller möglichen Gestaltungsoptionen hinsichtlich der einzelnen Aspekte auf, die ein Unternehmen im Rahmen von Investor Relations für die Ansprache der IR-Adressaten ausschöpfen kann.

Es ist jedoch anzunehmen, daß nicht alle in der Grafik genannten Optionen - sofern sie für die einzelnen Zielgruppen überhaupt in Betracht kommen - gleichermaßen von allen IR-Adressaten geschätzt bzw. als wichtig beurteilt werden. Die Formulierung und Einhaltung eines Grundsatzes der Kontinuität mag für Analysten und Institutionelle möglicherweise wichtiger sein als für private Anleger. Umgekehrt sind möglicherweise private Anleger mehr als die institutionellen Anleger an leistungswirtschaftlichen Daten als an finanzwirtschaftlichen Daten des Unternehmens interessiert.

Der speziellen Frage, welche der oben genannten Optionen bei der Gestaltung einer Kommunikationsstrategie, die sich speziell an den Bedürfnissen von Kleinaktionären orientiert, besonders berücksichtigt werden sollten, sind die Ausführungen im folgenden Kapitel 4.2 gewidmet.

4.2 ABLEITUNG DER SPEZIFISCHEN INFORMATIONSBEDÜRFNISSE VON KLEINAKTIONÄREN

Im vorangegangen Kapitel wurde auf Basis theoretischer Überlegungen erarbeitet, welche Bedürfnisse IR-Adressaten haben und welche Anforderungen, die von einem Unternehmen bei der Gestaltung von Investor Relations zu berücksichtigen sind, daraus resultieren. Da die Analyse der Bedürfnisse nicht im Hinblick auf einen kleinen homogenen Personenkreis, sondern allgemein im Hinblick auf die sehr unterschiedlichen, im Rahmen der Begriffsklärung genannten Typen von IR-Adressaten durchgeführt wurde, ergab sich ein breites Spektrum möglicher Forderungen.

Es ist jedoch nicht anzunehmen, daß ein einzelner IR-Adressat tatsächlich alle diese genannten Forderungen gegenüber einem Unternehmen äußern würde. Vielmehr erscheint es plausibel, daß den Adressaten in Abhängigkeit von ihren persönlichen Charakteristika einige Aspekte besonders wichtig, andere dagegen für sie eher von untergeordneter Bedeutung sind.

Gegenstand der folgenden Ausführungen ist es nun - ausgehend von der Vielfalt aller potentiellen Anforderungen an Investor Relations - herauszufiltern, *welche spezifischen Informationsbedürfnisse Kleinaktionäre aufweisen.* Dazu wird ein zweistufiges Vorgehen gewählt. In einem ersten Schritt werden die Kleinaktionäre anhand ihrer typischen Eigenschaften näher beschrieben (Kap. 4.2.1). Diese Charakterisierung bildet die Basis, um in einem zweiten Schritt ermitteln zu können, welche der im vorangegangen Kapitel hergeleiteten Bedürfnisse für die Kleinaktionäre besonders typisch und welche eher untypisch sein dürften (Kap. 4.2.2).

4.2.1 CHARAKTERISIERUNG DER KLEINAKTIONÄRE

Ziel dieses Abschnitts ist es, dem Leser ein Verständnis vom Typus Kleinaktionär zu geben. Dieses Verständnis ist Voraussetzung, um die im folgenden Kapitel getroffenen Annahmen hinsichtlich ihrer Bedürfnisse gegenüber der Finanzkommunikation von Unternehmen nachvollziehen zu können.

Ein beliebtes Merkmal, durch das versucht wird, Kleinaktionäre zu beschreiben bzw. zu bestimmen, ob ein Anleger zu den Klein- oder den Großaktionären zu rechnen ist, stellt dessen verfügbares Anlagevolumen dar. Grundsätzlich ist dem nicht zu widersprechen, daß Kleinaktionäre verglichen mit institutionellen Anlegern in der Tat über ein wesentlich geringeres Anlagevolumen verfügen. Speziell aus diesem Grund sind sie für Unternehmen, deren Prioritätensetzung bezüglich der einzelnen Adressatengruppen aus einer herkömmlichen[133] Kosten-Nutzen-Betrachtung resultiert, bisher auch von untergeordneter Bedeutung.[134]

Ob dieses Kriterium für eine exakte Abgrenzung zwischen den beiden Aktionärstypen jedoch wirklich herangezogen werden sollte, muß kritisch hinterfragt werden. Denn nicht das absolute Anlagevolumen des Aktionärs, sondern sein potentiell mögliches Investment bezogen auf das zum Kurswert bewertete Eigenkapital des jeweiligen Unternehmens ist die entscheidende Größe, nach der ein IR-Manager die Priorität eines Anlegers festlegen und ihn in die Zielgruppe Groß- oder Kleinaktionär einordnen wird - und nur aus eben dieser Perspektive

---

133 Der Begriff „herkömmlich“ steht im Gegensatz zu einer neuen Form der Kosten-Nutzen-Betrachtung, die in Kapitel 6 der Arbeit ausführlich dargestellt wird.

134 In einer Untersuchung wurde von IR-aktiven Unternehmen die Bedeutung der Privatanleger deutlich geringer bewertet als die der Finanzanalysten, Fondsmanager sowie institutionellen inländischen und ausländischen Anleger, ungefähr gleich wie die der Broker und höher als die der Journalisten. Vgl. hierzu Günther, T. / Otterbein, S. (Gestaltung, 1996), S. 403.

des Unternehmens betrachtet macht eine derartige Unterscheidung überhaupt Sinn. So würde also ein Aktionär, der beispielsweise mehrere Mio. DM in ein mittelständisches Unternehmen investiert, von diesem wohl als Großaktionär eingestuft, während ihm dieses Privileg sicher nicht zukommen würde, wenn er denselben Betrag bei einem Großunternehmen wie beispielsweise Siemens investiert. Nebenbei belegt dieses Beispiel auch, daß in keinem Fall das gesamte Anlagevolumen des Aktionärs als ein sinnvolles Kriterium für die Abgrenzung dienen kann, sondern - wenn überhaupt - der investierte Betrag bezogen auf einen spezifischen Titel.

Mit dem Wissen, daß zumindest über das Kriterium Anlagevolumen ein Kleinaktionär nicht klar definiert werden kann, soll im folgenden der Kleinaktionär zusätzlich anhand weiterer verschiedener Charakteristika beschrieben werden. Folgende Merkmale werden dabei herangezogen: der *Zeithorizont*, den sie bei ihrer Kapitalanlage wählen; ihr *Sachverstand und ihre Erfahrung*; der *Zeitaufwand*, den sie für die Entscheidungsvorbereitung veranschlagen sowie die *Art ihrer Entscheidungsfindung*.[135]

Zur Gruppe der Kleinaktionäre zählen neben Belegschaftsaktionären[136] vor allem „Gelegenheitsaktionäre“[137], wie sie anläßlich der Börseneinführung der Telekom oder von ProSieben in Erscheinung getreten sind. Aber auch stärker engagierte Aktionäre, wie sie beispielsweise in der Schutzgemeinschaft der Kleinaktionäre oder in der Schutzvereinigung für Wertpapierbesitz organisiert sind, bilden einen Teil dieser Zielgruppe.

Kleinaktionäre beschäftigen sich nicht berufsmäßig mit der Anlage ihres Vermögens bzw. mit dem Kauf von Aktien. Insofern verfügen sie nur eingeschränkt über Zeit, die sie für die Suche, Aufnahme und Auswertung von Kapitalmarktinformationen erübrigen können. Nicht zuletzt ist der Mangel an Zeit als Begründung dafür anzusehen, daß Kleinaktionäre eine eher langfristige Anlagestrategie verfolgen. Sich permanent nach neuen Anlagemöglichkeiten umzusehen, über alle Aktien und deren Entwicklungen gleichzeitig ausführlich informiert zu sein und auf dieser Basis bei jeder guten Gelegenheit Umstrukturierungen im Portefeuille vorzunehmen, ist mit einem zeitlichen Aufwand verbunden, den ein Anleger nicht mehr allein in seiner Freizeit erbringen kann. Somit kann festgehalten werden, daß für den Typus Kleinaktionär charakteristisch ist, sein Aktienporte-

135 Vgl. Ellis, C. D. (Investor Relations, 1985), S. 37. Zu einer Beschreibung verschiedener Typen amerikanischer Kleinaktionäre siehe auch Graves, J. J. (Recipe, 1984a), S. 22 f.

136 Vgl. zu Vor- und Nachteilen eines hohen Anteils von Belegschaftsaktionären Schnitzler, L. (Aktionäre, 1992), S. 63 f.

137 Vgl. Seeger, C. (Profis, 1998), S. 134.

feuille nur selten umzuschichten und eine einmal getätigte Kapitalanlage langfristig beizubehalten.[138]

Wie bereits beschrieben, wird von einem Großteil der Aktionäre der Beschäftigung mit Aktien nicht beruflich nachgegangen, sondern sie wird gewissermaßen als ein Hobby betrieben. Diese Sachlage ist maßgeblich dafür, daß den Kleinaktionären mehrheitlich eine geringere Kompetenz und Erfahrung in finanziellen Sachverhalten unterstellt wird als den berufsmäßigen Akteuren am Kapitalmarkt, wie beispielsweise Fondsmanagern oder Analysten. Nicht zuletzt ist damit auch verbunden, daß Kleinaktionäre im Gegensatz zu letzteren ihre Anlageentscheidung auch weniger professionell treffen, d.h. sie sich nicht immer vollkommen rational verhalten. Im wesentlichen zeigt sich diese mangelnde Rationalität in Form einer höheren Loyalität, die für das betreffende Unternehmen mit den Vorteilen einer Senkung der Volatilität sowie einer besseren Machtposition im Falle einer feindlichen Übernahme verbunden ist.[139]

Mit der vorliegenden Charakterisierung sollte der Kleinaktionär als ein Kapitalanleger skizziert werden, der interessiert sowie - im Rahmen seiner Möglichkeiten - informiert über den Kauf von Aktien entscheidet. Im wesentlichen trifft dieses Bild auf die engagierten Kleinaktionäre zu. Daß eine derartige Annahme nicht uneingeschränkt beispielsweise auf Belegschafts- und Gelegenheitsaktionäre übertragen werden kann, zeigen Erfahrungen aus der Vergangenheit.[140] Insbesondere im Zusammenhang mit der Börseneinführung der Telekom hat sich gezeigt, daß es sich bei den nachfragenden Kleinaktionären größtenteils um Anleger handelte, die ohne eine allgemeine finanzwirtschaftliche Grundlagenbildung und nahezu ohne sich über die Aktie oder das Unternehmen selbst zu informieren, am Kapitalmarkt auftraten. Insofern bestätigen insbesondere diese Gelegenheitsaktionäre, ebenso wie große Teile der Belegschaftsaktionäre die Meinung, daß der kompetente Kleinaktionär eine „Fiktion des Gesetzgebers“[141] ist.

---

138 Vgl. Schnitzler, L. (Buchstaben, 1992), S. 60, Süchting, J. (Communications, 1991), S. 12, o. V. (Meinungsspiegel, 1993), S. 191, Günther, T. / Otterbein, S. (Gestaltung, 1996), S. 400.

139 Vgl. Neilson, W. C. / Barnes, D. M. (Keys, 1982), S. 17, Bittner, T. (Investor Relations, 1996), S. 26, Link, R. (Investor Relations, 1993), S. 116 f., Diehl, U. (Investor Relations, 1993), S. 177, Günther, T. / Otterbein, S. (Gestaltung, 1996), S. 400, Süchting, J. (Communications, 1991), S. 12, Strixner, K. (Ansprache, 1994), S. 870, Beyer, A. (Shareholder Policy, 1996), S. 12.

140 Vgl. hierzu auch das idealisierte und das tatsächliche Bild eines amerikanischen Kleinaktionärs bei Ellis, C. D. (Investor Relations, 1985), S. 35.

141 Bennigsen-Foerder, R. v. (Aktionäre, 1987), S. 1004.

Für die folgenden Überlegungen bildet der Typus des engagierten Aktionärs die Ausgangslage. Grundsätzlich kann eingewendet werden, daß eine Untersuchung der Informationsbedürfnisse dieser engagierten, selbst entscheidenden Aktionäre nur von begrenztem Nutzen ist, da diese nur eine kleine Teilmenge aller Kleinaktionäre stellen. Der typische Kleinaktionär zeichne sich vielmehr dadurch aus, daß er seine Aktienkäufe weitestgehend, wenn nicht ausschließlich nach den Empfehlungen seines Anlageberaters vornimmt. Um jedoch diese privaten Anleger als Investoren gewinnen zu können, muß ein Unternehmen nicht den Aktionär selbst, sondern dessen Anlageberater ansprechen und von der Vorteilhaftigkeit der Aktie überzeugen. In diesem Fall wäre für ein Unternehmen also auch nur eine Untersuchung der Informationsbedürfnisse von Anlageberatern sinnvoll.

Grundsätzlich ist festzuhalten, daß die Untersuchung der Informationsbedürfnisse der engagierten Kleinaktionäre weniger im Hinblick auf die Vergangenheit als vielmehr mit Blick auf die Zukunft von besonderer Bedeutung ist. Allgemein ist in den nächsten Jahren und Jahrzehnten von einem erhöhten Engagement privater Anleger an der Börse auszugehen. Gestützt wird diese Annahme vor allem durch die Tatsache, daß infolge der Probleme, die der Generationenvertrag mit sich bringt, die private Altersvorsorge in der Zukunft immer wichtiger wird. Für den Privatmann ergibt sich damit ein wichtiger Grund, verstärkt über die bisher höchst lukrative Anlage des Vermögens in Aktien nachzudenken.[142] Daß unter allen privaten Anlegern vor allem der Anteil von Kleinaktionären steigen wird, die interessiert und engagiert selbst Herr ihrer Entscheidungen sein wollen und daher weitgehend auf die Empfehlungen von Anlageberatern verzichten, ist auf eine andere, bereits angestoßene Entwicklung zurückzuführen. Seit der Börseneinführung der Unternehmen Telekom und ProSieben kann in Deutschland die Entstehung einer neuen Aktienkultur beobachtet werden. Ein Gespräch unter Privatpersonen darüber, ob man bei einer bestimmten Aktie einsteigen soll, wann der DAX das nächste Mal eine magische Grenze überschreiten oder ob die Rezession in Asien auch bald die Börsen in anderen Erdteilen erfassen wird, ist in der Zwischenzeit keine Seltenheit mehr.[143] Auf diese Menge anlagewilliger und selbstbewußter Kleinaktionäre adäquat zu reagieren und sich dadurch einen Quelle neuen Kapitals zu erschließen, kann für viele, insbesondere für kleinere Unternehmen, zu einem wesentlichen Erfolgsfaktor werden. Die Untersuchung

142 So ist der Anteil der privaten Anleger am Aktienbesitz in Deutschland von 1996 bis 1997 von 15,2 auf 16,8 Prozent gestiegen. Durchschnittlich 4,1 Mio Privatleute waren 1997 im Besitz von Aktien. Vgl. zu diesen Angaben Seeger C. (Profis, 1998), S. 133.

143 Ähnlich äußert sich auch Rüdiger von Rosen, geschäftsführendes Vorstandsmitglied des DAI in o.V. (Aktionäre, 1998), S. 31.Vgl. außerdem zur Aktienkultur in Deutschland Seeger, C. (Profis, 1998), S. 132 ff., Drill, M. (Aktiensparen, 1997), S. 26 ff., Breuer, R.-E. (Aktienkultur, 1994), S. 868, o. V. (Aktionäre, 1998), S. 30.

der Informationsbedürfnisse dieser Anleger stellt hierfür eine wichtige Grundlage dar.

4.2.2 INFORMATIONSBEDÜRFNISSE DER KLEINAKTIONÄRE

Aufbauend auf dem Wissen um die typischen Charakteristika von Kleinaktionären sollen im folgenden ihre spezifischen Bedürfnisse hinsichtlich der Kommunikationsgrundsätze, der Kommunikationsinhalte, der Kommunikationsmittel und der Kommunikationsträger diskutiert werden.

4.2.2.1 ABLEITUNG SPEZIFISCHER ANFORDERUNGEN HINSICHTLICH DER KOMMUNIKATIONSGRUNDSÄTZE

Wie bereits in Abschnitt 4.1.1 beschrieben wurde, macht eine strikte Orientierung an den Bedürfnissen der Adressaten die Formulierung und Einhaltung verschiedener Grundsätze erforderlich. Diese Grundsätze sind folgenden Aspekten gewidmet: Transparenz mit den Einzelbestandteilen Wahrheit, Vollständigkeit und Aktualität; des weiteren Kontinuität, begrenzte Offenlegung, Wesentlichkeit, Zielgruppenorientierung und Gleichbehandlung. Die Frage, welche Bedeutung nun im speziellen die Kleinaktionäre den einzelnen Grundsätzen beimessen, wird im folgenden diskutiert.

Grundsatz der Transparenz

Daß seitens der Adressaten eine strikte Beachtung des Grundsatzes der Wahrheit - neben Aktualität und Vollständigkeit eines von drei untergeordneten Prinzipien des Grundsatzes der Transparenz - bei der Finanzkommunikation gefordert wird, erscheint offensichtlich. Möglicherweise ist der private Anleger weiter als andere Kapitalmarktakteure vom Ideal des Homo oeconomicus entfernt, dennoch kann ihm kein vollkommen irrationales Verhalten unterstellt werden. Als dieses müßte es jedoch gewertet werden, wenn es für einen Anleger angesichts des Risikos, einen vollkommenen Vermögensverlust zu erleiden, unerheblich ist, ob er von einem Unternehmen wahr oder falsch informiert wird.

Anders als die institutionellen Anleger werden die Kleinaktionäre nicht unaufgefordert von den Unternehmen mit Informationsmaterial versorgt. Ebenso verfügen sie nicht über eine derart große Anzahl von gut unterrichteten „inoffiziellen“ Informationsquellen.[144] Die Gefahr, einerseits nicht vollständig, andererseits nicht mit der nötigen Aktualität über positive wie negative Fakten informiert zu sein, wird einem Kleinaktionär daher prinzipiell höher erscheinen. Auf Basis die-

---

144 Vgl. Weber, B. / Wohlfarth, J. (Publizitätspflichten, 1986), S. 700.

ser Überlegungen erscheint es plausibel, daß er verstärkt daran interessiert ist, daß ein Unternehmen im Rahmen von Investor Relations von sich aus um eine vollständige und unverzügliche Unterrichtung über kursrelevante Sachverhalte bemüht ist.

Bezüglich der Bedeutung des Grundsatzes der Aktualität ist jedoch auch eine andere Argumentation denkbar. Die Forderung nach unverzüglicher Informationsvermittlung ist nachvollziehbar bei Anlegern, die ihr Portefeuille immer dem neuesten Informationsstand durch entsprechenden Kauf und Verkauf von Aktien anpassen. Zu diesem Typus können beispielsweise die kurzfristig orientierten und permanent unter Performancedruck stehenden institutionellen Anleger gerechnet werden. Demgegenüber zeichnen sich die privaten Anleger durch eine langfristige Anlagestrategie aus, die nicht automatisch Reaktionen auf die neuesten Informationen erforderlich macht. Für private Anleger besteht daher auch eine geringere Notwendigkeit, stets aktuell informiert zu sein. Aus diesem Grund dürfte für sie eine Beachtung des Grundsatzes der Aktualität durch das Unternehmen auch nur von untergeordneter Bedeutung sein.

Grundsatz der Kontinuität

Auch hinsichtlich der Frage, wie die Bedeutung des Grundsatzes der Kontinuität von den Kleinaktionären eingeschätzt wird, sind zwei gegensätzliche Antworten denkbar. Aufgrund ihrer eigentlichen Berufstätigkeit können sich Kleinaktionäre nicht mit derselben Regelmäßigkeit der Informationsaufnahme von Kapitalmarktinformationen widmen wie professionelle Akteure am Kapitalmarkt. Insofern werden sie auch Phasen, in denen die Finanzkommunikation seitens eines Unternehmens unterbrochen wird, nicht oder zumindest weniger störend wahrnehmen. Daraus könnte man schließen, daß sie dem Grundsatz der Kontinuität eine geringere Priorität zuordnen.

Andererseits werden Kleinaktionäre nicht auf Betreiben des Unternehmens mit neuen Informationen versorgt, sondern sind statt dessen auf die Berichterstattung in der Presse angewiesen. Da diese jedoch nur bei Topereignissen Artikel veröffentlichen, kann für den Kleinaktionär der Zeitraum, in dem er keine Neuigkeiten über sein Unternehmen erfährt, unter Umständen sehr lange sein. Auf Basis dieser Argumentation ist es nachvollziehbar, wenn Kleinaktionäre in dieser ruhigeren Zeit - unter Hinweis auf die Beachtung des Grundsatzes der Kontinuität - die Forderung nach einer verstärkten Information durch das Unternehmen erheben.

Grundsatz der begrenzten Offenlegung

Hinsichtlich des Grundsatzes der begrenzten Offenlegung läßt sich ein Argument anführen, warum er aus Sicht der privaten Anleger kaum gefordert, ja sogar eher abgelehnt werden könnte. Die Beziehung von Aktionär und Unternehmen ist das typische Beispiel einer von Informationsasymmetrien geprägten Principal-Agent-

Beziehung. Anstatt in dieser Situation einen Mechanismus zu implementieren, durch den sich die Informationsasymmetrie verringern läßt, festigt bzw. verstärkt das Festhalten am Grundsatz der begrenzten Offenlegung das unterschiedliche Informationsniveau der beiden Gruppen. Ein Grundsatz, der eigentlich zum Schutz des Unternehmens und seiner Eigentümer gedacht war, kann auf diese Weise gerade gegensätzliche Wirkung entfalten.[145] Denn er bietet den Verantwortlichen im Unternehmen eine gute Möglichkeit, Fehlentscheidungen und Mismanagement zu vertuschen. Gerade bei Kleinaktionären, die im Gegensatz zu Großaktionären und einflußreichen Kreditgebern aufgrund ihrer geringen Machtstellung keine Möglichkeit haben, weitergehende Informationen einzufordern, dürfte sich in einer Situation der Informationsverweigerung Argwohn breit machen. Es ist anzunehmen, daß sich dieser in einer skeptischen, wenn nicht sogar ablehnenden Haltung dem Grundsatz der begrenzten Offenlegung gegenüber ausdrückt.

Grundsatz der Wesentlichkeit

Wie bereits beschrieben, werden die Kleinaktionäre aufgrund ihrer geringeren Bedeutung von den Unternehmen nicht in derselben Art und Weise mit Informationen versorgt wie die Analysten oder Institutionellen. Die geringere Menge von Kapitalmarktinformationen, mit denen Kleinaktionäre in Kontakt kommen und die sie verarbeiten müssen, dürfte auch Einfluß auf ihre Einstellung zum Grundsatz der Wesentlichkeit haben. Natürlich sind auch für sie nebensächliche oder unnötig detaillierte Informationen uninteressant, dennoch dürften sie von ihnen weniger störend aufgenommen werden als von mit Informationen überschütteten und unter chronischem Zeitmangel leidenden Analysten.

Grundsatz der Zielgruppenorientierung

Den Gegensatz einer zielgruppenorientierten Ansprache mit vielen speziellen Programmen bildet eine standardisierte, unspezifische Investor-Relations-Strategie, mit der alle Typen von IR-Adressaten gleichermaßen angesprochen werden. Jedoch wird sich zwangsläufig eine solche übergreifende IR-Strategie insbesondere an den Bedürfnissen derjenigen Adressaten ausrichten, denen aus Sicht des Unternehmens die höchste Bedeutung beigemessen wird, also an den Wünschen der Institutionellen und Analysten. Im Vergleich zu diesen wurden private Anleger charakterisiert als interessierte, jedoch nicht berufsmäßige Anleger - mit der Folge, daß sie sich hinsichtlich ihrer Erfahrung und ihres Sachverstandes wohl erheblich unterscheiden. Eine an den Bedürfnissen der professionellen Kapitalmarktakteure orientierte Kommunikation dürfte daher zu

---

145 Vgl. zum Zusammenhang von Investor Relations und Principal-Agent-Theorie auch Craven, B. M. / Marston, C. L. (Investor Relations, 1997), S. 138.

einer Überforderung der privaten Anleger, teilweise sogar zu einer Überforderung der als Informationsmittler agierenden Journalisten führen. Diese Überlegungen weiterverfolgend erscheint es plausibel, daß gerade die sich vernachlässigt fühlenden Kleinaktionäre die Forderung nach Beachtung des Grundsatzes der Zielgruppenorientierung erheben. Dadurch würde gewährleistet, daß auch ihnen ein spezifisches Kommunikationsprogramm gewidmet wird, durch das ihre individuellen Informationsbedürfnisse befriedigt werden.

Grundsatz der Gleichbehandlung

Das sehr unterschiedliche Anlagevolumen, das private und institutionelle Anleger repräsentieren, ist der ausschlaggebende Grund, warum diese Zielgruppen in der Prioritätenliste der IR-aktiven Unternehmen sehr unterschiedliche Plätze einehmen. Mit der unterschiedlichen Bedeutung geht jedoch eine unterschiedliche Behandlung der jeweiligen Mitglieder einer Zielgruppe einher. So haben beispielsweise Institutionelle oder auch Analysten die Möglichkeit zu Einzel- oder Kleingruppengesprächen; ein Privileg, über das die privaten Anleger nicht verfügen. Es liegt nun die Vermutung nahe, daß die Mehrzahl der Kleinaktionäre - mißtrauisch, ob in solchen Gesprächen nicht Insiderinformationen ausgetauscht werden - in der bevorzugten Behandlung von Institutionellen und Analysten eine grobe Benachteiligung ihrerseits sieht. Eine dem Bedürfnis der Aktionäre nach Zielgruppenorientierung zuwiderlaufende Forderung nach strikter Einhaltung einer vollkommenen Gleichbehandlung wäre die Folge.

4.2.2.2 ABLEITUNG SPEZIFISCHER ANFORDERUNGEN HINSICHTLICH DER KOMMUNIKATIONSINHALTE

Kapitel 4.1.2 war der Frage gewidmet, über welche Themen Investoren seitens einer Unternehmung informiert werden wollen. Als drei übergeordnete Informationsaspekte wurden dabei das Unternehmensumfeld, das Unternehmen sowie die Aktie identifiziert. Des weiteren wurden Gestaltungsoptionen für die Art, wie die Berichterstattung über diese Themen erfolgen kann, dargestellt. Möglichkeiten zur Variation der Darstellungsweise ergeben sich in Abhängigkeit davon, mit welcher Intensität und mit welchem zeitlichen Bezug über die einzelnen Themenfelder informiert wird, ob die Berichterstattung eher auf Basis qualitativer oder quantitativer Daten erfolgt und ob eine reine Nennung der Fakten oder auch eine Kommentierung derselben im Rahmen von Investor Relations vorgenommen wird. Im folgenden wird nun diskutiert, wie sich spezifisch die Wünsche der Kleinaktionäre bezüglich dieser Gestaltungsaspekte verhalten könnten.

Relevante Informationsaspekte

Die Annahme, ein Aktionär sei an Informationen zu den beeinflussenden *gesamtwirtschaftlichen Faktoren* interessiert, erscheint nur unter der Prämisse sinnvoll, daß dieser auch über Kenntnisse und Sachverstand verfügt, um diese Informationen richtig interpretieren bzw. daraus die richtigen Schlußfolgerungen ziehen zu können. Diesbezüglich, d.h. im Hinblick auf dieses spezifische Wissen um volkswirtschaftliche Zusammenhänge deutete die Beschreibung der Kleinaktionäre jedoch gerade auf das Gegenteil hin. Insofern ist eher von einem geringen Bedürfnis nach Informationen zu gesamtwirtschaftlichen Faktoren auszugehen. Dennoch soll in bezug auf die geringe Restmenge an Kleinaktionären, auf die diese Annahme nicht zutrifft, die Frage diskutiert werden, inwieweit diese wünschen, seitens des Unternehmens über gesamtwirtschaftliche Faktoren informiert zu werden.

Gesamtwirtschaftliche Faktoren, z.B. die Entdeckung neuer Technologien, die wirtschaftspolitischen Maßnahmen des Staates oder ein Wandel in der Bevölkerungsstruktur, sind nicht nur für die Bewertung von Aktien relevant, vielmehr üben sie auf viele Lebensbereiche eines Individuums Einfluß aus. Damit geht einher, daß, wenngleich nicht über deren wirtschaftliche Auswirkungen, so doch über deren Existenz kontinuierlich in den Zeitungen berichtet wird. Auch ist der private Anleger mit einer gewissen Regelmäßigkeit in Diskussionen und Gesprächen mit derartigen Themen konfrontiert. Eine zusätzliche ausführliche Darstellung dieses Informationsaspekts im Rahmen der IR-Aktivitäten eines Unternehmens dürfte sich dadurch weitestgehend erübrigen.

Verglichen mit den gesamtwirtschaftlichen Variablen üben die *branchenspezifischen Faktoren* einen eher unmittelbaren Einfluß auf den Erfolg eines Unternehmens aus. Es ist nun anzunehmen, daß die im Gegensatz zu den Analysten finanzwirtschaftlich weniger gebildeten Kleinaktionäre diese unmittelbaren Wirkungszusammenhänge zwischen branchenspezifischen Faktoren und Unternehmenserfolg leichter erkennen und nachvollziehen können. Unter der Annahme, daß der Nutzen, den die Aktionäre aus einem bestimmten Datenmaterial ziehen können, die Intensität ihres diesbezüglichen Informationsbedürfnisses determiniert, ist den Kleinaktionären ein stärkerer Wunsch nach branchenspezifischen als nach gesamtwirtschaftlichen Daten zu unterstellen.

Aus dem Anlageziel Risikostreuung mittels Diversifikation, d.h. mittels dem Investment in Aktien möglichst vieler, in unterschiedlichen Bereichen agierender Unternehmen, resultiert eine sehr breite und zeitaufwendige Informationssuche. Zu vielen unterschiedlichen Branchen müssen Daten eingeholt und verarbeitet werden. Insbesondere für berufstätige Kleinaktionäre stellt Zeit jedoch eine knappe Ressource dar. Verschärft wird diese Problematik durch die Tatsache, daß Brancheninformationen anders als Daten hinsichtlich gesamtwirtschaftlicher Faktoren für sie ungleich schwerer zugänglich sind. Einerseits berichten Presse,

Funk und Fernsehen darüber mit einer wesentlich geringeren Intensität, andererseits haben Kleinaktionäre - im Gegensatz zu Analysten oder Fondsmanagern - nur selten die Möglichkeit, auf speziell angefertigte und fokussierte Branchenanalysen zurückgreifen zu können. Im Hinblick auf diese Überlegungen erscheint daher die Annahme plausibel, gerade diesem Typus von Anleger wäre es im Interesse der eigenen Arbeitserleichterung besonders wichtig, durch die Unternehmen prägnant über die den Unternehmenserfolg beeinflussenden Branchenfaktoren unterrichtet zu werden. Eine eigene zeitaufwendige Recherche hinsichtlich dieser Thematik würde ihnen dadurch erspart bleiben.

Es ist offensichtlich, daß unabhängig vom Anlegertypus bei der Bewertung der Aktie *unternehmensbezogenen Informationen* unter allen möglichen Arten von Daten die höchste Bedeutung zukommen dürfte. Unterschiedliche zielgruppenspezifische Präferenzen sind jedoch zu vermuten hinsichtlich der Frage, ob realwirtschaftliche oder finanzwirtschaftliche Daten zum Unternehmen als interessantere Informationsinhalte eingeschätzt werden. Allgemein dürfte das Interesse eines Anlegers an bestimmten Informationen - wie bereits erwähnt - mit dem daraus erzielbaren Nutzen korrespondieren. Nutzen entfalten Informationen immer für denjenigen Anleger, der es versteht, diese einzuordnen, sie zu interpretieren und daraus adäquate Schlußfolgerungen für den Bewertungsprozeß der Aktie zu ziehen. Prinzipiell dürfte dies dem Kleinaktionär, der sich allgemein durch ein solides, jedoch nicht allzu tiefgehendes Basiswissen hinsichtlich wirtschaftlicher Sachverhalte auszeichnet, bei Informationen über realwirtschaftliche Sachverhalte leichter fallen als bei finanzwirtschaftlichen Daten.

Es besteht die Annahme, daß einem Großteil der Kleinaktionäre die Bedeutung vieler finanzwirtschaftlicher Angaben für die Aktienbewertung überhaupt nicht bewußt ist, z.B. die Aussagekraft von bestimmten Werten bei den Anlagedekkungsrelationen oder von Veräußerungspreisen bestimmter Vermögensgegenstände. Ebenso ist fraglich, ob private Anleger sehr spezifische Finanzkennzahlen, z.B. ROCE, Net Asset Value oder Working Capital, überhaupt kennen bzw. ob sie - sofern sie diese kennen - Vergleichszahlen parat haben, anhand derer sie eine Einordnung des jeweiligen Werts vornehmen können. Allgemein besteht Grund zu der Vermutung, daß sich Kleinaktionäre nur nachrangig für finanzwirtschaftliche Informationen interessieren, vor allem mangels der Möglichkeit, sie sinnvoll auszulegen und daraus Schlußfolgerungen für die Aktienbewertung ziehen zu können. Einzige Ausnahme stellen lediglich die traditionellen Kennzahlen zur Beurteilung des Erfolgs - Umsatz, Gewinn, Cashflow - dar.

Anders als bei dem finanzwirtschaftlichen Datenmaterial bedarf es beim Einbeziehen realwirtschaftlicher Informationen in den Bewertungsprozeß - zumindest auf den ersten Blick - keines übermäßig detaillierten Wissens, so daß der Nutzen dieser Art von Daten für die Kleinaktionäre als höher einzustufen ist. Aus diesem Grund ist ihnen auch ein stärkeres Informationsbedürfnis diesbezüglich zu unterstellen. Innerhalb des Spektrums realwirtschaftlicher Informationen ist ein verstärktes Interesse der privaten Anleger hinsichtlich der Aspekte Forschung und Entwicklung und Unternehmensstrategie zu vermuten. Angaben zu den genannten beiden Aspekten sind besonders wichtig, wenn auf lange Frist die Entwicklung eines Unternehmens abgeschätzt werden soll. Eben dies ist ein wesentliches Ziel des Bewertungsprozesses der Kleinaktionäre, die als langfristig denkende Anleger charakterisiert worden sind.

Daneben zeichnen sich Kleinaktionäre auch dadurch aus, daß ihre Anlageentscheidung nicht ausschließlich ökonomisch, sondern auch von emotionalen Aspekten beeinflußt ist. Dies würde beispielsweise ein verstärktes Interesse an Informationen über das soziale Engagement eines Unternehmens oder über Umweltschutzmaßnahmen erklären. Unter zusätzlicher Berücksichtigung der Tatsache, daß viele der Kleinaktionäre selbst Arbeitnehmer sind oder waren, ist zudem ein besonderes Bedürfnis nach Angaben zum Aspekt Belegschaft zu vermuten. In Verbindung mit der Emotionalität ist auch das Bestreben dieses Anlegertypus zu sehen, sich mit dem Unternehmen identifizieren zu können. Im wesentlichen dürfte diese Identifikation mit dem Unternehmen im einzelnen resultieren aus der Identifikation mit den erstellten Produkten des Unternehmens einerseits sowie mit den Entscheidungsträgern andererseits. Insofern dürfte für die Kleinaktionäre auch die Kommunikation über diese beiden Aspekte besonders wichtig sein.

Ähnlich stark wie das Informationsbedürfnis nach unternehmensbezogenen Informationen dürfte bei den Kleinaktionären der Wunsch nach ausführlichen Angaben zur Aktie ausgeprägt sein. Zwei Überlegungen stützen diese Vermutung.

Vorangegangene Überlegungen deuteten bereits an, daß Kleinaktionäre im Gegensatz zu Analysten kaum in der Lage sind, umfangreiche und aus eigener Sicht als sicher empfundene Fundamentalanalysen zur Bewertung von Aktien vorzunehmen. Fehlendes Know-how und Zeitmängel stehen dem ebenso im Weg wie das Problem, angesichts einer kaum vorhandenen Machtposition in Besitz des dazu erforderlichen detaillierten Datenmaterials zu kommen. Private Anleger könnten daher den Versuch unternehmen, durch die einfacheren Verfahren der technischen Analyse oder durch die bevorzugte Auswertung von aktienbezogenen Kennzahlen, z.B. dem KGV, erfolgversprechende Investitionsobjekte zu identifizieren. Ein weitreichendes Informationsbedürfnis der privaten Anleger nach Angaben zur Aktie, zu deren Kurs, Volatiliät usw. wäre die logische Folge.

Ein zweiter Grund könnte ebenfalls den ausgeprägten Wunsch nach Informationen über die Aktie, über deren Kursentwicklung oder Schwankungen in der Vergangenheit erklären. Der Wert einer Aktie richtet sich weniger danach, wie gut ein Unternehmen tatsächlich ist, sondern wie gut es den Aktionären erscheint. Nur die Erwartungen der Kapitalmarktakteure entscheiden über die Preisbildung an der Börse. Das bedeutet aber gleichzeitig, daß bei der eigenen Anlageentscheidung berücksichtigt werden muß, wie die anderen Aktionäre den Erfolg des Unternehmens einschätzen. Eine Möglichkeit, um Anhaltspunkte darüber zu gewinnen, welche Einstellung die Kapitalmarktakteure einem Unternehmen gegenüber haben, besteht darin, die vergangene Kursentwicklung der Aktie zu untersuchen und daraus auf das Verhalten und die Einstellungen der Marktakteure zurückzuschließen. Eine Recherche, Aufnahme und Verarbeitung alleine von Informationen über das Unternehmensumfeld und das Unternehmen kann dagegen keinen Aufschluß über die am Markt herrschende Börsenpsychologie bringen.

Zukunfts-, gegenwarts- und vergangenheitsbezogene Daten

Wie beschrieben unterscheiden sich die privaten Anleger von den institutionellen unter anderem auch im Hinblick auf den Zeithorizont der Anlageentscheidung. Während bei letzteren, nicht zuletzt aufgrund eines permanenten Performancedrucks, eine sehr kurzfristige Orientierung angenommen wird, verfolgt der Kleinaktionär - wie beschrieben - eine eher langfristige Anlagestrategie. Im Hinblick auf die Frage, ob die privaten Anleger bevorzugt an zukunfts-, gegenwarts- oder vergangenheitsbezogenen Daten zu den zuvor ermittelten Themengebieten interessiert sind, deutet eine derartige Charakterisierung darauf hin, daß Informationen, die Auskunft über die Entwicklung in der fernen Zukunft geben, ihrerseits die größte Bedeutung beigemessen wird.

Andererseits wird Kleinanlegern unterstellt, daß nicht nur rationale Überlegungen, sondern auch emotionale Aspekte bei der Entscheidungsfindung über eine Kapitalanlage in hohem Maße berücksichtigt werden. Insofern erscheint es möglich, daß Kleinaktionäre sich stärker als professionelle Anleger von vergangenen Taten und Leistungen eines Unternehmens beeinflussen lassen und diese als Indikator auch für die zukünftige Entwicklung heranziehen. Allgemein besteht daher Grund zu der Vermutung, daß private Anleger vergangenheitsbezogenen Daten zwar einen niedrigeren Stellenwert als zukunftsbezogenen, jedoch eine ähnliche Bedeutung wie gegenwartsbezogenen Informationen einräumen.

Qualitative und quantitative Informationen

Hinsichtlich der Frage, ob Informationsbedürfnisse eher hinsichtlich qualitativem oder quantitativem Datenmaterial bestehen, ist zu vermuten, daß Kleinaktionäre es bevorzugen, wenn sie mit ausformulierten Texten statt mit bloßem Zahlenwerk und Tabellen über die wirtschaftliche Lage eines Unternehmens aufgeklärt werden. Folgender Grund spricht für diese Annahme. Quantitative Informationen dürften für Kleinaktionäre nur eine geringe Aussagekraft haben. Denn private Anleger verfügen aufgrund ihrer geringeren Praxiserfahrung nicht wie Analysten oder Institutionelle über ein Repertoire an Vergleichsdaten, anhand derer sie die Werte beurteilen können. Ausführliche verbale Aussagen und zusätzliche Erläuterungen zu den Zahlen sind daher eine notwendige Bedingung, damit private Anleger derartige rein numerisch dargestellte Sachverhalte einfach nachvollziehen können.

Der mögliche Einwand, Kleinaktionäre würden zur Vermeidung eines „information overloads“ eher an prägnant in Tabellenform dargestellten, quantitativen Daten als an langen, ausformulierten Artikeln interessiert sein, kann nicht überzeugen. Denn anders als die Analysten, für die eine derartige Forderung durchaus realistisch erscheint, sind Kleinaktionäre, die kaum unaufgefordert mit Unternehmensinformationen versorgt werden, kaum der Gefahr ausgesetzt, mit Informationen überschüttet zu werden.

Fakten-nennende und fakten-kommentierende Berichterstattung

Bereits mehrmals, z.B. im Zusammenhang mit der Einschätzung der Stärke des Informationsbedürfnisses nach gesamtwirtschaftlichen Angaben oder nach finanzwirtschaftlichen Daten, wurde darauf hingewiesen, daß Kleinaktionäre nicht über einen derart hohen Wissensstand und Erfahrungshintergrund verfügen, um einen ähnlich hohen Nutzen aus der reinen Nennung von Fakten ziehen zu können wie professionelle Kapitalmarktakteure. Daraus wurde gefolgert, daß mangels Nutzen seitens der privaten Anleger nur ein sehr eingeschränktes Interesse an dieser Art von Daten besteht.

Es ist jedoch auch eine andere Argumentation möglich. Es besteht die Annahme, daß Kleinaktionäre - nicht zuletzt, um eine Benachteiligung gegenüber Analysten und Institutionellen auszuschließen - trotz des fehlenden Wissens hinsichtlich Auslegung und Interpretation dieser Daten darauf nicht verzichten wollen. Vielmehr könnten sie fordern, daß die Unternehmen auch sie ausführlich über derartige, auf den ersten Blick nutzlos erscheinende Sachverhalte informieren und ihnen darüber hinaus durch zusätzliche Kommentierungen und Erläuterungen die Bedeutung dieser für sie selbst aussagelosen Daten verdeutlichen. Es bleibt also festzuhalten, daß seitens der Kleinaktionäre ein besonders stark ausgeprägtes Informationsbedürfnis nach einer fakten-kommentierenden Berichterstattung bestehen dürfte.

4.2.2.3 ABLEITUNG SPEZIFISCHER ANFORDERUNGEN HINSICHTLICH DER KOMMUNIKATIONSMITTEL

In Kapitel 4.1.3 wurden die für die Zwecke von Investor Relations verwendeten Kommunikationsmittel, die sich nach den Merkmalen persönlich, unpersönlich und unterstützend systematisieren lassen, vorgestellt. In diesem Zusammenhang wurde gleichzeitig analysiert, inwieweit sie die gewünschten Kriterien Informationswert bzw. Erlebniswert erfüllen und sich daher allgemein für eine emotionale bzw. eine rationale Ansprache eignen.

Die folgenden Ausführungen widmen sich nun der Frage, welche der Kommunikationsmittel[146] speziell seitens der privaten Anleger die höchste Wertschätzung erfahren und daher für die Ansprache dieser Zielgruppe genutzt werden sollten.

Persönliche Kommunikationsmittel

Kleinaktionäre sind als Anleger beschrieben worden, die ihre Anlageentscheidungen nicht ausschließlich rational treffen, sondern dabei auch emotional beeinflußt werden. Ausgehend von dieser Charakterisierung läßt sich vermuten, daß für Kleinaktionäre eine emotionalere, weil lebendigere Ansprache, wie sie mit der Verwendung *persönlicher Kommunikationsmittel* verbunden ist, von großer Bedeutung ist. Hauptversammlung, Unternehmenspräsentation und Aktionärsmesse bieten aber nicht nur den Vorteil einer persönlichen Kommunikation mit Repräsentanten des Unternehmens. Sie ermöglichen auch, daß Privatanleger, die die Kapitalanlage schließlich auch als Hobby betreiben, untereinander ins Gespräch kommen können und verhelfen ihnen so zu sozialen Kontakten mit Gleichgesinnten. Nicht zuletzt aus diesem Grund ist von einer hohen Wertschätzung persönlicher Kommunikationsmittel seitens der privaten Anleger auszugehen.

Abgesehen von einem zweifelhaften Informationswert bietet die *Hauptversammlung* dem Kleinaktionär die seltene Möglichkeit, die höchsten Entscheidungsträger des Unternehmens, den Vorstand, persönlich zu erleben. Insofern dürfte sie sehr hoch in der Prioritätenliste rangieren. Andererseits besteht ein wesentlicher Hindernisgrund für die Teilnahme an Hauptversammlungen darin, daß diese nur selten in unmittelbarer Nähe des Wohnortes eines Kleinaktionärs stattfinden. Es ist daher anzunehmen, daß die privaten Anleger oft nicht den Kostenaufwand erbringen wollen oder aufgrund ihrer eigentlichen Berufstätigkeit nicht den Zeitaufwand erbringen können, an jeder für sie interessanten Hauptversammlung teilzunehmen. Neben dem Kosten- und Zeitargument könnte auch das Gefühl der Machtlosigkeit angesichts eines verschwindend geringen Stimmenanteils sowie angesichts der Tatsache, daß Entscheidungen von Großaktionären bereits im Vorfeld getroffen werden, als Begründung für eine geringe Wertschätzung des Kommunikationsmittels Hauptversammlung seitens der privaten Anleger angeführt werden.[147]

Aufgeschlossener und interessierter dürften die Aktionäre dagegen der Teilnahme an *Unternehmenspräsentationen*, die in Zusammenarbeit mit Banken einer jewei-

---

146 Ausgenommen aus dieser Analyse werden die Kommunikationsmittel Pressekonferenzen, die alleine den Journalisten vorbehalten sind, sowie Einzel- und Round-Table-Gespräche, deren Angebot aufgrund ökonomischer Überlegungen im Rahmen der Kommunikation mit einer Vielzahl von Kleinaktionären nicht realistisch erscheint.

147 Vgl. Link, R. (Publikumsgesellschaften, 1991), S. 333.

ligen Region oder Aktionärsvereinigungen durchgeführt werden, gegenüberstehen. Der Verweis auf begrenzte zeitliche Ressourcen kann hier nicht als triftiger Grund für eine ablehnende Haltung gegenüber Unternehmenspräsentationen überzeugen. Denn einerseits wird bei den Terminfestlegungen für diese Vorträge mehr auf die zeitlichen Möglichkeiten der berufstätigen Privatanleger geachtet als bei den Hauptversammlungen. Andererseits besteht die Annahme, daß Kleinaktionäre die Kapitalanlage als Hobby betrachten und somit auch bereit sind, ihre Freizeit für die Teilnahme an einer Unternehmenspräsentation zu nutzen. Als Gründe für eine hohe Zustimmung zum Kommunikationsmittel Präsentation ist zu nennen, daß dieses einen Kontakt von Unternehmensrepräsentanten und privaten Anlegern schafft und daß es bei den Zuhörern durch seine persönliche, lebendige Ansprache auch einen gefühlsmäßigen Eindruck von der vorherrschenden Philosophie im Unternehmen hinterläßt.

Wie private Anleger jedoch den Wert dieses Kommunikationsmittels einschätzen, wird nicht zuletzt auch entscheidend davon abhängen, ob diese Präsentationen zielgruppenspezifisch auf ihre Bedürfnisse zugeschnitten sind. Die Zielgruppenorientierung bei Unternehmenspräsentationen ist aus zwei Gründen wichtig: Erstens ist dadurch gewährleistet, daß die Art und das Niveau der vermittelten Information dem Sachverstand der privaten Anleger entspricht. Sie werden einen auf sie abgestimmten Vortrag sicher intensiver verfolgen, als wenn sie mit aus ihrer Sicht unnötigen, aber für Analysten interessanten Detailinformationen versorgt werden. Zweitens sorgt die Zielgruppenorientierung dafür, daß sich das Publikum vorwiegend aus privaten Anlegern zusammensetzen wird. Unter Gleichen, d.h. ohne die Präsenz von Professionellen, werden sich diese Privatleute freier fühlen, sie werden eher Fragen stellen, eher an einer Diskussion teilnehmen und somit auch schneller das Gefühl von Identifikation mit dem Unternehmen empfinden können.

Insbesondere von den emotional entscheidenden Privatanlegern dürfte das Angebot von *Betriebsbesichtigungen* gerne angenommen werden, bieten sie doch von allen persönlichen Kommunikationsmitteln den intensivsten Einblick in die Struktur und die Vorgänge im Unternehmen. Die Tatsache, daß privaten Anlegern ein großes Interesse an leistungswirtschaftlichen Informationen unterstellt werden kann und daß sie sich eben in Rundgängen im Unternehmen am besten über diese Faktoren informieren können, untermauert zudem diese Annahme. Jedoch stellt sich auch hier die Frage, ob private Anleger die Zeit und möglicherweise auch die Kosten für die Fahrt in weiter entfernte Betriebsstätten in Kauf nehmen.

Im Hinblick auf die begrenzten zeitlichen Ressourcen eines berufstätigen privaten Anlegers besteht Grund zu der Vermutung, daß er *Aktionärsmessen bzw. IR-Foren* als interessante und wertvolle Kommunikationsmittel einschätzt. Denn wie kein anderes Kommunikationsmittel bieten sie dem Messebesucher den unbestreitbaren Vorteil, sich mit einer einzigen Veranstaltung gleichzeitig über eine Vielzahl unterschiedlicher Unternehmen informieren zu können.

Eine eindeutige Annahme, welche Einstellung seitens der Kleinaktionäre gegenüber der Einrichtung einer telefonischen *Hotline* bzw. einer E-Mail-Hotline vorherrscht, kann nicht zweifelsfrei abgeleitet werden. Einerseits stellt dies für den Kleinaktionär eine der wenigen Chancen dar, seine individuellen Informationsbedürfnisse zu befriedigen, indem er dort Aspekte anspricht, die in den sonstigen, standardisierten Informationsmaterialien des Unternehmens oder in Presseartikeln nicht dargeboten werden. Andererseits stellt sich die Frage, ob der finanzwirtschaftlich durchschnittlich gebildete Kleinaktionär überhaupt derartige Fragen stellt, die an anderer Stelle nicht schon beantwortet und gleichzeitig derartig wichtig sind, daß sie aus seiner Sicht eine entsprechende Anfrage rechtfertigen.[148]

Unpersönliche Kommunikationsmittel

Wie beschrieben liegt das Interesse eines Aktionärs an unpersönlichen, meist schriftlichen Kommunikationsmitteln insbesondere darin begründet, daß er dadurch Informationsmaterial in die Hand bekommt, das er - im Gegensatz zu einer einmaligen Unternehmenspräsentation oder einer einmaligen Rede des Vorstands in der Hauptversammlung - mehrmals lesen kann, das er speichern bzw. archivieren kann. Diese Vorzüge sind insbesondere für einen Aktionär, der rational überzeugt werden will, von erheblicher Bedeutung.

Wie kein anderes Kommunikationsmittel vermittelt der *Geschäftsbericht* dem Leser schnell den umfassendsten Gesamtüberblick über das Unternehmen, weshalb davon ausgegangen werden kann, daß ihm seitens der Anleger eine sehr hohe Bedeutung beigemessen wird. Andererseits dient der Geschäftsbericht der Information sehr verschiedener Adressatengruppen, und ist - wegen der hohen Bedeutung der Professionellen für ein Unternehmen - meist sehr stark auf die detaillierten Informationsbedürfnisse von Analysten, Institutionellen und auch Kreditgebern ausgerichtet. Aus Sicht der finanzwirtschaftlich weniger gebildeten privaten Anleger könnte der Geschäftsbericht daher als ein zu umfangreiches und zu stark quantitativ geprägtes Druckwerk beurteilt werden. Diese Beschreibung deutet eher darauf hin, daß die ihm entgegengebrachte Wertschätzung der privaten Anleger durchaus Grenzen haben könnte. Demgegenüber dürfte ein auf Basis des Geschäftsberichts erarbeiteter, eingeschränkter Kurzbericht, der neben einer

148 Vgl. o. V. (Aktionäre, 1993), S. 66.

Auflistung der wesentlichen finanzwirtschaftlichen Kerndaten eher qualitativ, d.h. verbal beschreibend gehalten ist, für die Kleinaktionäre interessanter sein.[149]

Von der Einstellung der privaten Anleger zum Grundsatz der Kontinuität, hinsichtlich der jedoch keine zweifelsfreie Annahme formuliert werden konnte, dürfte abhängen, wie sie die Bedeutung der Kommunikationsmittel *Zwischenbericht und Quartalsbericht* bewerten. Denn insbesondere diese sind Garanten einer regelmäßigen Vermittlung von relevanten Finanzinformationen.

Neben dem Zwischen- und dem Kurzbericht dürften die Kleinaktionäre insbesondere den *IR-Broschüren* hohe Wertschätzung entgegenbringen, da sie - hinsichtlich Länge und Darstellung oft optimal auf diese zugeschnitten - eine sehr gute Möglichkeit bieten, sich schnell ein Bild von einem Unternehmen zu verschaffen. Insbesondere wenn diese neben der Unternehmensinformation auch spezifische Probleme, mit denen ein Kleinaktionär konfrontiert sein könnte, aufgreifen wie z.B. die Erklärung von speziellen Fachbegriffen oder die Erörterung von Steuerproblemen beim Aktienkauf, dürfte sie von den privaten Anlegern als sehr nützlich eingestuft werden. Demgegenüber erscheint es unwahrscheinlich, daß die privaten Anleger einen besonderen Wunsch nach allgemeineren, vor allem Werbezwecken dienenden *Unternehmensbroschüren* bekunden.

Finanzanzeigen sowie Hörfunk- und Fernsehspots könnten insofern ein Rolle spielen, als dadurch die Kleinaktionäre, die nicht über eine so große Anzahl von sonstigen Informationsquellen verfügen, regelmäßig auf neue alternative Anlagekandidaten aufmerksam gemacht werden. Daß ein Kleinaktionär jedoch öffentlich ein weitergehendes Bedürfnis nach dieser Form von Kommunikationsmitteln eingesteht, erscheint zweifelhaft. Schließlich würde er damit signalisieren, weniger an einer Überzeugung durch Information und Argumentation als an einer vorwiegend suggestiven Beeinflussung interessiert zu sein.

Ein hoher Stellenwert dürfte auch dem Kommunikationsmittel *Aktionärszeitung* zukommen. Im Gegensatz zu den professionellen Kapitalmarktakteuren, die seitens der Unternehmen mit Informationen überschüttet werden, kann sich der Kleinaktionär lediglich anhand des Geschäftsberichts oder anhand von Presseartikeln regelmäßig über ein Unternehmen informieren. Erstere haben den Nachteil der geringen Aktualität, letztere, daß sie nur dann über ein Unternehmen berichten, wenn außergewöhnliche Ereignisse vorliegen. In diesem Zusammenhang könnte seitens der Kleinaktionäre eine Aktionärszeitung, die auch in Zeiten ohne besondere Vorkommnisse allgemein über die Vorgänge im Unternehmen infor-

---

149 Chugh, L. C. / Meador, J. W. (Analysts, 1984), S. 19, Süchting, J. (Communications, 1991), S. 17, Liener, G. (Investor Relations, 1993), S. 326, Frings, P. A. (Berichterstattung, 1972), S. 216 ff.

miert und damit insbesondere der Forderung nach Kontinuität in der Finanzkommunikation Rechnung trägt, als sehr wichtig bewertet werden.

Unter den unpersönlichen Kommunikationsmitteln dürfte jedoch der Berichterstattung in den verschiedenen unternehmensunabhängigen Printmedien sowie in den von Hörfunk und Fernsehen angebotenen Börsennachrichten bzw. -sendungen die höchste Bedeutung zukommen. Diese Annahme läßt sich durch verschiedene Argumente begründen. Im Gegensatz beispielsweise zu Geschäftsberichten oder sonstigen Unternehmenspublikationen sind *Presseartikel und Börsensendungen* Informationsquellen, mit denen ein Kleinaktionär ohne großen Aufwand täglich in Kontakt kommen. Er kann sich durch sie umfangreich jedoch ohne geringen Aufwand einerseits über die wichtigsten Neuigkeiten der ihn interessierenden Unternehmen, andererseits über die Vorgänge an den internationalen Güter-, Kapital- und Devisenmärkten oder die Weltwirtschaft informieren. Ebenso wird der Kleinaktionär dabei schätzen, daß die Form der Darstellung in hohem Maß seinem finanzwirtschaftlichen Sachverstand entspricht.

Es wurde bereits erwähnt, daß die Kommunikationsmittel Presseartikel und Börsensendung eine indirekte Kommunikation zwischen Aktionär und damit das Auftreten eines Multiplikators in Form eines kompetenten, sachverständigen und neutralen Reporters implizieren. Insbesondere für den privaten Anleger ist dessen Existenz von Nutzen, da dieser die Informationen nicht nur weitergibt, sondern sie auch erläutert und kommentiert. So verdeutlicht dieser möglicherweise dem Kleinaktionär wichtige wirtschaftliche Zusammenhänge, die sonst möglicherweise nicht wahrgenommen worden wären. Insgesamt besteht also die starke Vermutung, daß die Berichterstattung in Form von Presseartikeln und Börsensendungen vom Kleinaktionär als eines der wichtigsten unpersönlichen Kommunikationsmittel angesehen wird.

In einem Punkt kann diese Berichterstattung die Bedürfnisse der Kleinaktionäre jedoch nicht adäquat befriedigen. Grundsätzlich bilden besondere, aktuelle Ereignisse die Themen der Berichterstattung in Presse, Hörfunk und Fernsehen. Eine reine Beschreibung des unspektakulären Status quo eines Unternehmen findet demgegenüber nicht statt. Somit sind diese Kommunikationsmittel ungeeignet, wenn der Kleinaktionär erstmalig Interesse an einem bestimmten Unternehmen bekundet und sich daher von Grund auf über dieses informieren will. In diesem Fall wird der Kleinaktionär auf einzelne der vom Unternehmen herausgegebenen Publikationen zurückgreifen, z.B. auf den Geschäftsbericht.

Unterstützende Kommunikationsmittel

Wie beschrieben erscheint der private Anleger in besonderer Weise an einer emotional ausgerichteten Kommunikation interessiert. Unterstützende Kommunikationsmittel, wie beispielsweise ein Videofilm, könnten daher für ihn besonders von Interesse sein, da sie ihn stärker gefühlsmäßig ansprechen als es Texte und Grafiken können.

Durch die Verteilung von Produktproben bei einer Unternehmenspräsentation beispielsweise oder durch die Ausstellung eines neuen Produkt-Prototyps in Verbindung mit einer Aktionärsmesse wird dem Aktionär die Gelegenheit gegeben, sich selbst von den Fähigkeiten eines Unternehmens und seiner Mitarbeiter zu überzeugen. Spricht ihn das Produkt persönlich an, strahlt es Kreativität, Innovativität, Qualität aus, so fühlt er sich bestätigt, mit dem Aktienkauf die richtige Entscheidung getroffen zu haben, weil er auch an den Verkaufserfolg dieser Produkte und damit an den Erfolg des Unternehmens glauben kann. Filme über das Unternehmen könnten darüber hinaus von den privaten Anlegern geschätzt werden, weil sie ebenso wie Betriebsbesichtigungen, an deren Teilnahme dem privaten Anleger meist Probleme hinsichtlich Zeit und Anreise im Weg stehen, einen Einblick in das Unternehmen erlauben und damit deren Funktion zumindest teilweise übernehmen können.

4.2.2.4 ABLEITUNG SPEZIFISCHER ANFORDERUNGEN HINSICHTLICH DER KOMMUNIKATIONSTRÄGER

Für die Übermittlung der zuvor genannten, unpersönlichen Kommunikationsmittel stehen verschiedene Kommunikationsträger zur Verfügung. Traditionell stark vertreten im Bereich Investor Relations sind die Printmedien. Steigende Bedeutung wird jedoch den Medien Hörfunk, Fernsehen und Internet bei der Vermittlung von Finanzinformationen zuteil. Im folgenden soll nun untersucht werden, welche der genannten Medien aus Sicht der privaten Anleger bevorzugt werden.

Printmedien

Wie die Annahmen über die Bedürfnisse der Kleinaktionäre zu den von ihnen geschätzten Kommunikationsmitteln gezeigt haben, werden ihre Informationsbedürfnisse in weiten Teilen durch die Berichterstattung in der Presse befriedigt. Zeitung und Zeitschrift, die für die Presseartikel die üblichen Kommunikationsträger darstellen, dürften daher seitens der privaten Anleger bevorzugt als Medien genutzt werden. Zwar besteht aufgrund der vermehrten Neigung der Zeitungs- und Zeitschriftenverlage, im Internet Präsenz zu zeigen und viele der Artikel auch dort zu veröffentlichen, eine weitere Möglichkeit, die Berichterstattung auch anderweitig nachzuvollziehen. Dennoch dürfte gerade für die Kleinaktionäre die gedruckte Version der Zeitschrift bzw. Zeitung für die allgemeine Informationsaufnahme das bevorzugt genutzte Medium bleiben. Neben den bereits erwähnten Vorteilen, daß die Printmedien leicht transportierbar sind und beispielsweise auf dem Weg zur Arbeit, sofern dabei öffentliche Verkehrsmittel genutzt werden, gelesen werden können, daß sie leicht zu archivieren sind und daß sie über ein

Abonnement leicht zu beziehen sind, könnten sie auch aus dem folgenden Grund präferiert werden. Kleinaktionäre nutzen für die Aufnahme und Sammlung von Finanzinformationen ihre Freizeit. In ihrer Arbeitszeit dürften viele der privaten Anleger aufgrund der steigenden Bedeutung des Computers mit für die Augen strapaziöser Bildschirmarbeit konfrontiert sein. Es ist nun plausibel anzunehmen, daß sie in ihrer Freizeit, womöglich nach der Arbeit, das Lesen gedruckter Artikel dem Lesen einer Online-Zeitung am Monitor vorziehen.

Sowohl Tageszeitungen als auch Wochenzeitungen und Fachzeitschriften dürften zu den üblichen Informationsquellen des privaten Anlegers gehören. Erstere sind für ihn wichtig, um aktuell über die wichtigen Ereignisse an den Börsen informiert zu sein. Demgegenüber hat die Lektüre von Wochenzeitungen den Vorteil, daß dort eine ausführlichere Berichterstattung erfolgt. Fachzeitschriften dürften insbesondere aufgrund ihrer spezifischen Ausrichtung auf bestimmte Adressaten und der sie interessierenden Themen von Bedeutung sein. Als Fachzeitschriften, die insbesondere für den privaten Anleger interessant sind, können das Nebenwerte-Journal oder die Aktienkultur genannt werden.

Elektronische Medien

Speziell von den emotionaleren Kleinaktionären dürften *Hörfunk und Fernsehen* als unterstützende Kommunikationsmedien gerne genutzt werden. Im Gegensatz zur Berichterstattung in der Presse haben sie hier die Möglichkeit, hochrangige Vertreter aus der Wirtschaft zu hören bzw. zu sehen. Aber auch der Blick auf das Börsengeschehen wie beispielsweise bei „n-tv" und der gleichzeitig aktuell über die Aktienkurse informierende Ticker am Bildschirm kann dem Zuschauer eher als ein Presseartikel das wohl erwünschte Gefühl vermitteln, „direkt dabei zu sein". Fernsehen und Hörfunk übernehmen jedoch eine weitere wichtige Funktion. Da der private Anleger im Gegensatz zu den Analysten keinen Reuters-Bildschirm zur Verfügung hat, stellen diese Medien für ihn die einzige Möglichkeit dar, sich über die aktuellen Geschehnisse an den Börsen zu informieren. Speziell im Falle von außergewöhnlichen Ereignissen, wie beispielsweise bei einem Börsencrash, ist anzunehmen, daß die Kommunikationsträger Hörfunk und Fernsehen intensiv genutzt werden.

Die Bedeutung dieser Medien darf jedoch nicht überschätzt werden. Einerseits die aufgrund der Berufstätigkeit begrenzten zeitlichen Möglichkeiten des privaten Anlegers, andererseits Engpässe hinsichtlich des Angebots an Hörfunk- und Fernsehsendungen zum Thema Börse dürften im wesentlichen dafür ausschlaggebend sein, daß diese elektronischen Medien nur ergänzend für die Informationsaufnahme herangezogen werden.

Der Stellenwert, den das *Internet* als Informationsmedium einnimmt, dürfte in der Gruppe der Kleinaktionäre sehr unterschiedlich sein. Ein großer Teil der voraussichtlich eher älteren Kleinaktionäre dürfte kaum Umgang mit dem Computer und damit dem Internet pflegen. Ebenso erscheint es jedoch plausibel, daß bei den Jüngeren, für die die Arbeit am Computer zum täglichen Geschäft gehört, das Internet zu einem wichtigen Kommunikationsträger bei der Suche nach Kapitalmarktinformationen avancieren wird. Insbesondere dürfte der Nutzer dann, wenn er sich nicht wahllos über die Geschehen an der Börse informieren will, sondern wenn er spezifisch nach Nachrichten oder Daten über bestimmte Unternehmen sucht, auf das Medium Internet zurückgreifen. Nicht zuletzt die Tatsache, daß insbesondere Kleinaktionäre das Angebot der Direktbanken nutzen, Aktienkäufe über das Internet abzuwickeln, läßt vermuten, daß diese auch die Informationsaufnahme weitgehend über dasselbe Medium betreiben.[150] Neben der Fähigkeit mit dem Computer umzugehen, ist wohl der Netzzugang ein wesentlicher Faktor, der die Intensität der Nutzung durch die privaten Anleger beeinflußt. Da unter den Kleinaktionären der private Anschluß an das Internet noch nicht sehr verbreitet und da andererseits die Möglichkeiten, den Internetanschluß am Arbeitsplatz für private Zwecke zu verwenden, begrenzt sein dürfte, ist die Bedeutung dieses Kommunikationsmediums gegenwärtig eher als gering einzuschätzen.

4.2.3 ZUSAMMENFASSUNG

Ausgehend von einer Charakterisierung der Kleinaktionäre beschäftigte sich Kapitel 4.2 mit der Identifikation der spezifischen Wünsche von Kleinaktionären hinsichtlich Investor Relations.

Zur Visualisierung der dabei ermittelten Ergebnisse wird wieder auf die in Abschnitt 4.1.5 erarbeitete Abbildung zurückgegriffen. Diese gab einen Überblick über die Vielfalt möglicher Handlungsoptionen, die bei der Gestaltung der einzelnen Aspekte einer IR-Strategie gewählt werden können. In der damit korrespondierenden Abbildung 5.1 wurden nun aus der Gesamtheit aller wählbaren Gestaltungsoptionen diejenigen hervorgehoben, die erforderlich erscheinen für eine IR-Strategie, die hinsichtlich der formulierten Grundsätze, der übermittelten Inhalte sowie hinsichtlich der Verwendung von Kommunikationsmitteln und Kommunikationsträgern den spezifischen Bedürfnissen der Kleinaktionäre Rechnung trägt.

150 Vgl. Seeger, C. (Profis, 1998), S. 136.

Kommunikationsgrundsätze

- GS der Transparenz
  GS der Wahrheit
  GS der Vollständigkeit
  GS der Aktualität
- GS der Kontinuität
- GS der begrenzten Offenlegung
- GS der Wesentlichkeit
- GS der Zielgruppenorientierung
- GS der Gleichbehandlung

Grau: geringe Bedeutung
Schwarz: hohe Bedeutung

Kommunikationsinhalte

Informationsaspekte
- Gesamtwirtschaftliche Faktoren
- Branchenbezogene Faktoren
- Unternehmensbezogene Faktoren
  - Finanzwirtschaftliche Aspekte
  - Realwirtschaftliche Aspekte
- Aktie

Darstellungsform
- Zukunfts-, gegenwarts-, vergangenheitsbezogen
- Qualitativ vs. quantitativ
- Fakten-nennend vs. fakten-kommentierend

Kommunikationsmittel

Unpersönliche Kommunikationsmittel
- Geschäftsbericht, Kurzbericht, Zwischenbericht
- Presseartikel, Börsensendung
- Finanzanzeige, Rundfunk- und Fernsehspot
- Aktionärsbrief
- Unternehmensbroschüre, Aktionärsbroschüre

Persönliche Kommunikationsmittel
- Hauptversammlung
- Unternehmenspräsentation
- Pressekonferenz, -meeting
- Einzel- und Round-Table-Gespräch
- Aktionärsmesse, IR-Forum
- Betriebsbesichtigung
- Hotline (Telefon/E-Mail)

Kommunikationsträger

Printmedien
- Zeitung
- Fachzeitschrift
- Unternehmenseigene Publikationen

Elektronische Medien
- Hörfunk
- Fernsehen
- Computergestützte Medien
  Offline-Medien, z.B. CD-ROM
  Online-Medien, z.B. Internet

Abb. 4.10: Ausgewählte Gestaltungsoptionen für eine an den Bedürfnissen von Kleinaktionären ausgerichtete IR- Strategie

5 EMPIRISCHE ANALYSE DER INFORMATIONSBEDÜRFNISSE VON KLEINAKTIONÄREN

Im vorangegangenen Kapitel wurden verschiedene aus der Theorie abgeleitete Annahmen darüber geäußert, welche Informationsbedürfnisse Kleinaktionäre angesichts einer Anlageentscheidung aufweisen. In einem ähnlichen Zusammenhang stellt Lange jedoch fest, „... daß man nicht mit Gewißheit unterstellen kann, daß die deduzierten Informationsbedürfnisse den individuellen Informationswünschen in der Realität entsprechen."[1] Diese Überlegung zum Anlaß nehmend wird im Rahmen der Dissertation neben einer theoretischen auch eine empirische Analyse der Informationsbedürfnisse von Kleinaktionären durchgeführt.

Gegenstand des folgenden Abschnitts ist es, die der durchgeführten Untersuchung zugrundeliegende Methodik ausführlich zu erläutern. Auf diese Weise wird eine insbesondere bei empirischen Arbeiten notwendige, jedoch oft vernachlässigte Transparenz geschaffen, die den Leser in die Lage versetzt, eine eigenständige Beurteilung hinsichtlich der Güte der Ergebnisse und der Richtigkeit der späteren Interpretationen vorzunehmen (Kap. 5.1). Aufbauend auf diesen grundlegenden Ausführungen werden anschließend die Ergebnisse der empirischen Untersuchung dargestellt und daraus ableitbare Empfehlungen für die Gestaltung von Investor Relations erarbeitet (Kap. 5.2).

5.1 UNTERSUCHUNGSMETHODIK

Um die oben angesprochene Transparenz zu schaffen, soll im Rahmen der Beschreibung der Untersuchungsmethodik einerseits die Art der Forschungsanordnung, andererseits das gewählte Erhebungsinstrumentarium näher beleuchtet werden (Kap. 5.1.1). Die daran anschließenden Ausführungen sind der Auswahl der Untersuchungsobjekte gewidmet (Kap. 5.1.2).

5.1.1 FORSCHUNGANORDNUNG UND ERHEBUNGSINSTRUMENTARIUM

Forschungsanordnung

Zur Durchführung der vorliegenden Untersuchung erschien eine Querschnittsanalyse als relevante Forschungsanordnung sinnvoll. Für sie ist charakteristisch, daß zu einem annähernd gleichen Zeitpunkt mehrere Objekte mit demselben Meßinstrument untersucht werden. Insbesondere bei Analysen, in denen die Erhebung von Meinungen und Einstellungen von Personen zu aktuellen Fragestellungen, nicht jedoch die Ermittlung von Veränderungen von Merkmalen im

1 Lange, C. (Unternehmensbeurteilung, 1989), S. 77.

Zeitablauf als wesentliches Ziel definiert wurde, ist die Querschnittsanalyse die üblicherweise gewählte Forschungsanordnung.[2]

Im Hinblick auf das Ziel dieser Arbeit, die Bedürfnisse, Wünsche und Erwartungen unterschiedlicher privater Anleger hinsichtlich der Finanzkommunikation von Unternehmen zu analysieren, wurde eine Durchführung der Untersuchung als Querschnittsanalyse als sinnvollste Alternative beurteilt. Unterstützt wurde diese Überlegung durch die Tatsache, daß diese Art der Forschungsanordnung im Gegensatz zu einer Längsschnittanalyse mit einem geringeren Aufwand an zeitlichen, personellen und finanziellen Ressourcen durchführbar ist und dabei gleichzeitig - aufgrund der geringeren Belastung der befragten Individuen - eine höhere Kooperationsbereitschaft ihrerseits vermutet werden darf.

Erhebungsinstrumentarium

Im Rahmen der durchgeführten Querschnittsanalyse kamen unterschiedliche empirische Erhebungsmethoden zum Einsatz. Den Schwerpunkt bildete eine großzahlige schriftliche Befragung von Kleinaktionären. Daneben wurden unterstützend auch Leitfaden-Interviews mit Repräsentanten dieser Zielgruppe durchgeführt. Sinnvoll erschien ein derartiger Methoden-Mix, da sich aufgrund der individuellen Vor- und Nachteile der jeweiligen Erhebungsformen die gesetzten Ziele des Forschungsprojektes unterschiedlich gut erreichen ließen.[3]

Der schriftlichen und mündlichen Haupterhebung ging zuerst eine Phase explorativer Vorarbeiten voraus, deren primäres Ziel die Erarbeitung des später verwendeten Erhebungsinstrumentariums war. Aufgrund des eigenen Anspruchs, eine theoriegeleitete empirische Analyse durchzuführen, ist der Fragebogen ebenso wie der damit korrespondierende Interview-Leitfaden im wesentlichen als Resultat einer umfangreichen Auseinandersetzung mit der themenrelevanten Literatur sowie darauf aufbauender theoretischer Überlegungen zu sehen. Begleitend wurden jedoch auch Expertengespräche[4] durchgeführt. Ziel dieser narrativen Interviews war es, in der Literatur vernachlässigte, jedoch für die Analyse relevante zusätzliche Untersuchungsvariablen zu identifizieren und somit das auf

---

2 Vgl. Daumenlang, K. (Längsschnittmethoden, 1987), S. 319 ff., Witte, E. (Organisationsforschung, 1980), Sp. 619.

3 Vgl. zum Methoden-Mix, auch als Triangulation bezeichnet, Schnell, R. / Hill, P. B. / Esser, E. (Sozialforschung, 1993), S. 276.

4 In diesem Zusammenhang wurden drei Gespräche mit einem IR-Manager, einem Unternehmensberater für Kapitalmarktkommunikation sowie einem Mitarbeiter einer Werbeagentur für Finanzmarketing durchgeführt.

Basis theoretischer Überlegungen konzipierte Untersuchungsmodell einer Prüfung auf Praxistauglichkeit zu unterziehen.[5]

Die schriftliche Haupterhebung, die aufgrund ihres vergleichweise geringen Ressourceneinsatzes eine großzahlige Befragung erlaubte, wurde vor allem mit dem Ziel durchgeführt, anstelle weniger Einzelaussagen die Meinung einer breiten Masse von Kleinaktionären zu erfassen und somit aufgrund der Großzahligkeit aussagekräftige und verallgemeinerungsfähige Ergebnisse zu ermitteln. Prinzipiell möglich erschien diese Form der Erhebung, da sich die interessierende Thematik aufgrund der theoretischen Vorarbeiten als gut strukturierbar und weitestgehend als geeignet für eine schriftliche Erhebung auf Basis geschlossener Fragen herausstellte.

Exploration
mittels theoretischer Grundlagenarbeit - mittels narrativer Interviews

Haupterhebung		
	Quantitative Erhebung	**Qualitative Erhebung**
Untersuchungs-zeitraum	Dezember 1997/ Januar 1998	Dezember 1997/ Januar 1998
Untersuchungsziel	Identifikation statistischer Beziehungen	Erklärung für statistische Beziehungen
Untersuchungs-form	Querschnittsanalyse	Querschnittsanalyse
Erhebungs-methode	schriftliche Befragung standardisierter Fragebogen	persönliches Interview teilstandardisierter Interview-Leitfaden

Abb. 5.1: Untersuchungsansatz

Aus Gründen, auf die bei der Beschreibung der Untersuchungsobjekte noch genauer eingegangen wird, war eine postalische schriftliche Befragung nicht möglich. Stattdessen wurden die Fragebögen im Rahmen des „Aktionstags Börse"[6], der am 6. Dezember 1997 vom Akademischen Börsenzirkel München e.V. veran-

5 Vgl. Friedrichs, J. (Sozialforschung, 1984), S. 123.

6 Vgl. die Bekanntmachung zum Aktionstag Börse im Anhang 5.

staltet wurde, an die dortigen Besucher verteilt. Dabei wurde es den an der Erhebung teilnehmenden Personen freigestellt, ob sie den Fragebogen im Verlauf der Veranstaltung oder erst zu einem späteren Zeitpunkt beantworten wollen. Obwohl aufgrund des durch die persönliche Verteilung ermöglichten direkten Kontakts mit den Befragten eine positive Wirkung auf den Rücklauf zu erwarten war, wurde dennoch die inhaltliche und grafische Gestaltung des Fragebogens und die Durchführung der Befragung - Anschreiben, freigestempelter Rückumschlag, Angebot einer Kurzauswertung - mit besonderer Sorgfalt betrieben.[7] Der eigentlichen Haupterhebung vorgeschaltet wurde ein Pretest bei acht Kleinaktionären. Durch diesen konnte auf die Tauglichkeit des Fragebogens, mit diesem die Informationsbedürfnisse von Anlegern messen zu können, zurückgeschlossen werden.

Einem anderen Ziel als dem, welches mit der schriftlichen Befragung verfolgt wurde, dienten die parallel dazu durchgeführten Interviews mit zehn Kleinaktionären. Primäre Intention war es hierbei, durch diese Gespräche einen tieferen Einblick in die Denk- und Verhaltensweisen von privaten Anlegern zu gewinnen und auf diese Weise auch wertvolle Hinweise zu sammeln, die bei der Interpretation der in der schriftlichen Erhebung ermittelten Ergebnisse und bei der Verfeinerung der identifizierten statistischen Beziehungen hilfreich sein könnten.[8] Darüber hinaus erschienen einige wenige Fragestellungen nicht für die Erhebung in Form einer schriftlichen Befragung geeignet, so daß allein aus diesem Grund die Durchführung von Interviews unumgänglich wurde.[9]

---

7 Vorschläge für die Durchführung von schriftlichen Erhebungen zur Optimierung des Rücklaufs finden sich bei Kirschhofer-Bozenhardt, A. von / Kaplitza, G. (Fragebogen, 1991), S. 93 ff., Bortz, J. (Forschung, 1984), S. 184 ff., Schumann, H. / Presser, S. (Surveys, 1981), S. 275 ff., Walker, B. J. / Kirchmann, W. / Conant, J. S. (Response, 1987), S. 305 ff., Jobber, D. (Response, 1986), S. 183 ff. und Scheuch, E. K. (Interview, 1973), S. 77 ff. Anschreiben sowie Fragebogen sind aufgeführt in Anhang 3 und 4.

8 Vgl. allgemein zu den Zielen von Interviews Atteslander, P. / Kopp, M. (Befragung, 1987), S. 155 ff. Der dem Interview zugrunde liegende Gesprächsleitfaden ist in Anhang 2 aufgeführt.

9 Beispielsweise suggerieren bei der Frage, wie wichtig für einen IR-Adressaten die Einhaltung des Grundsatzes der Wahrheit oder des Grundsatzes der Offenheit sei, die ebenso bezeichneten Prinzipien dem Befragten bereits, jeweils eine Einstufung als „sehr wichtig“ vorzunehmen. In einem Interview können dagegen die Einstellungen und Meinungen des Befragten nuancierter aufgenommen werden. Somit wird eine differenziertere Bewertung auch bei diesen sensiblen Themenbereichen möglich.

5.1.2 UNTERSUCHUNGSOBJEKTE

Im Hinblick auf die Thematik des Forschungsprojekts, die Informationsbedürfnisse von Kleinaktionären zu ermitteln, kann als angestrebte Grundgesamtheit für die Haupterhebung grundsätzlich die Menge aller Kleinaktionäre in Deutschland angegeben werden. Für die beabsichtigte Untersuchung erwies sich eine derartig definierte Grundgesamtheit jedoch mangels einer Urliste, in der die einzelnen Elemente enthalten sind, als nicht praktikabel.

Angesichts dieser Problematik erschien die Vorgehensweise sinnvoll, eine Teilmenge zu identifizieren, von der angenommen werden durfte, daß sie hinsichtlich ihrer Zusammensetzung der angestrebten Grundgesamtheit möglichst gut entspricht - also für sie repräsentativ ist -, und mit deren Elementen - Personen - auch Kontakt aufgenommen werden konnte. Eine derartige Teilmenge stellen beispielsweise die Kunden einer Bank oder einer Bankfiliale dar, die ihr Geld in Aktien anlegen. Zwar ist bekannt, daß Banken ihre direkte Verbindung zu Aktionären nutzen, um beispielsweise im Auftrag von Unternehmen Aktionärsbriefe zu versenden. Jedoch erscheint die Schlußfolgerung, sie würden ihre Kontakte zu Aktionären auch für die Durchführung einer Befragung zur Verfügung stellen, die für sie selbst nur geringen Nutzen, für ihre Kunden sogar einen Aufwand mit sich bringen würde, äußerst fraglich.

Eine andere Teilmenge aus der Gesamtheit aller Kleinaktionäre, wenn auch möglicherweise weniger heterogen als die zuvor genannte, stellen die verschiedenen Aktionärsvereinigungen dar. Weniger problematisch zeigte sich bei diesen Vereinigungen die Zugänglichkeit zum empirischen Feld. Ebenso wie der Akademische Börsenzirkel e.V., der sich bereit erklärt hat, im Rahmen des von ihm ausgerichteten Aktionstages Börse eine Befragung unter den Besuchern durchführen zu lassen, hat beispielsweise auch die Schutzgemeinschaft der Kleinaktionäre e.V. zugesichert, eine Fragebogenaktion bei ihren Mitgliedern zu unterstützen. Daß letztlich die Entscheidung zugunsten der ersten Option ausfiel, ist im wesentlichen dem Bemühen zuzuschreiben, eine möglichst heterogene Masse von Kleinaktionären anzusprechen und in die Untersuchung einzubeziehen. Nach Aussagen der Veranstalter des Aktionstages durfte von einem sehr gemischten Publikum ausgegangen werden, das sich - wie sich später auch bewahrheitete - nur zu einem geringen Prozentsatz aus den Mitgliedern des Akademischen Börsenzirkels rekrutierte. Insofern konnten durch die dort durchgeführte Untersuchung systematische Verzerrungen vermieden werden, die bei einer Studie mit in gleichartiger Weise geprägten Mitgliedern einer einzigen Aktionärsvereinigung zwangsläufig aufgetreten wären. Die Auswahlgesamtheit der vorliegenden Untersuchung, d.h. die Menge aller Personen, die prinzipiell eine Möglichkeit hatten, in die Stichprobe zu gelangen, umfaßt also alle Besucher des Aktionstags Börse.

Am 6. Dezember 1997 wurden am Aktionstag Börse 300 Fragebögen zusammen mit einem Anschreiben, in dem die Gründe für die Untersuchung dargelegt wurden, sowie einem freigestempelten Rückkuvert an die Besucher - im Sinne des Untersuchungsansatzes als Erhebungs- und Untersuchungseinheiten definiert - verteilt. Da infolge der persönlichen Überreichung des Fragebogens die Adressen der Befragten unbekannt blieben, bot sich keine Möglichkeit, durch die Zusendung eines Erinnerungsschreibens wiederholt positiv auf die Höhe des Rücklaufs einzuwirken. Dennoch konnte nach Ablauf eines Zeitraums von vier Wochen ein sehr zufriedenstellendes Ergebnis von 116 zurückgeschickten Fragebögen festgestellt werden, was einer Quote von 38,7 Prozent entspricht.

Die Auswahl einer Stichprobe, wie sie oben beschrieben wurde, impliziert, daß die im Rahmen der empirischen Analyse ermittelten Ergebnisse nicht auf die eigentlich angestrebte Grundgesamtheit übertragen werden können, da derartige Verallgemeinerungen auf Basis inferenzstatistischer Berechnungen die zufällige Auswahl einer Stichprobe voraussetzen. Es bleibt somit festzuhalten, daß sich sämtliche Ergebnisdarstellungen des folgenden Kapitels 5.2 nur auf die ausgewählte Stichprobe beziehen. Ebenso ist darauf hinzuweisen, daß aus demselben Grund lediglich Auswertungsverfahren der deskriptiven Statistik verwendet werden und sich die Angabe von Signifikanzniveaus verbietet. Nichtsdestotrotz ist jedoch anzumerken, daß ein Großteil der Ergebnisse unter Rückgriff auf Plausibilitätsüberlegungen wahrscheinlich auch auf eine größere Grundgesamtheit übertragen werden kann, somit allgemeine Gültigkeit besitzt.

5.2. EMPIRISCHE ERMITTLUNG DER INFORMATIONSBEDÜRFNISSE VON KLEINAKTIONÄREN

Mit der Beschreibung der Untersuchungsmethodik im vorangegangen Abschnitt sollten dem Leser die notwendigen Grundlagen vermittelt werden, um die im folgenden vorgestellten Ergebnisse der empirischen Analyse nachvollziehen und bewerten zu können. Dabei widmet sich der erste Teil der Ausführungen der Charakterisierung der Kleinaktionäre (Kap. 5.2.1). Anschließend werden im einzelnen ihre Meinungen und Wünsche zu den Aspekten Kommunikationsgrundsätze (Kap. 5.2.2), Kommunikationsinhalte (Kap. 5.2.3), Kommunikationsmittel (Kap. 5.2.4) und Kommunikationsträger (Kap. 5.2.5), wie sie sich aus der empirischen Analyse ermitteln ließen, geschildert und diskutiert. Der letzte Abschnitt dieses Kapitels ist dann der Frage gewidmet, inwieweit bei den Informationsbedürfnissen eine Kontextabhängigkeit besteht (Kap. 5.2.6).

5.2.1. BESCHREIBUNG DER KLEINAKTIONÄRE

Mit der Beschreibung der Kleinaktionäre werden unterschiedliche Ziele verfolgt. Bei der Darstellung der Untersuchungsmethodik wurde bereits darauf hingewiesen, daß sich die zugrunde liegende Stichprobe nicht als Ergebnis einer zufälligen Auswahl ergab. Die beschriebene Vorgehensweise ist immer mit der Gefahr systematischer Verzerrungen bei der Zusammensetzung der Stichprobe verbunden. Um so wichtiger erscheint es deshalb, ausführlich zu beschreiben, aus welchen Personen sich die Stichprobe zusammensetzt, und im Rahmen dieser Beschreibung auf mögliche Verzerrungen hinzuweisen. Auf diese Weise soll die notwendige Transparenz für den Leser geschaffen werden, um selbst beurteilen zu können, inwieweit er die im folgenden dargestellten Ergebnisse unter Berücksichtigung von Plausibilitätsüberlegungen für verallgemeinerungsfähig hält.

Neben dieser Aufgabe dienen die folgenden Ausführungen aber natürlich auch dazu, als eine wichtige Grundlage ein plastisches Bild vom Untersuchungsobjekt „Kleinaktionär" zu geben. Durch die Vermittlung dieses Bildes wird gleichzeitig Auskunft darüber gegeben, wie die verschiedenen subjektspezifischen Kontextfaktoren, die annahmegemäß[10] das Informationsverhalten und die Informationsbedürfnisse nachhaltig beeinflussen, bei den in der Stichprobe befindlichen Personen ausgeprägt sind.

Die Charakterisierung der Kleinaktionäre wird aus zwei unterschiedlichen Perspektiven vorgenommen. Zuerst erfolgt eine Betrachtung einzelner Merkmale, mittels derer sich die Verhaltensweisen und Einstellungen der untersuchten Teilnehmer beschreiben lassen (Kapitel 5.2.1.1). Anschließend werden die Merkmale nicht mehr isoliert analysiert, sondern es wird untersucht, in welcher Kombination die zuvor genannten Merkmale auftreten. Auf diese Weise können verschiedene Anlegertypen identifiziert und vorgestellt werden (Kap. 5.2.1.2).

5.2.1.1 AUSPRÄGUNG EINZELNER SUBJEKTSPEZIFISCHER MERKMALE

Bei der folgenden Beschreibung werden allgemeine demographische Variablen wie Geschlecht, Beruf und Alter ebenso berücksichtigt wie spezifische Merkmale, die Aufschluß geben über das individuelle Verhalten der Befragten als Anleger. Zu letzteren Kriterien zählen Anlagevolumen und Breite des Portefeuilles, Zeithorizont der Anlage, Risikoverhalten, Zeitaufwand für die Aufnahme und

10 Vgl. hierzu die Annahmen über die Informationsbedürfnisse von Kleinaktionären in Kapitel 4.2.2, in denen als Begründung für die spezifischen Wünsche oft ein bestimmtes Wesensmerkmal, beispielsweise die mittelmäßige finanzwirtschaftliche Bildung der privaten Anleger, angeführt wird.

Verarbeitung von Finanzinformationen sowie die Erfahrung mit der Aktienanlage.

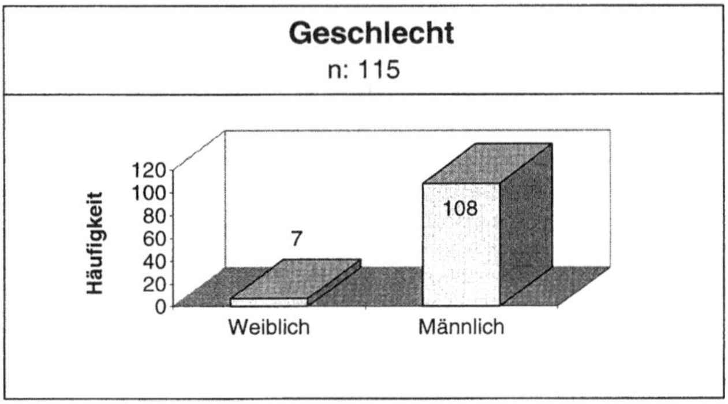

Abb. 5.2: Häufigkeitsverteilung bezüglich des Merkmals Geschlecht

Geschlecht

Die Ergebnisse der empirischen Analyse deuten darauf hin, daß Frauen nur einen sehr geringen Bruchteil der gesamten Menge der Kleinaktionäre stellen. Erfahrungen, die einerseits in einem Interview mit einer Anlegerin, andererseits in Gesprächen mit Besucherinnen des Aktionstages gesammelt werden konnten, lassen die Vermutung zu, daß das mehrheitliche Auftreten von Männern als Kleinaktionäre in der traditionell vorherrschenden Rollenverteilung der Geschlechter begründet ist. So handelt es sich anscheinend bei der Anlage des Vermögens in einer Vielzahl von Familien um eine Domäne der Männer.[11] Somit erregt die Zusammensetzung der Stichprobe kaum Erstaunen. Mit einem Anteil von 93,1 Prozent sind darin sehr viel mehr Männer vertreten als Frauen. In diesem Zusammenhang zeigen repräsentative Vergleichszahlen, daß der Anteil von Männern auch in der Gesamtheit aller Aktionäre in Deutschland den Frauenanteil deutlich übersteigt.[12] Allerdings ist im Hinblick auf die Analyse zu bemerken,

11 Beispielsweise hat eine Interviewpartnerin erklärt, erst nach dem Tode ihres Mannes die Verwaltung des zuvor von ihm organisierten Aktienportefeuilles übernommen zu haben. Eine ähnliche Haltung der Frauen konnte auch am Aktionstag beobachtet werden. Auf die speziell an weibliche Besucher gerichtete Frage, ob sie an der Untersuchung teilnehmen würden, wurde mehrmals entgegnet, sie seien nicht die richtigen Ansprechpartner, da die Vermögensanlage der Mann übernommen habe.

12 Entsprechend einer Umfrage von Infratest wurden im Jahr 1996 3 030 000 (67,8 Prozent) männliche und 1 436 000 (32,2 Prozent) weibliche Aktionäre gezählt. Vgl. Deutsches Aktieninstitut (Hrsg.) (DAI-Factbook, 1996), Folie FB_08.3-2. Der Unterschied zwischen

daß aufgrund der geringen Anzahl von Frauen in der Stichprobe ein differenzierter Vergleich der Geschlechter nicht durchgeführt werden kann.

Beruf

Die Untersuchung der Variablen Beruf des Befragten diente dem Zweck herauszufinden, ob möglicherweise die ausgeübte Tätigkeit einen wesentlichen Auslöser für das Interesse an der Vermögensanlage in Aktien darstellt. Tatsächlich konnte festgestellt werden, daß bei einem großen Teil der Personen beruflich eine starke Affinität zum Bereich Kapitalanlage besteht. So ist beispielsweise in der Stichprobe mit 26 Personen (23,4 Prozent) ein sehr hoher Anteil an Angestellten einer Bank bzw. Personen mit Banklehre zu verzeichnen. Darüber hinaus lassen die ausgeübten Berufe von weiteren 18 Personen (16,3 Prozent), z.B. Manager, Controller, Investor-Relations-Manager oder Leiter des Finanzressorts, auf einen ausgeprägten betriebswirtschaftlichen Erfahrungshintergrund schließen. Insgesamt kann damit bei fast 40 Prozent der Befragten angenommen werden, daß sie bereits durch ihren Beruf in besonderer Weise mit wirtschaftlichen Fragestellungen konfrontiert sind.

Diesen steht jedoch mit 31 Befragten (27,9 Prozent) auch eine große Gruppe von Aktionären gegenüber, die sich in ihren Berufen vorwiegend mit nichtwirtschaftlichen Thematiken auseinandersetzen. Hierin stark vertreten sind Anleger, die in technisch orientierten Wirtschaftszweigen, z.B. als Ingenieur oder als Programmierer, tätig sind. Demgegenüber sind Personen mit geisteswissenschaftlich geprägten Berufen kaum zu finden. Bei 36 Befragten (32,4 Prozent) ließ die Angabe des Berufs keine Zuordnung zu einer der beiden zuvor genannten Gruppen zu.[13]

Abschließend sei kurz darauf hingewiesen, daß sich aus den Berufsangaben erwartungsgemäß auf einen hohen Anteil von Akademikern schließen läßt.

---

den hier aufgeführten Prozentanteilen und denen in der Stichprobe läßt sich möglicherweise darauf zurückzuführen, daß männliche Aktionäre eher dazu neigen, über die Aktienanlage selbst zu entscheiden, weibliche dagegen stärker auf die Empfehlungen von Anlageberatern zurückgreifen. Letztere dürften dann auch weniger auf einer Aktionärsmesse wie dem Aktionstag Börse anzutreffen sein.

13 20 von 36 Befragten in dieser Gruppe gaben als Berufsangabe „Student" an, jedoch ohne einen Hinweis auf die Fachrichtung. Da diese in weiten Teilen Mitglieder des Akademischen Börsenzirkels, des Veranstalters der Aktionstags Börse, sein dürften, kann angenommen werden, daß es sich bei einem Großteil dieser Studenten um Wirtschaftswissenschaftler handelt. Gemäß Angaben des Akademischen Börsenzirkels München (Mitgliederentwicklung, 1998) sind 65 Prozent seiner studentischen Mitglieder in einer wirtschaftswissenschaftlichen Fakultät eingeschrieben.

Alter

Da der Aktionstag Börse vom Akademischen Börsenzirkel veranstaltet wurde, einer Vereinigung, die im wesentlichen Studenten zu ihren Mitgliedern zählt, mußte davon ausgegangen werden, daß in der Stichprobe der Anteil junger Menschen relativ hoch ausfallen würde. Erwartungsgemäß ergibt sich daher, wie Abbildung 5.3 zeigt, eine Verteilung, in der Personen im Alter von 20 - 29 Jahren verglichen mit der Gesamtheit aller Kleinaktionäre in Deutschland überrepräsentiert sein dürften. Allerdings ist der Anteil älterer Menschen in der Stichprobe so hoch, daß bei einer spezifischen Betrachtung auch für diese Gruppe aussagekräftige Ergebnisse bei den Auswertungen ermittelt werden können.

Alter (in Jahren)

Mittelwert: 38 Median: 33 Maximum: 70 Minimum: 20 n: 114

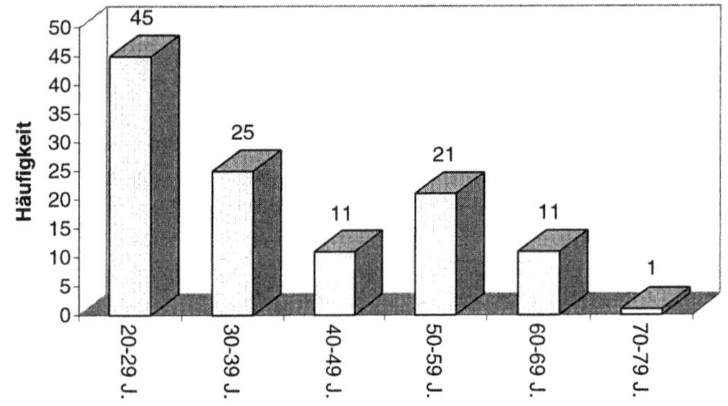

Abb. 5.3: Häufigkeitsverteilung bezüglich des Merkmals Alter

Anlagevolumen

Es wurde bereits darauf hingewiesen, daß das Anlagevolumen zwar ein beliebtes, jedoch nicht trennscharfes Kriterium ist, um Groß- und Kleinaktionäre eindeutig voneinander abzugrenzen.[14] Bezugnehmend auf die dabei vorgetragene Argumentation erscheint es nun auch gerechtfertigt, einen Befragten der höchsten Klasse zur Gruppe der Kleinaktionäre zu zählen, der als gesamtes Anlagevolumen einen Betrag von 5 Mio. DM angegeben hat.

14 Vgl. Kapitel 4.2.1.

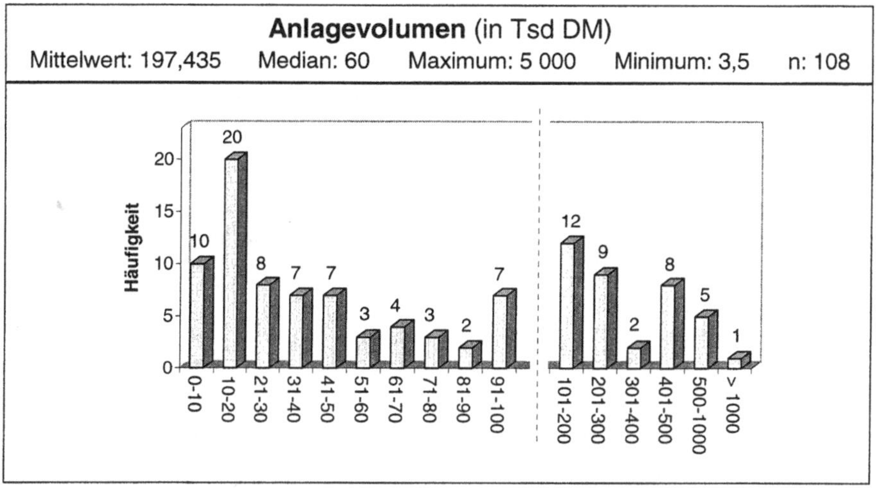

Abb. 5.4: Häufigkeitsverteilung bezüglich des Merkmals Anlagevolumen

Einen Gesamteindruck, in welcher Höhe private Anleger Geld in Aktien investieren, vermittelt Abbildung 5.4. Im Hinblick auf diese Verteilung soll darauf hingewiesen werden, daß der Anteil von Anlegern in den unteren Klassen in der Stichprobe verglichen mit der angestrebten Grundgesamtheit möglicherweise zu hoch ausfällt. Wie bereits bemerkt worden ist, wird vermutet, daß in der Stichprobe junge Leute mit einem verhältnismäßig geringen Einkommen überrepräsentiert sind, mit der Folge, daß auch die unteren Anlagevolumen-Klassen stärker besetzt sind. Interessant ist es aus diesem Grund zu prüfen, inwieweit das Alter ausschlaggebend für die Höhe des Anlagevolumens ist. Der ermittelte Wert des Pearsonschen Korrelationskoeffizienten von 0,26 deutet dabei auf einen mittleren Zusammenhang hin. Es erscheint daher wahrscheinlich, daß auch das aus der Stichprobe berechnete durchschnittliche Anlagevolumen eines Kleinaktionärs mit ca. 197 500 DM (bzw. 152 600 DM bei Bereinigung wegen eines Ausreißers[15]) geringer als das in der angestrebten Grundgesamtheit ausfällt.

15 In die Berechnung des aufgeführten Mittelwerts nicht miteinbezogen wurde ein „Ausreißer“, d.h. ein Aktionär, der mit einem Anlagevolumen von 5 Mio. DM erheblich von den sonstigen Befragten abweicht. Andernfalls würde sich ein Mittelwert über die Stichprobe von 197 500 DM ergeben.

Breite des Portefeuilles

An die Analyse der Variable Anlagevolumen schließt sich nahtlos die Frage an, auf wie viele verschiedene Titel die Kleinaktionäre ihr Anlagevolumen streuen. Abbildung 5.5 zeigt das Ergebnis dieser Untersuchung.

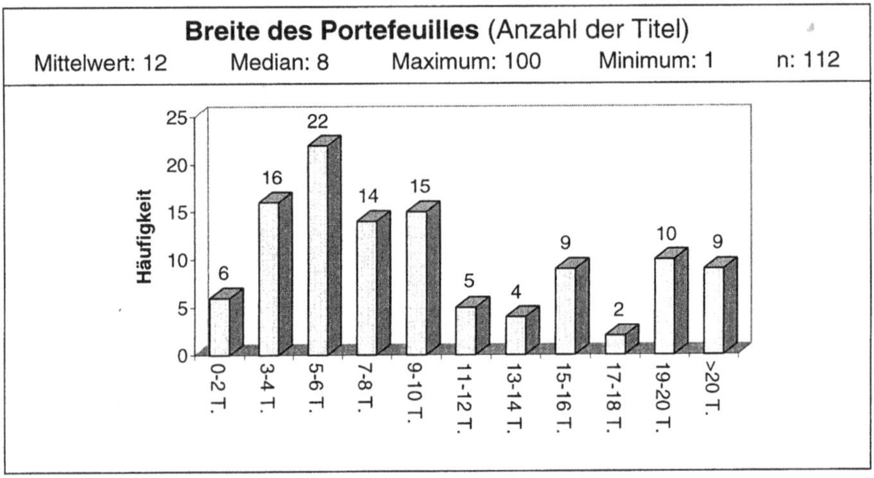

Abb. 5.5: Häufigkeitsverteilung hinsichtlich des Merkmals Anzahl der Titel im Portefeuille

Ebenso wie bei der Häufigkeitsverteilung hinsichtlich des Merkmals Anlagevolumen kann bei der Variable Breite des Portefeuilles eine starke Besetzung insbesondere der unteren Klassen beobachtet werden. Insofern erscheint die Frage interessant, in welcher Beziehung das Anlagevolumen des Portefeuilles und die Anzahl der darin enthaltenen Titel zueinander stehen. Der Korrelationskoeffizient mit einem Wert von 0,39 weist einen deutlichen Zusammenhang der beiden Variablen aus, d.h. je größer das Anlagevolumen, desto breiter das Portefeuille. Erklären läßt sich dieser Befund weniger auf Basis der Theorie als vielmehr im Hinblick auf die Geschäftsgewohnheiten der Praxis.

Bei einem sehr kleinen Anlagevolumen verhindern Kostengründe, d.h. die Zahlung von Mindestgebühren bei kleinen Transaktionen, eine weitreichende Diversifikation des Portefeuilles.[16] Allerdings verringert sich dieses Problem mit steigendem Anlagevolumen, da ab Erreichen einer Mindeststückmenge die Kosten der Transaktionen wieder proportional ansteigen. Umso mehr verwundert, daß sich auch bei einer Selektion all derjenigen Personen, die über ein Anlage-

16 Vgl. o.V. (Wandel, 1996), S. 56.

volumen von mehr als 100 000 DM verfügen, zwar eine reduzierte, jedoch noch immer aussagekräftige Korrelation von 0,25 nachweisen läßt.

Eine Erklärung für diesen Zusammenhang könnte sein, daß der Kleinaktionär den Maximalbetrag, den er bei Spekulationen mit Aktien eines einzelnen Unternehmens zu verlieren bereit ist, nicht relativ als Anteil am Vermögen, sondern als Absolutbetrag festlegt. Eine derartige Verhaltensweise würde mit der Beobachtung einer erhöhten Breite des Portefeuilles bei steigendem Anlagevolumen im Einklang stehen.

Der Vollständigkeit wegen wurde errechnet - mittels Division des gesamten Anlagevolumens durch die Anzahl der im Portefeuille enthaltenen Titel -, wieviel Geld im Durchschnitt auf eine einzelne Aktienart entfällt. Das Ergebnis dieser Berechnung ist in Abbildung 5.6 dargestellt.

Anlagebetrag pro Titel (in DM)

Mittelwert: 14 419 Median: 7 500 Maximum: 166 667 Minimum: 269 n: 106

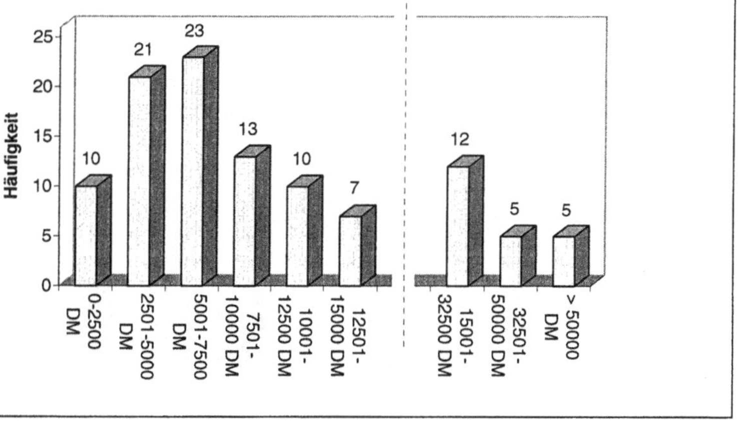

Abb. 5.6: Häufigkeitsverteilung bezüglich des Merkmals Anlagebetrag pro Titel

Anhand dieser Grafik läßt sich die mit Kosten-Nutzen-Überlegungen begründete Prioritätensetzung der Unternehmen bei der Ansprache von Investoren nachvollziehen. Mit einem durchschnittlichen Investment von ca. 14 400 DM je Titel ist die Bedeutung von Kleinaktionären verglichen mit der institutioneller Anleger verschwindend gering. Um den Einwand abzuwehren, der Wert sei durch den übermäßig großen Anteil junger und deswegen weniger vermögender Kleinaktionäre verzerrt, wurde der durchschnittliche Anlagebetrag pro Titel auch alleine für die Menge aller Befragten, die zum Zeitpunkt der Umfrage älter als 30 Jahre waren, ermittelt. Der errechnete Mittelwert von ca. 19 400 DM, vor allem aber der

Median der Verteilung von 10 000 DM unterstützen auch in diesem Fall die Richtigkeit der oben getroffenen Aussage.

Zeitdauer seit erstmaliger Beschäftigung mit Aktien

Wie bereits aus den theoretischen Ausführungen hervorgegangen ist, besteht die Annahme, daß die finanzwirtschaftliche Bildung und die Erfahrung des Kleinaktionärs wesentlich die Art seiner Informationsnachfrage beeinflußt.[17] Ein Indikator, der über den Teilaspekt Erfahrung Auskunft gibt, ist die Zeitdauer, seit der sich der Kleinaktionär mit der Vermögensanlage in Aktien beschäftigt.

Für die in der Stichprobe befindlichen Personen ergab sich dabei die in Abbildung 5.7 dargestellte Häufigkeitsverteilung, die auf eine sehr heterogene Zusammensetzung der Stichprobe schließen läßt. So sind in der Stichprobe alle Typen von Kleinaktionären relativ gleichmäßig enthalten - von den Anfängern, die erst seit höchstens einem Jahr ihr Geld in Aktien anlegen, bis zu den „alten Hasen“, die schon seit mehr als 20 Jahren an der Börse agieren.[18]

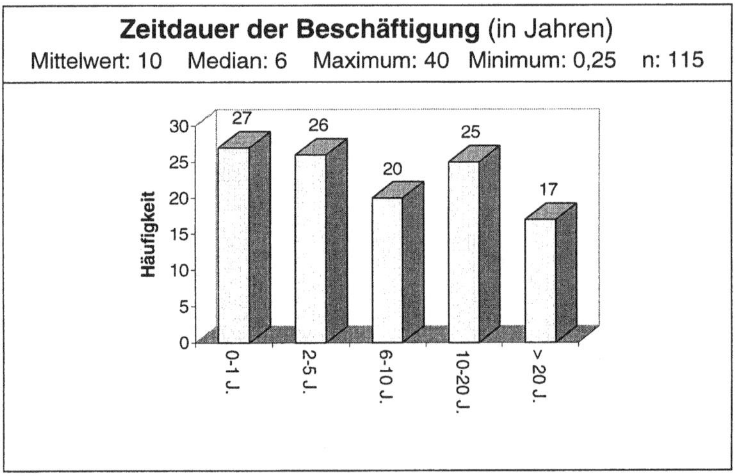

Abb. 5.7: Häufigkeitsverteilung bezüglich des Merkmals Zeitdauer der Beschäftigung mit Aktien

---

17 Vgl. Kapitel 5.2.2.

18 An dieser Stelle ist zu bemerken, daß zur Erhöhung des Aussagegehalts unterschiedlich große Klassen gebildet wurden.

Durch die Verbindung der Variablen Alter und Erfahrung ergibt sich die Möglichkeit zu errechnen, in welchem Alter die Befragten erstmalig Aktien gekauft haben. Abbildung 5.8 veranschaulicht das hierbei berechnete Ergebnis.

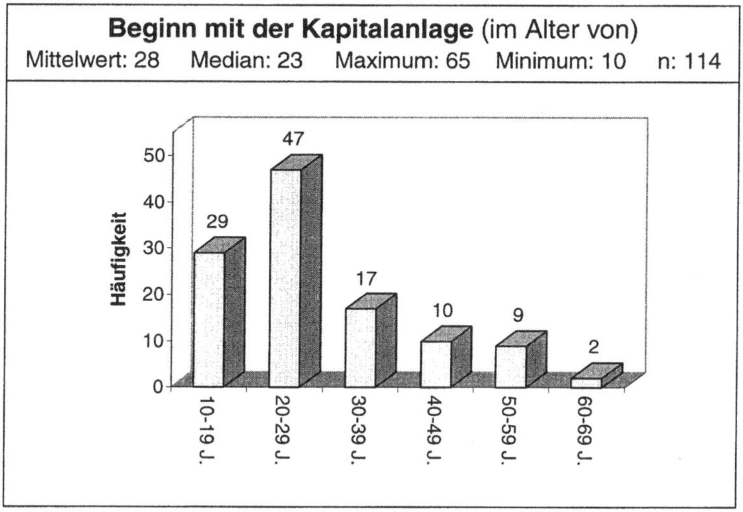

Abb. 5.8: Häufigkeitsverteilung bezüglich des Merkmals erstmalige Beschäftigung mit Aktien[19]

Investierter Zeitaufwand für die Suche und Verarbeitung von Finanzinformationen

Nicht nur von der Zeitdauer, seit der sich Kleinaktionäre mit der Aktienanlage beschäftigen, sondern auch von der Intensität, mit der sie sich dieser Tätigkeit widmen, hängt ab, welchen Erfahrungshorizont sie in diesem Gebiet entwickeln können. Aus diesem Grund wurde auch analysiert, wieviel Zeit die Befragten pro Woche für die Suche und Verarbeitung von Finanzinformationen investieren.

Abbildung 5.9 zeigt, daß insbesondere die beiden unteren Klassen - 0 bis 2,5 Stunden bzw. 2,51 bis 5 Stunden - mit je ca. 25 Prozent der Kleinaktionäre am

19 Bezüglich des Minimums von 10 Jahren ist zu bemerken, daß diese Angabe zumindest zweifelhaft erscheint. Mangels Geschäftsfähigkeit konnte der Befragte in diesem Alter natürlich noch nicht selbständig Verträge abschließen. Allerdings ist es grundsätzlich denkbar, daß ein Mensch in Abhängigkeit von seinem Umfeld bereits sehr früh mit wirtschaftlichen Themen und Fragestellungen konfrontiert ist. So gaben weitere 9 Personen an, im Alter zwischen 14 und 16 Jahren mit der Aktienanlage begonnen zu haben.

stärksten besetzt sind. Allerdings sind in der Stichprobe, wie die Grafik zeigt, auch viele Kleinaktionäre enthalten, welche die Beschäftigung mit Aktien - gemessen am Zeitaufwand - sehr intensiv betreiben. Hierbei ist jedoch darauf hinzuweisen, daß es sich bei den Untersuchungspersonen der obersten Klasse nahezu ausschließlich um Anleger handelt, die sich auch beruflich mit der Thematik auseinandersetzen und daher auch Teile ihrer Arbeitszeit in ihre Angabe einbeziehen.

Möglicherweise ist die starke Besetzung der unteren Klassen auf den hohen Anteil junger, permanent unter Zeitmangel lebender Menschen zurückzuführen. Die Annahme, daß mit steigendem Alter die Aktionäre mehr Zeit für die Informationssuche aufbringen könnten, läßt sich jedoch bei einem Korrelationskoeffizienten von 0,03 nicht bestätigen. Ein schwacher Zusammenhang von 0,2 besteht dagegen zwischen den Variablen Zeitaufwand und der Zeitdauer der Beschäftigung. Dies läßt sich wohl derart interpretieren, daß der Kleinaktionär mit steigenden Jahren der Beschäftigung immer wieder neue Facetten entdeckt, die ihn zu einem höheren Zeitaufwand für die Verarbeitung von Kapitalmarktinformationen verleiten.

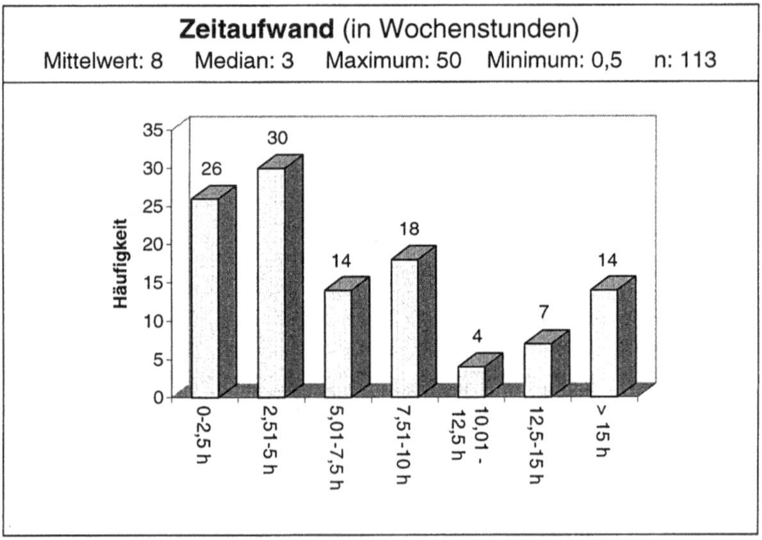

Abb. 5.9: Häufigkeitsverteilung bezüglich des Merkmals Zeitaufwand

Unter der Bedingung, daß ein wesentlicher Teil der Informationssuche den im Portefeuille enthaltenen Aktien gewidmet ist, erscheint die Annahme plausibel, daß Kleinaktionäre umso mehr Zeit in die Information über Aktien investieren, je breiter ihr Aktienportefeuille ist. Ein in der Stichprobe gemessener Zusammenhang von 0,09 widerspricht jedoch der geäußerten Vermutung. Eine mögliche Interpretation für den tatsächlichen Befund wäre, daß die Aktionäre weniger Zeit für eine stetige Überprüfung des derzeitigen Investments und mehr für die Suche nach neuen lukrativen Anlagealternativen verwenden.

Zeithorizont

Bei der Diskussion über die Ziele von Investor Relations wurde hervorgehoben, daß sich Kleinaktionäre gegenüber den Institutionellen besonders durch eine langfristige Orientierung bei ihren Anlagen unterscheiden. Es erschien daher interessant zu überprüfen, wie die Kleinaktionäre selbst den Zeithorizont ihrer Anlagestrategie auf einer Skala von 1 (kurzfristig) bis 10 (langfristig) einschätzen.

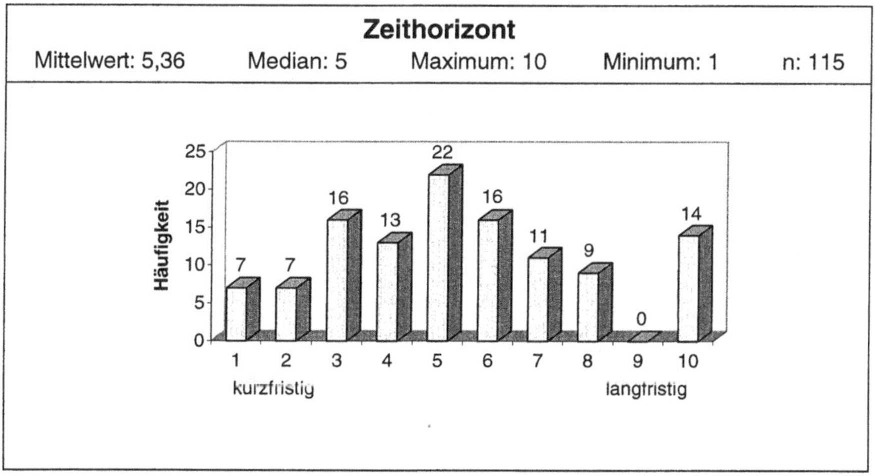

Abb. 5.10: Häufigkeitsverteilung bezüglich des Merkmals Zeithorizont

Abbildung 5.10 zeigt, daß das Merkmal Zeithorizont der Kapitalanlage in der Stichprobe - zumindest innerhalb der Klassen 1-9 - annähernd normalverteilt ist. Verwunderlich ist jedoch die Häufung von Befragten, die angaben, ihr Investment extrem langfristig zu planen. Möglicherweise handelt es sich dabei um Personen, welche die Aktienanlage weniger zu ihrem eigenen Wohl als vielmehr zum Wohl ihrer Nachkommen betreiben. Zumindest wird diese Vermutung genährt durch die Aussage eines Kleinaktionärs, der im Interview erklärte, seine Anlagestrategie sei langfristig angelegt und das bedeute bei ihm, daß er in Generationen denke. Unterstützt wird diese Vermutung auch durch die gemessene Korrelation zwischen den Variablen Zeithorizont und Alter von 0,34. Die Tatsache, daß sich gerade ältere Menschen durch einen langfristigen Zeithorizont auszeichnen, wird bei der oben angeführten Erklärung nachvollziehbar.

Ein hoher, allerdings negativer Zusammenhang von - 0,30 konnte auch zwischen den Variablen Zeithorizont und investierter Zeitaufwand gemessen werden. Als eine schlüssige Interpretation dieses Befunds kann angeführt werden, daß für Aktionäre, die langfristig investieren, mangels Willen, das Portefeuille oft umzustrukturieren, keine Notwendigkeit besteht, sich permanent nach neuen lukrativen Anlagemöglichkeiten umzusehen. Anders verhält sich dies bei kurzfristig orientierten Anlegern, die insbesondere für die ständige Suche nach alternativen Kapitalanlagen ein hohes Zeitpensum erübrigen müssen.

Risikoeinstellung

Um sich ein Bild davon machen zu können, ob in der Menge der Kleinaktionäre eher der Anlegertyp „Spekulant“ oder der des „seriösen Anlegers“ vorherrschend ist, wurde mit der individuellen Risikoeinstellung eine Variable abgefragt, die als Indikator für die Zuordnung herangezogen werden kann. Durch die in Abbildung 5.11 dargestellte linkssteile Häufigkeitsverteilung mit einem Mittelwert von 3,83 und einem Median von 3 kommt ziemlich deutlich zum Ausdruck, daß sich die Mehrheit der in der Stichprobe enthaltenen Kleinaktionäre durch eine hohe Risikofreude auszeichnet. Entsprechend dem Indikator Risikoeinstellung sind die Kleinaktionäre also eher dem ersten Typus zuzurechnen.

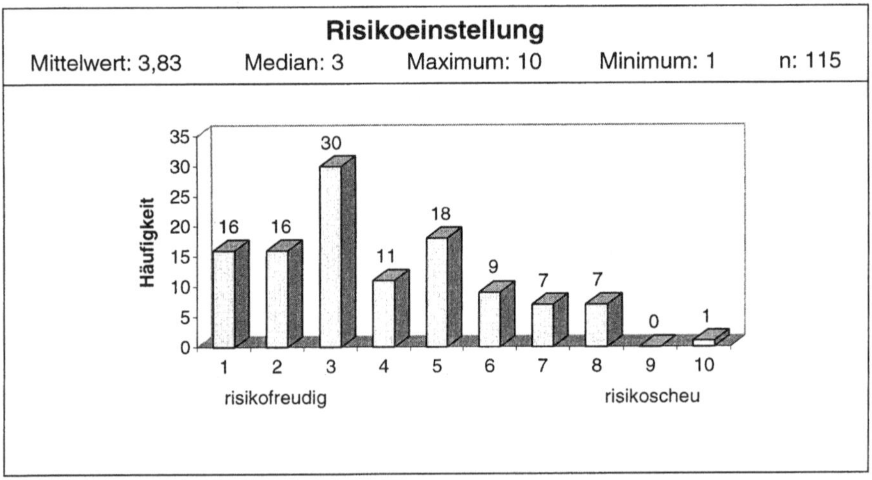

Abb. 5.11: Häufigkeitsverteilung bezüglich des Merkmals Risikoeinstellung

Logischerweise müßte bei Aktionären ein Zusammenhang zwischen den Variablen Risikoeinstellung und Zeithorizont nachzuweisen sein, und zwar derart, daß risikofreudige Charaktere sich eher durch kurzfristige Anlagen auszeichnen, risikoaverse durch langfristige Investments. Denn risikofreudige Anleger werden viel öfter als risikoaverse in die Verlegenheit kommen, schnell ein Investment zu beenden, um entweder größere Verluste zu vermeiden oder hohe Gewinne zu realisieren. Tatsächlich wird die Richtigkeit dieser Überlegungen durch einen in der Stichprobe gemessenen Korrelationskoeffizienten von 0,44 hinsichtlich der Variablen Risikoeinstellung und Zeithorizont eindrucksvoll unterstützt.[20]

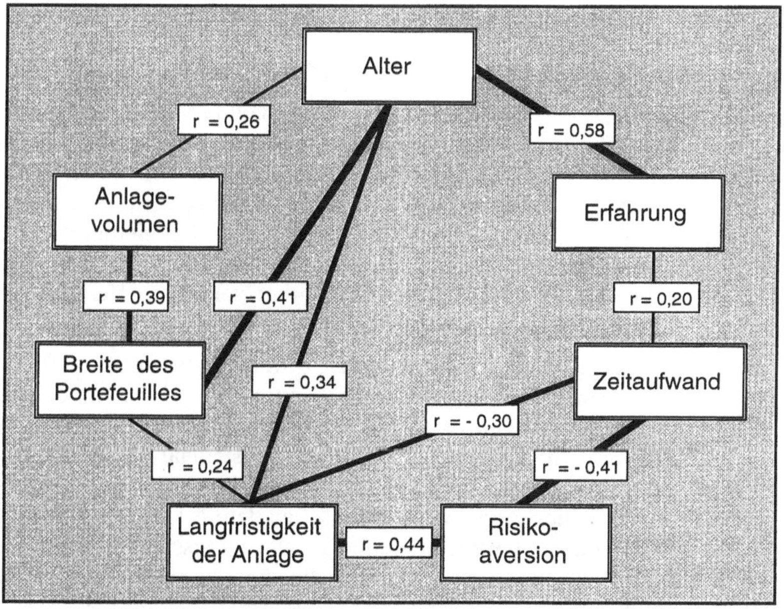

Abb. 5.12: Überblick über die in der Stichprobe gemessenen Zusammenhänge zwischen den untersuchten Variablen

Diese Überlegungen können noch fortgeführt werden. Schnelles Reagieren und die damit verbundene rasche Abfolge kurzfristiger Anlagen bedeuten für den risikofreudigen Anleger natürlich auch, daß er permanent aktuell informiert sein

20 Im übrigen kann der theoretisch erklärbare und empirisch bestätigte hohe Zusammenhang zwischen den Variablen Risikoeinstellung und Zeithorizont als Rechtfertigung dafür angesehen werden, daß beide Merkmale über das Verfahren der Selbsteinschätzung valide gemessen werden konnten.

muß. Dementsprechend besteht für ihn mehr als für einen risikoaversen, langfristig orientierten Aktionär der Zwang, viel Zeit für die Aufnahme von Kapitalmarktinformationen zu investieren. Auch bei der Messung der Beziehung zwischen den Variablen Risikoeinstellung und Zeitaufwand konnte entsprechend den theoretischen Überlegungen ein hoher Zusammenhang von 0,41 ermittelt werden.

Zum Abschluß der Beschreibung der Kleinaktionäre, wie sie sich aufgrund der zugrunde liegenden Stichprobe vornehmen läßt, sind in Abbildung 5.12 noch einmal die bereits an verschiedenen Stellen beschriebenen Korrelationen zwischen den untersuchten Variablen zusammenfassend aufgeführt.

5.2.1.2 IDENTIFIKATION VON ANLEGERTYPEN

Bisher wurde weitgehend isoliert betrachtet, wie einzelne Merkmale bei den Befragten in der Stichprobe ausgeprägt sind. Lediglich der Angabe von Korrelationskoeffizienten zwischen verschiedenen Variablen konnten erste Hinweise entnommen werden, in welcher Kombination die abgefragten Merkmale auftreten. Die folgende Analyse ist nun dem Ziel gewidmet, im Rahmen einer Gesamtbetrachtung das gleichzeitige Auftreten von bestimmten Merkmalsausprägungen zu untersuchen und als Ergebnis anhand der vorher genannten Variablen Anlegertypen zu identifizieren und zu beschreiben.

Im Hinblick auf diese Zielsetzung wurde eine Clusteranalyse[21] durchgeführt. Dadurch konnten die einzelnen Befragten in Gruppen eingeteilt werden, deren Mitglieder sich jeweils sehr ähnlich sind, die sich aber von den Mitgliedern der anderen Gruppen wesentlich unterscheiden. In die Clusteranalyse wurden die Variablen investierter Zeitaufwand, Risikoeinstellung, Zeithorizont und Alter einbezogen. Aufgrund der hohen Korrelationen zwischen dem Alter und den Variablen Anlagevolumen, Breite des Portefeuilles und Erfahrung erschien es sinnvoll, die letztgenannten drei Variablen nicht zusätzlich für die Clusterung heranzuziehen. Auf diese Weise konnte eine Überbetonung dieser Aspekte vermieden werden,

21 Als Fusionierungsalgorithmus der Clusteranalyse wurde das Ward Linkage, als Distanzmaß die Squared Euclidean Distance gewählt. Zur Überprüfung der Güte der Clusterung wurde anschließend eine Diskriminanzanalyse durchgeführt. In diesem Test hat sich die errechnete Gruppierung hervorragend bewährt, wie einerseits die kanonischen Korrelationskoeffizienten von C = 0,90 und C = 0,82, andererseits die Werte für Wilks' Lambda von W = 0,07 und W = 0,34 zeigen. Bei einer abschließenden Klassifizierung der Fälle anhand der Diskriminanzfunktionen konnten 97,3 Prozent der Fälle richtig zugeordnet werden. Vgl. ausführlicher zur Clusteranalyse Backhaus, K. et al. (Analysemethoden, 1994), S. 260 ff. und Hartung, J. / Epelt, B. (Statistik, 1989), S. 443 ff., zur Diskriminanzanalyse, Backhaus, K. et al. (Analysemethoden, 1994), S. 90 ff., Brosius, G. / Brosius, F. (SPSS, 1995), S. 771 ff. oder Bortz, J. (Statistik, 1985), S. 736.

ohne daß dabei gleichzeitig ein Informationsverlust zu befürchten gewesen wäre, da letztere Variablen durch die Erfassung des Alters schließlich mit berücksichtigt wurden.[22] Bei der Beschreibung und Charakterisierung der unterschiedlichen ermittelten Typologien werden diese Variablen jedoch wieder herangezogen.

Durch die Clusteranalyse konnten drei verschiedene Typen von Kleinaktionären identifiziert werden.[23] Abbildung 5.13 gibt überblicksartig durch Angabe der errechneten Mittelwerte in den einzelnen Gruppen darüber Auskunft, wie sich diese Typen anhand der im vorigen Kapitel dargestellten Merkmale charakterisieren lassen.

	Der junge Spekulant n = 67	**Der erfahrene Anleger** n = 21	**Der spätberufene Aufsteiger** n = 23
Alter (in Jahren)	27,58	53,52	54,26
Anlagevolumen (in DM)	91 063	265 789	214 762
Breite des Portefeuilles (Anzahl an Titeln)	9,17	15,71	13,35
Beschäftigung (seit Jahren)	6,19	26,71	7,22
Zeitaufwand (in Stunden pro Woche)	7,33	12,57	6,41
Risikoeinstellung (1: risikofreudig - 10: risikoavers)	3,55	3,67	4,61
Zeithorizont (1: kurzfristig - 10: langfristig)	4,78	5,52	6,91

Abb. 5.13: Typen von Kleinaktionären[24]

22 Vgl. zur Vorgehensweise bei der Erfassung korrelierter Variablen im Rahmen der Clusteranalyse Backhaus, K. et al. (Analysemethoden, 1994), S. 313 f.

23 Die Auswahl wurde nach dem Elbow-Kriterium vorgenommen. Vgl. zu verschiedenen Typen von privaten Anlegern auch Seeger, C. (Profis, 1998), S. 136 sowie Schätzle, R. (Finanzmarketing, 1989), S. 49 ff.

24 Bei der Berechnung der Mittelwerte wurde zweimal eine Bereinigung wegen Ausreißern vorgenommen. So wurde ein Aktionär, dessen Portefeuille über 100 Titel enthält, und einer mit einem Anlagevolumen von 5 Mio. DM nicht bei der Berechnung der jeweiligen Gruppenmittelwerte berücksichtigt. Andernfalls lassen sich in Cluster 2 als Mittelwert für die Variable Anlagevolumen ein Wert von ca. 502 500 DM, in Cluster 3 für die Variable Breite des Portefeuilles ein Wert von 17,48 errechnen.

Cluster 1: Der junge Spekulant

Die Kleinaktionäre des Clusters 1 entsprechen dem Typ des „jungen Spekulanten“. Im Vergleich mit den anderen Typen weist er ein wesentlich geringeres Durchschnittsalter auf, d.h. er läßt sich altersmäßig einordnen als eine Person zwischen Mitte 20 und Anfang 30. Aus der gemeinsamen Betrachtung der Variablen Alter und Zeitdauer läßt sich schlußfolgern, daß er bereits sehr früh seine ersten Erfahrungen an der Börse gemacht hat, indem er sich entschied, einen Teil seines Geldes in Aktien zu investieren. Da er erst am Anfang seiner beruflichen Karriere steht, ist sein verfügbares Anlagevolumen von ca. 90 000 DM verglichen mit dem der anderen Typen von Kleinaktionären und ebenso die Breite des von ihm verwalteten Portefeuilles mit etwa 9 Titeln noch deutlich geringer. Insgesamt wendet er für die Vorbereitung von Anlageentscheidungen durchschnittlich einen Zeitaufwand von ca. 7,5 Stunden in der Woche auf.

Im Vergleich weist der „junge Spekulant“ mit Werten von 3,55 bzw. 4,78 sowohl die höchste Risikofreude als auch die kurzfristigste Orientierung im Hinblick auf die Anlagestrategie auf. Dadurch erweckt er den Eindruck, als ob er mit der Aktienanlage in besonderer Weise das Ziel verfolgt, nicht nur einfach mehr Geld verdienen zu wollen, als es mit einem Investment in festverzinslichen Wertpapieren der Fall wäre. Statt dessen sollte ihm eher die „Spielleidenschaft des Spekulanten“ unterstellt werden, der versucht, durch die Erwirtschaftung von hohen Überrenditen „einen Coup zu landen“ und dadurch eine zusätzliche Einkommensquelle zu erschließen.

Cluster 2: Der erfahrene Anleger

Ähnlichkeiten zum vorangegangenen Anlegertyp sind bei den beiden letztgenannten Variablen erkennbar. Der „erfahrene Anleger“ weist ebenso wie der „junge Spekulant“ eine hohe Risikofreude auf. Bezüglich des Zeithorizonts ist zwar nicht mehr eine so kurzfristige Orientierung wie bei ersterem festzustellen, jedoch hebt auch er sich deutlich vom später ausführlich behandelten dritten Typ Kleinaktionär ab.

Erhebliche Unterschiede sind bezüglich der Variablen Zeitdauer und investierter Zeitaufwand erkennbar. Wie bereits seine Benennung erkennen läßt, ist die Erfahrung, die er in mehr als 20 Jahren beim Handeln mit Aktien sammeln konnte, ein für ihn typisches Merkmal. Ebenso zeichnet ihn seine vollkommen einzigartige Haltung bezüglich der Variable Zeitaufwand aus. Denn mit einem durchschnittlichen Wochenpensum von fast 13 Stunden investiert dieser sehr viel mehr Zeit als die anderen Anlegertypen in die Suche und Verarbeitung von Kapitalmarktinformationen.

Demographisch läßt sich der „erfahrene Anleger“ als eine Person in den Fünfzigern beschreiben, die den größeren Teil des Arbeitslebens bereits hinter sich hat.

Dies mag auch sein hohes Anlagevolumen von ca. 265 000 DM erklären, welches er auf ca. 15 Titeln im Portefeuille aufteilt.

Näher betrachtet wirken die beiden Anlegertypen 1 und 2 wie zwei Stufen eines Entwicklungsprozesses. Bei gleichbleibender Anlagestrategie - gemessen an den Variablen Risikoeinstellung und Zeithorizont - , jedoch bei ständig wachsender Erfahrung im Sinne von Jahren der Betätigung und mit einer dem steigendem Anlagevolumen entsprechenden, erhöhten Bedachtsamkeit - wenn man den gesteigerten Zeitaufwand derart interpretiert - wandelt sich der Anleger im Zeitablauf vom „jungen Spekulanten" zum „erfahrenen Anleger".

Cluster 3: Der spätberufene Aufsteiger

Nicht als Phase in diesem Entwicklungsprozeß interpretierbar ist die Typologie 3, der „spätberufene Aufsteiger". In auffallender Weise ähnelt er bezüglich einzelner Merkmale dem „erfahrenen Anleger". Ebenso wie dieser hat er bereits „die fünfzig überschritten". Ebenso wie dieser verfügt er über eine hohes Anlagevolumen von ca. 215 000 DM und ebenso wie dieser streut er es auf eine Vielzahl unterschiedlicher Titel. Vergleicht man den „erfahrenen Anleger" und den „spätberufenen Aufsteiger" jedoch im Hinblick auf die Zeitdauer, seit der sie an der Börse agieren, so erkennt man den bedeutenden Unterschied. Letzterer hat erst ca. 7 Jahre zuvor, also als Endvierziger mit der Anlage des Vermögens in Aktien begonnen. Gleichzeitig hebt er sich auch dadurch ab, daß er sich pro Woche wesentlich weniger Zeit nimmt - ca. 6,5 Stunden - um sich über Aktien, Kapitalmärkte etc. zu informieren.

Unterschiede zu beiden vorher genannten Anlegertypen werden insbesondere bei der Charakterisierung seines Anlageverhaltens deutlich. So verfolgt er einerseits eine Strategie, die langfristiger angelegt ist. Andererseits hebt er sich auch durch eine höhere Risikoaversion vom „erfahrenen Anleger" und vom „jungen Spekulanten" ab.

Formt man aus diesen Informationen ein Gesamtbild, so ergibt sich die folgende Interpretation: Insbesondere das Einstiegsalter in Verbindung mit dem hohen Anlagevolumen legt die Vermutung nahe, daß es sich beim „spätberufenen Aufsteiger" um eine Person handelt, die im Laufe ihrer beruflichen Karriere zu Geld kam, im Alter zwischen 30 und 40 Jahren Kredite abzahlte und im Anschluß daran ein „überschüssiges" Vermögen zusammengetragen hat. Als typisches Beispiel für diesen Typ Anleger wäre beispielsweise ein Arzt zu nennen. Möglicherweise deprimiert von den sehr geringen Renditen bei der Anlage in festverzinslichen Wertpapieren engagiert sich der „spätberufene Aufsteiger" - mehr oder weniger notgedrungen - am Aktienmarkt. Ziel ist es, dort das Vermögen mit einer höheren Verzinsung, trotzdem aber mit einem akzeptablen Risiko zu investieren. Daß er letztlich nicht der erwähnten „Spielleidenschaft des Spekulanten" verfällt, läßt sich anhand des mittelmäßigen Zeitaufwands wie auch anhand seiner langfristigen Orientierung bei der Entscheidung über Kapitalanlagen nachweisen.

Es mag entgegnet werden, daß es sich bei dieser Erläuterung um eine sehr waghalsige Interpretation handelt. Jedoch soll abschließend darauf hingewiesen werden, daß interessanterweise alle vier Ärzte, die an der Untersuchung teilgenommen haben, dem Cluster 3 zugeordnet wurden.

5.2.2 Befunde zum Untersuchungsaspekt Kommunikationsgrundsätze

Im Anschluß an die vorangegangenen Ausführungen, die ein Bild vom Kleinaktionär insgesamt bzw. von einzelnen, ihn auszeichnenden Eigenschaften vermitteln sollten, werden im folgenden die Befunde zu den verschiedenen Untersuchungsaspekten vorgestellt. Den Anfang machen dabei die Ergebnisse zum Untersuchungsaspekt Kommunikationsgrundsätze.

Im Rahmen der theoretischen Ableitung wurde ein Grundsatzsystem erarbeitet, das zwei verschiedene Formen von Prinzipien umfaßt: konstituierende Grundsätze bezüglich der Aspekte Vollständigkeit, Aktualität, Wahrheit, Kontinuität und Gleichbehandlung sowie Grundsätze, die die erstgenannten teilweise einschränken, wie z.B. der Grundsatz der begrenzten Offenlegung, der Zielgruppenbezogenheit und der Wesentlichkeit. Gegenstand der folgenden Ausführungen ist die Darstellung der Befunde, die einerseits die Analyse, wie die Kleinaktionäre die Einhaltung der Kommunikationsgrundsätze beurteilen (Kap. 5.2.2.1), und andererseits die Untersuchung, inwieweit Kleinaktionäre eine Einschränkung der Kommunikationsgrundsätze akzeptieren (Kap. 5.2.2.2), ergeben haben.

5.2.2.1 Beurteilung der Einhaltung von Kommunikationsgrundsätzen

Insbesondere bei der Ermittlung der Meinungen zu den konstituierenden Grundsätzen wurde ein erheblicher Nachteil einer schriftlichen Erhebung mittels Fragebögen offensichtlich. Würde man einen Kleinaktionär im Rahmen einer schriftlichen Befragung bitten, die Wichtigkeit eines Grundsatzes der Wahrheit, eines Grundsatzes der Vollständigkeit oder eines Grundsatzes der Gleichbehandlung auf einer fünfstufigen Ratingskala zu bewerten, so ist es sehr unwahrscheinlich, daß er bei diesen Prinzipien zu einem differenzierten Urteil kommen würde. Es liegt bereits in ihrer Benennung begründet, daß wohl die Mehrheit der Aktionäre alle diese unterschiedlichen Grundsätze jeweils als sehr wichtig oder wichtig einstufen würde.

Diesen vorangegangenen Überlegungen folgend wurde bei der schriftlichen Befragung auf eine entsprechende Frage verzichtet. Aufgrund der persönlichen Interaktion und der damit verbundenen Möglichkeit für den Interviewer, die Reaktionen der Befragten feiner erfassen zu können, waren jedoch die Interviews geeignet, um zumindest ansatzweise zu ermitteln, ob bestimmten Grundsätzen eine höhere Bedeutung als den anderen seitens der Kleinaktionäre eingeräumt wird.

Den Interviewpartnern wurde also - ungestützt - die Frage nach übergeordneten Grundsätzen bzw. Regeln gestellt, die ihrer Meinung nach ein Unternehmen bei der Gestaltung seiner Investor Relations besonders berücksichtigen sollte. Bei der Beantwortung dieser Frage wurden von den Interviewpartnern vier der fünf theoretisch abgeleiteten, konstituierenden Grundsätze ins Gespräch gebracht. Zu den genannten gehören der Grundsatz der Vollständigkeit, der Grundsatz der Wahrheit, der Grundsatz der Aktualität und der Grundsatz der Kontinuität. Wird dies in dem Sinne interpretiert, daß die genannten Prinzipien dem Interviewten bedeutender erscheinen und die nicht genannten unbedeutender[25], so ist es auffallend, ja erstaunlich, daß die im Vergleich zu Analysten und Institutionellen als benachteiligt eingeschätzten Kleinaktionäre gerade den Grundsatz der Gleichbehandlung unerwähnt ließen.

Vermehrt wird dieses Unverständnis auch durch den folgenden, durch die schriftliche Erhebung ermittelten Befund. So wurden die Kleinaktionäre befragt, ob die Unternehmen[26] bei ihrer Finanzkommunikation die oben genannten Kriterien - Vollständigkeit, Wahrheit, Aktualität, Kontinuität, Gleichbehandlung - in erforderlicher Weise berücksichtigen. Das dazugehörige Ergebnis ist in Abbildung 5.14 wiedergegeben.

Wie die Abbildung zeigt, vertreten die Kleinaktionäre die Meinung, daß die tatsächliche Kommunikationspolitik der Unternehmen nicht so intensiv wie eigentlich gewünscht an den zuvor genannten übergeordneten Regeln und Prinzipien orientiert ist. Vielmehr wird die Investor-Relations-Arbeit der Unternehmen bezüglich der Aspekte Wahrheit, Aktualität, Vollständigkeit und Kontinuität als mittelmäßig, im Hinblick auf die vorher angesprochene Gleichbehandlung sogar als schwach empfunden.

Wenngleich dieses Ergebnis als ernüchternd bezeichnet werden kann, so ist es dennoch nicht unerwartet. Insbesondere ausländische Investoren und Analysten beklagen sich bereits seit Jahren über die schlechte Qualität der Investor Relati-

---

25 Eine genauere Abstufung bezüglich der Wichtigkeit der genannten Grundsätze kann nicht vorgenommen werden. Denn aus der Anzahl der Nennungen auf die Bedeutung zurückzuschließen, scheint aufgrund der - für einen derartigen Zweck - zu geringen Anzahl an Interviews nicht gerechtfertigt.

26 Ausgewählt wurde jeweils das Unternehmen, bei dem die Befragten zuletzt vor der Entscheidung standen, ob sie von diesem Aktien kaufen wollen. Vgl. S. 4 des Fragebogens in Anhang 4.

ons deutscher Unternehmen.[27] Insgesamt deutet das Ergebnis darauf hin, daß bezüglich aller Aspekte, insbesondere aber im Hinblick auf den Grundsatz der Gleichbehandlung, weitere Anstrengungen erforderlich werden, damit die Finanzkommunikation besser an die Bedürfnisse der Kleinaktionäre angepaßt werden kann.

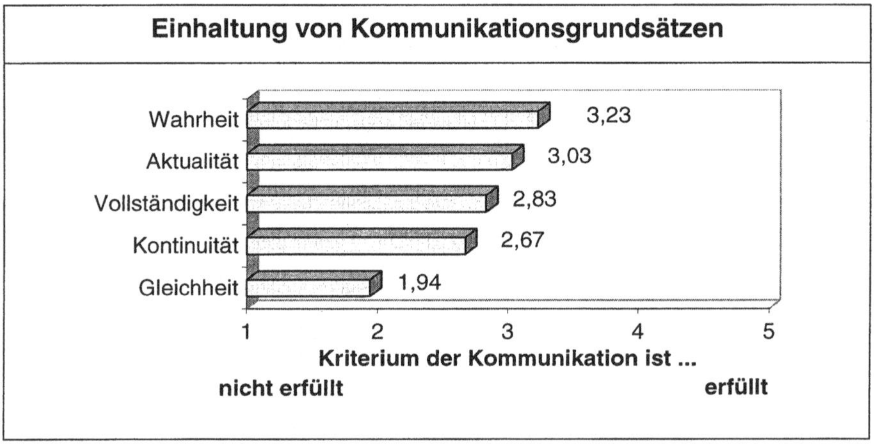

Abb. 5.14: Einhaltung von Kommunikationsgrundsätzen

Gleichbehandlung

Abbildung 5.14 kann entnommen werden, daß der Grundsatz der Gleichbehandlung mit Abstand am wenigsten eingehalten wird. Wie läßt sich nun aber der Widerspruch erklären, daß bei der Frage nach übergeordneten Kommunikationsprinzipien der Grundsatz der Gleichbehandlung von den Interviewten überhaupt nicht erwähnt wird, daß er aber gleichzeitig aus der schriftlichen Befragung als der am häufigsten verletzte Grundsatz hervorgeht.

Hinweise geben in diesem Fall die Aussagen der Interviewpartner. So ist die Mehrzahl der Befragten davon überzeugt, daß andere Adressatengruppen von den Unternehmen in entscheidender Weise bevorzugt informiert werden, d.h. diese zu einem früheren Zeitpunkt sowohl mehr als auch aussagekräftigere Informationen bekommen.[28] Interessanterweise zeigen die Interviewpartner für diese Situation

---

27 Vgl. hierzu insbesondere Gburek, M. (Kapital, 1991), S. 150 ff., Gburek, M. (Eigentümer-Pflege, 1993), S. 21 sowie Kietzmann, M. (Aktionär, 1993), S. 14.

28 Diese Überzeugung verleitete einen Befragten zu der prägnanten Aussage: „Wenn ich noch einmal auf die Welt komme, werde ich Analyst". Andererseits beschweren sich bei-

jedoch sogar ein gewisses Verständnis. Es sei nachvollziehbar, daß ein Unternehmen allein aus Kostengründen nicht jeden einzelnen Kleinaktionär persönlich informieren könne. Es müsse sich wegen dem höheren Anlagevolumen natürlich stärker um die institutionellen Anleger kümmern und umgekehrt müßten sich natürlich gerade die großen Anleger wegen dem höheren absoluten Risiko intensiver informieren. Insgesamt konnte in den Gesprächen als Reaktion auf dieses Dilemma daher auch weniger Ärger als vielmehr Resignation bei den Interviewpartnern festgestellt werden. Möglicherweise ist die beschriebene Akzeptanz des Unvermeidlichen Grund dafür, daß in den Interviews eine spezielle Forderung nach Gleichbehandlung nicht erhoben wurde.

Andererseits gibt es wohl auch eine Minderheit, die bezüglich des Aspekts Gleichbehandlung eine vollkommen gegenteilige Meinung vertritt. Das Gefühl einer Ungleichbehandlung, das ihre Kollegen empfinden, führen diese Kleinaktionäre in erster Linie auf deren mangelnde Initiative zurück. So habe jeder Kleinaktionär insbesondere aufgrund des Fragerechts in der Hauptversammlung, aber auch mittels einer Hotline die Möglichkeit, sich dieselben Informationen zu verschaffen wie andere IR-Adressaten. Die inhaltliche Gleichbehandlung sehen diese Kleinaktionäre auch nicht durch Kleingruppengespräche zwischen Unternehmen und Analysten bzw. wichtigen Anlegern gefährdet. Sie vertrauen auf die abschreckende Wirkung der Insidergesetzgebung und zeigen sich überzeugt, daß in diesen Gesprächen keine kursrelevanten Informationen übermittelt werden. Bezüglich der zeitlichen Gleichbehandlung räumen sie Nachteile für die Kleinaktionäre ein. Jedoch könnten sich auch diese - theoretisch[29] - einen Reuters-Bildschirm besorgen und dadurch gleiche Bedingungen schaffen. Für die zeitliche Ungleichbehandlung machen sie also nicht die Unternehmen, sondern die eingeschränkten Möglichkeiten eines Kleinaktionärs verantwortlich.

Aktualität

Mit einem Durchschnittswert von 3,03 wird aus Sicht der Kleinaktionäre der Grundsatz der Aktualität bei Investor Relations mittelmäßig gut befolgt. Grundsätzlich deutet dieser Wert auf eine vergleichsweise positive Bewertung hin, die sich mit den erhobenen Einstellungen der interviewten Kleinaktionäre zu diesem Aspekt kaum deckt. Diese bemängelten stark, daß sie viele Informationen zu spät bekämen. Ebenso wurde kritisiert, daß Informationen, die das Unternehmen selbst herausgibt, auch oft veraltet seien. Aktuelle Information sei lediglich durch die Berichterstattung in Presse, Funk und Fernsehen gewährleistet. Unverständnis

---

spielsweise auch die deutschen Analysten darüber, daß sie gegenüber den ausländischen Institutionellen benachteiligt werden.

29 Angesichts der hohen Kosten für die Anbindung an Reuters erscheint dieser Vorschlag kaum praktikabel.

wurde insbesondere geäußert im Hinblick auf die lange Zeitdauer, die Unternehmen für die Anfertigung ihres Geschäftsberichts für das abgeschlossene Geschäftsjahr benötigen. Andererseits hat ein Kleinaktionär erklärt, er sehe zwar die Mängel bezüglich der aktuellen Informationsweitergabe durch die Unternehmen, jedoch sei es für ihn generell nicht so wichtig, ob Aktualität gewährleistet sei oder nicht, da er eine langfristige Anlagestrategie befolge.

Das letzte Statement könnte eine Erklärung dafür darstellen, warum angesichts der zuvor genannten elementaren Kritik letztlich doch eine relativ positive Bewertung bezüglich der Einhaltung des Grundsatzes der Aktualität durch die Kleinaktionäre, die an der schriftlichen Befragung teilgenommen haben, erfolgt. Da für die Aktionäre die Möglichkeit besteht, den Wettbewerbsnachteil aufgrund des Mangels an aktuellen Informationen durch Befolgen einer langfristigen Anlagestrategie auszugleichen, gewichten sie möglicherweise den Aspekt Aktualität - verglichen z.B. mit dem Aspekt Gleichbehandlung - weniger stark. Eine logische Folge wäre dann, daß auch Verletzungen hierzu weniger wahrgenommen werden. Zur Unterstützung dieser Überlegung wurde untersucht, ob langfristig denkende Kleinaktionäre allgemein zu einem positiveren Urteil bezüglich der Einhaltung des Grundsatzes der Aktualität kommen als kurzfristig orientierte. Hierbei konnte eine Korrelation von 0,11 gemessen werden, wodurch zwar die Überlegung in ihrer Tendenz bestätigt wird, jedoch nur von einem sehr schwachen Zusammenhang ausgegangen werden kann.

Führt man abschließend das Ergebnis bezüglich des Aspekts Aktualität mit dem zum Aspekt Gleichbehandlung zusammen, so wird dadurch eine aufschlußreiche Interpretation möglich. Wie beschrieben umfaßt die Gleichbehandlung von Aktionären eine inhaltliche und eine zeitliche Dimension.[30] Die im Vergleich zufriedenstellende Bewertung hinsichtlich der Aktualität der Informationen läßt nun den Schluß zu, daß es - insgesamt betrachtet - weniger die zeitliche Dimension ist, die in bezug auf die Gleichbehandlung bemängelt wird, sondern daß wohl eher kritisiert wird, daß die Analysten bezüglich der übermittelten Inhalte bevorzugt behandelt werden.

Vollständigkeit

Die Beurteilung, inwieweit bei der Finanzkommunikation tatsächlich vollständig über interessierende Aspekte informiert wird, ergab einen Wert von 2,83. Das deutet auf eine mittelmäßige Erfüllung dieses Kriteriums hin. Grundsätzlich ist Vollständigkeit wohl nie zu erreichen, jedoch handelt es sich bei der Klage von Kleinaktionären, daß negative Entwicklungen oft verschwiegen werden bzw. daß ein Unternehmen nur soviel preisgibt, wie es preisgeben will, um sich möglichst

30 Vgl. Kapitel 4.1.1.2.

gut zu präsentieren, um eine substanzielle Kritik. Andererseits wurde positiv festgestellt, daß bei den Hauptversammlungen der Grundsatz der Vollständigkeit insofern sehr gut berücksichtigt wird, daß der Vorstand angesichts einer Vielzahl von Fragen sehr viel Geduld bei deren Beantwortung zeigt.

Wahrheit

Aus Abbildung 5.14 geht hervor, daß die Kleinaktionäre empfinden, daß von allen Prinzipien dem Grundsatz der Wahrheit am besten Rechnung getragen wird. Logisch zu erklären ist dieses Ergebnis dadurch, daß - wie sich auch im Rahmen der Interviews herausstellte - bei einem Verstoß gegen das Wahrheitsprinzip mit ungleich größeren Konsequenzen zu rechnen wäre als bei jedem anderen Grundsatz. Andererseits deutet der Mittelwert von 3,23 nicht darauf hin, daß die Zufriedenheit der Kleinaktionäre diesbezüglich bereits vollkommen ist.

Auch in diesem Fall geben die Interviews Anhaltspunkte, in welchen Bereichen eine Verbesserung möglich ist. Laut den Aussagen der Kleinaktionäre nutzen die Unternehmen im wesentlichen diejenigen Aspekte, bei denen eine direkte Nachprüfung nicht möglich ist bzw. „Unwahrheiten" nicht geahndet werden können, um sich gegenüber den IR-Adressaten besser darzustellen. Prognosen seien oft zu optimistisch, um Hoffnung bei den Anlegern zu wecken. Legale Bilanzmanipulationen seien an der Tagesordnung, um reale Sachverhalte zu verschleiern. Wie der zwar guten, jedoch durchaus noch verbesserungsfähigen Bewertung in Verbindung mit den geschilderten Aussagen entnommen werden kann, wird insbesondere den Selbstdarstellungen des Unternehmens eine vollkommene Vertrauenswürdigkeit abgesprochen.

Kontinuität

Von den vier relativ ähnlich bewerteten Grundsätzen bezüglich der Aspekte Vollständigkeit, Aktualität, Wahrheit und Kontinuität, über deren Beachtung die Befragten ein Urteil fällen sollten, bildet letzterer das Schlußlicht mit einem Wert von 2,67, eine mittelmäßige Bewertung mit der Tendenz zum Negativen. Auch in den Interviews wurde von den Kleinaktionären diesbezüglich mehr Kritik geäußert. So würden sie nicht gleichmäßig über das Jahr verteilt mit Unternehmensinformationen versorgt. Eine ausreichende Informationsversorgung erfolge nur einmal im Jahr zum Zeitpunkt der Ausgabe des Geschäftsberichts, im weiteren Verlauf des Geschäftsjahres nehme die Kommunikation jedoch kontinuierlich ab, und dies verstärkt bei Aufkommen einer negativen wirtschaftlichen Entwicklung. Enttäuscht zeigten sich einzelne Interviewpartner vor allem deshalb, weil sie glauben, über keine übermäßig anspruchsvollen Bedürfnisse zu verfügen. Sie würden regelmäßig pro Quartal einen kleinen Aktionärsbrief erwarten, der über die aktuelle Entwicklung informiert und die wichtigsten finanziellen Kennzahlen enthält. Ein kurzer Brief oder auch nur eine einzige Seite würden ausreichen.

5.2.2.2 AKZEPTANZ BEZÜGLICH DER EINSCHRÄNKUNG VON KOMMUNIKATIONSGRUNDSÄTZEN

Neben den beschriebenen konstituierenden Grundsätzen, die den prinzipiellen Orientierungsrahmen für die Gestaltung von Investor Relations abstecken, wurden weitere Grundsätze formuliert, die teilweise eine Einschränkung der erstgenannten Prinzipien bedeuten. Drei verschiedene Gründe für die Nichteinhaltung wurden genannt: Schutz des Unternehmens vor Konkurrenz durch Nicht-Veröffentlichung von strategisch relevanten Informationen, kodifiziert im Grundsatz der begrenzten Offenlegung; Erhöhung der Klarheit und der Übersichtlichkeit durch allgemeine Informationsreduktion, kodifiziert im Grundsatz der Wesentlichkeit; adressatengerechte Ansprache durch erhöhte zielgruppenspezifische Kommunikationsprogramme, kodifiziert im Grundsatz der Zielgruppenbezogenheit.

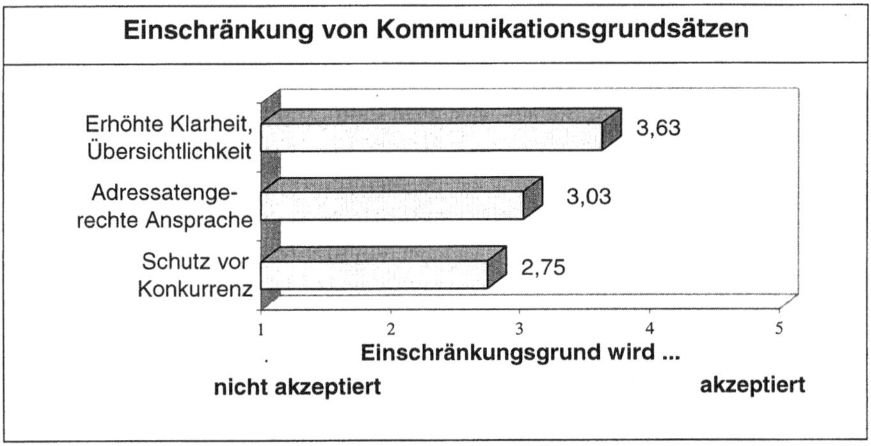

Abb. 5.15: Einschränkung von Kommunikationsgrundsätzen

Über die Frage, inwieweit Kleinaktionäre diese Einschränkungsgründe für gerechtfertigt halten, klärt der in Abbildung 5.15 dargestellte Befund auf. Demnach wäre insbesondere eine Einschränkung des Grundsatzes der Vollständigkeit zugunsten einer erhöhten Übersichtlichkeit und Klarheit im Interesse der Aktionäre. Eine mittelmäßige Akzeptanz zeichnet sich dagegen bei den anderen beiden genannten Begründungen - Schutz des Unternehmens und adressatengerechte Ansprache - ab. Mit diesem Ergebnis übereinstimmende Erfahrungen wurden auch in den Interviews mit Kleinaktionären gemacht. Von sich aus erwähnten verschiedene Gesprächspartner, daß es ein übergeordnetes Ziel der Kommunikation sein müsse, Klarheit und Übersichtlichkeit bei der Berichterstattung zu gewährleisten. Die beiden anderen einschränkenden Grundsätze wurden von den Interviewpartnern dagegen nicht angesprochen, weswegen davon ausgegangen werden kann, daß sie für sie nur von untergeordneter Bedeutung sind.

Wesentlichkeit

Wie ein Vergleich der drei verschiedenen Einschränkungsgründe zeigt, stößt bei Kleinaktionären vor allem eine Einschränkung des Grundsatzes der Vollständigkeit auf Akzeptanz, wenn dadurch Vorteile im Hinblick auf die Verständlichkeit und die Übersichtlichkeit der dargebrachten Informationen erreicht werden können. Nach eigenen Aussagen könnten Kleinaktionäre beispielsweise auf Informationen, die ein besonderes Fachwissen verlangen, oft verzichten. Ebenso wurde von einem Kleinaktionär eine sehr hohe Detailliertheit der Darstellungen zur Disposition gestellt. Bei der Frage nach Informationsüberfrachtung stand insbesondere der Geschäftsbericht im Zentrum der Kritik. Randthemen würden hier sehr ausführlich behandelt, eine kurze Übersicht beispielsweise über die wichtigsten finanziellen Kerndaten und die wichtigsten strategischen Maßnahmen fehle dagegen oft. Der Wert von 3,63 sowie verschiedene der oben genannten Äußerungen in den Interviews deuten darauf hin, daß eine Informationsreduktion zugunsten von Klarheit und Übersichtlichkeit von den Kleinaktionären nicht nur akzeptiert, sondern sogar gefordert wird. Tatsächlich berichtete einer der Kleinaktionäre, er empfinde es so, als wolle das Unternehmen die IR-Adressaten absichtlich mit Informationen überhäufen, damit einerseits dadurch eigentlich relevante und möglicherweise negative Aussagen kaum mehr aufgefunden werden könnten bzw. damit andererseits fehlende, wesentliche Informationen nicht vermißt würden.

Konfrontiert mit der Forderung, die Informationsflut zu reduzieren, um dadurch die Klarheit der Aussage zu erhöhen, steht eine IR-Abteilung natürlich vor dem Problem, wesentliche und unwesentliche Informationen voneinander abzugrenzen und entsprechend für die Berichterstattung auszuwählen. Die Komplexität dieses Problems wird offensichtlich, wenn man sich bewußt macht, daß für jeden Kleinaktionär subjektiv etwas anderes wichtig sein dürfte. Eine nützliche Hilfestellung für die Unterscheidung zwischen wesentlichen und unwesentlichen Informationen kann das in Abschnitt 5.2.3.1 beschriebene Ranking geben, in dem verschiedene für Kleinaktionäre interessante Informationen entsprechend ihrer Wichtigkeit aufgeführt sind.

Zielgruppenbezogenheit

Mit dem Durchschnittswert von 3,03 zeigt sich die gesamte Menge der Kleinaktionäre unentschieden bezüglich der Frage, ob das Prinzip der Gleichbehandlung durchbrochen werden soll, um dadurch eine spezifischere adressatengerechtere Ansprache gewährleisten zu können. Bezieht man für die Interpretation des Befunds die gemessene Varianz von 2,46, die im Vergleich mit den Werten zu den anderen abgefragten Variablen sehr hoch ist, sowie die Gestalt der Häufigkeitsverteilung mit ein[31], so kann festgestellt werden, daß von den Kleinaktionären zwei vollkommen divergierende Meinungen vertreten werden.

Der eine Teil der Kleinaktionäre sieht in zielgruppenorientierten Kommunikationsprogrammen eine unzulässige Durchbrechung des Gleichbehandlungsprinzips. Prinzipiell müßten alle Adressaten dieselben Informationen erhalten, lediglich durch eine grafische Gestaltung könnten bei schriftlichem Informationsmaterial jeweils für die einzelnen Zielgruppen interessante Aspekte unterschiedlich betont werden. Der andere Teil ist durchaus an einer speziell auf ihn zugeschnittenen Informationsweitergabe interessiert. Verschiedentlich wurde von den Kleinaktionären in diesem Zusammenhang gefordert, daß Unternehmen beispielsweise durch eine weitergehende Aufbereitung von Finanzkennzahlen - Verschuldungsgrad usw. - sowie durch zusätzliche Erläuterungen eine stärkere Orientierung an ihren Bedürfnissen vornehmen sollten. Eine entsprechende Forderung gestehen diese Kleinaktionäre aber auch den anderen Zielgruppen zu. Eine ausführlichere Informationsweitergabe gegenüber Analysten, z.B. genauere Angaben zu den Bilanzierungsregeln, sehen sie nicht als Widerspruch zur Gleichbehandlung. Jedoch rechtfertigt ihrer Meinung nach der Aspekt Zielgruppenorientierung lediglich Unterschiede bezüglich Umfang bzw. Detailliertheitsgrad der adressatenspezifischen Berichterstattung, nicht bezüglich des Zeitpunkts der Informationsweitergabe.

Begrenzte Offenlegung

Wie Abbildung 5.15 verdeutlicht, zeigen Kleinaktionäre am wenigsten Verständnis für die Begründung, daß zum Schutz des Unternehmens vor Reaktionen der Wettbewerber auf die Weitergabe sensibler Information und somit auf eine Einhaltung des Grundsatzes der Vollständigkeit verzichtet wird. Zwar räumen sie ein, daß es sich dabei grundsätzlich um eine berechtigte Überlegung handeln würde, jedoch zeigen verschiedene Beispiele aus der Vergangenheit, daß Unternehmen dieses Argument nutzen würden, um nicht über negative Entwicklungen informieren zu müssen. Ebenso wurde angezweifelt, daß Nicht-Information tatsächlich als Schutz dienen könnte, denn oft würden die Wettbewerber aufgrund ihrer Verbindungen untereinander Wissen über diese Neuigkeiten besitzen. Nicht zuletzt wurde die Vermutung geäußert, daß das Prinzip der begrenzten Offenlegung, das eigentlich für alle IR-Adressaten gelten müsse, in erster Linie dafür ge-

31 So konnten beispielsweise bei den Variablen „erhöhte Klarheit, Übersichtlichkeit“ bzw. „Schutz des Unternehmens“ Werte der Varianz von 1,62 bzw. 1,70 gemessen werden. Die Häufigkeitsverteilung für die Variable „Adressatengerechte Ansprache“ bildet eine U-Kurve ab.

nützt würde, Kleinaktionären Informationen zu verweigern, während größere Anleger weiterhin mit Daten versorgt würden.

5.2.3 BEFUNDE ZUM UNTERSUCHUNGSASPEKT KOMMUNIKATIONSINHALTE

Nach der Darstellung der Meinungen der Kleinaktionäre bezüglich der Beachtung und der Einschränkungen von Kommunikationsgrundsätzen ist es Gegenstand des folgenden Kapitels, die Ergebnisse der empirischen Analyse zum Untersuchungsaspekt Kommunikationsinhalte aufzuzeigen. Dabei wird zuerst auf die Bedeutung einzelner Informationsaspekte eingegangen (Kap. 5.2.3.1). Anschließend werden Befunde vorgestellt bezüglich der Fragestellungen, ob Kleinaktionäre qualitatives oder quantitatives Datenmaterial bevorzugen (Kap. 5.2.3.2), wie interessant sie vergangenheits-, gegenwarts- und zukunftsbezogene Informationen finden (Kap. 5.2.3.3) und wie sie zur reinen Nennung bzw. zu einer Kommentierung der gegebenen Informationen stehen (Kap. 5.2.3.4). Durch diese Darstellungen werden insgesamt die Informationsbedürfnisse von Kleinaktionären offengelegt. Inwieweit sich die Unternehmen im Rahmen von Investor Relations tatsächlich an diesen Informationsbedürfnissen der Kleinaktionäre orientieren bzw. diese befriedigen, ist Gegenstand des letzten Abschnitts, in dem eine von den Kleinaktionären vorgenommene Beurteilung diesbezüglich vorgestellt wird (Kap. 5.2.3.5).

5.2.3.1 GEWICHTUNG DER INFORMATIONSASPEKTE

Kernstück der vorliegenden Untersuchung ist die Analyse, welche Informationen für Kleinaktionäre besonders wichtig sind, damit sie entscheiden können, ob sie Aktien eines Unternehmens kaufen sollen oder nicht. Durch das Ergebnis dieser Analyse lassen sich wertvolle Hinweise gewinnen, in welcher Ausführlichkeit Unternehmen über bestimmte Aspekte in den eigenen Publikationen berichten bzw. im Umgang mit der Presse, die als Informationsmittler zwischen Unternehmen und Kleinaktionär agiert, sprechen sollten. Natürlich ist in erster Linie die Performance des Unternehmens und nicht die Kommunikation die entscheidende Größe für den Verlauf des Aktienkurses. Allerdings ist es auch für ein erfolgreiches Unternehmen unerläßlich, Aktionäre von seinen Stärken, Fähigkeiten und Qualitäten überzeugen zu können. Dazu ist es notwendig zu wissen, welche Aspekte dem Kleinaktionär am wichtigsten erscheinen, damit diese besonders betont werden können.[32]

---

32 Vgl. Schmitz, R. H. (Aktionäre, 1993), S. 840.

Für die Analyse der Informationsbedürfnisse wurden den Aktionären ca. 140 Items vorgelegt, bezüglich derer sie auf einer fünfstufigen Ratingskala beurteilen sollten, wie interessiert sie daran sind, über diese informiert zu werden.[33] Entsprechend der theoretisch abgeleiteten Systematik[34] wurden diese Items auf zwei Stufen mittels ungewichteter additiver Indices aggregiert. Auf der ersten Stufe erfolgte die Zusammenfassung von Items entsprechend ihres inhaltlichen Zusammenhangs zu einzelnen Informationsaspekten. Auf der zweiten Stufe wurden diese Informationsaspekte den übergeordneten Themenbereichen gesamtwirtschaftliche Daten, branchenbezogene Daten, finanzwirtschaftliche Daten und realwirtschaftliche Daten zugeordnet. Abbildung 5.16 illustriert diese Vorgehensweise. Eine etwas vereinfachte Methodik wurde beim Themenbereich Aktie gewählt. Da hier keine untergeordneten Informationsaspekte existierten, gingen die einzelnen Items über nur einen Aggregationsvorgang direkt in den Index Aktie ein.

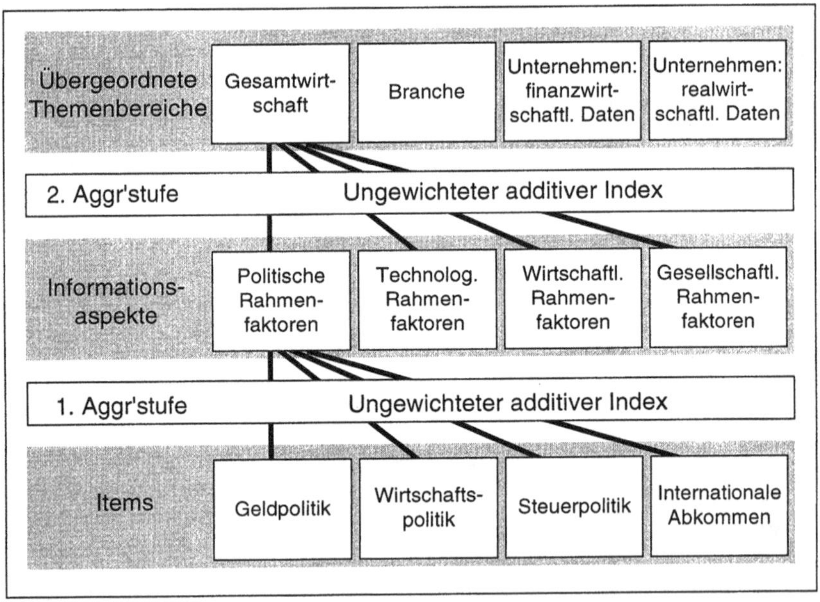

Abb. 5.16: Methodik der Aggregation, dargestellt am Themenbereich Gesamtwirtschaft

33 Vgl. hierzu die Fragen B.1-B.24 des Fragebogens in Anhang 4.

34 Vgl. Kapitel 4.1.2.2.1.

Im Rahmen der theoretischen Ausführungen wurde die Vermutung geäußert, daß das Interesse der Kleinaktionäre an den einzelnen Themenbereichen von ihrer Fähigkeit abhängt, die jeweiligen Informationen verstehen und sinnvoll interpretieren zu können. Im Hinblick auf diese Überlegung wurde ihnen beispielsweise nur ein geringes Interesse an gesamtwirtschaftlichen Daten unterstellt. Die empirische Analyse der Bedeutung der einzelnen Themenbereiche brachte jedoch ein in jeder Hinsicht unerwartetes Ergebnis. Wie Abbildung 5.17 zeigt, sind aus Sicht der Kleinaktionäre alle genannten Themenfelder gleich interessant. In jedem Fall liegt das errechnete arithmetische Mittel über die Urteile aller Befragten in einem Intervall von 3,09 bis 3,20.

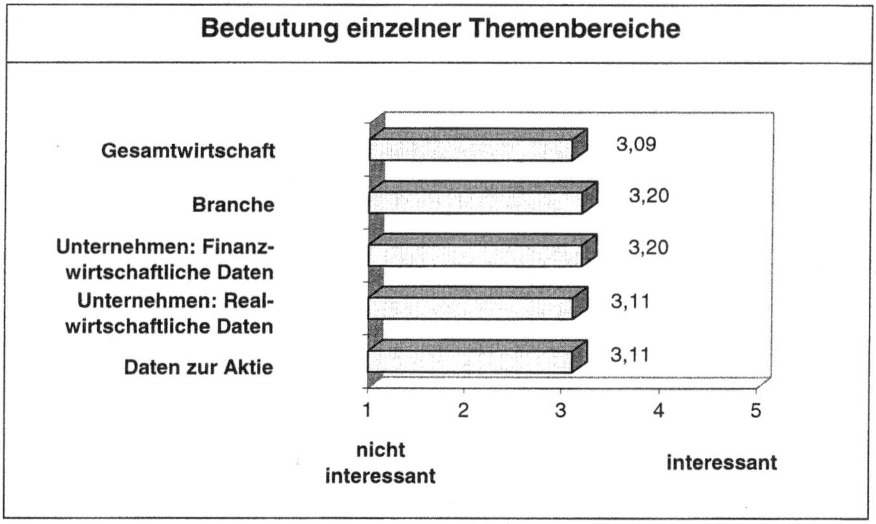

Abb. 5.17: Bedeutung einzelner Themenbereiche

Diese nahezu vollkommene Gleichheit der Mittelwerte nährt - wenn auch nur auf den ersten Blick - eine Vermutung, welche die Sinnhaftigkeit der empirischen Erhebungsmethodik in Frage stellt. Möglicherweise haben die Befragten beispielsweise aus Gründen der Monotonie bei der Beanwortung nahezu jedes Item gleichmäßig mit dem Wert 3, also als mittelmäßig interessant, beurteilt. Durch eine spezifische Untersuchung bezüglich der Bedeutung einzelner Informationsaspekte kann dieser Verdacht jedoch schnell widerlegt werden. So geht aus Abbildung 5.18 hervor, daß bezüglich jedes Themenbereichs die jeweiligen, darin eingehenden Informationsaspekte durchaus unterschiedlich bewertet worden sind, oder in anderer Interpretation, daß die wesentlichen interessierenden Informationsaspekte über die verschiedenen, übergeordneten Themenbereiche verteilt sind.

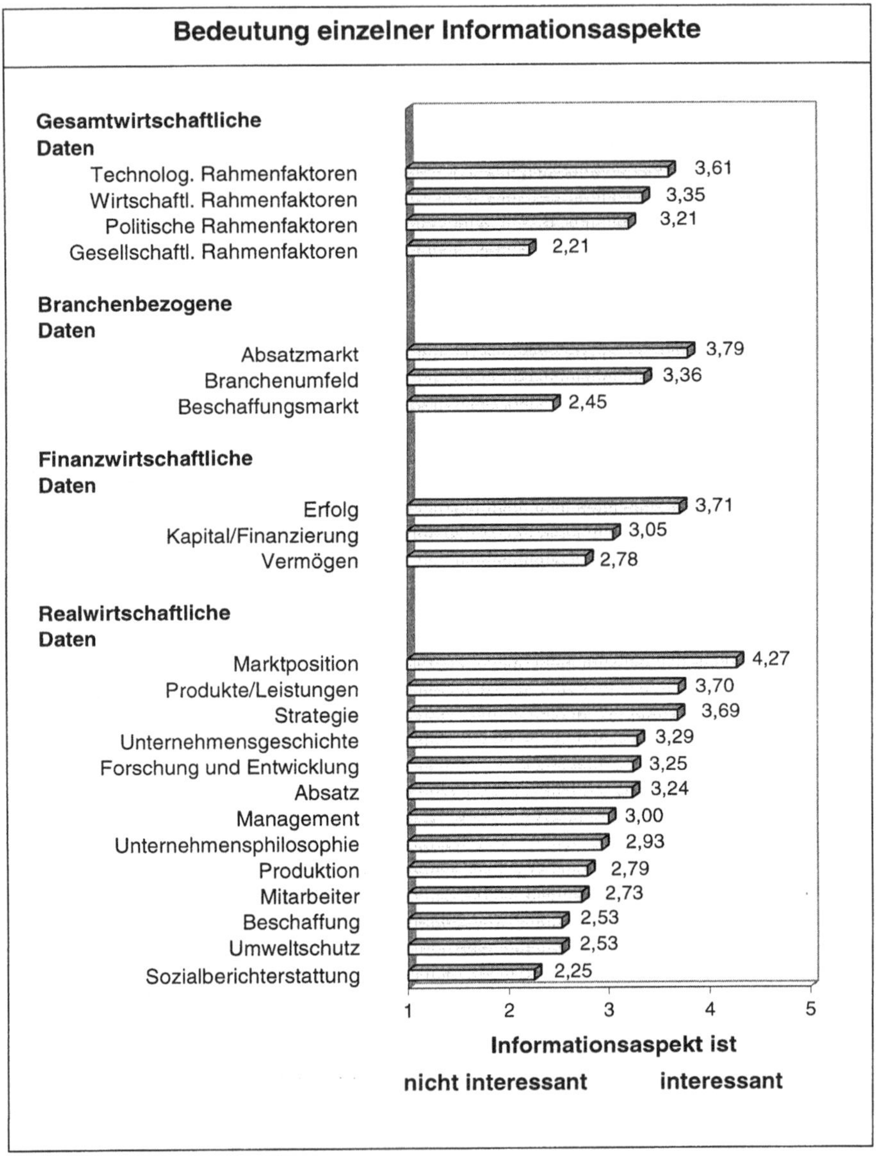

Abb. 5.18: Bedeutung einzelner Informationsaspekte

Bezogen auf den Themenkreis Gesamtwirtschaft ist den Aktionären die Information über technologische, wirtschaftliche und politische Rahmenfaktoren ungefähr gleich wichtig. Lediglich gesellschaftsbezogene Rahmenfaktoren scheinen für ihre Entscheidung kaum eine Rolle zu spielen. Bezüglich der Branche wollen Kleinaktionäre insbesondere über die Absatzmärkte sowie über das Umfeld, also über potentielle und bisherige Konkurrenten, informiert werden. Weniger achten die Aktionäre dagegen auf die Beschaffungsseite.

Interessant ist für Unternehmen natürlich die Frage, inwieweit sie selbst die Aufgabe übernehmen müssen, über Gesamtwirtschaft und Branche in den eigenen Publikationen zu berichten. Angenommen wurde hierbei, daß Kleinaktionäre insbesondere an einer Auskunft über die für sie relativ schwer zugänglichen Brancheninformationen interessiert wären. Tatsächlich antworteten im Hinblick auf den Themenbereich Gesamtwirtschaft ca. 61 Prozent der Kleinaktionäre, daß das Unternehmen sie über die relevanten Rahmenfaktoren informieren solle, bezüglich des Bereichs Branche forderten dies sogar 94 Prozent der Befragten. In den Interviews wurde diese Forderung auch spezifiziert. So erklärte einer der Gesprächspartner, daß die reine Information über die jeweils relevanten Aspekte nur eine Grundlage sei. Darauf aufbauend müsse eine Stellungnahme erfolgen, welche Auswirkungen aus der beschriebenen Ausgangslage für das Unternehmen resultieren und wie dieses gedenkt, sich den Rahmenbedingungen anzupassen bzw. auf diese zu reagieren.

Bei den finanzwirtschaftlichen Daten ergibt sich eine Reihenfolge der Informationsaspekte, die im Hinblick auf die Bedeutung einzelner Teile des Jahresabschlusses die Vermutung nährt, daß die GuV als wesentlich wichtiger als die Bilanz beurteilt werden dürfte. So werden Informationen, die über den Erfolg des Unternehmens Auskunft geben, den Daten vorgezogen, mittels derer sich auf das Kapital bzw. das damit finanzierte Vermögen zurückschließen läßt.

Interessant erscheint auch das interne Ranking bezüglich des Themenbereichs realwirtschaftliche Informationen. Wenig erstaunlich, weil theoriekonform, ist das hohe Interesse an den Informationsaspekten Marktposition[35], Produkte/Leistungen, Strategie sowie Forschung und Entwicklung. Dagegen verwundert das positive Abschneiden des Aspekts Unternehmensgeschichte. Zumindest bezogen auf die Kleinaktionäre scheint der Ausspruch „Für das Gewesene gibt der Kaufmann nichts“ kaum zuzutreffen. So erklärte einer der Kleinaktionäre, daß sich wertvolle Hinweise beispielsweise aus der Tatsache, wie ein Unternehmen zurückliegende Krisensituationen oder Rezessionen bewältigt hat, oder aus der Angabe, auf welche und wie viele Erfindungen ein Unternehmen in seiner Historie zurückschauen kann, ableiten lassen. Denn dadurch läßt sich auf Qualitäten

35 In den Aspekt Marktposition sind die Items „Entwicklungstrends bei Marktanteilen“ und „Stärken/Schwächen des Unternehmens im Vergleich zu Konkurrenten“ eingegangen.

eines Unternehmens zurückschließen, die dieses als permanente, quasi selbstverständliche Bestandteile seiner Existenz und Kultur verinnerlicht hat.

Auf den ersten Blick erstaunlich ist die Tatsache, daß Kleinaktionäre dem Management, also letztlich den Menschen, die ihr Geld verwalten, nur ein sehr begrenztes Interesse entgegenbringen. Konsequent weitergedacht läßt dieses Ergebnis an der Annahme, daß persönliche Kommunikationsmittel für Kleinaktionäre von besonderem Interesse sind, Zweifel aufkommen. Denn die Begründung für diese Annahme, daß beispielsweise bei der Hauptversammlung ein privater Anleger mit den obersten Entscheidungsträgern persönlich in Kontakt kommen kann, scheint angesichts dieser Beurteilung keine Bedeutung zu haben.

Wie bereits mehrfach erwähnt wird den Kleinaktionären eine hohe Emotionalität im Hinblick auf die Aktienentscheidung unterstellt. Die Tatsache, daß die Informationsaspekte Mitarbeiter, Umweltschutz und Sozialberichterstattung das Ende des Rankings bilden, widerspricht dieser Vermutung zumindest insofern, als den Kleinaktionären eine höhere Emotionalität im Sinne einer von sozialen Kriterien beeinflußten Anlageentscheidung weitestgehend abgesprochen werden kann.

Im Rahmen der bisherigen Untersuchung wurde eine isolierte Betrachtung der interessierenden Variablen, d.h. der einzelnen Informationsaspekte, vorgenommen. Diese Perspektive hatte ihren Sinn, um auf diese Weise eindeutig identifizieren zu können, welche Inhalte für den Kleinaktionär besonders interessant oder uninteressant sind. Von dieser isolierten Betrachtung soll jedoch im folgenden abgegangen werden. Bei der Vielfalt an Informationsaspekten ist es wahrscheinlich, daß nicht alle Variablen vollkommen unabhängig voneinander sind, sondern daß zwischen einzelnen dieser untersuchten Variablen enge Zusammenhänge bestehen. Mittels einer Faktorenanalyse können diese Zusammenhänge aufgedeckt werden und die Vielzahl untersuchter Variablen auf wenige, nun tatsächlich voneinander unabhängige Einflußfaktoren reduziert werden.[36] Das Ergebnis einer derartigen Faktorenanalyse ist in Abbildung 5.19 dargestellt.[37]

---

36 Vgl. hierzu Backhaus, K. et al. (Analysemethoden, 1994), S. 188 ff. sowie Brosius, G. / Brosius, F. (SPSS, 1995), S. 815 ff.

37 Die Faktorextraktion erfolgte mittels der Hauptkomponentenanalyse, anhand derer nach dem Kaiser-Kriterium nur Faktoren mit einem Eigenwert größer eins extrahiert wurden. Die Güte des extrahierten Faktorenmodells kann anhand des Kaiser-Meyer-Olkin-Kriteriums von 0,87 als sehr gut bezeichnet werden. Auch die Tatsache, daß die fünf extrahierten Faktoren insgesamt 74 Prozent der Gesamtvarianz der einbezogenen Variablen erklären, stützt diese Beurteilung. Zur Erleichterung der Interpretation anhand der Faktorladungen wurde eine Variamax-Rotation durchgeführt. Vgl. außerdem zur Problematik der Benennung von Faktoren Witte, E. (Nutzunganspruch, 1981), S. 35 f.

Durch die Faktorenanalyse konnten die Variablen auf fünf unabhängige Faktoren zurückgeführt werden. Auf den ersten Faktor ladende Variablen zeichnen sich dadurch aus, daß es sich dabei um sogenannte „soft facts" handelt, die insgesamt das Beziehungsgeflecht des Unternehmens zu verschiedenen Anspruchsgruppen - Mitarbeiter, Management sowie im Hinblick auf Umweltschutz und Sozialberichterstattung zur Gesellschaft allgemein - behandeln. Nicht zuletzt umfaßt der Faktor *Beziehungen zu Anspruchsgruppen* auch die Unternehmensphilosophie, in der sich das Selbstverständnis eines Unternehmens im Hinblick auf die unterschiedlichen Anspruchsgruppen ausdrückt.[38]

Variablen	Faktorladungen					Faktorbezeichnung (5: bed.; 1: unbed.)
	Faktor 1	Faktor 2	Faktor 3	Faktor 4	Faktor 5	
Mitarbeiter/Belegschaft	**0,78**	0,29	0,21	0,20	0,16	**Beziehung zu Anspruchsgruppen** Bed. 2,67
Umweltschutz	**0,76**	-0,09	0,27	0,19	0,22	
Sozialberichterstattung	**0,74**	0,17	0,18	0,24	0,11	
Management	**0,69**	0,39	0,09	0,11	0,08	
Unternehmensphilosophie	**0,67**	0,51	0,25	0,11	-0,01	
Marktposition	0,07	**0,82**	0,17	0,06	0,10	**Wettbewerbs-position** Bed. 3,64
Branchenumfeld	0,31	**0,66**	0,38	0,12	0,23	
Absatzmarkt	0,08	**0,65**	0,47	0,08	0,35	
Unternehmensgeschichte	0,38	**0,62**	-0,14	0,25	0,01	
Absatz	0,45	**0,50**	0,39	0,25	0,14	
Forschung und Entwicklung	0,26	0,08	**0,79**	0,30	0,16	**Potentialaspekte** Bed. 3,55
Technolog. Rahmenfaktoren	0,24	0,22	**0,71**	0,17	0,21	
Strategie/Geschäftspolitik	0,19	0,48	**0,60**	0,22	0,06	
Produkte/Leistungen	0,25	0,50	**0,59**	0,24	0,16	
Vermögen	0,26	0,14	0,12	**0,84**	0,20	**Substanzaspekte** Bed. 2,96
Kapital/Finanzierung	0,21	0,22	0,29	**0,76**	0,13	
Erfolg	-0,02	0,51	0,18	**0,62**	0,30	
Beschaffung	0,56	-0,02	0,31	**0,59**	0,20	
Produktion	0,41	0,05	0,48	**0,58**	0,17	
Politische Rahmenfaktoren	0,05	0,09	0,06	0,24	**0,89**	**Unbeeinflußbare Rahmenbedingungen** Bed. 2,88
Wirtschaftl. Rahmenfaktoren	0,05	0,25	0,24	0,25	**0,77**	
Beschaffungsmarkt	0,49	0,08	0,27	0,06	**0,65**	
Gesellschaftl. Rahmenfaktoren	0,48	0,10	0,07	0,07	**0,57**	

Abb. 5.19: Aggregation der unterschiedlichen Informationsaspekte auf Basis einer Faktorenanalyse

38 Vgl. zu diesem Ergebnis auch die Überlegungen zum Stakeholder-Ansatz, z.B. bei Speckbacher, G. (Stakeholder Ansatz, 1997), S. 630 ff. oder Göbel, E. (Stakeholderansatz, 1995), S. 55 ff.

Der zweite Faktor, mit dem Titel *Wettbewerbsposition* bezeichnet, korrespondiert mit den Variablen Marktposition, Branchenumfeld, Absatzmarkt, Absatz und Unternehmensgeschichte. Unproblematisch ist die Interpretation in bezug auf die ersten vier Variablen. Allesamt sind sie unentbehrlich, um eben die Wettbewerbsposition, insbesondere gemessen am Absatzpotential eines Unternehmens, vor dem Hintergrund der Eigenheiten der Branche beurteilen zu können. Keinen erkennbaren Bezug dazu weist dagegen die Variable Unternehmensgeschichte aus, die eher allgemein und nicht nur auf die spezifischen historischen Ereignisse im Hinblick auf die Wettbewerbsfähigkeit abzielt.

Auf den dritten Faktor laden alle diejenigen Aspekte hoch, die insbesondere für die Bewertung der zukünftigen Entwicklung von besonderem Interesse sind. Die Qualität von Forschung und Entwicklung im Hinblick auf die allgemeine technischen Entwicklung in der betreffenden Branche, die Strategie und natürlich die Produkte und Leistungen eines Unternehmens bestimmen im wesentlichen, wie konkurrenzfähig ein Unternehmen in der näheren und ferneren Zukunft sein wird. Insofern soll dieser Faktor *Potentialaspekte des Unternehmens* genannt werden.

Im Gegensatz dazu beschreibt der vierte Faktor die gegenwärtige Solidität eines Unternehmens. So können die Themenfelder Kapital/Finanzierung, Vermögen und Erfolg sowie Produktion und Beschaffung als die wesentlichen finanz- und realwirtschaftlichen *Substanzaspekte* angesehen werden, die über die Solidität Auskunft geben.

In den fünften Faktor gehen mit den Variablen Beschaffungsmarkt sowie politische, wirtschaftliche und gesellschaftliche Rahmenfaktoren Aspekte ein, die das weitere Umfeld eines Unternehmens widerspiegeln. Im wesentlichen handelt es sich - anders als bei den anderen Branchen- und Rahmenfaktoren wie beispielsweise dem Absatzmarkt - dabei um Komponenten, auf die ein Unternehmen nur eine sehr geringe Einflußmöglichkeit hat, weswegen dieser Faktor mit dem Namen *unbeeinflußbare Rahmenbedingungen* bezeichnet wird.

Durch die Faktorenanalyse konnten diejenigen Variablen zusammengefaßt werden, die untereinander in eine engen Beziehung stehen und über die daher auch gemeinsam berichtet werden sollte. So erscheint es entsprechend dem obigen Ergebnis ratsam, beispielsweise eine Unternehmens- oder eine IR-Broschüre in fünf Hauptkapitel zu unterteilen, von denen jedes jeweils einem der oben benannten, übergeordneten Themenbereiche gewidmet ist.

Hinsichtlich der Bedeutung der einzelnen Faktoren kann Abbildung 5.19 entnommen werden, daß Kleinaktionäre am meisten an einer Berichterstattung über die Bereiche Wettbewerbsposition und Potentialaspekte interssiert sind. Dies ist einfach nachvollziehbar, da in diese beiden Faktoren gerade diejenigen Items eingehen, die wohl am besten als Indikatoren für die Einschätzung der zukünftigen Entwicklung dienen können. Von mittelmäßiger Bedeutung sind dagegen Informationen über die zusammengefaßten Themenbereiche Substanzaspekte bzw. unbeeinflußbare Rahmenbedingungen. Das Ende des Rankings bildet der Faktor Beziehung zu Anspruchsgruppen, der weniger ökonomische als soziale Aspekte betont.

5.2.3.2 BEDEUTUNG QUALITATIVER UND QUANTITATIVER INFORMATIONEN

Aufgrund der empirisch ermittelten Rankingliste bezüglich der interessierenden Informationsinhalte ließen sich Anhaltspunkte gewinnen, über welche Themen seitens der Unternehmen bevorzugt berichtet werden sollte. Nachdem die Frage nach dem „*was*" damit geklärt werden konnte, stellt sich im folgenden jedoch die Frage, „*wie*" über diese Aspekte zu berichten ist. Im Rahmen der Theorie wurde diesbezüglich die Frage diskutiert, ob bei der Berichterstattung eher quantitatives Datenmaterial, also Zahlen verwendet werden sollten oder ob die Information der Kleinaktionäre über qualitative, verbale Aussagen erfolgen sollte.

Zur Lösung dieses Problems wurde den Aktionären jeweils die Frage gestellt, wie interessiert sie daran sind, einerseits mittels quantitativer Angaben, andererseits mittels qualitativer Angaben über ein Unternehmen informiert zu werden. Durch Vergleich der beiden Bewertungen konnte ermittelt werden, wie viele Aktionäre eine bestimmte Art von Datenmaterial bevorzugen. Das Ergebnis dieser Analyse ist in Abbildung 5.20 dargestellt.

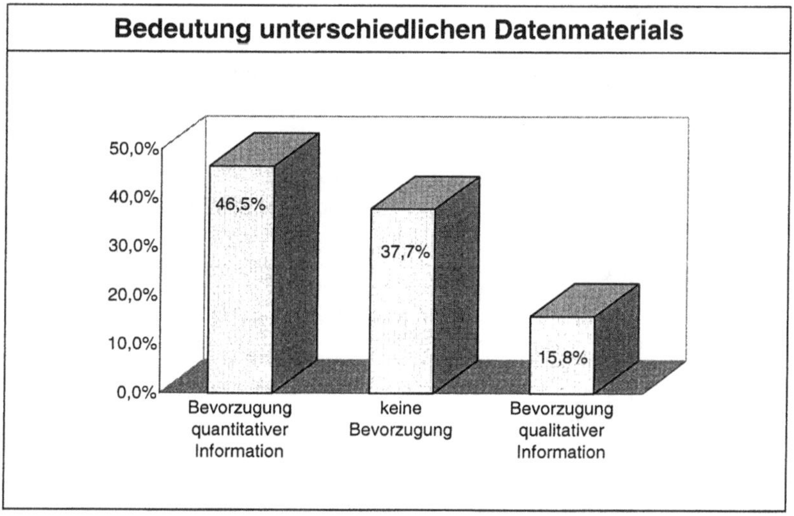

Abb. 5.20: Bedeutung unterschiedlichen Datenmaterials

Mit fast 47 Prozent stellen die quantitativ orientierten Aktionäre den größten Anteil in der Stichprobe. Allerdings ist der Abstand zu der Gruppe von Aktionären, denen qualitative und quantitative Angaben gleich wichtig sind, ca. 38 Prozent der Befragten, nicht allzu groß. Lediglich ca. 15 Prozent der Befragten ziehen qualitative Angaben quantitativen Daten vor. Dieses Ergebnis widerspricht also weitestgehend der Annahme, daß Kleinaktionäre aufgrund ihrer im Vergleich zu professionellen Kapitalmarktakteuren geringeren finanzwirtschaftlichen Bildung eindeutig qualitatives Datenmaterial, also verbale Aussagen, vorziehen würden.

Für eine primär quantitative Orientierung, die eigentlich eher für Analysten als für Kleinaktionäre typisch erscheint[39], wurden von den Gesprächspartnern als wesentlicher Grund genannt, daß Zahlen schneller seitens der Unternehmen weitergegeben und von den Adressaten aufgenommen werden können. Aber auch der von verschiedenen Interviewpartnern empfundene Nachteil qualitativer verbaler Aussagen - durch gut formulierte Texte würde oft über das Fehlen aussagekräftiger Inhalte hinweg getäuscht werden - erklärt die hohe Nachfrage nach objektiverem Zahlenmaterial.

Demgegenüber rechtfertigen Kleinaktionäre, die qualitatives Informationsmaterial bevorzugen, ihren Wunsch nach verbalen Aussagen und teilweise ihr Desinteresse an quantitativen Angaben mit dem Eingeständnis, reine Zahlenangaben nicht optimal verstehen bzw. interpretieren zu können.[40] Nicht zuletzt erklärt dieses Argument auch den großen Anteil derjenigen, die beide Arten von Datenmaterial als gleich wichtig erachten. Diese wollen auf Zahlenangaben nicht gänzlich verzichten. Um deren inhaltliche Aussage jedoch optimal in den Entscheidungsprozeß einfließen lassen zu können, sind sie darauf angewiesen, daß die Unternehmen diese quantitativen Angaben durch zusätzliche verbale Interpretation für sie verständlich und nachvollziehbar machen.

Zusätzlich wurde gefragt, inwieweit die Erläuterungen des Unternehmens durch Grafiken angereichert werden sollten. Dabei zeigte sich erwartungsgemäß, daß quantitativ orientierten Kleinaktionären grafische Darstellungen wichtiger sind

39 So erklärte ein Analyst, am liebsten sei es ihm, wenn er von den Unternehmen ein Fax mit einer Tabelle voller Zahlen geschickt bekomme. Die könne man schnell verarbeiten und viel Erklärung bräuchte er dazu nicht.

40 Tatsächlich zeigte sich in der Auswertung, daß ein Zusammenhang zwischen Bevorzugung eines bestimmten Datenmaterials und der Erfahrung der Kleinaktionäre als Indikator für ihr Fachwissen besteht. In der Gruppe der Kleinaktionäre, die qualitative Daten bevorzugen, konnte eine durchschnittliche Beschäftigungszeitdauer von knapp 6 Jahren, in der Gruppe der quantitativ orientierten Anleger dagegen von über 12,5 Jahren gemessen werden. Die Unentschiedenen beschäftigen sich durchschnittlich seit ca. 9 Jahren mit der Aktienanlage.

als qualitativ orientierten. Allerdings ist der Unterschied, wie die Bewertungen von 4,15 und 3,89 auf einer fünfstufigen Ratingskala (1: unwichtig; 5: wichtig) zeigen, nicht allzu groß.

5.2.3.3 BEDEUTUNG VERGANGENHEITS-, GEGENWARTS- UND ZUKUNFTSBEZOGENER INFORMATIONEN

Unternehmen stehen natürlich auch vor dem Problem, entscheiden zu müssen, mit welchem zeitlichen Bezug über die zuvor identifizierten relevanten Informationsaspekte zu berichten ist. Sind Kleinaktionäre nur an zukunftsbezogenen Aussagen interessiert, inwieweit ist eine Berichterstattung über die Gegenwart notwendig, müssen vergangenheitsbezogene Daten ihnen gegenüber überhaupt noch erwähnt werden? Um diese Fragen beantworten zu können, sollten die Kleinaktionäre jeweils auf einer fünfstufigen Ratingskala bewerten, wie interessiert sie an zukunfts-, gegenwarts- oder vergangenheitsbezogenen Informationen sind. Abbildung 5.21 zeigt den hierzu ermittelten Befund.

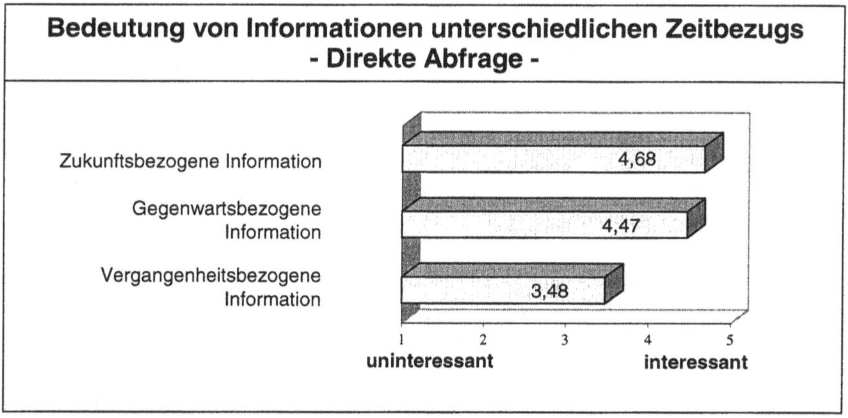

Abb. 5.21: Bedeutung von Informationen unterschiedlichen Zeitbezugs - Direkte Abfrage

Wenig überraschend und in vollkommener Übereinstimmung mit den theoretisch abgeleiteten Annahmen ist das Ergebnis dieser Analyse. Am wichtigsten ist den Kleinaktionären die Information über die zukünftige Entwicklung des Unternehmens. Nur geringfügig weniger interessiert sind sie an einer Darstellung der gegenwärtigen Lage. Im Vergleich zu den zuvor genannten Arten von Daten drücken die privaten Anleger dagegen sehr deutlich aus, daß ihr Bedürfnis nach Information über die Vergangenheit des Unternehmens sehr begrenzt ist.

Bei diesem ermittelten Befund regt sich nun ein gewisser Widerstand angesichts der zuvor beschriebenen, relativ positiven Bewertung des Informationsaspektes Unternehmensgeschichte.[41] Im Sinne einer Validitätsprüfung wurde daher auch über eine indirekte Abfrage ermittelt, wie bedeutend Kleinaktionäre Informationen unterschiedlichen zeitlichen Bezugs einschätzen. Die dabei verfolgte Vorgehensweise wird im weiteren beschrieben.

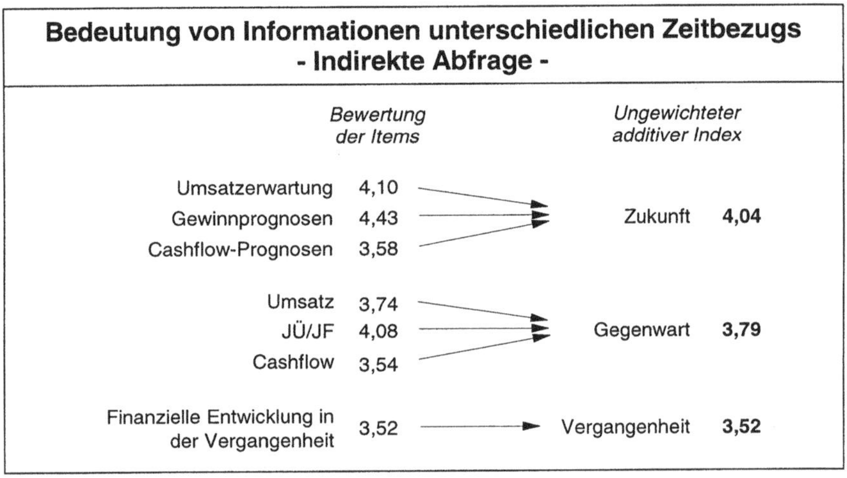

Abb. 5.22: Bedeutung von Informationen unterschiedlichen Zeitbezugs - Indirekte Abfrage

Bereits bei der Entwicklung des Fragebogens wurde darauf geachtet, einzelne Items einzustreuen, die auf dieselbe Thematik mit jeweils unterschiedlichem zeitlichen Bezug abzielen. Beispielsweise sollte im Hinblick auf die Thematik Finanzkennzahlen die Bedeutung von gegenwärtigem Umsatz, Jahresüberschuß/ Jahresfehlbetrag und Cashflow, aber auch von Umsatzerwartung, Gewinnprognosen und Cashflow-Prognosen in der Zukunft sowie von der finanziellen Entwicklung der Vergangenheit beurteilt werden. Vergleicht man nun die Beurteilungswerte für die jeweiligen Daten unterschiedlichen Zeitbezugs so ergibt sich der in Abbildung 5.22 dargestellte Befund. Zwar bleibt die Reihenfolge - Zukunft, Gegenwart, Vergangenheit - bezüglich der Bedeutung von Daten mit unterschiedlichem zeitlichem Bezug gleich, jedoch verändern sich die Abstände zueinander. Im Gegensatz zu obigem Ergebnis kann den Kleinaktionären entsprechend dieser intuitiveren, indirekten Abfrage also doch zumindest ein so reges

41 Vgl. hierzu Kapitel 5.2.3.1.

Interesse an Informationen über die Historie des Unternehmens unterstellt werden, daß eine vollkommene Vernachlässigung dieses Aspekts bei der Finanzkommunikation kaum angeraten werden kann.

5.2.3.4 BEDEUTUNG FAKTEN-NENNENDER UND FAKTEN-KOMMENTIERENDER INFORMATION

Die Frage, wie über die identifizierten Informationsaspekte am besten zu berichten ist, umfaßt auch die Entscheidung, ob Sachverhalte nur genannt oder ob die gegebenen Daten auch kommentiert und interpretiert werden sollen. An zwei verschiedenen Stellen in dieser Arbeit wurde bereits deutlich, daß Kleinaktionäre der zweiten Variante, also der zusätzlichen ausführlichen Kommentierung anstelle einer reinen Nennung von Fakten, den Vorzug geben.

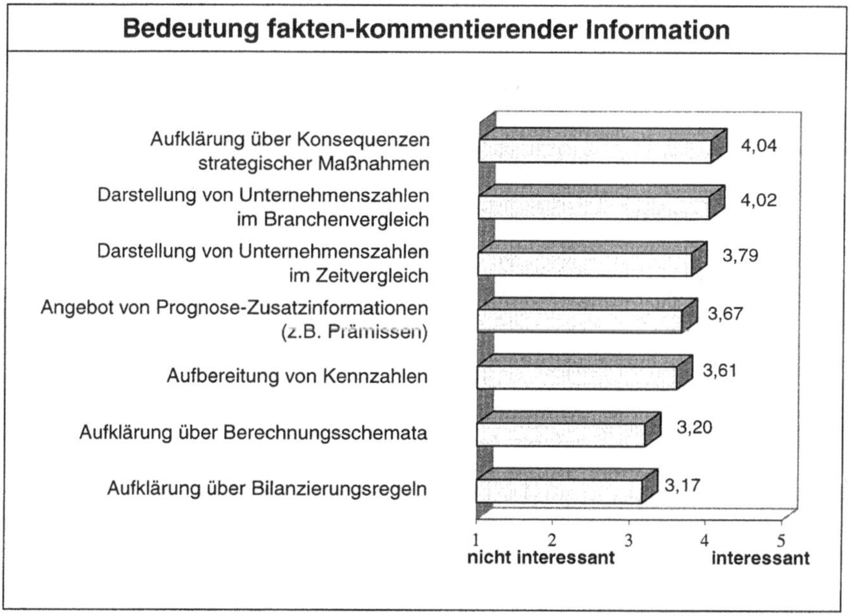

Abb. 5.23: Bedeutung fakten-kommentierender Information

Im Zusammenhang mit der Frage, ob die Unternehmen auch über die Gesamtwirtschaft und die Branche informieren sollen, begründete einer der Kleinaktionäre seine Forderung nach einer Kommentierung damit, daß Unternehmen dann zusätzlich eine Bewertung der Rahmenfaktoren und eine Erläuterung der daraus resultierenden Konsequenzen vornehmen und so dem Leser wichtige Zusammenhänge verdeutlichen könnten. Bei der Untersuchung der Frage, ob quantitatives oder qualitatives Datenmaterial seitens der Kleinaktionäre bevorzugt wird, zeigte sich, daß ein Großteil der Kleinaktionäre an einer Mischung von beidem interessiert ist, d.h. an einer Nennung objektiver Zahlen in Verbindung mit einer ausführlichen verbalen Erläuterung und Interpretation.

Im Rahmen der schriftlichen Befragung wurde untersucht, welche Form von Kommentierung für die Adressaten besonders wichtig ist. Dazu wurden den Kleinaktionären verschiedene Möglichkeiten genannt, die sie wiederum auf einer fünfstufigen Ratingskala entsprechend ihrer Wichtigkeit bewerten sollten. Abbildung 5.23 gibt das Ergebnis dieser Analyse wieder.

Besonderes Interesse zeigen die Kleinaktionäre an einer Aufklärung über die Konsequenzen, also den Nutzen und die Gefahren, die aus geplanten strategischen Maßnahmen erwachsen können. Denn oft, so bemerkte einer der Interviewpartner, sei er selbst nicht in der Lage, diese Maßnahmen richtig einzuschätzen.

Ähnlich wichtig erscheint den Kleinaktionären, daß als Arbeitserleichterung zu den Zahlen des Unternehmens entsprechende Vergleichszahlen aus der Branche mitgeliefert werden. In diesem Zusammenhang wurde mehrfach gewünscht - und auch das extrem hohe Interesse am Aspekt Marktposition deutet darauf hin -, daß die Frage, wie ein Unternehmen im Vergleich zu den Wettbewerbern der Branche steht und wie es seine eigene Position verteidigen oder verbessern will, im Rahmen der Finanzkommunikation ausführlicher diskutiert wird.

Weniger gewünscht als Branchenvergleiche, jedoch auch interessant für die Kleinaktionäre, ist die Präsentation der Entwicklung von Finanzkennzahlen im Zeitverlauf, die Aufbereitung von Kennzahlen sowie das Angebot von Zusatzinformationen zu abgegebenen Prognosen. Den Aussagen verschiedener Kleinaktionäre, die angesprochen auf die Güte der von Unternehmen erstellten Prognosen mit den Begriffen „parteibezogen", „heiße Luft" oder „Zweckoptimismus" antworteten, kann entnommen werden, daß deren Glaubwürdigkeit oft stark angezweifelt wird. Andererseits hat auch einer der Kleinaktionäre angedeutet, daß er möglicherweise mehr Vertrauen entwickeln könnte, wenn ihm das Unternehmen auch die unterstellten Prämissen und die vermuteten Wirkungsketten zugänglich machen und somit die Möglichkeit zum Nachprüfen und Nachvollziehen schaffen würde.

Ein vergleichsweise geringes Interesse zeigen die Kleinaktionäre an einer ausführlichen Beschreibung der Bilanzierungsregeln bzw. an der Angabe von Berechnungsschemata für errechnete Kennzahlen. Gerade umgekehrt dazu verhalten sich die Analysten. Wie sich in einem Interview mit einem Mitglied dieser Zielgruppe herausgestellt hat, sind für ihn genau diese Daten von besonderem Interesse. Insgesamt läßt dies den Schluß zu, daß wohl der Grad der finanzwirtschaftlichen Bildung entscheidend dafür ist, welcher Nutzen aus diesen kommentierenden Informationen gezogen werden kann und welche Bedeutung ihnen daher seitens des Adressaten beigemessen wird.

5.2.3.5 ERFÜLLUNG DER ANFORDERUNGEN

Bisher war es Gegenstand der Untersuchung herauszufinden, an welchen Themen Kleinaktionäre besonders interessiert sind und wie sie seitens der Unternehmen über diese unterrichtet werden wollen. Daran schließt sich nahtlos die Frage an, inwieweit die Unternehmen im Rahmen ihrer IR-Maßnahmen die zuvor ermittelten Wünsche und Anforderungen der Kleinaktionäre tatsächlich berücksichtigen. Geben sie den Kleinaktionären genügend Information zu den Themen, für die sich diese interessieren? Entspricht die Art der Darstellung den Wünschen der Anleger hinsichtlich Art des Datenmaterials, Zeitbezug der Information und Kommentierung?

Um Antworten für diese Fragen zu finden, sollten die Kleinaktionäre auf einer Ratingskala bewerten, inwieweit ihr persönlicher Informationsbedarf z.B. hinsichtlich Informationen zum Aspekt Unternehmensgeschichte oder hinsichtlich vergangenheitsbezogener Daten etc. in einer konkreten Entscheidungssituation[42] gedeckt (1: ungedeckt; 5: gedeckt) war.

In die Bewertung der Qualität von Investor-Relations-Leistungen gingen letztlich jedoch nur die Urteile von einem Teil der Befragten ein. Es erscheint unsinnig, einen Anleger, der an einer bestimmten Information nicht interessiert ist, danach zu fragen, ob sein Informationsbedarf diesbezüglich gedeckt ist, und daraus Rückschlüsse auf die Qualität von Investor Relations zu ziehen. Logischerweise wird dieser Befragte seinen - nicht-existenten - Informationsbedarf immer decken können, unabhängig davon, ob ein Unternehmen darüber gut, schlecht oder gar nicht informiert. Relevant für die Bewertung sind daher nur die Urteile von Anlegern, die tatsächlich an einem bestimmten Aspekt sehr interessiert sind. Ob es einem Unternehmen gelingt, diese anspruchsvollen Aktionäre zufriedenzustellen oder nicht, darin zeichnet sich die Güte der Investor-Relations-Arbeit aus.

Diesen grundsätzlichen Überlegungen entsprechend wurde folgende Methodik für diese Analyse gewählt. Zuerst wurde der Anteil an Kleinaktionären, die an einem bestimmten Aspekt sehr interessiert sind, d.h. die ihm einen Bedeutungswert von 4 oder 5 zuordnen, ausgewählt. Für diese Gruppe der Aktionäre wurde

42 Vgl. zur Bestimmung dieser konkreten Entscheidungssituation S. 4 des Fragebogens in Anhang 4.

Erfüllung der Anforderungen bzgl. der Gewichtung der Informationsaspekte

	Anteil sehr interessierter Kleinaktionäre	*Deckung ihres Informations-bedarfs 5: gedeckt 1: ungedeckt*
Gesamtwirtschaftliche Daten		
Technologische Rahmenfaktoren	**50,9 %**	**3,29**
Politische Rahmenfaktoren	**30,9 %**	**3,91**
Wirtschaftliche Rahmenfaktoren	**24,5 %**	**4,00**
Gesellschaftl. Rahmenfaktoren	**10,1 %**	**3,91**
Branchenbezogene Daten		
Absatzmarkt	**48,6 %**	**3,37**
Branchenumfeld	**34,2 %**	**3,63**
Beschaffungsmarkt	**11,0 %**	**3,08**
Finanzwirtschaftliche Daten		
Erfolg	**40,4 %**	**3,77**
Kapital/Finanzierung	**25,7 %**	**3,11**
Vermögen	**11,0 %**	**2,58**
Realwirtschaftliche Daten		
Marktposition	**76,1 %**	**3,57**
Produkte/Leistungen	**52,2 %**	**4,00**
Unternehmensgeschichte	**41,1 %**	**3,15**
Strategie	**39,6 %**	**3,41**
Forschung und Entwicklung	**38,5 %**	**3,17**
Absatz	**24,5 %**	**3,30**
Management	**22,1 %**	**2,56**
Beschaffung	**20,2 %**	**2,68**
Unternehmensphilosophie	**18,9 %**	**2,95**
Umweltschutz	**15,6 %**	**2,35**
Produktion	**14,7 %**	**3,19**
Mitarbeiter	**14,4 %**	**2,25**
Sozialberichterstattung	**3,6 %**	**1,50**
Daten zur Aktie	**11,5 %**	**4,00**

Abb. 5.24: Erfüllung der Anforderungen bzgl. der Gewichtung der Informationsaspekte

das arithmetische Mittel aus den individuellen Beurteilungen bezüglich der Dekkung ihres Informationsbedarfs berechnet.[43]

Durch den Vergleich der Menge an Interessierten und deren Urteil lassen sich nun interessante Hinweise gewinnen, ob bzw. bezüglich welcher Aspekte eine Intensivierung sinnvoll und notwendig ist. Ist beispielsweise der Anteil an interessierten Kleinaktionären sehr hoch, die Beurteilung bezüglich der Deckung ihres Informationsbedarfs jedoch eher schlecht, so sollte hierzu die Information seitens der Unternehmen intensiviert werden.

In Abbildung 5.24 ist angegeben, wie gut die interessierten Kleinaktionäre ihren Bedarf nach Informationen zu den unterschiedlichen Aspekten der Themenbereiche Gesamtwirtschaft, Branche und Unternehmen decken konnten. Bei den gesamtwirtschaftlichen Daten ist ein Defizit bezüglich des Informationsaspekts technologische Rahmenfaktoren zu erkennen. Einerseits ist hier die Beurteilung mit einem Wert von 3,29 im Vergleich am schlechtesten. Andererseits ist aber genau dieser Bereich derjenige, der für die Hälfte aller Befragten sehr interessant ist. Eine ähnliche Konstellation liegt beim Themenbereich Branche bezüglich des Aspekts Absatzmarkt vor.

Gemessen am ökonomischen Kosten-Nutzen-Kalkül agieren die Unternehmen beim Bereich finanzwirtschaftliche Informationen optimal, beim Bereich realwirtschaftliche Informationen zumindest sehr gut. Es fällt auf, daß jeweils bei den Informationsaspekten, die für einen hohen Anteil von Kleinaktionären sehr interessant sind, positive Beurteilungswerte für die Deckung des Informationsbedarfs von größer als drei erzielt werden können. Negative Beurteilungen von kleiner als drei finden sich dagegen nur bei Informationsaspekten, die nur wenige Kleinaktionäre für sehr wichtig halten. Das heißt, die Unternehmen richten ihre Bemühungen so aus, daß sie mit gegebenen Ressourcen jeweils einen größtmöglichen Anteil an Kleinaktionären zufriedenstellen können. Allerdings ist darauf hinzuweisen, daß - verglichen mit der besten Beurteilung beim Aspekt Produkte/Leistungen mit der Bewertung 4,00 - auch bei der Information über andere wichtige Themen wie Marktposition (Bewertung 3,57), Unternehmensgeschichte (3,15), Strategie (3,41) und Forschung und Entwicklung (3,17) noch ein erhebliches Verbesserungspotential von den Unternehmen realisiert werden kann.

---

43 Daß die Auswahl auf diese beiden Klassen fiel, hat mehrere Gründe. Allein die Gruppe an Personen heranzuziehen, die einen Beurteilungswert von 5 verteilt haben, war nicht möglich, da sonst die Anzahl der in die Berechnung eingehenden Elemente bei vielen Aspekten zu gering gewesen wäre. Zusätzlich die Gruppe der mittelmäßig Interessierten, also derjenigen Kleinaktionäre, die einem Informationsaspekt den Bedeutungswert 3 zugeordnet haben, hinzuziehen, erschien nicht sinnvoll, da dadurch bereits die angesprochenen Verzerrungen bei der Bewertung zu erwarten gewesen wären.

Erfüllung der Anforderungen bzgl. der Darstellungsweise

	Anteil sehr interessierter Kleinaktionäre	*Deckung ihres Informationsbedarfs 5: gedeckt 1: ungedeckt*
Quantitatives Datenmaterial	**77,7 %**	**3,31**
Qualitatives Datenmaterial	**59,8 %**	**3,22**
Grafiken	**72,3 %**	**2,83**
Zukunftsbezogene Information	**95,5 %**	**3,24**
Gegenwartsbezogene Information	**90,0 %**	**3,69**
Vergangenheitsbezogene Information	**51,0 %**	**3,32**
Aufklärung über Konsequenzen strategischer Maßnahmen	**78,4 %**	**2,76**
Darstellung von Unternehmenszahlen im Branchenvergleich	**76,6 %**	**2,82**
Darstellung von Unternehmenszahlen im Zeitvergleich	**64,5 %**	**2,80**
Aufbereitung von Kennzahlen	**64,0 %**	**2,49**
Angebot von Prognose-Zusatzinformationen (z.B. Prämissen)	**63,3 %**	**2,26**
Aufklärung über Berechnungsschemata	**46,8 %**	**2,31**
Aufklärung über Bilanzierungsregeln	**45,9 %**	**2,49**

Abb. 5.25: Erfüllung der Anforderungen bezüglich der Darstellungsweise

Neben der Frage, ob die Unternehmen über die richtigen, d.h. die für Kleinaktionäre relevanten Themen berichten, wurde auch analysiert, ob die Darstellungsweise den Wünschen der Adressaten entspricht. In diesem Zusammenhang wurde untersucht, ob den Anforderungen der Kleinaktionäre bzgl. der Art des Datenmaterials, des Zeitbezugs der Information und der Kommentierung und Interpretation ausreichend Rechnung getragen wird. Abbildung 5.25 faßt das Ergebnis dieser Untersuchung überblicksartig zusammen.

Wie der Befund zeigt, reicht die Menge des von Unternehmen dargebotenen quantitativen und qualitativen Informationsmaterials aus, damit die Kleinaktionäre ihren diesbezüglichen Informationsbedarf größtenteils decken können. Demgegenüber sollte die Unterstützung der Aussagen durch die Verwendung von Grafiken verstärkt werden.

Beim Untersuchungsaspekt Zeitbezug der Information deutet das Verhältnis von Anteil interessierter Aktionäre und erreichter Deckung des Informationsbedarfs zumindest bei gegenwartsbezogenen und vergangenheitsbezogenen Daten auf eine ausreichende Güte unternehmerischer IR-Maßnahmen hin. Angesichts der Tatsache, daß fast alle Kleinaktionäre zukunftsbezogenen Informationen einen besonderen Stellenwert beimessen, sollten Unternehmen jedoch besondere Anstrengungen unternehmen, um bei der Beurteilung bezüglich der Informationsbedarfsdeckung hinsichtlich dieses Aspekts einen ähnlich guten Wert wie bei den gegenwartsbezogenen Daten zu erreichen.

Extreme Defizite der unternehmerischen Finanzkommunikation sind jedoch im Hinblick auf die Kommentierung und die Interpretation von Daten festzustellen. Bei allen untersuchten Variablen deuten die Beurteilungswerte von kleiner als drei darauf hin, daß die Kleinaktionäre nicht in der Lage sind, ihren Wunsch nach ausführlicher Erläuterung anhand der für sie verfügbaren Informationsmaterialien zu decken. Verglichen mit den Beurteilungswerten bzgl. der Bewertung des Informationsangebots über wichtige Informationsaspekte, z.B. 3,57 bei Marktposition oder 4,00 bei Produkte/Leistungen, sind Werte zwischen 2,26 und 2,82 bei Variablen, an denen mindestens 60 Prozent der Befragten jeweils sehr interessiert sind, in der Tat ein klares Indiz, daß hier ein erheblicher Verbesserungsbedarf besteht.

5.2.4 BEFUNDE ZUM UNTERSUCHUNGSASPEKT KOMMUNIKATIONSMITTEL

Neben den Kommunikationsgrundsätzen und den Kommunikationsinhalten bilden die Kommunikationsmittel einen weiteren wesentlichen Untersuchungsaspekt. Die Kenntnis davon, welche Kommunikationsmittel tatsächlich von den Kleinaktionären genutzt werden und als wie bedeutend sie von ihnen eingeschätzt werden, ist für die IR-aktiven Unternehmen unerläßlich, um einerseits überprüfen zu können, inwieweit die von ihnen gewählte Strategie mit den Bedürfnissen der IR-Adressaten übereinstimmt, und andererseits feststellen zu können, in welchen Bereichen weitergehende Anpassungen an deren Wünsche notwendig bzw. vorteilhaft sind. Im Anschluß an die globale Untersuchung der Wichtigkeit bzw.

Nutzung von Kommunikationsmitteln (Kap. 5.2.4.1) werden die Ergebnisse einer spezifischen Analyse vorgestellt, die sich mit der Frage beschäftigt hat, welches Interesse Kleinaktionäre den einzelnen Teilen des Geschäftsberichts entgegenbringen (Kap. 5.2.4.2).

5.2.4.1 NUTZUNG UND BEDEUTUNG EINZELNER KOMMUNIKATIONSMITTEL

In Kapitel 4.1.3 wurden verschiedene Kommunikationsmittel vorgestellt. Hierbei wurde eine grobe Unterteilung in persönliche Kommunikationsmittel - z.B. Hauptversammlung, Unternehmenspräsentationen, Aktionärsmessen - und in unpersönliche und zumeist schriftliche Kommunikationsmittel - z.B. Geschäftsbericht, Presseartikel, Aktionärsbrief - vorgenommen. Dabei wurden diese auch einer theoretischen Analyse unterzogen. So wurde untersucht, welchen Informationswert einerseits und welchen Erlebniswert andererseits diese Kommunikationsmittel bieten. Auf diese Weise konnte theoretisch abgeleitet werden, welchen Stellenwert die einzelnen Kommunikationsmittel in der Prioritätenliste der IR-Adressaten einnehmen könnten.

Um die Meinungen der Kleinaktionäre empirisch zu ermitteln, wurden diese sowohl in den Interviews als auch in der schriftlichen Erhebung mit der Frage konfrontiert, welche Bedeutung sie den einzelnen Kommunikationsmitteln im Rahmen ihrer Suche und Aufnahme von Finanzinformationen beimessen. Die Bewertung sollte auf einer fünfstufigen Ratingskala vorgenommen werden. Wenig sinnvoll erscheint in diesem Zusammenhang die Befragung von Kleinaktionären, die ein bestimmtes Kommunikationsmittel noch nie verwendet haben und sich daher kein eigenes Urteil bilden können.[44] Vorgeschaltet wurde also die Frage, ob ein Kleinaktionär ein bestimmtes Kommunikationsmittel bereits genutzt hat oder nicht. Um eine Beurteilung wurden dann nur diejenigen Kleinaktionäre gebeten, welche die vorgeschaltete Frage bejaht hatten.

Die Auswertung ergab den in Abbildung 5.26 dargestellten Befund[45]. Dabei gibt die linke Grafik über die Bedeutung, die rechte Grafik über die Nutzung der einzelnen Kommunikationsmittel Auskunft.

---

44 Außerdem würde eine derartige Fragestellung bei diesen Kleinaktionären möglicherweise zu einer ablehnenden Haltung führen. Sie könnten sich fragen, wie sie denn ein Kommunikationsmittel beurteilen sollen, das sie nicht kennen bzw. nicht genutzt haben. Konfrontiert mit einer derartigen, aus ihrer Sicht nicht beantwortbaren Frage, wäre der Abbruch des Fragebogens eine nachvollziehbare Verhaltensweise.

45 Keine Nutzerquote wurde für die Kommunikationsmittel Aktionärsmesse bzw. IR-Forum angegeben. Da der Fragebogen am Aktionstag Börse - also bei einer Aktionärsmesse - verteilt wurde, wäre hier eine Verzerrung des Befunds unausweichlich gewesen.

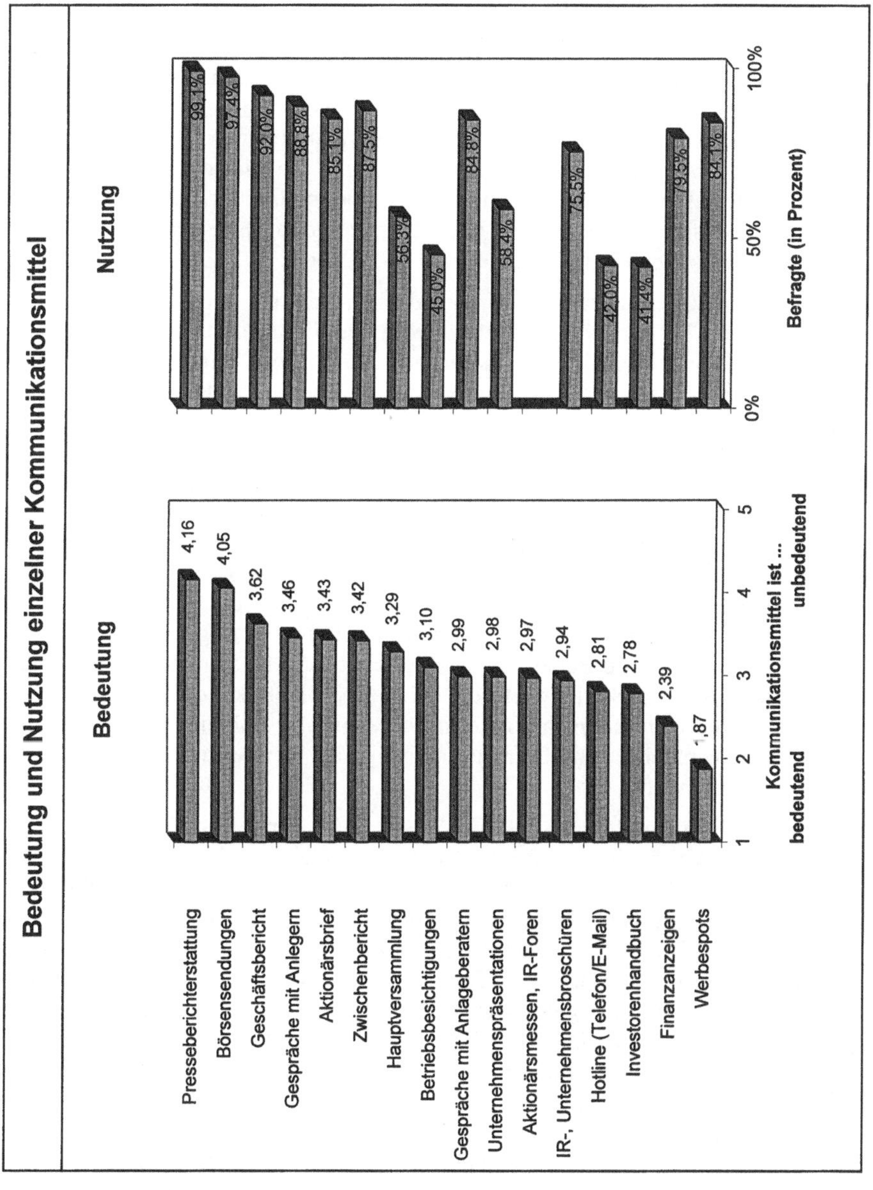

Abb. 5.26: Bedeutung und Nutzung einzelner Kommunikationsmittel

Folgendes Bild wird durch den Befund vermittelt: Unpersönliche Kommunikationsmittel wie Presseberichterstattung und Börsensendungen, mit kleinem Abstand auch der Geschäftsbericht, der Aktionärsbrief und der Zwischenbericht rangieren auf den vordersten Plätzen. Veranstaltungen, bei denen den Kleinaktionären auch ein persönlicher Kontakt zu Unternehmensrepräsentanten ermöglicht wird, z.B. die Hauptversammlung, Betriebsbesichtigungen, Unternehmenspräsentationen und Aktionärsmessen, nehmen dagegen nur Plätze im Mittelfeld ein. Im letzten Drittel sind wieder vermehrt unpersönliche, jedoch eher inhaltsarme Kommunikationsmittel vorzufinden wie z.B. Unternehmensbroschüren, das Investorenhandbuch sowie Finanzanzeigen und Werbespots.

Welche Erkenntnisse lassen sich nun aus diesem Ranking der Kommunikationsmittel gewinnen? Am auffälligsten ist wohl die Feststellung, daß seitens der Kleinaktionäre eine klare Dominanz der aussagekräftigen unpersönlichen Kommunikationsmittel geäußert wird. Die vertretene These, daß Kleinaktionäre aufgrund einer bei ihnen vermuteten hohen Emotionalität ein besonderes Interesse an persönlichen Kommunikationsmitteln zeigen würden, bewährt sich angesichts dieses Rankings nicht. Vergleicht man die Kommunikationsmittel nicht nur bezüglich ihrer Bedeutung, sondern auch im Hinblick auf ihre Nutzung, so fällt zusätzlich auf, daß es auch gerade die persönlichen Kommunikationsmittel sind, die am wenigsten von den Kleinaktionären genutzt wurden. Hauptversammlungen und Unternehmenspräsentationen wurden bisher nur von ca. 55 Prozent der befragten Kleinaktionäre besucht, Betriebsbesichtungen sogar nur von ca. 45 Prozent. Nicht nur die Bedeutung, sondern auch die Nutzerzahlen deuten also auf den eher geringen Stellenwert persönlicher Kommunikationsmittel hin - mit der für IR-aktive Unternehmen positiven Folgewirkung, daß eine kostenintensive persönliche Ansprache von Kleinaktionären guten Gewissens weitgehend vernachläßigt werden kann.

Aus der Rangliste geht hervor, daß insbesondere die Berichterstattung in den Medien, also die Artikel in den Printmedien, aber auch die Börsensendungen im Fernsehen und im Rundfunk, die Hauptinformationsquelle für die Kleinaktionäre bilden. Für die hohe Bedeutung dieser Kommunikationsmittel gibt es - wie aus den Interviews offensichtlich wurde - verschiedene Gründe. Einerseits ist es die Objektivität der Schilderungen und Erläuterungen, die durch die Unabhängigkeit dieser Informationsmittler gewährleistet ist, die den hohen Stellenwert der Berichterstattung in den Medien erklärt. Andererseits bietet nur sie dem Kleinaktionär die Gelegenheit, sich aktuell über wichtige Neuigkeiten zu informieren. Der von einem Interviewpartner bemängelte Nachteil, daß die Berichterstattung nicht auf einen bestimmten Adressatentyp ausgelegt ist, sondern die Interessen vieler unterschiedlicher Personen befriedigen muß, scheint angesichts des ermittelten Stellenwerts jedoch von der Mehrheit der Befragten nicht geteilt zu werden.

Unternehmen, die sich eine effiziente Ansprache der Kleinaktionäre zum Ziel gesetzt haben, zwingt deren hohe Wertschätzung des Kommunikationsmittels Berichterstattung in ein Abhängigkeitsverhältnis. Nicht sie selbst, sondern vor allem die Journalisten und Redakteure bestimmen letztlich, wann, mit welcher Intensität und auf welche Weise private Anleger informiert werden. Für die Unternehmen ist deshalb eine intensive und auf die Bedürfnisse dieser Multiplikatoren zugeschnittene Pressearbeit eine zentrale Aufgabe, um private Anleger überzeugen und sie als neue Aktionäre gewinnen zu können.

Eine weitere wesentliche Entscheidungsgrundlage für den Kleinaktionär bildet der Geschäftsbericht eines Unternehmens. Die empirisch nachgewiesene hohe Bedeutung dieses Kommunikationsmittels steht dabei ebenso im Einklang mit den theoretischen Überlegungen wie zuvor bereits die Beurteilung des Kommunikationsmittels Berichterstattung in Presse, Funk und Fernsehen. Die insgesamt positive Bewertung darf jedoch nicht darüber hinwegtäuschen, daß der Geschäftsbericht durchaus auch Kritik ausgesetzt ist. Insbesondere wurde von den Interviewpartnern mangelnde Aktualität der Informationen und teilweise fehlende Objektivität bzw. Verschleierungen bei den Selbstdarstellungen beklagt. Positiv wurde jedoch eingeschätzt, daß der Geschäftsbericht die beste Gelegenheit darstelle, sich umfassend über Status quo und Entwickung des Unternehmens zu informieren. Darüber hinaus wurde von einer Gesprächspartnerin betont, daß nicht wegen der Information - die Daten seien ja veraltet -, sondern wegen der Art der Aufmachung und des Layouts der Geschäftsbericht für sie interessant sei. Denn man könne sich anhand dessen ein schlüssiges Bild über die Unternehmenskultur machen.

Es ist nun zu überlegen, ob man nicht den Geschäftsbericht, der eigentlich für viele verschiedene Typen von Adressaten gedacht ist, aufgrund seiner hohen Wertschätzung seitens der Kleinaktionäre primär an deren Bedürfnissen ausrichten sollte. Da einflußreichen Kreditgebern, großen institutionellen Anlegern und Analysten die Möglichkeit offensteht, in einem Einzel- oder Kleingruppengespräch sowohl qualitativ als auch quantitativ besser informiert zu werden, dürfte ihr Interesse am Geschäftsbericht eher gering sein. Eine Orientierung an deren Wünschen erscheint daher weniger zweckmäßig.[46] Auf die Frage, wie ein für die Kleinaktionäre optimal gestalteter Geschäftsbericht aussehen muß, wird im folgenden ausführlich eingegangen.

Wie ein Vergleich des obigen Befunds mit dem einer Studie von Günther/Otterbein[47] zeigt, wird die Bedeutung des Kommunikationsmittels Aktio-

---

46 Tatsächlich hat ein Analyst im Interview erklärt, daß er beim Geschäftsbericht lediglich am Zahlenteil bzw. an den dazugehörigen Erläuterungen interessiert sei.

47 Vgl. Günther, T. / Otterbein, S. (Gestaltung, 1996), S. 410, Abb. 10.

närsbrief seitens IR-aktiver Unternehmen unterschätzt. Während dieser von den Unternehmensvertretern beispielsweise hinter den Kommunikationsmitteln Hauptversammlung, Zwischenbericht und IR-Broschüren notiert wird, nimmt er bei der Befragung der Kleinaktionäre einen Platz vor den genannten Kommunikationsmitteln ein. Unter einem Aktionärsbrief stellen sich die Kleinaktionäre eine speziell für sie geschriebene, regelmäßig vierteljährlich erscheinende und zur Vereinfachung von Vergleichen identisch aufgebaute Publikation von ca. 2-3 Seiten Umfang vor. Darin sollten kurz die wichstigsten finanziellen Daten sowie die wichtigsten Ereignisse des letzten Vierteljahres aufgeführt sein. Des weiteren wird gefordert, daß die Unternehmen einen Ausblick über das kommende Quartal geben. Enttäuschung wurde in der Zielgruppe darüber geäußert, daß der Aktionärsbrief als Kommunikationsmittel viel zu wenig genützt würde. Allerdings wurde auch die Meinung vertreten, daß gerade kleineren Unternehmen der dafür notwendige Zeit- und Kostenaufwand schwerlich zugemutet werden kann.

Wie bereits erwähnt hat sich die im Theorieteil geäußerte Vermutung, daß gerade die persönlichen Kommunikationsmittel Hauptversammlung, Unternehmenspräsentation, Betriebsbesichtigungen, Aktionärsmessen für die Kleinaktionäre von übergeordneter Bedeutung sind, nicht bewahrheitet. Von den persönlichen Kommunikationsmitteln wurde nun die Hauptversammlung wider Erwarten als wichtigstes persönliches Kommunikationsmittel beurteilt. Als Grund dafür wurde von einem der Kleinaktionäre besonders hervorgehoben, daß die Hauptversammlung, bei der jeder Teilnehmer von seinem Fragerecht Gebrauch machen kann, eine wichtige Quelle ist, um individuelle Informationsbedürfnisse stillen zu können. Die Mehrheit der Kleinaktionäre begründete ihr positives Urteil jedoch weniger mit dem Informationswert der Hauptversammlung, als damit, daß man durch die Art, wie ein Unternehmen diese Veranstaltung aufziehe, wichtige Rückschlüsse ziehen könne, welche Wertschätzung die Unternehmensrepräsentanten ihren Aktionären zollen. Es wurde bereits bemerkt, daß nur etwa die Hälfte der Kleinaktionäre bereits einmal an einer Hauptversammlung teilgenommen hat. Berücksicht man jedoch die positive Einschätzung, die diese Befragten von diesem Kommunikationsmittel haben, dann stellt sich für ein Unternehmen die Frage, ob nicht die anderen Aktionäre vermehrt dazu animiert werden sollten, persönlich an der Hauptversammlung teilzunehmen.

Während die Bedeutung der Hauptversammlung also unterschätzt wurde, wurde der Wert der Kommunikationsmittel Aktionärsmesse bzw. IR-Forum deutlich überschätzt. Einer der Kleinaktionäre erklärte, daß diese Veranstaltungen für ihn immer einen „negativen Beigeschmack" hätten. Unternehmen, die sich hier präsentierten, würden auf ihn den Eindruck machen, „einfach schnell viel Geld einfahren zu wollen". Die insgesamt eher negative Bewertung dieser Kommunikationsmittel ist insbesondere vor dem Hintergrund interessant, als die befragten Kleinaktionäre allesamt Besucher einer Aktionärsmesse, des Aktionstags Börse, waren.

Ebenso nur von mittelmäßigem Interesse für die Kleinaktionäre sind die Kommunikationsmittel Betriebsbesichtigung und Unternehmenspräsentation. Interessanterweise wurde die Betriebsbesichtigung von den Interviewpartnern positiver bewertet als von den Teilnehmern der schriftlichen Erhebung. Konfrontiert mit der Frage, ob sie daran gerne teilnehmen würde, antwortete die Mehrzahl der Gesprächspartner, daß es ihnen sehr interessant erscheine, daß es ihnen von den Unternehmen jedoch noch nie angeboten worden wäre.

Kein Unterschied zwischen den Befunden der schriftlichen und der mündlichen Befragung ergab sich bei der Beurteilung der Unternehmenspräsentation. Als Argumente für die verhältnismäßig geringe Bedeutung wurden angeführt, daß die meisten der dort gegebenen Informationen auch aus der Presse bekannt seien und daß sich daher der zeitliche Aufwand dafür nicht lohne. Dem Einwand, daß dort jedoch ein direkter Kontakt mit Unternehmensrepräsentanten möglich sei, wurde entgegengehalten, daß dieses Argument nur dann ausschlaggebend sei, wenn es sich dabei um Mitglieder des Vorstands handle.

Das Schlußlicht der persönlichen Maßnahmen bildet interessanterweise die Hotline via Telefon oder E-Mail. Die geringe Nutzung dieses Kommunikationsmittels deutet dabei auf die Scheu der Kleinaktionäre hin, sich bei Fragen direkt an das Unternehmen zu wenden. So wurde auch von einem Interviewpartner geäußert, daß es ihm bei seinem geringen Anlagebetrag nicht zustehe, von diesem Kommunikationsmittel Gebrauch zu machen.

Laut Aussagen der Kleinaktionäre erklärt in erster Linie der geringe Informationswert, warum Broschüren, Investorenhandbuch und insbesondere Finanzanzeigen und Werbespots die hinteren Plätze der obigen Rangliste einnehmen. Allerdings wurde den beiden letzteren Kommunikationsmitteln durchaus ein besonderer Nutzen zugesprochen. Unternehmen würden oft erst dadurch wahrgenommen, daß man durch eine Anzeige darauf aufmerksam gemacht wurde. Nicht als Überbringer von Information, sondern zur Verbesserung des Images sowie zur Bekanntmachung könnten Anzeigen und Werbespots daher von Bedeutung sein.

Abschließend soll noch kurz auf zwei Informationsquellen eingegangen werden, die kaum von den Unternehmen selbst beeinflußt werden können - die Gespräche unter Aktionären bzw. mit Anlageberatern. Besonders erstere werden hoch eingeschätzt, da sich hier die Gelegenheit ergibt, Meinungen und Einschätzungen anderer privater Anleger kennenzulernen und gleichzeitig neue Anregungen zu erhalten. Nur mittelmäßige Bedeutung wird dagegen den Gesprächen mit Anlageberatern, deren Qualität von einzelnen Interviewpartnern massiv bemängelt wurde, beigemessen. Speziell im Hinblick auf dieses Ergebnis ist jedoch noch einmal darauf hinzuweisen, daß durch die Art, wie die Stichprobe gezogen wurde, vor allem Aktionäre in die Befragung einbezogen wurden, denen ein hohes Engagement und Interesse hinsichtlich der Aktienananlage unterstellt werden kann.

5.2.4.2 BEDEUTUNG EINZELNER TEILE DES GESCHÄFTSBERICHTS

Die theoretisch vermutete - und später empirisch nachgewiesene - hohe Bedeutung des Kommunikationsmittels Geschäftsbericht war Grund dafür, intensiver zu analysieren, welche Teile des Geschäftsberichts für die Kleinaktionäre von bevorzugtem Interesse sind. Wiederum auf einer fünfstufigen Ratingskala sollte die Bedeutung von Bilanz, Gewinn- und Verlustrechnung, Anhang, Lagebericht, den sonstigen beigefügten Artikeln sowie dem Bericht des Vorstands beurteilt werden. Das Ergebnis dieser Untersuchung ist in Abbildung 5.27 dargestellt.

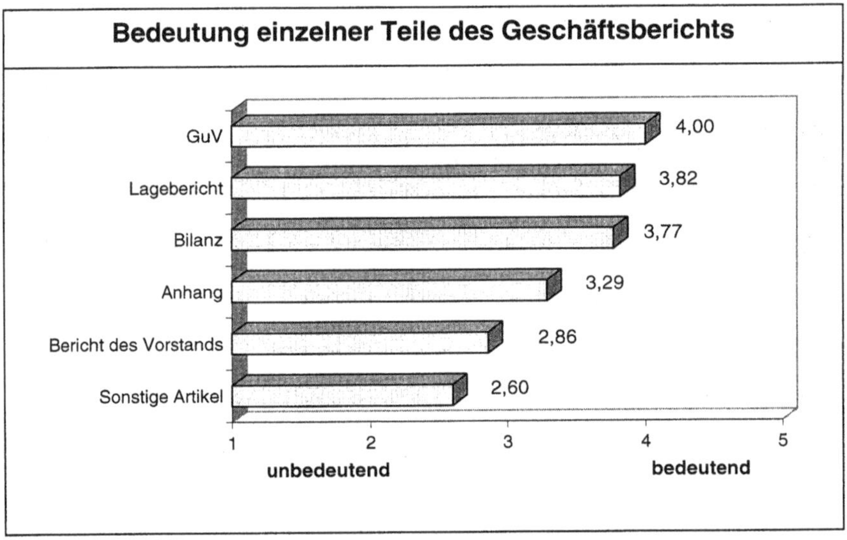

Abb. 5.27: Bedeutung einzelner Teile des Geschäftsberichts

Durch ihre Bewertung machen die Kleinaktionäre deutlich, daß sie - ebenso wie man es von Analysten vermutet - die harten und geprüften Fakten des Jahresabschlusses den sonstigen Schilderungen im Geschäftsbericht vorziehen. Mit deutlichem Abstand belegen dementsprechend die zu Beginn eines jeden Geschäftsberichts abgedruckte Ansprache des Vorstands sowie die sonstigen erläuternden Artikel die letzten Plätze des Rankings. Als Gründe für das geringe Interesse an diesen Teilen des Geschäftsberichts führten die Interviewpartner einerseits mangelnde Aussagekraft der Schilderungen, andererseits eine zu optimistische Sichtweise bzw. eine verschleiernde Selbstdarstellung der Autoren an.

Allgemein wurde der oft zu große Umfang der Geschäftsberichte mit dem Hinweis auf eine „Informationsüberflutung“ bemängelt. Angesichts der obigen Bewertung handelte es sich wohl eher um eine Mindermeinung eines Kleinaktionärs, der erklärte, daß ihn gerade die Artikel, die verstärkt über die weichen Erfolgsfaktoren informieren, sowie die im Geschäftsbericht abgedruckten Bilder, die einen emotionalen Eindruck vom Unternehmen hinterlassen, ansprechen. Dennoch gibt für den Fall, daß ein Unternehmen der pauschalen Forderung eines Kleinaktionärs, den Umfang des Geschäftsberichts zu reduzieren, nachkommen will, der obige Befund klare Anhaltspunkte, in welchen Bereichen die größten Kürzungspotentiale bestehen.

Von den vier Teilen des Jahresabschlusses wird der Gewinn- und Verlustrechnung die höchste Bedeutung eingeräumt. Wissen zu wollen, wie viele Einnahmen ein Unternehmen hat und woher diese kommen, hat einer der Kleinaktionäre als zentrales Informationsbedürfnis bezeichnet.[48] Als nächst wichtige Teile des Geschäftsberichts werden dem zukunftsbezogenen Lagebericht und der Bilanz annähernd gleiche Wertschätzung zuteil. Bezüglich der Bilanz wurde mehrheitlich zum Ausdruck gebracht, daß nicht die absoluten Werte, sondern vielmehr die Veränderungen zum Vorjahr von Interesse sind. Um sich diese Veränderungen erklären zu können, wird dann auch der Anhang mit den Erläuterungen zu den einzelnen Positionen bemüht. Ein genaueres Studium des Anhangs, das insbesondere von den Analysten vorgenommen wird, gehört dagegen nicht zu den normalen Aktivitäten eines Kleinaktionärs.[49]

5.2.5 BEFUNDE ZUM UNTERSUCHUNGSASPEKT KOMMUNIKATIONSTRÄGER

Im Rahmen der theoretischen Ausführungen wurde die Eignung verschiedener Kommunikationsträger für die Zwecke von Investor Relations diskutiert. Dabei wurde grob zwischen den Printmedien, die Tages- und Wochenzeitung sowie die Fachzeitschriften umfassen, und den elektronischen Medien - im wesentlichen Hörfunk, Fernsehen und Internet - unterschieden.

Daß die Analyse des Mediennutzungsverhaltens von Kleinaktionären nicht vernachlässigt werden darf, unterstreicht nicht zuletzt das zuvor vorgestellte Ergeb-

48 Bei der Beurteilung der Informationsaspekte hat sich bereits eine derartige Prioritätensetzung abgezeichnet, da dort Informationen über die Erfolgslage als wesentlich wichtiger denn Daten über die Finanz- und Vermögenslage bezeichnet wurden. Vgl. Kapitel 5.2.3.1.

49 In diesem Zusammenhang hat einer der interviewten Analysten die Qualität des Anhangs in deutschen Jahresabschlüssen vehement in Frage gestellt. Vgl. zu dem geringen Interesse der Kleinaktionäre am Anhang das damit konforme Ergebnis in Kapitel 5.2.3.4 zu den Bilanzierungsregeln, die für diese ebenfalls von untergeordneter Bedeutung sind.

nis zu den Kommunikationsmitteln. In diesem kam die Vormachtstellung der Berichterstattung in Presse, Funk und Fernsehen als bedeutendste Informationsquelle für die Kleinaktionäre zum Ausdruck. Darauf bezugnehmend ist die Analyse der bevorzugt genutzten Trägermedien für IR-aktive Unternehmen aus zwei Gründen wichtig: Erstens ergeben sich daraus wertvolle Hinweise, welche diejenigen Zeitungsverlage bzw. die Fernseh- oder Hörfunksender sind, zu deren Journalisten besonders enge und intensive Kontakte gepflegt werden sollten. Zweitens lassen sich dadurch konkrete Kommunikationsträger benennen, in denen Finanzanzeigen bzw. Werbespots zu schalten sind, um eine größtmögliche Ansprache zu erreichen.

Im folgenden werden nun Befunde hinsichtlich der Nutzung und Bedeutung der unterschiedlichen Kommunikationsträgerarten (Kap. 5.2.5.1) sowie hinsichtlich konkreter Kommunikationsträger (Kap. 5.2.5.2) vorgestellt.

5.2.5.1 NUTZUNG UND BEDEUTUNG UNTERSCHIEDLICHER KOMMUNIKATIONSTRÄGERARTEN

Ebenso wie zuvor bei den Kommunikationsmitteln wurde auch im Hinblick auf die Kommunikationsträger den Kleinaktionären zuerst die Frage gestellt, welche Medien genutzt werden. Nur für die tatsächlich von ihnen genutzten Kommunikationsträger sollten die Befragten im folgenden eine Beurteilung ihrer Bedeutung vornehmen. Abbildung 5.28 verdeutlicht das Ergebnis, wobei der Bedeutung der einzelnen Kommunikationsträger in der linken Grafik die Nutzerzahlen in der rechten Grafik gegenübergestellt sind.

Wie die hohen Nutzerzahlen bezüglich der Kommunikationsträger Tageszeitung, Fachzeitschrift sowie Fernsehen belegen, sind die genannten Medien bei nahezu allen Kleinaktionären als Informationsquelle fest etabliert. Demgegenüber werden die Kommunikationsträger Hörfunk, Wochenzeitung und vor allem Internet nur selektiv von Teilen der Kleinaktionäre genutzt.

In einem der Interviews mit den Kleinaktionären fiel der Satz: „Lesen ist Gewohnheitssache". Damit ist präzise erklärt, warum die Printmedien Fachzeitschrift und Zeitung bezüglich der Bedeutung unter den verschiedenen Arten von Medien dominieren. Ein Grund, der zusätzlich den Abstand zwischen diesen Medien und dem Fernsehen bezüglich des Kriteriums Bedeutung rechtfertigen könnte, wurde bereits im Rahmen der theoretischen Ableitung angesprochen - die Möglichkeit zur Archivierung von Schriftstücken. Mehrere der interviewten Kleinaktionäre teilten mit, daß sie vor allem Geschäftsberichte, aber auch interessante Berichte und Presseartikel über Unternehmen und über bestimmte Branchen sammeln und über einen gewissen Zeitraum - z.B. bis zur nächsten Hauptversammlung - aufbewahren.

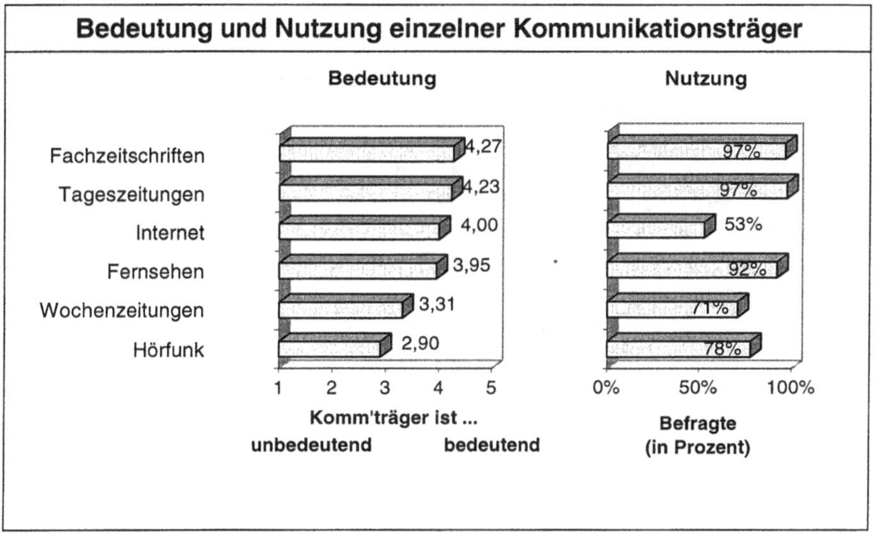

Abb. 5.28: Bedeutung und Nutzung einzelner Kommunikationsträger

Interessant erscheint der Stellenwert des Kommunikationsträgers Internet. Wie die theoretischen Ausführungen gezeigt haben, könnte prinzipiell dieses Medium die Vorzüge von Printmedien - unabhängige Informationsaufnahme, Archivierung, Gewohnheit Lesen - und Fernsehen - Aktualität - miteinander verbinden. Wenn es von der Bedeutung dennoch hinter den Printmedien angesiedelt ist, so ist das also weniger auf die Charakteristika des Mediums, als möglicherweise auf die im Internet präsentierten Inhalte bzw. deren Aufbereitung zurückzuführen.[50] Positiv stimmt die verhältnismäßig hohe Akzeptanz dieses Mediums mit einer Nutzerquote von beinahe 53 Prozent. Allerdings muß darauf hingewiesen werden, daß möglicherweise der hohe Anteil junger Menschen für das positive Abschneiden verantwortlich sein könnte. Eine Untersuchung des Durchschnittsalters in den Gruppen Nutzer versus Nichtnutzer bestätigt diesen Verdacht. In der Gruppe der bis zu 35-jährigen beispielsweise liegt der Anteil der Internet-Nutzer bei 63 Prozent, in der Gruppe der über 35-jährigen dagegen „nur" bei 40 Prozent.

Im Gegensatz zu den Printmedien, die auch aufgrund der theoretischen Überlegungen als wichtigste Kommunikationsträger eingeschätzt wurden, ist der Bedeutungswert für den Kommunikationsträger Fernsehen überraschend. So

---

50 Die Nachteile des Internets, wie z.B. Zugänglichkeit und Handling, spielen bei der Beurteilung der Bedeutung keine Rolle, da hier nur das Urteil derjenigen einfließt, die das Internet auch tatsächlich nutzen, d.h. die diese Nachteile also nicht empfinden werden.

erstaunt vor allem der relativ geringe Abstand, den das Fernsehen zu den beiden Printmedien Tageszeitung und Fachzeitschrift aufweist. Wie sich in den Interviews gezeigt hat, ist die hohe Aktualität der Informationsvermittlung, die mit diesem Medium erreicht werden kann, der ausschlaggebende Grund für diese positive Beurteilung. Das Interesse, auf welchem Kurs die Aktien gerade stehen und wie die letzte Entwicklung an den Börsen ist, kann der Kleinaktionär am einfachsten mittels Fernsehen befriedigen. Diesen Themen gilt auch das Hauptinteresse der Kleinaktionäre, die Fernsehen als Medium nutzen. Interviews, Berichte und Reportagen seien dagegen eher nachrangig. Vermutlich wird eben für die Hintergrundberichterstattung vermehrt auf die obigen Printmedien zurückgegriffen. Der Nachteil, daß das Fernsehen keine zeit- und ortsunabhängige Informationsaufnahme erlaubt, wurde nicht als Problem gesehen. Mehrere Kleinaktionäre gaben an, daß das Fernsehen bei ihnen im Hintergrund laufe, wenn sie daheim seien. Richtig zusehen würde man nur dann, wenn etwas Interessantes käme.

Abgeschlagen, d.h. nur von sehr geringer Bedeutung für die Kleinaktionäre, landeten die Medien Wochenzeitung und Hörfunk im Ranking auf den letzten Plätzen. Fehlende Aktualität der Berichterstattung in den Wochenzeitungen und ein insgesamt geringes Angebot von Börseninformationen im Hörfunk dürften die wesentlichen Gründe für diese Beurteilung sein.

5.2.5.2 NUTZUNG KONKRETER KOMMUNIKATIONSTRÄGER

Weiterhin wurde im Rahmen der schriftlichen Befragung nach konkreten Kommunikationsträgern gefragt, die von den Kleinaktionären genutzt werden.[51] Für die vier wichtigsten Kommunikationsträgerarten ist das Ergebnis dieser Analyse in Abbildung 5.29 zusammengestellt. Über die unterschiedlichen Medienarten zeigte sich dabei eine interessante Gemeinsamkeit. Nahezu ausschließlich werden deutsche Medien verwendet. Ausländische Zeitungen oder Fernsehsender nützt der Kleinaktionär praktisch nicht.[52] Daraus läßt sich schlußfolgern, daß auch das Portefeuille eines deutschen Kleinaktionärs weitgehend aus Aktien deutscher Unternehmen besteht.

Bei den Tageszeitungen zeigte sich, daß die *Süddeutsche Zeitung* mit 73 Nennungen (ca. 63 Prozent) vor dem *Handelsblatt* mit 50 Nennungen (ca. 45 Prozent)

---

51 Bei dieser Frage bestand für die Befragten die Möglichkeit, mehrere konkrete Titel einer Kommunikationsträgergattung zu nennen, z.B. wenn sie zwei Zeitungen abonniert haben. Aus diesem Grund erklärt sich auch, warum die im folgenden aufgeführten Prozentangaben zu den konkreten Medien einer Kategorie in der Summe 100 Prozent übersteigen.

52 Folgende Anzahl von Nennungen erhielten die ausländischen Printmedien und Fernsehsender: The Economist (1), Newswire (1), Financial Times (3), Wall Street Journal (3), CNBC (2), CNN (3).

und der *Frankfurter Allgemeinen Zeitung* mit 20 Nennungen (ca. 18 Prozent) liegt. Daneben wurde aber auch eine Vielzahl kleinerer regionaler Zeitungen, z.B. die *Nürnberger Nachrichten* oder die *Augsburger Allgemeine*, genannt. Dieser Befund deutet eindeutig darauf hin, daß jeweils die regionale Zeitung bzw. die örtlich nächstgelegene überregionale Zeitung[53] für den Kleinaktionär die wichtigste Informationsquelle ist. Völlig unabhängig von regionalen Aspekten genießt dagegen das Handelsblatt eine besondere Wertschätzung seitens der Kleinaktionäre.

Nutzung konkreter Kommunikationsträger

		Nennungen absolut	Nennungen Prozent
Tageszeitung	Süddeutsche Zeitung	73	66 %
	Handelsblatt	50	45 %
	Frankfurter Allgemeine Zeitung	20	18 %
Fachzeitschrift	Börse Online	50	45 %
	Capital	17	15 %
	Finanzen	14	13 %
	Das Wertpapier	11	10 %
Fernsehen	n-tv	83	78 %
	3-SAT	8	8 %
Internet	Web-Seiten sonst. Anbieter von Finanzinformationen	42	75 %
	Web-Seiten von Unternehmen	35	63 %

Abb. 5.29: Nutzung konkreter Kommunikationsträger

---

53 Es ist anzunehmen, daß bei einer Befragung in Frankfurt anstelle von München die Verteilung der Nennungen zwischen FAZ und SZ gerade umgekehrt verteilt gewesen wäre. Denn für die Beurteilung der SZ dürfte auch die allgemeine hohe regionale Bedeutung ausschlaggebend gewesen sein.

Unter den Fachzeitschriften dominiert die Zeitschrift *Börse Online* klar mit 50 Nennungen (ca. 45 Prozent).[54] Ansonsten ist eine weite Zersplitterung unter den Fachzeitschriften festzustellen. Insgesamt wurden 25 verschiedene Zeitschriften genannt, jedoch blieben mit Ausnahme von *Capital* (17 Nennungen, ca. 15 Prozent), *Finanzen* (14 Nennungen, ca. 13 Prozent) und *Das Wertpapier* (11 Nennungen, ca. 10 Prozent) alle anderen Zeitschriften bezüglich der Nennungen im einstelligen Bereich. Bemerkenswert ist hierbei insbesondere das relativ schlechte Abschneiden von Zeitschriften, die in besonderer Weise den Kleinaktionär als Leser ansprechen, wie z.B. das *Nebenwerte-Journal* oder *Der Aktionär*.

Eindeutig ist das Ergebnis zu den Fernsehsendern. Mit 83 Nennungen (ca. 78 Prozent) ist *n-tv* der am meisten gesehene Fernsehsender. Mit nur 11 Nennungen (ca. 10 Prozent) liegt der Sender *3-Sat* auf Platz 2.

In bezug auf den Kommunikationsträger Internet ist besonders die Frage interessant, auf welche Web-Seiten die Kleinaktionäre, die per Internet ihre Informationssuche betreiben, bevorzugt zurückgreifen. Nutzen sie eher die Informationen, die ihnen die Unternehmen direkt zur Verfügung stellen oder sind sie auch im Internet eher an den Darstellungen und Berichten von unabhängigen Informationsmittlern wie Banken oder Börsenvereinigungen interessiert? Wie Abbildung 5.29 zu entnehmen ist, sind die Kleinaktionäre - möglicherweise wegen des dortigen Angebots eines Gesamtüberblicks über die Aktienmärkte - mehr an den Informationen von sonstigen Informationsintermediären wie beispielsweise Banken interessiert. Wenngleich dies auf den ersten Blick wenig erstaunlich erscheint, so sollte dennoch die Tatsache IR-aktive Unternehmen nachdenklich stimmen, daß mehr als ein Drittel der Kleinaktionäre überhaupt nicht die Seiten von Unternehmen besuchen, nicht einmal von den Unternehmen, deren Aktien sie in ihrem Portefeuille halten.

5.2.6 KONTEXTABHÄNGIGKEIT DER INFORMATIONSBEDÜRFNISSE

Bei der bisherigen Analyse gingen die Informationsbedürfnisse aller Befragten pauschal in die Berechnungen ein. Es wurden somit keine differenzierten Betrachtungen angestellt, ob möglicherweise die individuellen Charakteristika eines Kleinaktionärs bzw. die spezifischen Eigenheiten des Unternehmens, hinsichtlich dem ein Interesse an einer Kapitalanlage besteht, unterschiedliche Informationsbedürfnisse bedingen. Gegenstand des folgenden Kapitels soll es daher sein, ein mögliche Abhängigkeit der Informationsbedürfnisse von verschiedenen Kontextfaktoren genauer zu untersuchen. Die betrachteten Kontextfaktoren lassen sich

54 Es muß jedch darauf hingewiesen werden, daß von der Zeitschrift Börse Online beim Aktionstag Probeexemplare auslagen, weshalb davon auszugehen ist, daß den Kleinaktionären diese Zeitschrift zur Zeit, als der Fragebogen ausgefüllt wurde, besonders präsent war.

dabei in subjektspezifische und objektspezifische Kontextfaktoren unterscheiden. Zu ersteren zählen die Eigenschaften des Subjekts, also des Kleinaktionärs, der die Güte einer Aktie bewerten muß. Letztere beziehen sich dagegen auf das Objekt der Bewertung, also auf die Aktie bzw. das Unternehmen.

5.2.6.1 EINFLUSS SUBJEKTSPEZIFISCHER KONTEXTFAKTOREN

Wie die deskriptiven Befunde zu den Kleinaktionären und insbesondere das Ergebnis der Clusteranalyse gezeigt hat, handelt es sich bei der untersuchten Zielgruppe um einen sehr heterogen zusammengesetzten Personenkreis. Eine Frage, die sich daher zwangsläufig stellt, ist, ob denn wirklich durch ein einziges auf die Gesamtheit der privaten Anleger ausgerichtetes Investor-Relations-Programm die unterschiedlichen Typen adäquat angesprochen und überzeugt werden können. Denn möglicherweise geht mit der nachgewiesenen Heterogenität der Kleinaktionäre in bezug auf ihre persönlichen Merkmale und Verhaltensweisen eine Vielfalt an unterschiedlichen Wünschen und Bedürfnissen hinsichtlich der Finanzkommunikation einher. Mittels der folgenden Untersuchung soll daher analysiert werden, ob überhaupt bzw. inwieweit subjektspezifische Kontextfaktoren, d.h. persönliche Eigenschaften des Kleinaktionärs, das Informationsbedürfnis beeinflussen.

Als Ausgangspunkt für diese Analyse bietet sich der Befund zur Clusteranalyse an. Mittels dieser konnten in der Menge der Kleinaktionäre drei Anlegertypen - die jungen Spekulanten, die erfahrenen Anleger und die spätberufenen Aufsteiger - identifiziert werden, die sich hinsichtlich ihrer persönlichen Eigenschaften und Verhaltensweisen erheblich voneinander unterscheiden[55]. Im folgenden wird nun der Frage nachgegangen, ob sich diese verschiedenen Typen auch durch unterschiedliche Meinungen zu den Untersuchungsaspekten Kommunikationsgrundsätze, Kommunikationsinhalte, Kommunikationsmittel und Kommunikationsträger auszeichnen.

Kommunikationsgrundsätze

Wie Abbildung 5.30 zeigt, ist die Meinung der verschiedenen Anlegertypen in bezug auf die Frage, wie gut die Unternehmen die verschiedenen Grundsätze einhalten, sehr ähnlich. Lediglich im Hinblick auf den Grundsatz der Gleichbehandlung äußern die erfahreneren Anleger eine deutlich geringere Unzufriedenheit als die beiden anderen Gruppen.

---

55 Vgl. Kapitel 5.2.1.2.

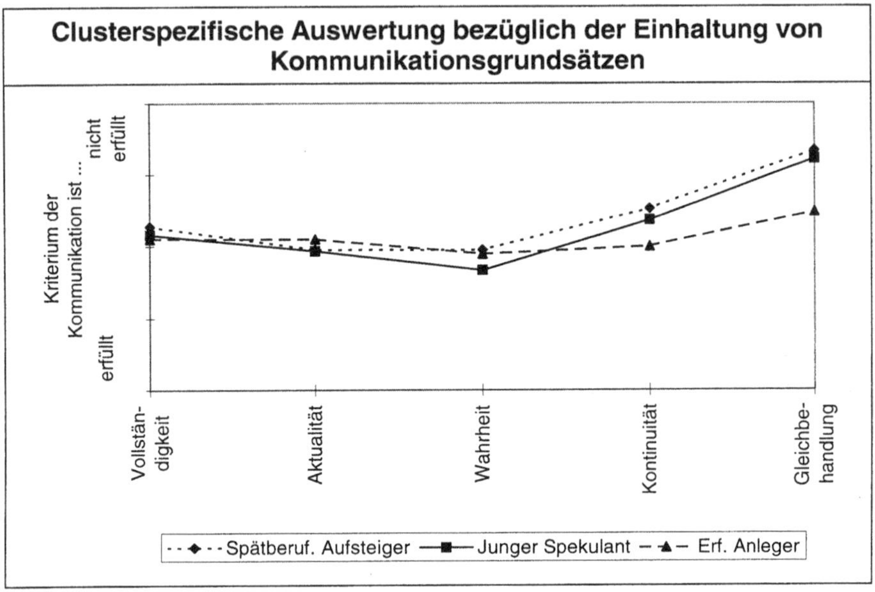

Abb. 5.30: Clusterspezifische Auswertung bezüglich der Einhaltung von Grundsätzen[56]

Um genauer bestimmen zu können, woraus diese bessere Beurteilung resultiert, wurden Korrelationen zwischen den einzelnen subjektspezifischen Kontextfaktoren und der Beurteilung der Gleichbehandlung gemessen. Dabei zeigte sich interessanterweise ein Zusammenhang von 0,22 zwischen einer positiven Beurteilung und einem hohen Zeitaufwand. Anscheinend hängt die Einschätzung, ob ein Unternehmen den Grundsatz der Gleichbehandlung befolgt, entscheidend davon ab, wieviel Zeit die Anleger investieren. Denn je mehr Zeit Anleger auf die Informationssuche verwenden, desto eher scheinen sie festzustellen, wie viele Informationen sie eigentlich bekommen können, und desto stärker verringert sich bei ihnen daher auch die Empfindung, nicht gleichartig behandelt zu werden.

Abbildung 5.31 gibt die Bewertungen der unterschiedlichen Anlegertypen bezüglich der Frage wieder, ob sich durch die Gründe Schutz des Unternehmens vor Konkurrenz, adressatengerechte Ansprache und erhöhte Klarheit, die in den

56 Es soll ausdrücklich klargestellt werden, daß in dieser wie in den folgenden Grafiken natürlich nicht der Verlauf eines stetigen Merkmals (wie z.B. bei einer Zeitreihe) abgebildet wird, auch wenn möglicherweise die Verbindungslinien zwischen den verschiedenen Koordinatenpunkten diesen Anschein erwecken. Ähnlich wie bei einem Polaritätenprofil wird durch diese Form der Visualisierung versucht, den homogenen bzw. heterogenen Verlauf der unterschiedlichen Profile für das Auge einfacher wahrnehmbar zu machen.

Grundsätzen der begrenzten Offenlegung, der Zielgruppenorientierung und der Wesentlichkeit manifestiert sind, eine Einschränkung der zuvor genannten Prinzipien rechtfertigen ließe.

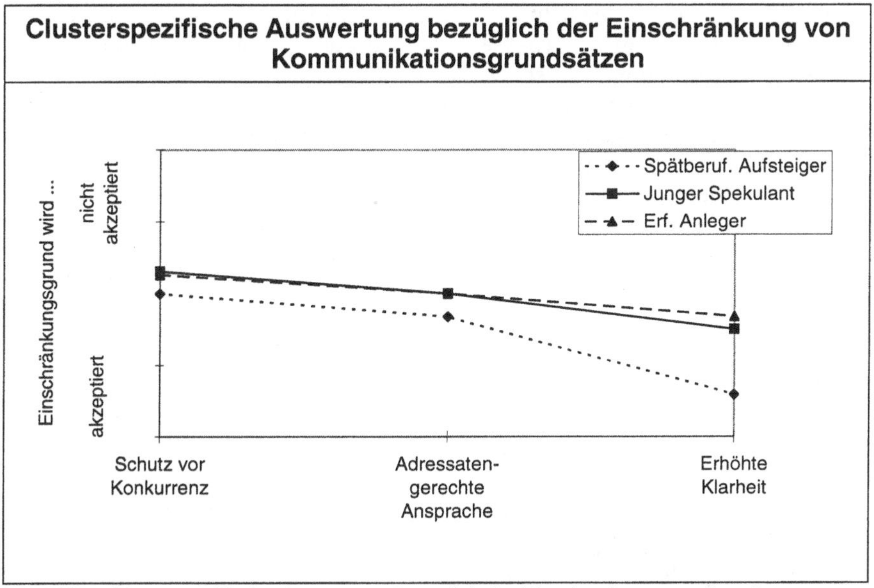

Abb. 5.31: Clusterspezifische Auswertung bezüglich der Einschränkung von Grundsätzen.

Es wird ersichtlich, daß junge Spekulanten und erfahrene Anleger bezüglich aller Aspekte fast identische Meinungen vertreten. Die spätberufenen Aufsteiger, die ebenfalls bei den Aspekten Schutz vor Konkurrenz und adressatengerechte Ansprache eine hohe Übereinstimmung mit den anderen Anlegertypen zeigen, weisen lediglich in dem letzten Punkt eine Abweichung auf. So sind sie einer Informationsbeschränkung mit dem Ziel, die Klarheit und Übersichtlichkeit der Finanzkommunikation zu verbessern, gegenüber viel positiver eingestellt als die anderen Gruppen. Eine derartige Bewertung erscheint nachvollziehbar, wenn man sich bewußt macht, daß die spätberufenen Aufsteiger einen Anlegertyp repräsentieren, der verglichen mit den anderen den geringsten Enthusiasmus[57] bezüglich

57 Neben dem Befund, daß dieser Anlegertyp am wenigsten Zeit pro Woche für die Informationsaufnahme investiert, läßt auch die Tatsache, daß dieser erst in verhältnismäßig hohem Alter den Wunsch bzw. vielleicht auch die Notwendigkeit verspürt hat, an der Börse zu agieren, generell auf einen geringeren Enthusiasmus schließen. Vgl. hierzu auch Kapitel 5.2.1.2.

der Kapitalanlage aufweist und der daher besonders daran interessiert sein dürfte, schnell und einfach die wichtigsten Informationen aufnehmen zu können.

Kommunikationsinhalte

Anschließend wurde untersucht, ob die verschiedenen Anlegertypen auch unterschiedliche Informationsbedürfnisse bezüglich der Inhalte, die im Rahmen von Investor Relations kommuniziert werden sollen, aufweisen. Wie Abbildung 5.32 zeigt, bestätigt diese Analyse tendenziell eine Annahme, die im Zuge der zuvor vorgestellten Befunde aufkeimte. Trotz der großen Unterschiede hinsichtlich ihrer Eigenschaften und Verhaltensweisen zeigen die drei identifizierten Anlegertypen sehr ähnliche Informationsbedürfnisse. Insbesondere im rechten Teil der Grafik erstaunen die zwar auf unterschiedlichem Niveau liegenden, jedoch sehr gleichmäßig verlaufenden Profile der Anlegertypen junger Spekulant und erfahrener Anleger. Durch beide Profile wird ein Korridor aufgespannt, der in Höhe des Aspekts Kapital/Finanzierung eine maximale Breite von weniger als 0,8 Einheiten aufweist und in dem dasjenige des Anlegertyps spätberufener Aufsteiger hin- und herpendelt.[58] Insgesamt läßt die Grafik den Schluß zu, daß die Bedürfnisse der verschiedenen Anlegertypen nicht so divergent sind, als daß sie inhaltlich unterschiedliche Kommunikationsprogramme rechtfertigen könnten.

Zusätzlich wurden auch hier Korrelationsanalysen durchgeführt, um Zusammenhänge zwischen einzelnen subjektspezifischen Kontextfaktoren und der Beurteilung der Bedeutung einzelner Informationsaspekte zu identifizieren. Dabei ergab sich der in Abbildung 5.33 dargestellte Befund. Wie die positive Beziehung zwischen dem Kontextfaktor Alter und den Informationsaspekten Vermögen bzw. Kapital/Finanzierung zeigt, sind ältere Anleger bei ihrer Entscheidung über eine Kapitalanlage wohl noch stark dem früher dominanten Substanzwertverfahren verhaftet, während jüngere sich kaum mehr an dieses halten. Ebenso zeichnet ältere Menschen im Gegensatz zu jungen eine gewisse Emotionalität bei der Aktienanlage aus, wie die Korrelation zwischen der Variable Alter und Interesse am Informationsaspekt Sozialberichterstattung zeigt. Neben dem Alter ist auch der bei der Anlagestrategie verfolgte Zeithorizont ein Kontextfaktor, der das Informationsbedürfnis der Anleger beeinflußt. So sind - konform mit der Theorie -

58 Um besser zeigen zu können, bei welchen Informationsaspekten Unterschiede bestehen, wurden die einzelnen Items entsprechend der jeweils berechneten Standardabweichung angeordnet.

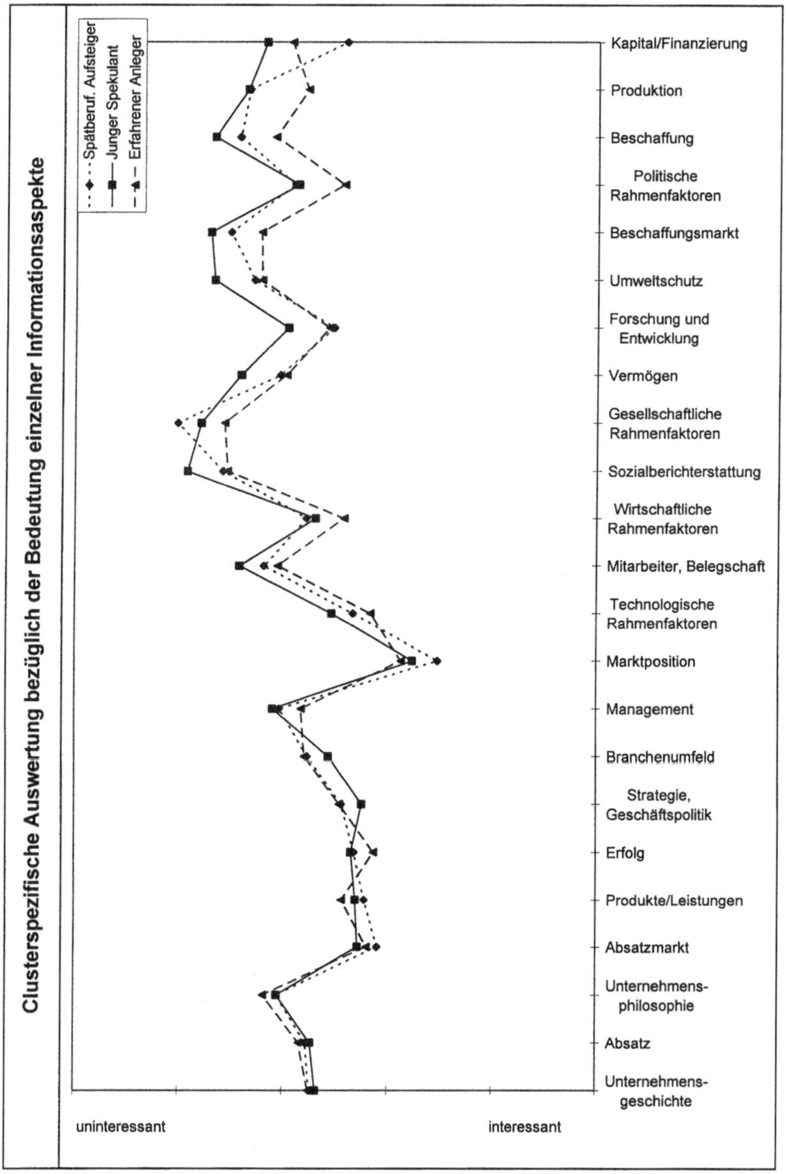

Abb. 5.32: Clusterspezifische Auswertung bezüglich der Bedeutung einzelner Informationsaspekte

langfristig orientierte Anleger im Gegensatz zu kurzfristig orientierten besonders an Informationen zu den Aspekten Kapital/Finanzierung, Forschung und Entwicklung und zu den technologischen Rahmenfaktoren interessiert.

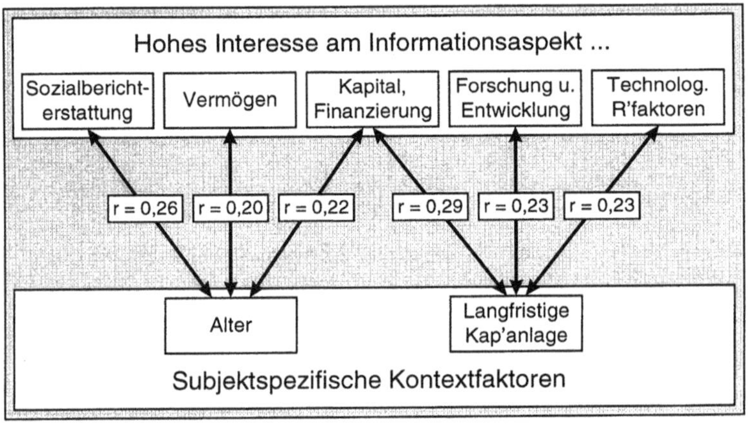

Abb. 5.33: Zusammenhang zwischen subjektspezifischen Kontextfaktoren und Interesse an bestimmten Informationsaspekten

Nicht nur im Hinblick auf die Informationsaspekte, sondern auch im Hinblick auf kommentierende Daten wurde untersucht, ob die unterschiedlichen Anlegertypen uneinheitliche Informationsbedürfnisse aufweisen. Wie Abbildung 5.34 zeigt, weichen diesbezüglich die artikulierten Meinungen und Anforderungen der unterschiedlichen Cluster noch weniger als bei den Informationsaspekten voneinander ab. Auch mittels Korrelationsanalysen konnten keine Zusammenhänge zwischen dem Interesse an bestimmten kommentierenden Informationen und einzelnen subjektspezifischen Kontextfaktoren nachgewiesen werden.

Identifziert werden konnten durch derartige Analysen jedoch Vorlieben bestimmter Adressatentypen, die sich auf den Zeitbezug bzw. die Art des Datenmaterials beziehen. So konnte beispielsweise ein Zusammenhang zwischen Risikofreude und Desinteresse an vergangenheitsbezogenen Daten bei einem Korrelationskoeffizienten von 0,24 ermittelt werden. Während also Risikoaverse auch historische Daten mit berücksichtigen, gilt für Spekulanten umso mehr der Satz, daß nur die zukünftige Entwicklung über die Performance der Aktie entscheidet und somit auch vergangenheitsbezogene Informationen vernachlässigt werden können. Eine negative Korrelation von - 0,24 konnte zwischen den Variablen Zeitdauer der Beschäftigung mit der Aktienanlage und Interesse an qualitativen Daten gemessen werden. In Übereinstimmung mit theoretischen Überlegungen zeigen sich also Anleger, die bereits sehr lange an der Börse agieren, tendenziell eher uninteressiert an qualitativem Datenmaterial, während Börsenneulinge gerne auf dieses zurückgreifen.

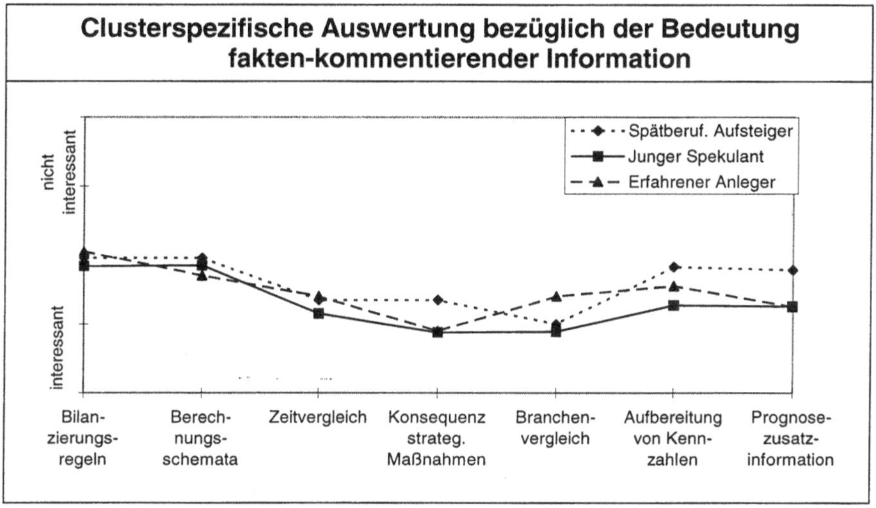

Abb. 5.34: Clusterspezifische Auswertung bezüglich der Bedeutung fakten-kommentierender Information

Kommunikationsmittel

Die bereits aus den zuvor dargestellten Befunden ersichtliche hohe Homogenität der Kleinaktionäre zeigt sich grundsätzlich auch bei deren Einschätzung bezüglich der Bedeutung der unterschiedlichen Kommunikationsmittel. Abbildung 5.35 zeigt einen sehr ähnlichen Verlauf der Profile der jungen Spekulanten und der spätberufenen Aufsteiger. Einzelne Abweichungen dazu weisen jedoch die Urteile der erfahrenen Anleger auf. Hotline, Gespräche mit anderen Anlegern und das Investorenhandbuch werden von ihnen im Vergleich als weniger bedeutend, die Betriebsbesichtigungen und die Unternehmenspräsentation dagegen als bedeutender eingeschätzt. Der direkte Kontakt mit dem Unternehmen scheint den „altgedienten" Anlegern also wichtig zu sein, während neumodische Kommunikationsmittel wie die Hotline oder das Investorenhandbuch ihrerseits kaum Beachtung finden. Darüber hinaus ist wohl ihr Glaube, daß man dem eigenen Urteil am meisten trauen könne und daß natürlich auch der eigene Wettbewerbsvorteil nicht verschenkt werden dürfe, Grund dafür, daß Gespräche mit anderen Anlegern als vergleichsweise unbedeutend eingeschätzt werden.

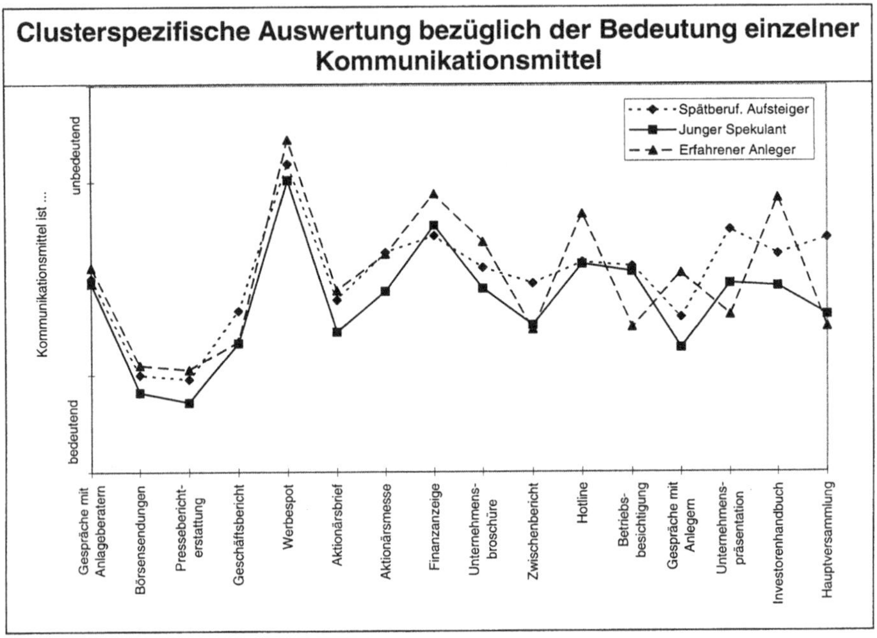

Abb. 5.35: Clusterspezifische Auswertung bezüglich der Bedeutung einzelner Kommunikationsmittel

Auch bezüglich des Untersuchungsaspekts Kommunikationsmittel wurde eine spezielle Analyse vorgenommen, um mittels Korrelationen aufdecken zu können, ob die Beurteilung der Wichtigkeit einzelner Instrumente mit den Eigenschaften eines Kleinaktionärs in Verbindung gebracht werden kann. Abbildung 5.36 zeigt alle auf diese Weise identifizierten Beziehungen.

Wie daraus ersichtlich wird, übt insbesondere die Zeitdauer, seit der sich ein Kleinaktionär mit der Aktienanlage beschäftigt, Einfluß auf seine Informationsbedürfnisse aus. So ist festzustellen, daß erfahrene Anleger insbesondere an Betriebsbesichtigungen und am Kommunikationsmittel Aktionärsbrief besonderes Interesse zeigen. Mit zunehmender Zeitdauer der Beschäftigung, aber auch mit zunehmendem Alter geht einher, daß Gesprächen mit anderen Anlegern ein immer geringerer Stellenwert eingeräumt wird. Da beide genannten Kontextfaktoren miteinander in enger Beziehung stehen[59], läßt es sich nun nicht eindeutig klären, ob Kleinaktionäre auf Ratschläge von anderen Anlegern verzichten, weil sie sich selbst als Experten in Sachen Kapitalanlage einschätzen und nur ihrem eigenen

59 Vgl. Abbildung 5.12.

Urteil trauen oder weil es ihnen - aus ihrer Sicht - ihre höhere Lebenserfahrung verbietet, auf andere, womöglich Jüngere, zu hören. Eindeutig interpretierbar ist jedoch die negative Korrelation zwischen den Variablen Alter und Bedeutung des Kommunikationsmittels Investorenhandbuch. So scheinen ältere Anleger an derartigen „neumodischen" Informationsquellen kein großes Interesse zu finden und zeigen insgesamt eine eher ablehnende Haltung.

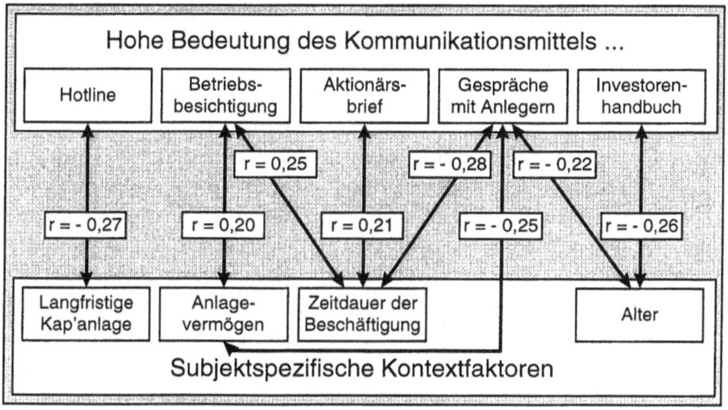

Abb. 5.36: Einfluß subjektspezifischer Kontextfaktoren auf die Beurteilung der Kommunikationsmittel

Nachvollziehbar ist auch der Zusammenhang zwischen Hotline und Langfristigkeit der Kapitalanlage. Aktionäre, die eine langfristige Anlagestrategie verfolgen, sehen anscheinend eine weitaus geringere Notwendigkeit als kurzfristig orientierte Anleger, sich über eine permanent abrufbare Hotline aktuelle Informationen zu besorgen. Keine zufriedenstellende Erklärung findet sich dafür, warum in Abhängigkeit vom Anlagevermögen eines Kleinaktionärs sein Interesse an Betriebsbesichtigungen steigt bzw. sein Interesse, sich mit anderen Anlegern auszutauschen, sinkt. Lediglich im zweiten Fall bietet sich die Argumentation an, daß je mehr Geld Aktionäre investieren, sie umso stärker das Bedürfnis haben, nur dem eigenen Urteil zu folgen. Gerade Aktionäre, die hohe Beträge investieren und damit ein höheres absolutes Risiko als Aktionäre mit niedrigem Anlagevolumen in Kauf nehmen, wollen also, wenn sie schon Geld verlieren müssen, dabei wenigstens die Genugtuung haben zu wissen, daß es ihr eigenes Fehlurteil ist, das dazu führt, und nicht das Fehlurteil eines anderen.

Kommunikationsträger

Den Erwartungen entsprechend weist auch der Befund in Abbildung 5.37 bezüglich der Kommunikationsträger sehr homogene Einschätzungen der verschiedenen Anlegertypen, insbesondere der spätberufenen Aufsteiger und der erfahrenen Anleger, nach. Geringe Abweichungen zeigen die jungen Spekulanten, die den Fachzeitschriften eine höhere, dem Hörfunk dagegen eine niedrigere Bedeutung als die anderen beiden Anlegertypen beimessen. Auch aus den Korrelationen in Höhe von 0,23 bzw. - 0,25 wird dieser Zusammenhang zwischen Alter und negativer Beurteilung des Mediums Fachzeitschriften bzw. zwischen Alter und positiver Beurteilung des Mediums Hörfunk ersichtlich.

Abschließend soll noch auf die Beurteilung des Internet durch die unterschiedlichen Anleger eingegangen werden. Interessanterweise stufen die jungen Spekulanten dieses Medium als unbedeutender als die älteren Anleger in den beiden anderen Gruppen ein. Auf den ersten Blick verwirrend, läßt sich dies jedoch durch die Erhebungs- und Auswertungsmethodik erklären. Nur diejenigen die ein Medium benutzen, sollten auch ein Urteil über dessen Bedeutung abgeben. Gerade junge Menschen sind im Zuge ihrer beruflichen Karriere unumgänglich mit der Anforderung konfrontiert, mit dem Internet umgehen bzw. es nutzen zu können. Dabei ist es vollkommen unerheblich, ob sie dieses Medium schätzen oder nicht. Ältere Menschen dürften dagegen in ihrer Entscheidung über die Nutzung des Internet eher ungebunden sein. Diejenigen von ihnen, die sich für den Umgang mit dem Internet entscheiden und die in der vorliegenden Untersuchung um ihr Urteil gebeten wurden, dürften dies vor allem aufgrund einer positiven Einstellung diesem Medium gegenüber tun. Insofern ist ihrerseits eine positive Beurteilung nicht verwunderlich.

Als Quintessenz der vorangegangen Analyse bleibt festzuhalten, daß nur in sehr geringen Ansätzen ein Einfluß persönlicher Eigenschaften eines Kleinaktionärs auf seine Informationsbedürfnisse festgestellt werden konnte. Trotz mannigfaltiger Unterschiede in den Eigenschaften und Verhaltensweisen zeigen Kleinaktionäre insgesamt sehr homogene Informationsbedürfnisse. Dies haben nicht nur die weitestgehend gleichlaufenden Profile, wie sie aus den Befunden zu den jeweiligen Untersuchungsaspekten ersichtlich wurden, eindrucksvoll belegt, sondern auch die zusätzlich durchgeführten Korrelationsanalysen. So konnten generell nur sehr wenige Zusammenhänge und ausschließlich Beziehungen von schwacher bzw. mittlerer Stärke nachgewiesen werden. Für die Unternehmen ist dieses Ergebnis nun insofern als sehr positiv zu bewerten, da dadurch bestätigt ist, daß sie mit einem einzigen auf Kleinaktionäre ausgerichteten Investor-Relations-Programm nahezu alle Mitglieder dieser Zielgruppe sehr wirkungsvoll ansprechen können.

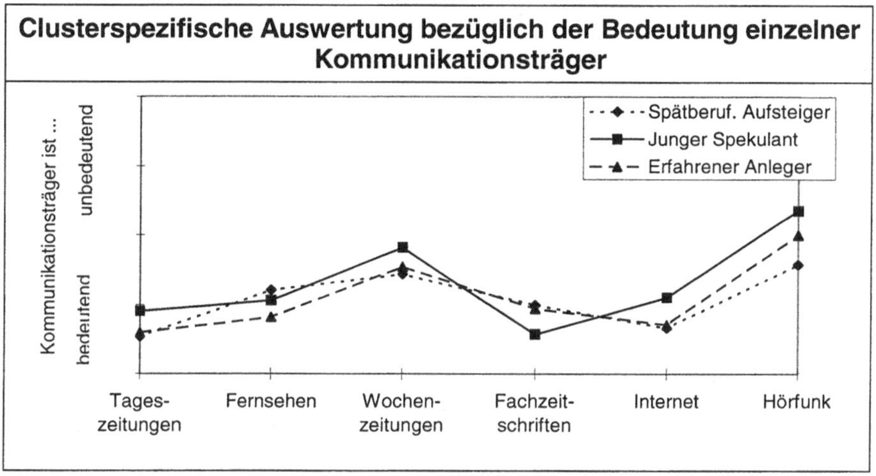

Abb. 5.37: Clusterspezifische Auswertung bezüglich der Bedeutung einzelner Kommunikationsträger

5.2.6.2 EINFLUSS OBJEKTSPEZIFISCHER KONTEXTFAKTOREN

Im Rahmen der schriftlichen Befragung wurden die Kleinaktionäre gebeten, die Frage, an welchen Informationsinhalten sie im Zuge einer Entscheidung über einen Aktienkauf bevorzugt interessiert sind, nicht generell, sondern bezogen auf eine konkrete, vergangene Entscheidungssituation zu beantworten. Um sicherzugehen, daß die Befragten sich die besagte Situation tatsächlich ins Gedächtnis zurückrufen, sollten sie zunächst Fragen bezüglich der Charakteristika des zu beurteilenden Unternehmens - Branchenzugehörigkeit, Dauer der Börsennotierung bzw. Neuemmision und Umsatz - beantworten.[60] Jedoch konnte die Abfrage dieser Merkmale eines Unternehmens auch dafür genutzt werden, die Ausprägung objektspezifischer Kontextfaktoren abzufragen, von denen möglicherweise ein Einfluß auf das artikulierte Informationsbedürfnis ausgehen könnte.

Kontextfaktor Branche

Insbesondere im Hinblick auf die Branchenzugehörigkeit besteht Grund zu der Annahme, daß abhängig davon, ob über den Kauf einer Aktie eines Industrie- oder eines Dienstleistungsunternehmens entschieden werden soll, bestimmten Informationsaspekten ein höherer bzw. ein niedrigerer Stellenwert seitens des

60 Vgl. S. 4 des Fragebogens in Anhang 4.

Beurteilers eingeräumt wird.[61] Entsprechend wurde nun anhand von Mittelwertvergleichen getestet, ob sich Kleinaktionäre, die ein Unternehmen aus dem Industriesektor bzw. dem Dienstleistungssektor bewerten sollen, in ihren Informationsbedürfnissen voneinander unterscheiden. Das Ergebnis dieser Analyse, die auf Basis einer Analyse von 46 Industrie- und 41 Dienstleistungsunternehmen vorgenommen wurde, ist in Abbildung 5.38 dargestellt.

Es zeigt sich, daß bezüglich der Mehrzahl der Informationsaspekte kein großer Unterschied besteht.[62] Nennenswerte und auch begründbare Abweichungen sind lediglich festzustellen im Hinblick auf die Themen Produkte/Leistungen, Umweltschutz, Forschung und Entwicklung und technologische Rahmenfaktoren, an denen im Zuge der Beurteilung eines Industrieunternehmens ein höheres Interesse besteht. So liegt es auf der Hand, daß die Zukunft eines Industrieunternehmens mehr als die beispielsweise einer Bank in Abhängigkeit davon beurteilt werden muß, wie sich das technologische Umfeld entwickelt und wie sich das Unternehmen selbst durch eine eigene Forschungsarbeit darauf einstellt. Ebenso ist der Umgang mit dem Thema Umweltschutz für ein produzierendes Unternehmen eine ungleich größere Herausforderung als für ein Dienstleistungsunternehmen und birgt dementsprechend auch ein größeres Chancen- bzw. Gefahrenpotential, das bei der Bewertung der Aktie mitberücksichtigt werden muß. Nicht zuletzt erscheint auch das größere Interesse an der Produktpalette eines Industrieunternehmens als an den „immateriellen", nicht greifbaren Leistungen eines Dienstleisters, wie z.B. einer Versicherung, nachvollziehbar.[63]

---

61 Ein differenzierterer Vergleich als der zwischen Industrie- und Dienstleistungsunternehmen konnte nicht durchgeführt werden, da bei einer feineren Unterteilung eine dafür ausreichende Anzahl von Elementen in den einzelnen Gruppen nicht gegeben war.

62 Dieses Ergebnis kann auch als Nachweis für die Validität des Erhebungsinstrumentariums gesehen werden. So hätte beispielsweise ein Mangel an Übereinstimmung bei den Informationsaspekten im linken Teil der Grafik nicht erklärt werden können und ein derartiges - hier jedoch nicht vorliegendes - Ergebnis hätte damit als ein Indiz für die Untauglichkeit des Fragebogens, mit diesem die Informationsbedürfnisse zu messen, gewertet werden müssen.

63 Vgl. ausführlicher zu den Charakteristika von Dienstleistungen die Übersichtsgrafiken von Kißling, V. (Dienstleistungen, 1998), Abb. 2.2 und Schneider, M. (Dienstleistungen, 1998), Abb. 2.4.

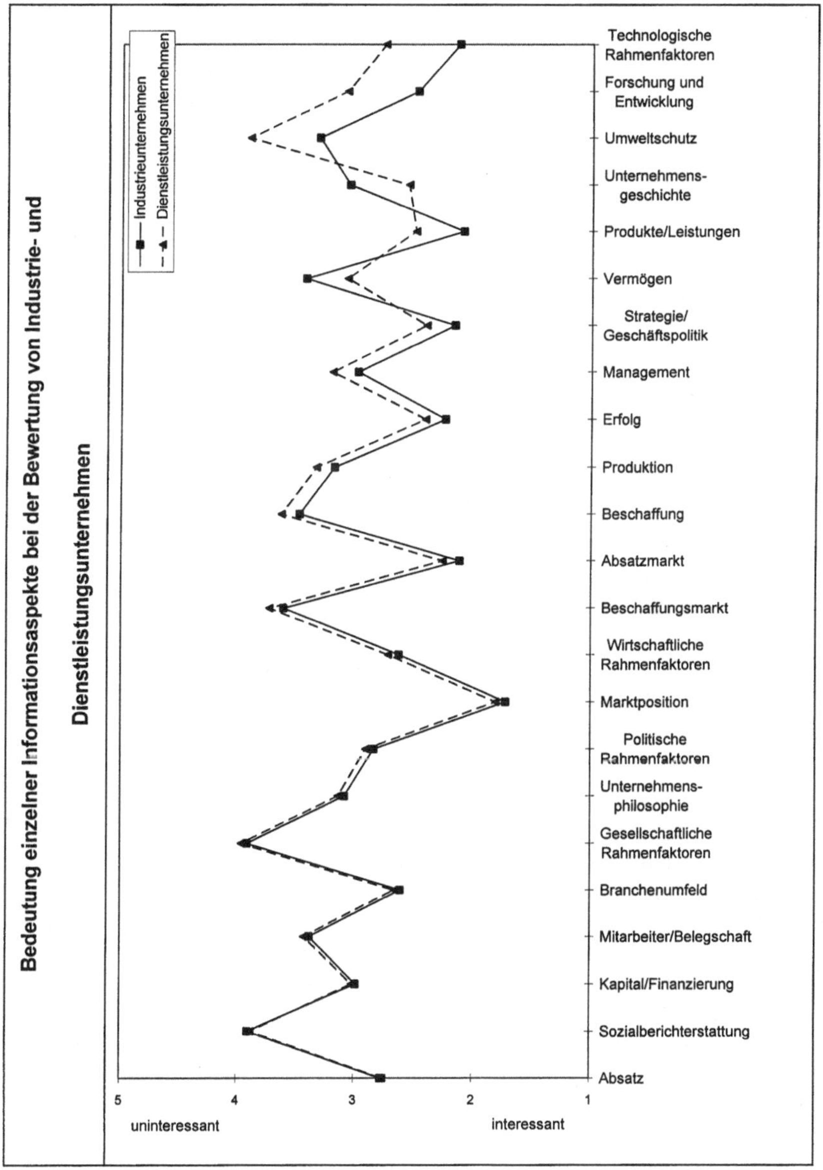

Abb. 5.38: Bedeutung einzelner Informationsaspekte bei der Bewertung von Industrie- und Dienstleistungsunternehmen

Umgekehrt zeigt sich jedoch ein Kleinaktionär, der über den Kauf der Aktie eines Dienstleisters entscheiden soll, in größerem Maße an der Geschichte dieses Unternehmens interessiert. Erklären läßt sich dieses Verhalten möglicherweise dadurch, daß bei Dienstleistungsunternehmen anders als bei Industrieunternehmen durch die geringere Bedeutung anderer Indikatoren, wie beispielsweise des zuvor angesprochenen Aspekts FuE, verstärkt versucht wird, aus den Aktionen des Unternehmens in der Vergangenheit auf die Zukunft zurückzuschließen.

Kontextfaktor Zeitdauer der Börsennotierung

Neben der Branchenzugehörigkeit wurde auch die Dauer seit dem erstmaligen Börsengang eines Unternehmens als ein möglicher objektspezifischer Kontextfaktor aufgefaßt. So konnten in der Stichprobe 83 Unternehmen, die bereits seit längerem an der Börse notiert waren, 21 Neuemissionen gegenübergestellt werden.[64] Ziel war es zu eruieren, ob ein Unternehmen, das den Gang an die Börse, also das „going public" plant, seitens der Kleinaktionäre einem anders gearteten Informationsbedürfnis ausgesetzt ist als ein Unternehmen, das bereits seit längerer Zeit an der Börse gehandelt wird.

Wie Abbildung 5.39 zeigt, brachte der Vergleich der Urteile zweier Gruppen von Kleinaktionären, die ihr Informationsbedürfnis im Hinblick auf den Kauf der Aktie eines neu an die Börse gebrachten bzw. eines bereits an der Börse etablierten Unternehmens artikuliert haben, ein interessantes Ergebnis. Grundsätzlich zeigen sie eine sehr ähnliche Prioritätensetzung, jedoch bekunden die Kleinaktionäre, die über eine neu emittierte Aktie urteilen müssen, bezüglich jedes einzelnen Informationsaspekts ein höheres Interesse.

Das Verlangen nach mehr Information erscheint logisch und nachvollziehbar. Ein Großteil der Unternehmen, die an die Börse gehen wollen, dürften zuvor kaum im Mittelpunkt der Presseberichterstattung und daher vielen Anlegern eher unbekannt gewesen sein. Während bei diesen Unternehmen der Kleinaktionär praktisch kein Wissen über das Unternehmen, seine Produkte, seine Stärken und Schwächen etc. vorweisen kann, besitzt er bei den etablierten börsennotierten Gesellschaften wahrscheinlich bereits a priori eine sehr hohe Vorkenntnis, die ihn zumindest besser als in der zuvor erwähnten Situation in die Lage versetzt, eine Bewertung der Aktie vorzunehmen. Ausgehend von dieser Ausgangslage sind also Unternehmen, die neu an die Börse gehen wollen, gezwungen, bereits eine sehr intensive Kommunikationspolitik zu verfolgen, um den Kleinaktionär allein auf einen Informationsstand zu bringen, den er bei „älteren" börsennotierten Un-

---

64 Ein beabsichtigter differenzierterer Vergleich von Unternehmen mit mehr oder weniger als 10 Jahren Börsennotierung war aufgrund der geringen Besetzung der zweiten Klasse nicht möglich.

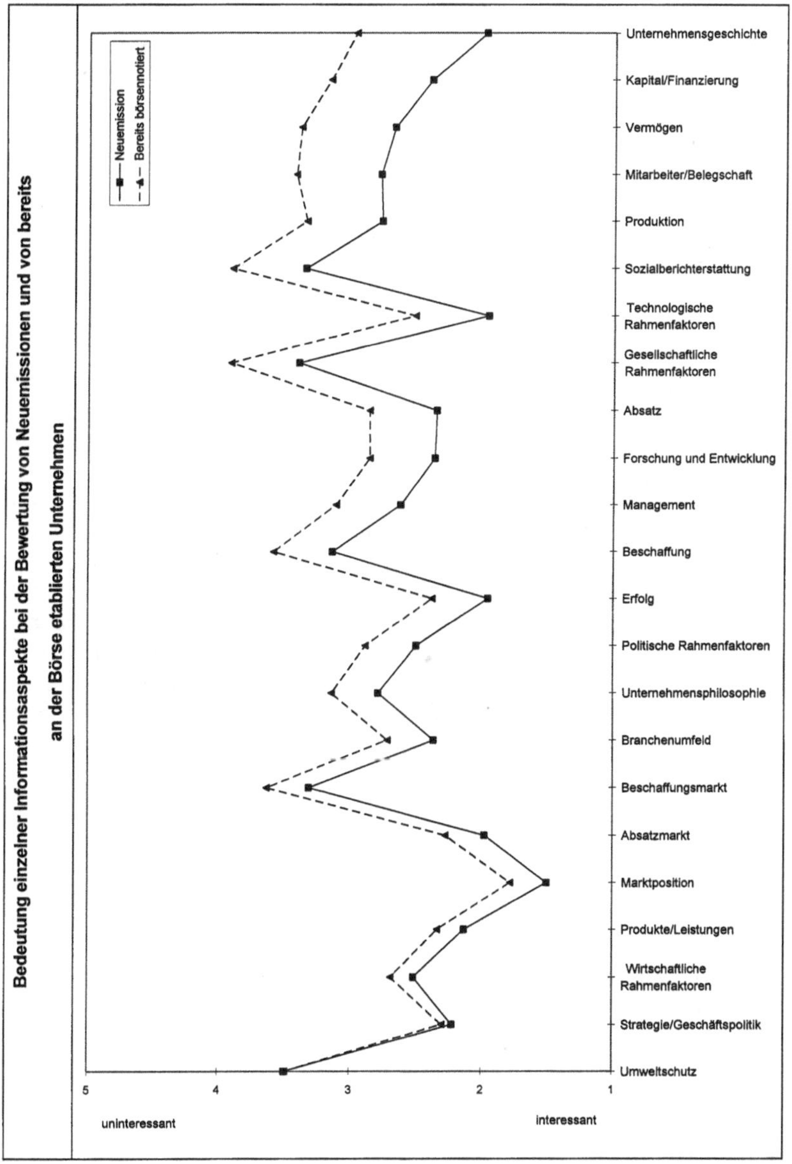

Abb. 5.39: Bedeutung einzelner Informationsaspekte bei der Bewertung von Neuemissionen und von an der Börse etablierten Unternehmen

ternehmen generell hat. Kurz zusammengefaßt deutet dieser Befund also darauf hin, daß Unternehmen, die das „going public" planen, aufgrund der geringeren Vorkenntnis der Kleinaktionäre in der Tat zu einer intensiveren Auseinandersetzung mit diesen genötigt sind.

Kontextfaktor Unternehmensgröße

Auch mit Bezug auf die Beurteilung der Aktien von Unternehmen unterschiedlicher Größe wurde untersucht, ob seitens der Kleinaktionäre unterschiedliche Informationsbedürfnisse feststellbar sind. Als Indikator für die Größe wurde dabei auf den Umsatz des Unternehmens zurückgegriffen. Konkret wurden die Unternehmen in zwei Klassen eingeteilt: 67 Unternehmen mit einem Umsatz von mehr als 1 Milliarde DM, 37 Unternehmen mit einem Umsatz von höchstens 1 Milliarde DM.[65] In diesem Zusammenhang ergab sich ein analoger Befund wie der bezüglich des Kontextfaktors Börsennotierung.[66] Grundsätzlich ist beim Kauf von Aktien eines sehr umsatzstarken Unternehmens das bekundete Interesse der Kleinaktionäre bezüglich jedes einzelnen Informationsaspekts geringer als bei Unternehmen mit einem Umsatz unter 1 Millarde DM. Ein Grund dafür könnte sein, daß die Größe eines Unternehmens gegenüber dem Aktionär eine Sicherheit ausstrahlt, die ein Sinken seines Anspruchsniveaus bewirkt. In gewisser Weise könnte dieser Befund auch das obige Ergebnis im Hinblick auf den Kontextfaktor Börsennotierung relativieren. Normalerweise dürften Unternehmen, die neu an die Börse gehen, eher der Gruppe der umsatzschwächeren Gesellschaften zuzurechnen sein. Ob der Grund für die höheren Anforderungen diesen gegenüber nun wirklich die Tatsache der Neuemission darstellt oder möglicherweise ihre geringe Größe, kann daher nicht eindeutig geklärt werden.

---

65 Im Hinblick auf Gruppe 2 wurde zuerst eine feinere Einordnung in Unternehmen mit mehr oder weniger als 100 Mio. DM vorgenommen. Aufgrund der geringen Besetzung wurden beide Gruppen für die weitere Analyse jedoch zusammengefaßt.

66 Eine grafische Darstellung des Befunds findet sich in Anhang 1.

6 GESTALTUNGSEMPFEHLUNG: ANSPRACHE DER KLEINAKTIONÄRE VIA INTERNET

In der jüngeren Vergangenheit wurden in der Literatur die Vorzüge des Internets bei der Kommunikation mit Konsumenten allgemein betont. Als Vorteile werden dabei vor allem die Individualität der Kommunikation, die Schnelligkeit, die Aktualität sowie Kostenvorteile angeführt.[1] Speziell im Hinblick auch Investor Relations haben *Mahoney/Wessensdorf*[2], *Deller/Stubenrath/Weber*[3] sowie *Labhart/ Volkart*[4] aufgezeigt, welcher Nutzen mit dem Einsatz des Internets verbunden sein könnte. Im folgenden werden nun diese theoretischen Überlegungen aufgenommen und mit den empirischen Ergebnissen der zuvor vorgestellten Untersuchung konfrontiert. Dadurch soll die spezifische Frage beantwortet werden, wie geeignet das Internet tatsächlich für die Ansprache privater Anleger ist.

6.1 AUSGANGSLAGE

Die wesentliche Anregung für die Überlegung, daß Kleinaktionäre vornehmlich über das Internet angesprochen werden sollten, bildet eine Untersuchung, in der Unternehmen des Deutschen-Investor-Relations-Kreises (DIRK) nach der Bedeutung unterschiedlicher Zielgruppen gefragt wurden. In dem hierbei ermittelten Ranking nehmen die Kleinaktionäre den 5. Platz ein, mit deutlichem Abstand zu den davor plazierten Finanzanalysten, Fondsmanagern sowie den inländischen und ausländischen institutionellen Anlegern. Begründet wird diese Prioritätensetzung mit einem ökonomischen Kosten-Nutzen-Kalkül, wobei die Kosten anhand der Aufwendungen für die Ansprache und Betreuung von Anlegern gemessen werden, der Nutzen anhand des potentiellen Anlagevolumens, welches ein jeweiliger angesprochener Adressat vertritt.[5]

Unter diesem Blickwinkel ist der Sinn einer Ansprache von Kleinaktionären, sofern sie nicht indirekt über die Presse, Funk und Fernsehen erfolgt, durchaus fragwürdig. Wie die Erhebung des durchschnittlichen Anlagevolumens pro Titel -

---

1 Vgl. Tomczak, T. / Gräf, H. (Online-Marketing, 1997), S. 14 ff., Schneider, B. / Rentmeister, J. (Informationen, 1997), S. 50 ff., Riedl, J. / Busch, M. (Marketing-Kommunikation, 1997), S. 163 ff., Hoffmann, D. L. / Novak, T. P. (Marketing-Paradigma, 1997), S. 39 ff., Picot, A. / Sennewald, N. (Kommunikationsmedium, 1998).

2 Vgl. Mahoney, W. F. / Wessendorf, C. (Investors, 1996), S. 41 ff.

3 Vgl. Deller, D. / Stubenrath, M. / Weber, C. (Internetpräsenz, 1997), S. 1577 ff.

4 Vgl. Labhart, P. / Volkart, P. (Internet, 1997), S. 515 ff.

5 Vgl. Günther, T. / Otterbein, S. (Gestaltung, 1996), S. 400.

ca. 14 400 DM[6] - gezeigt hat, ist das Investment eines privaten Anlegers, das ein Unternehmen mit einer effizienten Kommunikation erzielen könnte, verglichen mit dem institutioneller Anleger äußert gering. Die Ansprache selbst ist aufgrund des Systems der Inhaberaktie äußert kosten- und zeitaufwendig. Aktionäre des Unternehmens können nur über eine Zusammenarbeit mit Banken direkt mit Informationen, z.B. Aktionärsbriefen, versorgt werden. Potentielle Aktionäre sind von den Unternehmen selbst nur über groß angelegte, aus dem Konsumgütermarketing bekannte Werbe- und Kommunikationsmaßnahmen unter Inkaufnahme hoher Streuverluste und geringer Individualität der Ansprache zu erreichen.[7]

Es stellt sich jedoch angesichts dieser Probleme die Frage, warum denn überhaupt private Anleger als Aktionäre gewonnen werden sollten. Wie in der Literatur oft behauptet wird und auch die Ergebnisse der vorliegenden Untersuchung über den Anlagehorizont der privaten Anleger teilweise andeuten, zeichnen sich Kleinaktionäre allgemein durch eine höhere Loyalität als institutionelle Anleger aus.[8] Dies ist für ein Unternehmen aus verschiedenen Gründen von Vorteil. Wie Erfahrungen aus dem Börsencrash von 1987 zeigen, kann eine solche Loyalitätsbeziehung die Aktionäre veranlassen, ihre Aktien auch in Baissezeiten nicht zu veräußern. Ebenso kann eine emotionale Verbundenheit der Anleger mit dem Unternehmen Schutz gegen eine unerwünschte Unternehmensübernahme bieten.[9] Nicht zuletzt ist ein gewisser Anteil von Kleinaktionären neben einer Vielzahl institutioneller Investoren für ein Unternehmen auch wichtig, da eine breite Streuung der Aktien im Anlegerpublikum bzw. eine heterogene Zusammensetzung der Aktionärsbasis einerseits die Abhängigkeit von einzelnen Großaktionären verringert, andererseits die Gefahr vor plötzlichen extremen Kursbewegungen reduziert. Denn je höher die Anzahl und je größer die Vielfalt unterschiedlicher Aktionärstypen, desto geringer ist die Wahrscheinlichkeit, daß die Bekanntgabe bestimmter Informationen bei allen Anlegern dieselben oder zumindest sehr ähnliche Reaktionen, z.B. die Entscheidung zum Verkauf der Aktie, hervorruft. Starke Kurseinbrüche, die von Raidern für eine Unternehmensübernahme genützt

6 Vgl. Kapitel 5.2.1.1.

7 Vgl. o.V. (Wandel, 1996), S. 56 ff.

8 Erinnert sei hier beispielsweise an die Übernahme von Rolls Royce durch VW. Insbesondere die Kleinaktionäre vertraten diesbezüglich die Ansicht, daß diese Entscheidung für sie nicht nur eine ökonomisch-rational zu lösende Frage sei. Rolls Royce müsse einfach britisch bleiben, so argumentierten sie. Vgl. Taylor, R. / Bowley, G. / Simonian, H. (Shareholders, 1998), S. 1.

9 Vgl. Strixner, K. (Ansprache, 1994), S. 870, Blechner, N. (Aktionärszeitung, 1994), S. 27, Bauer, S. (Aktionär, 1990), S. 236, Lingenfelder, M. / Walz, H. (Finanzmarketing, 1988), S. 467, Link, R. (Aktienmarketing, 1994), S. 369, o. V. (Meinungsspiegel, 1993), S. 190.

werden könnten, lassen sich auf diese Weise vermeiden.[10] Insofern ist die Bedeutung privater Anleger, anders als es in dem obigen Ranking zum Ausdruck kommt, nicht zu unterschätzen.[11]

Ein Ausweg aus diesem Dilemma, das darin besteht, daß private Anleger zwar einerseits durchaus für ein Unternehmen wichtig sind, daß sich ihre Ansprache jedoch schwierig gestaltet, könnte das Kommunikationsmedium Internet bieten. Durch Informationstransfer via Internet bietet sich für die Unternehmen ein Weg der Finanzkommunikation, durch den auf einfache, schnelle und vergleichsweise kostensparende Weise ein Kontakt mit Interessenten möglich wird. Gleichzeitig können Unternehmen direkt in der von ihnen gewünschten Weise auf den Adressaten einwirken, da Informationsintermediäre umgangen werden können. Die Nachteile der direkten Kommunikation - hohe Kosten - und der indirekten Kommunikation über Multiplikatoren - Filterung der Information - können also durch Einsatz des Internets ausgeschaltet werden.

Andererseits setzt die Information mittels Web-Seiten eine gewisse Aktivität seitens der Adressaten voraus. Informationen können dort nur passiv angeboten bzw. frei zugänglich gemacht werden. Daß die Kleinaktionäre von sich aus auf dieses Angebot zurückgreifen, ist jedoch nicht automatisch gewährleistet.[12] Allerdings stimmen die Ergebnisse der Analyse hinsichtlich der Einschätzung und Nutzung des Mediums Internet optimistisch. Es wurde ermittelt, daß bereits heute ca. 53 Prozent der Kleinaktionäre in der Stichprobe das Internet als Kommunikationsmedium nutzen. Insbesondere für die jungen Anleger, die - zur Generation der Erben gehörend - für Unternehmen als eine neue Quelle für Kapital von besonderem Interesse sind, ist das Internet zu einem sehr wichtigem Informationsmedium geworden, wie der überdurchschnittliche Anteil der Nutzer in diesem Segment zeigt.[13] Grundsätzlich ist aber darauf hinzuweisen, daß generell bei Kleinaktionären die Abwehrhaltung gegen das Internet geringer als in der übrigen Bevölkerung sein dürfte, sich also das Internet bei diesen schneller als unentbehrliches Informationsmedium etablieren dürfte. Anlaß für diese Vermutung sind einerseits die Äußerungen einiger älterer Kleinaktionäre in den Interviews gewesen, die sich sehr interessiert an den spezifischen Möglichkeiten dieses Mediums zeigten. Aber auch in Untersuchungen, in denen die Internet-Nutzer Ge-

---

10 Vgl. Hauck, K.-W. (Anleger, 1990), S. 14, Becker, F. G. (Finanzmarketing, 1994), S. 300 f., Link, R. (Investor Relations, 1993), S. 118, o.V. (Bilanzgewinne, 1987), o. V. (Structure, 1984), S. 21 f., Goldman, A. I. (Develop, 1982), S. 26 und S. 28.

11 Vgl. zu dieser Einschätzung auch o.V. (Going Public, 1987), S. 28.

12 Vgl. Tomczak, T. / Gräf, H. (Online-Marketing, 1997), S. 16.

13 Vgl. Kapitel 5.2.5.1.

genstand der Analyse waren, zeigte sich, daß eine hohe Übereinstimmung zwischen dem typischen Internet-Nutzer und dem typischen Kleinaktionär - männlich, akademisch gebildet, höhere Einkommensgruppe - besteht.[14]

Nicht zuletzt ist auch zu bedenken, daß Kleinaktionäre nicht vollkommen isoliert agieren. Gespräche mit anderen Anlegern sind ein beliebtes Mittel, um sich zu informieren und neue Anlagetips zu erlangen.[15] Interessant ist in diesem Zusammenhang die Frage, inwieweit in der Gruppe der Internet-Nutzer sogenannte Meinungsführer vertreten sind, also Personen, die häufig über ein bestimmtes Thema kommunizieren, bezüglich diesem um eine Stellungnahme gebeten werden oder von sich aus Empfehlungen diesbezüglich aussprechen. Ist ihr Anteil sehr hoch, so würde es den Unternehmen gelingen, via „Mundpropaganda" der Meinungsbildner einen weit höheren Prozentsatz als nur den der tatsächlichen Internet-Nutzer zu erreichen - allerdings wiederum unter Inkaufnahme filternder und kommentierender Informationsintermediäre.[16]

Allgemein wurde dem Internet seitens der Kleinaktionäre, die es nutzen, eine hohe Bedeutung beigemessen. Genauer einzugehen ist jedoch auf die ernüchternde Feststellung, daß die befragten Kleinaktionäre angaben, bevorzugt die Web-Seiten von sonstigen Informationsmittlern, weniger jedoch von Unternehmen aufzurufen.[17] Möglicherweise ist der Grund für ein derartiges Handeln in erster Linie darauf zurückzuführen, daß die Art, wie sich Unternehmen bisher im Internet präsentierten, durchaus quantitative und qualitative Defizite aufweist.[18] Es besteht somit die berechtigte Hoffnung, daß sich durch ein Informationsangebot von Unternehmen, das optimal auf die Wünsche der Adressaten ausgerichtet ist, eine entsprechende Nachfrage erzeugen läßt. Andernfalls, d.h. wenn Kleinaktionäre nicht dort Informationen suchen würden, wo sie ihnen am besten aufbereitet zur Verfügung gestellt werden, müßte ihnen der Hang zu einer im Rahmen der Untersuchung nicht beobachtbaren, irrationalen Handelsweise unterstellt werden.

Im folgenden wird diskutiert, wie sich der Einsatz des Internets als Medium für die Finanzkommunikation mit Kleinaktionären mit den Anforderungen, die im Rahmen der empirischen Analyse ermittelt wurden, verträgt.

---

14 Vgl. Tomczak, T. / Gräf, H. (Online-Marketing, 1997), S. 19 sowie die Studie von NOP, U.K. (InternetTrak, 1998).

15 Vgl. Kapitel 5.2.4.1.

16 Vgl. Wiswede, G. (Wirtschaftspsychologie, 1991), S. 303 ff., Kass, K. P. (Meinungsführung, 1987), S. 189 f.

17 Vgl. hierzu Kapitel 5.2.5.2.

18 Vgl. hierzu die Untersuchung von Deller, D. / Stubenrath, M. / Weber, C. (Internetpräsenz, 1997), S. 1581 sowie Kuster, P. (Internet-Auftritt, 1997), S. 67 ff.

6.2 INTERNET UND KOMMUNIKATIONSGRUNDSÄTZE

Bei der Untersuchung, welche Anforderungen die Kleinaktionäre an ein unternehmerisches Grundsatzsystem im Hinblick auf Investor Relations stellen, wurde die Nicht-Einhaltung der Gleichbehandlung als ein eklatanter Mangel identifiziert.[19] Gerade diese Gleichbehandlung aber, die wie beschrieben eine zeitliche und eine inhaltliche Komponente umfaßt, scheint man durch Einsatz des Internets seitens der Unternehmen einfacher und effektiver gewährleisten zu können. Durch den Online-Charakter des Internets können neueste Informationen unverzüglich in die entsprechende Datenbank eingespeist und binnen kürzester Zeit von den Interessenten abgerufen werden. Somit werden prinzipiell den privaten Aktionären Informationen zu einem ebenso frühen Zeitpunkt zugänglich wie den anderen professionellen Kapitalmarktakteuren. Lediglich die Güte, mit der ein Unternehmen seine Datenbankpflege betreibt, bestimmt also, wie die zeitliche Gleichbehandlung bzw. allgemein der Grundsatz der Aktualität gewährleistet wird.

Wie das Ergebnis zu den Kommunikationsträgern bzw. zu den Kommunikationsmitteln eindrucksvoll gezeigt hat, ist die indirekte Kommunikation über unabhängige Informationsmittler der übliche Weg, wie Informationen vom Unternehmen zum Kleinaktionär gelangen. Problematisch an diesem Informationstransfer ist die Filterfunktion, die von den Multiplikatoren ausgeübt werden kann. Als uninteressant oder irrelevant eingestufte Unternehmensinformationen würden von den Multiplikatoren nicht weitergeleitet. Anders als bei den persönlich betreuten Finanzanalysten beispielsweise kann das Unternehmen daher bei dieser Form der Kommunikation trotz des eigenen erklärten Willens zur vollständigen Information kaum garantieren, daß für den Kleinaktionär alle Daten tatsächlich verfügbar sind. Das Prinzip der inhaltlichen Gleichbehandlung - und vorgeschaltet natürlich auch der Grundsatz der Vollständigkeit - kann im Hinblick auf die privaten Anleger in einem derartigen Kommunikationssystem durch ein Unternehmen allein nicht sichergestellt werden. Dieses gelingt jedoch durch die selbständige, direkte Informationsvermittlung via Internet. So kann in diesem Fall ein Unternehmen selbst entscheiden, welche Informationen es für den Kleinaktionär zugänglich machen will. Inhaltliche Gleichbehandlung ist damit allein vom Willen des Unternehmens und nicht mehr zusätzlich vom Willen eines Informationsintermediärs abhängig.[20] Speziell für Nebenwerte, die mit dem Problem kämpfen dürften, Artikel zum eigenen Unternehmen in wichtigen Zeitungen

---

19 Vgl. Kapitel 5.2.2.1.

20 Dem speziellen Problem von Kleingruppengesprächen könnte beispielsweise dadurch entschieden begegnet werden, daß Gesprächsprotokolle darüber im Internet offen zugänglich gemacht werden.

zu plazieren, ist diese Form der Informationsübermittlung per Internet daher von Vorteil.

In ähnlicher Weise kann im Hinblick auf den Grundsatz der Kontinuität argumentiert werden. Aktionäre erfahren in den Zeitungen bzw. im Fernsehen nur dann etwas über ein Unternehmen, wenn etwas besonders Interessantes passiert. Denn die allgemeine Berichterstattung über einen unspektakulären Status quo, für den sich ein Kleinaktionär jedoch möglicherweise interessiert, ist gemessen am Zielsystem des Berichterstatters oft nicht lohnenswert. Auch in diesem Fall kann durch die Kommunikation über Internet sichergestellt werden, daß der Kleinaktionär sich jederzeit - sofern die Pflege der Datenbanken optimal durchgeführt wird - über den neuesten Stand informieren kann und nicht darauf angewiesen ist zu warten, bis dazu ein Artikel in der von ihm gelesenen Zeitung erscheint. Auch die Kontinuität in der Finanzkommunikation ist bei effektivem Einsatz des Internets also besser bzw. kostengünstiger zu erreichen, als es mit den herkömmlichen Formen der Kommunikation über Presse, Funk und Fernsehen oder unter Einbeziehung der Banken möglich wäre.

Eine weitere zentrale Forderung der Kleinaktionäre war die nach erhöhter Klarheit und Übersichtlichkeit durch Informationsbeschränkung, also durch den Verzicht auf unwesentliche Informationen.[21] Versucht ein Unternehmen nun dieser Forderung nachzukommen, so ist es mit dem nahezu unlösbaren Problem konfrontiert, entscheiden zu müssen, was wesentlich und was unwesentlich ist. Die optimale Lösung für dieses Problem liegt nun im Einsatz des Internets als Kommunikationsträger. Auf den eigenen Web-Seiten kann ein Unternehmen für die Interessenten grundsätzlich eine vollständige Information gewährleisten, d.h. alle Informationen zur Verfügung stellen. Gelingt es, diese Gesamtmenge an Information systematisch auf einzelne, z.B. nach der Detailliertheit der Daten hierarchisch geordnete Seiten aufzuteilen, dabei thematisch zusammengehörige Seiten durch Links zu verbinden und eine effiziente Suchmaschine unterstützend zur Seite zu stellen, so wird es dadurch jedem einzelnen Nutzer ermöglicht, die individuellen Informationsbedürfnisse optimal zu befriedigen. Er kann also selbst die Informationsreduktion vornehmen und dadurch die Klarheit erhöhen, ohne dabei gleichzeitig einen ungewollten Datenverlust befürchten zu müssen. Wie diese Ausführungen gezeigt haben, wird neben einer Befolgung des Grundsatzes der Wesentlichkeit gleichzeitig dem Grundsatz der Zielgruppenorientierung - und ohne einen Konflikt mit dem Grundsatz der Gleichbehandlung - Rechnung getragen.

Für alle bisher genannten Grundsätze bleibt festzuhalten, daß das Internet die Voraussetzung dafür schafft, daß das Unternehmen effektiver diese Prinzipien

21 Vgl. Kapitel 5.2.2.2.

erfüllen kann. Werden die Grundsätze trotzdem nicht befolgt, so ist das nicht mehr auf fehlende technische Möglichkeiten, sondern auf den fehlenden Willen der Verantwortlichen zurückzuführen.

Neue Probleme bringt der Einsatz des Internets jedoch im Hinblick auf den Grundsatz der Wahrheit mit sich. Aus der Untersuchung ging hervor, daß gerade dieser Grundsatz am besten erfüllt ist.[22] Nicht zuletzt dürfte das daran liegen, daß ein Großteil der Informationen, den die Aktionäre aufnehmen, von unabhängigen Informationsmittlern und nicht von den Unternehmen selbst stammt. Letzteren wurde von den Gesprächspartnern mehrheitlich vorgeworfen, daß sie es bei Selbstdarstellungen, z.B. bei Prognosen über die zukünftige Entwicklung, an Objektivität fehlen lassen würden. Im Hinblick auf diesen Vorwurf ist es fraglich, ob die Kleinaktionäre eine Informationsvermittlung via Internet, die die Unternehmen in eigener Verantwortung betreiben, als glaubwürdig und daher nützlich ansehen oder ob sie diese wegen einem Mangel an „Wahrheit" ablehnen würden.

Jedoch gibt es Möglichkeiten für ein Unternehmen, einer ablehnenden Haltung von Interessenten aktiv entgegenzuwirken. Zusätzlich zu den eigenen Darstellungen könnten Unternehmen auf ihren Web-Seiten einen Pressespiegel etablieren - also eine Sammlung von Mitteilungen, Berichten oder Reportagen über das Unternehmen, die in den verschiedenen Zeitungen erschienen sind - und diese den privaten Anlegern zugänglich machen. Verschiedene positive Aspekte sind mit dieser Maßnahme verbunden: Dem Wunsch nach Objektivität seitens der Adressaten der Berichterstattung wird Rechnung getragen, da auch in diesem Fall die Information nicht vom Unternehmen direkt, sondern von einer unabhängigen Quelle stammt. Darüber hinaus dürfte der Pressespiegel vom Kleinaktionär als eine enorme Arbeitserleichterung angesehen werden, da dieser mit relativ geringem Aufwand auf Berichte aus allen Zeitungen, auch aus denen, die er selbst nicht kaufen oder abonnieren würde, zurückgreifen kann. Nicht zuletzt fungiert der Pressespiegel als ein Vergleichsmaßstab, anhand dessen der Kleinaktionär die Objektivität der weiteren, eigenen Darstellungen des Unternehmens beurteilen kann.

6.3 INTERNET UND KOMMUNIKATIONSMITTEL

Im vorigen Abschnitt konnte gezeigt werden, daß der Einsatz des Internets in besonderer Weise dienlich ist, um die Einhaltung der verschiedenen IR-Grundsätze auch gegenüber der großen Masse an Kleinaktionären besser gewährleisten zu können. Im weiteren ist nun zu überlegen, wie sich der Einsatz des Kommunika-

22 Vgl. Kapitel 5.2.2.1.

tionsträgers Internet bei der Finanzkommunikation und die Befunde zu den Kommunikationsmitteln miteinander vertragen.

Grundsätzlich konnte festgestellt werden, daß Kleinaktionäre der persönlichen Kommunikation, z.B. im Rahmen der Hauptversammlung oder von Unternehmenspräsentationen, nur eine begrenzte Bedeutung beimessen und sie statt dessen eine unpersönliche Kommunikation unter Rückgriff auf schriftliches Informationsmaterial vorziehen.[23] Dies belegt grundsätzlich die hohe Eignung eines Kommunikationsträgers wie dem Internet, durch das Schriftstücke ohne Probleme übertragen werden können und darüber hinaus deren Archivierung, die von einem Großteil der privaten Anleger vorgenommen wird, unterstützt und vereinfacht wird.

Zusätzlich soll darauf hingewiesen werden, daß das Internet auch in gewissen Grenzen geeignet ist, eine persönliche Komponente in die Kommunikation einzubringen. Durch die darin mögliche multimediale Ansprache mittels Filmsequenzen, in denen beispielsweise Produkte vorgestellt werden oder in denen wichtige Entscheidungsträger zu Wort kommen, können bei den Adressaten positive Emotionen sicher besser geweckt werden, als es allein durch die Darstellung von Bildern in Printmedien möglich ist.[24] In diesem Zusammenhang ist darauf hinzuweisen, daß unter anderem die ermittelte hohe Bedeutung des Kommunikationsträgers Fernsehen darauf hindeutet, daß das Angebot zu einer einfachen passiven Informationsaufnahme mittels Filmen von den Adressaten dankbar aufgenommen werden könnte.

Der empirische Befund hinsichtlich der Bedeutung unterschiedlicher Kommunikationsmittel hat gezeigt, daß Presseartikel den ersten Platz in der Prioritätenliste der Kleinaktionäre belegen. Wie auch bereits angesprochen wurde, sollte daher ein Pressespiegel mit zum Unternehmen erschienenen Artikeln auf den eigenen Web-Seiten implementiert werden. Dieser Service, der es den Aktionären erlaubt, ihr bekundetes Informationsbedürfnis schnell und einfach befriedigen zu können, dürfte einerseits eine hohe Anziehungskraft ausüben - und somit als „Köder“ nützlich sein, damit sich die Aktionäre auch mit den zusätzlichen eigenen Darstellungen und Artikel auseinandersetzen -, andererseits generell dem Ziel der Vertrauensbildung dienlich sein.

Neben der Presseberichterstattung und den Börsensendungen stellen auch Geschäftsberichte - und in abgeschwächter Form auch Zwischenberichte - zentrale Informationsquellen für Kleinaktionäre dar. Bereits heute wird von vielen Unter-

23 Vgl. zu dieser sowie zu den folgenden Aussagen über die Bedeutung einzelner Kommunikationsmittel Kapitel 5.2.4.1.

24 Vgl. Tomczak, T. / Gräf, H. (Online-Marketing, 1997), S. 15

nehmen die Chance wahrgenommen, diese Publikationen nicht nur in einer gedruckten Version, sondern zusätzlich auch im Internet den Interessenten zur Verfügung zu stellen. Während der Kleinaktionär dadurch schneller und einfacher auf die Informationen zugreifen kann, als wenn er zuerst von sich aus beispielsweise einen Geschäftsbericht anfordern müßte, bringt diese Form des Publizierens für das Unternehmen den Vorteil erheblich geringerer Kosten, die mit dem Druck und dem Versand verbunden sind, mit sich.

Gerade das Internet ist prädestiniert dafür, geographisch weit voneinander entfernte Personen mit denselben Interessen zusammenzubringen. Newsgroups, d.h. Informationsforen im Sinne eines virtuellen „schwarzen Bretts" oder eines „Discussion Boards", über das an einem bestimmten Thema Interessierte ihre Gedanken austauschen können, übernehmen in diesem Zusammenhang eine wichtige Funktion.

Auch Kleinaktionäre zeigen, wie aus der Analyse ersichtlich wird, ein besonderes Interesse sich auszutauschen. Gespräche mit anderen Anlegern bilden für sie eine wichtige Form, um relevante Informationen für oder gegen eine Anlageentscheidung zu erlangen. Im Rahmen der Strategie eines Unternehmens, das in besonderer Weise auf das Internet zur Vermittlung von Finanzinformationen setzt, erscheint daher die Integration eines entsprechenden „Discussion Boards" zum Thema Aktienanlage auf den eigenen Seiten aus mehreren Gründen sinnvoll. Einerseits könnte es dadurch gelingen, die eigenen Seiten interessanter zu machen, also die Anziehungskraft zu erhöhen. Andererseits kann die Auswertung der Kommunikation zwischen den Kleinaktionären innerhalb der Newsgroup zu Zwecken der Marktforschung genutzt werden. Denn auf diese Weise ist jederzeit aktuelles Datenmaterial vorhanden, aus dem sich auf die Meinungen und Überlegungen der privaten Anleger zurückschließen läßt.

Einen überraschend hohen Stellenwert räumten die befragten Kleinaktionäre dem Kommunikationsmittel Aktionärsbrief und einer damit verbundenen vierteljährlichen Berichterstattung über das Unternehmen ein. Ihrem Vorwurf, daß der Aktionärsbrief zu wenig als Kommunikationsmittel genutzt werde, wird von den Unternehmen der große Kosten- und Zeitaufwand für eine entsprechende Versandaktion entgegengehalten. Als wenig stichhaltig ist jedoch dieses Argument zu bewerten, wenn der Aktionärsbrief nicht mehr in gedruckter Form auf herkömmlichem Wege, sondern via E-Mail an die Interessenten verschickt wird. Natürlich ist hierbei ebenso wie für eine normale Versandaktion eine entsprechende Adreßkartei notwendig. Allerdings dürfte der Aufbau einer Adreßkartei leichter sein, wenn ein Interessierter für die Aufnahme in die Kartei im Rahmen seiner Informationsaufnahme im Internet nur kurz ein elektronisches Formular auf einer Web-Seite ausfüllen muß, statt einen Brief zu verfassen und ihn an das jeweilige Unternehmen zu schicken.

In diesem Zusammenhang ist darauf hinzuweisen, daß durch den Einsatz des Internets respektive eines darin integrierten E-Mail-Systems nicht nur die Kommunikation vom Unternehmen zum Aktionär, sondern auch in die entgegengesetzte Richtung vom Aktionär zum Unternehmen erheblich erleichtert wird. Jedoch ist zu bezweifeln, daß die privaten Anleger, die eine Hotline - sei es per Telefon oder per E-Mail - als eher unbedeutend einschätzen, von der Möglichkeit, schnell mit einem IR-Mitarbeiter des Unternehmens in Kontakt treten zu können, tatsächlich in größerem Maße Gebrauch machen würden.

Voraussetzung dafür, daß eine effiziente Finanzkommunikation über Internet überhaupt etabliert werden kann, ist, daß die Adressaten von der Existenz der entsprechenden Web-Seiten des Unternehmens wissen bzw. die entsprechende Internet-Adresse kennen. Um diesbezüglich einen gewissen Bekanntheitsgrad zu schaffen bzw. zu erhöhen, bietet sich grundsätzlich das Schalten von Anzeigen bzw. von Werbespots an. Zwar wurde im Rahmen der empirischen Untersuchung nachgewiesen, daß die genannten Kommunikationsmittel von den privaten Anlegern eher eine geringe Wertschätzung erfahren. Allerdings wurde diese Frage nach der Bedeutung der Kommunikationsmittel in einem anderen Kontext gestellt. Sicher ist der Wert einer Finanzanzeige gering, wenn es darum geht, dadurch einen Anleger von der Solidität eines Unternehmens, der Güte einer unternehmerischen Strategie oder der Vorteilhaftigkeit der Aktie zu überzeugen. Jedoch um die Aufmerksamkeit des Lesers auf ein bestimmtes Unternehmen zu lenken, ohne dabei bereits die eigentliche Argumentation aufzunehmen, kann - wie einer der Interviewpartner erklärt hat - eine Anzeige oder ein Werbespot durchaus wirksam sein.

6.4 INTERNET UND KOMMUNIKATIONSINHALTE

Nachdem in den vorangegangenen Abschnitten die zwei Fragen geklärt wurden, wie sich der Einsatz des Internets einerseits mit der Berücksichtigung der Grundsätze von Investor Relations und andererseits mit der Verwendung der Kommunikationsmittel verträgt, ist Gegenstand dieses Abschnitts die Untersuchung, ob aus den Befunden zum Aspekt Kommunikationsinhalte spezifische Empfehlungen für die Gestaltung von Investor Relations im Internet abgeleitet werden können.

Als ein wichtiges Ergebnis der Analyse konnte festgestellt werden, daß Kleinaktionäre nicht nur an Informationen zum Unternehmen und zur Aktie selbst, sondern in gleicher Weise auch an Informationen zur gesamten Wirtschaft und zur Branche interessiert sind.[25] Die grundsätzliche Aussage dieses Befunds ist, daß -

25 Vgl. Kapitel 5.2.3.1.

unabhängig davon, ob der Aktionär über Internet oder über ein Printmedium informiert wird - immer über alle genannten Aspekte in gleicher Weise unterrichtet werden muß. In bezug auf die Gestaltung von Web-Seiten kann allerdings ein weiterer Gestaltungshinweis daraus abgeleitet werden. Ein besonderer Vorteil des Internets ist nicht zuletzt darin zu sehen, daß dort neben den Finanzinformationen eines Unternehmens auch zu einer Vielzahl anderer Aspekte Daten angeboten werden und daß durch die Vernetzung über Links ein schnelles Wechseln zwischen den verschiedenen Web-Seiten möglich wird. Ein Unternehmen könnte nun einem Kleinaktionär, der besonders an Informationen über die Branche interessiert ist, auf den eigenen Seiten einen Link zu den verschiedenen Branchenverbänden anbieten und ihm auf diese Weise einen schnellen und einfachen Zugang zu dort angebotenen Brancheninformationen verschaffen. Ebenso wären beispielsweise Links zu Börseninformationsdiensten, in denen sich der Interessent - ähnlich wie durch das Fernsehen - schnell über das aktuelle Geschehen an der Börse informieren kann, ein Service, der die Benutzerfreundlichkeit für den privaten Anleger erhöht. Es ist darauf hinzuweisen, daß es für ein Unternehmen nicht notwendig, wahrscheinlich nicht einmal sinnvoll wäre, diese Informationen, die auf den Web-Seiten anderer Anbieter abgerufen werden können, selbst bereitzustellen. Denn durch den Verweis auf unabhängige Informationsintermediäre wird einmal mehr unter Beweis gestellt, daß das Unternehmen tatsächlich daran interessiert ist, den privaten Anleger mit objektiven Informationen zu versorgen.

Einer der Interviewpartner äußerte die Meinung, daß der Geschäftsbericht für ihn vor allem wegen der Art der Aufmachung, aus der er Rückschluß auf die Denkweise und Kultur des Unternehmens ziehen könnte, und nicht wegen der ohnehin veralteten Daten interessant sei. Gerade im Hinblick auf die Aufmachung bzw. auf die Gestaltung verfügt das Internet - wie bereits mit Verweis auf dessen Multimediafähigkeit kurz erwähnt wurde - im Gegensatz zu den Printmedien über eine breitere Palette an Möglichkeiten. In diesem Zusammenhang wurde bereits die Unterstützung der Kommunikation durch Filmsequenzen angesprochen.

Generell erhält vor diesem Hintergrund die Prioritätenliste bezüglich der Informationsinhalte eine neue Bedeutung. So ist insbesondere im Hinblick auf die als wichtig identifizierten Themen zu überlegen, ob über diese eindrucksvoller in Form einer Filmsequenz als in Form eines geschriebenen Artikels informiert werden kann. In der ersten Hälfte des Rankings trifft dies beispielsweise auf die Informationsaspekte Produkte/Leistungen, Unternehmensgeschichte oder Management zu.[26] Ein kurzer Film darüber, wie ein Unternehmen seinen Weg durch die Geschichte gefunden hat, wie die Produkte entwickelt, produziert und später eingesetzt werden oder in dem ein Vorstandsmitglied über die Entwicklung in seinem persönlichen Verantwortlichkeitsbereich informiert, dürfte bei dem

26 Vgl. zur Prioritätenliste bzgl. der Kommunikationsinhalte Kapitel 5.2.3.1.

Kleinaktionär einen intensiveren Eindruck vom Unternehmen hinterlassen als ein kurzer Artikel über den jeweiligen Aspekt. Und gerade dieser Eindruck ist notwendig, damit ein Anleger das Gefühl, sich mit dem Unternehmen identifizieren zu können, aufbauen kann. In gewisser Weise kann also durch diese Nutzung des Internets das Erlebnis persönlicher Kommunikation von den privaten Anlegern nachempfunden werden und somit teilweise Ersatz für die persönlichen Kommunikationsmittel Unternehmenspräsentation oder Aktionärsmesse geschaffen werden. Jedoch ist darauf hinzuweisen, daß eine parallel zu den Filmen abrufbare Textversion, durch die Informationen schneller abgerufen und selbst nachgelesen werden können, unerläßlich ist.

Die Güte einer Finanzkommunikation im Internet kann daran gemessen werden, ob ein Adressat schnell exakt die Informationen auf den Web-Seiten des Unternehmens finden kann, die ihn interessieren, ohne sich dabei jedoch durch eine Vielzahl für ihn unerheblicher Daten durcharbeiten zu müssen. Um dieses Ziel erreichen zu können, ist es für ein Unternehmen notwendig, die Gesamtheit an Informationen auf verschiedene Seiten aufzuteilen und diese anschliessend in Form eines vernetzten Systems zueinander in Beziehung zu setzen. Wie im folgenden kurz skizziert wird, können die Ergebnisse zu den Kommunikationsinhalten bzw. zu deren Darstellungsweise für den Aufbau dieser Struktur wertvolle Hinweise liefern.

Beispielsweise wurde herausgefunden, daß der Menge an Personen, die bevorzugt an quantitativen Daten interessiert sind, eine fast ebenso große Zahl an Adressaten gegenübersteht, die mittels qualitativem Datenmaterial bzw. mittels einer Mischung von beidem informiert werden wollen.[27] Entsprechend diesem Ergebnis erscheint es daher sinnvoll, die Adressaten bereits auf der obersten Ebene zwischen zwei unterschiedlichen Pfaden wählen zu lassen, von denen der eine zu Web-Seiten führt, in denen fast ausschließlich quantitativ über die Informationsaspekte informiert wird, und der andere zu Web-Seiten, in denen die Berichterstattung in Form einer abgespeckten quantitativen Fassung angereichert mit umfassenden verbalen Aussagen erfolgt. Dieses System bietet den Vorteil, daß jeder Adressat automatisch nur noch mit der Art von Daten konfrontiert wird, die von ihm bevorzugt wird. Allerdings muß sichergestellt werden, daß auch auf den unteren Ebenen jederzeit ein Wechsel zwischen den beiden Pfaden möglich ist.

Auf der zweiten Ebene könnte den Adressaten ein Menü angeboten werden, das ihnen den Zugriff auf die von ihnen bevorzugten Informationsaspekte erlaubt. In diesem Zusammenhang erscheint der Rückgriff auf den Befund der Faktorenanalyse, mit der in Beziehung stehende Informationsaspekte identifiziert werden

---

27 Vgl. Kapitel 5.2.3.2.

konnten, sinnvoll.[28] So könnte dieses Menü exakt fünf Optionen umfassen. Jede dieser Optionen korrespondiert mit einem der Faktoren, führt also zu einem Bündel von Web-Seiten, in denen über die Themenbereiche Beziehungen zu Anspruchsgruppen, Wettbewerbsposition, Potentialaspekte, Substanzsaspekte und unbeeinflußbare Rahmenbedingungen berichtet wird.

Auf der dritten Ebene kann dann kurz über das jeweilige Themenfeld überblicksartig berichtet werden. Des weiteren können dort Verweise angeboten werden, die den Zugriff auf untergeordnete Web-Seiten ermöglichen, in denen dann je nach hierarchischer Stufe mit zunehmender Detailliertheit bzw. zunehmender Kommentierung über die einzelnen zum Faktor gehörenden Aspekte informiert wird.

Problematisch ist die Frage, wie die dritte Dimension, der Zeitbezug der Information, in die Struktur einbezogen werden soll. Soll diese Dimension durch Einziehen einer neuen Ebene berücksichtigt werden? In diesem Fall wird die Komplexität der Struktur und gleichzeitig der Aufwand des Adressaten, zu den gewünschten Informationen zu gelangen, einmal mehr erhöht. Die andere Möglichkeit besteht darin, auf einer einzigen Seite über einen Informationsaspekt sowohl zukunfts-, gegenwarts- und vergangenheitsbezogen zu berichten. Damit ist der Nachteil verbunden, daß Personen, für die fast ausnahmslos eine Art von Daten, beispielsweise nur der zukünftige Ausblick bezüglich dieses konkreten Aspekts, relevant ist, mit für sie uninteressanten Daten konfrontiert werden.

In bezug auf die zweite Variante stellt sich jedoch grundsätzlich die Frage, wie unterschiedlich die Bedürfnisse der Kleinaktionäre hinsichtlich des Zeitbezugs von Daten überhaupt sind. Im Rahmen einer Analyse konnte festgestellt werden, daß auf 92 Prozent der Kleinaktionäre die Behauptung zutrifft, daß sie zukunftsbezogene Daten wichtiger oder gleich wichtig wie gegenwartsbezogene Daten und letztere wichtiger oder gleich wichtig wie vergangenheitsbezogene Daten einschätzen. Dieses Ergebnis deutet also darauf hin, daß die Bedürfnisse der Kleinaktionäre immerhin so homogen sind, daß es sinnvoller erscheint, nicht über Modifikationen in der Struktur die Dimension Zeitbezug zu erfassen. Stattdessen sollte auf einer einzelnen Seite über einen Aspekt sowohl im Hinblick auf die Zukunft, die Gegenwart und die Vergangenheit informiert werden. Allerdings sollte bei der Berichterstattung eine Gewichtung gewählt werden, die sich am allgemeinen Befund bezüglich der Bedeutung von Daten mit unterschiedlichem Zeitbezug orientiert.[29]

In den vorangegangenen Ausführungen wurde vor dem Hintergrund der Befunde aus der empirischen Analyse der Informationsbedürfnisse von Kleinaktionären

---

28 Vgl. Kapitel 5.2.3.1.

29 Vgl. Kapitel 5.2.3.3.

diskutiert, welche Vorteile und Nachteile der Einsatz des Internets speziell bei der Ansprache dieser Zielgruppe bringt. Als Quintessenz dieser Diskussion kann festgehalten werden, daß sich durch das Internet eine nicht zu vernachlässigende Chance für die Unternehmen bietet, die direkte Kommunikation mit Kleinaktionären wesentlich zu verbessern und zu intensivieren.

7 SCHLUSSBETRACHTUNG

Ausgangspunkt der Arbeit war die Überlegung, daß angesichts der erhöhten Wettbewerbsintensität an den Kapitalmärkten die Kleinaktionäre eine wichtige neue Quelle darstellen, mittels der Unternehmen ihren Bedarf nach Eigenkapital decken können. Unternehmen, die diese Strategie in der Vergangenheit verfolgten, fehlte jedoch oft das Wissen, wie sie Kleinaktionäre ansprechen müssen, wie sie sie überzeugen können, die Aktie des Unternehmens zu erwerben. Auch die betriebswirtschaftliche Forschung, die den Kleinaktionär lange Zeit als Gegenstand wissenschaftlicher Untersuchung vernachlässigt hat, konnte hierbei keine Hilfestellung bieten. Mit der vorliegenden Arbeit sollte diese Forschungslücke nun zumindest teilweise geschlossen werden. Konkret wurde das Ziel verfolgt, mittels einer theoretischen und einer empirischen Analyse die Informationsbedürfnisse von Kleinaktionären zu ergründen und auf dieser Basis Gestaltungsempfehlungen für an ihren Bedürfnissen orientierte Investor Relations auszusprechen.

Wie aus diesen Ausführungen offensichtlich wird, wird mit dieser Dissertation die bisher nur selten vertretene Auffassung besonders betont, daß Kleinaktionäre ebenso wie die Konsumenten der erstellten Leistungen auch als Kunden des Unternehmens gesehen werden müssen - als Kunden des Produkts Aktie. Dementsprechend sollte ihnen also auch im Hinblick auf die Durchführung von Marktforschungsaktivitäten ein ähnlicher Stellenwert eingeräumt werden.

Methodisch-konzeptionelle Vorgehensweise

Eine Grundannahme dieser Arbeit ist in der Abgrenzung von Aktivitäten, die zu Investor Relations gerechnet werden, zu sehen. Unter Investor Relations wird eine Form der Beziehungspflege zur Financial Community verstanden, die ausschließlich auf kommunikativen Aktivitäten basiert. Für die Identifikation der relevanten Untersuchungsaspekte wurde daher im folgenden auf den Prozeß der Kommunikationsplanung zurückgegriffen. Dieser Prozeß umfaßt acht Teilentscheidungen, von denen vier in Übereinstimmung mit den Möglichkeiten und den übergeordneten Zielen des Unternehmens, die anderen vier jedoch unter spezieller Beachtung der Wünsche und Bedürfnisse der Adressaten getroffen werden müssen. Für die Festlegung der letzten vier Entscheidungen, die sich mit den Aspekten Kommunikationsgrundsätze, Kommunikationsinhalte, Kommunikationsmittel und Kommunikationsträger auseinandersetzen, ist daher eine sorgfältige Analyse der diesbezüglichen Wünsche der Kleinaktionäre notwendig.

Bei der dieser Arbeit zugrundeliegenden Untersuchung handelt es sich um eine theoriegeleitete Analyse. So erfolgte als Vorbereitung für die spätere empirische Untersuchung zuerst eine theoretische Auseinandersetzung mit den beiden Fragen, welche Informationsbedürfnisse Anleger allgemein aufweisen und welche spezifischen Informationsbedürfnisse Kleinaktionäre haben. Dieses zweistufige

Vorgehen vom Allgemeinen zum Spezifischen war mit dem Vorteil verbunden, daß im Zuge der Beantwortung der ersten Frage ein allgemeingültiges Analysetool entwickelt werden konnte, das in Zukunft auch als Grundlage für die Analyse der Informationsbedürfnisse anderer Zielgruppen wie z.B. der Finanzanalysten oder der Portfoliomanager genutzt werden kann. Erst für die Behandlung der zweiten Frage erfolgte eine Fokussierung auf die Kleinaktionäre, die mit der Formulierung von Annahmen über deren spezifische Informationsbedürfnisse beschlossen wurde.

Aufbauend auf dieser theoretischen Vorarbeit wurde anschließend eine empirische Untersuchung bei Kleinaktionären durchgeführt, in deren Verlauf verschiedene Erhebungsverfahren zum Einsatz kamen. So wurde sowohl eine quantitative Analyse in Form einer schriftlichen Befragung durchgeführt als auch eine qualitative Analyse, die auf teilstandardisierten Interviews basierte. Der Nutzen dieses Methoden-Mixes zeigte sich insbesondere darin, daß sich einerseits aufgrund der Großzahligkeit aussagekräftige Ergebnisse ermitteln ließen, daß aber andererseits aufgrund der tiefen Einsichten und der Detailkenntnisse, die in den persönlichen Gesprächen gewonnen werden konnten, auch eine weitgehende Interpretation der Ergebnisse erleichtert wurde. Nicht zuletzt konnte durch den Vergleich der beiden Teilstudien und durch die dabei nachgewiesene Übereinstimmung der Ergebnisse der Nachweis für die Validität des verwendeten Erhebungsinstrumentariums erbracht werden.

Als Nachteil, der jedoch mangels Vorliegen einer Urliste über die Elemente der Grundgesamtheit unvermeidbar war, muß gewertet werden, daß die schriftliche Befragung nicht bei zufällig ausgewählten Kleinaktionären erfolgen konnte. Damit bestand keine Möglichkeit, die ermittelten Ergebnisse unter Rückgriff auf inferenzstatistische Methoden auf die Grundgesamtheit, die Menge aller Kleinaktionäre in Deutschland, zu übertragen. Der Gefahr systematischer Verzerrungen in der Stichprobe wurde jedoch insofern Rechnung getragen, daß die Gruppe der ausgewählten Kleinaktionäre sehr ausführlich beschrieben wurde. Auf diese Weise wurde für den Leser die Transparenz geschaffen, die Allgemeingültigkeit der Ergebnisse selbst beurteilen zu können.

Inhaltliche Ergebnisse

Beim Versuch, den typischen Kleinaktionär näher zu beschreiben, konnte festgestellt werden, daß es sich bei den Kleinaktionären - abgesehen von der Tatsache, daß fast nur Männer unter den Befragten waren - bezogen auf alle weiteren Merkmale wie z.B. Alter, Risikoeinstellung etc. insgesamt um einen sehr gemischten Personenkreis handelt. Durch eine Clusteranalyse konnten jedoch drei verschiedene Typen von Kleinaktionären identifiziert werden - die jungen Spekulanten, die erfahrenen Anleger und die spätberufenen Aufsteiger.

Die Annahme, daß unterschiedliche Charakteristika auch unterschiedliche Informationsbedürfnisse determinieren würden, konnte im Zuge der Untersuchung nicht bestätigt werden. Stattdessen brachte die Untersuchung auf Kontextabhängigkeit anhand von Korrelationsanalysen und Mittelwertvergleichen das eindeutige Ergebnis, daß aufgrund sehr ähnlicher Informationsbedürfnisse die Ansprache aller Kleinaktionäre mit einem einzigen standardisierten Investor-Relations-Programm ohne Effizienzeinbußen möglich ist.

Im speziellen wurden die Bedürfnisse hinsichtlich der vier bereits genannten Untersuchungsaspekte analysiert. Im Hinblick auf die Grundsätze von Investor Relations konnte festgestellt werden, daß die Kleinaktionäre die Einhaltung des Grundsatzes der Wahrheit als zufriedenstellend beurteilen, sie jedoch einen großen Mangel bei der Beachtung des Grundsatzes der Gleichbehandlung sehen. Des weiteren forderten sie eine stärkere Ausrichtung am Grundsatz der Wesentlichkeit, demzufolge auf das Angebot übermäßig detaillierter oder nicht notwendiger Information zugunsten einer erhöhten Klarheit und Übersichtlichkeit verzichtet werden sollte.

Als wichtigste Kommunikationsinhalte haben sich aus 24 möglichen Informationsaspekten die folgenden sechs herauskristallisiert: technologische Rahmenfaktoren, Absatzmarkt, finanzwirtschaftlicher Erfolg, Marktposition, Produkte/ Leistungen und Strategie. Mit dem Ziel der Datenreduktion wurde des weiteren versucht, die 24 Informationsaspekte auf grundlegende Faktoren zurückzuführen. 5 Faktoren - der Bedeutung nach aufgeführt und benannt mit den Bezeichnungen Wettbewerbsposition, Potentialaspekte, Substanzaspekte, unbeeinflußbare Rahmenbedingungen und Beziehung zu Anspruchsgruppen - konnten dabei identifiziert werden.

Hinsichtlich der Darstellungsform konnte herausgefunden werden, daß in Übereinstimmung mit der Theorie die Kleinaktionäre am meisten an zukunftsbezogenen Informationen interessiert sind, daß sie aber auch gegenwarts- und vergangenheitsbezogene Informationen als verhältnismäßig wichtig beurteilen. Des weiteren konnte ermittelt werden, daß in der Stichprobe zwei annähernd gleich große Gruppen existieren, von denen die eine eindeutig quantitative Informationen bevorzugt, die andere eine Mischung von quantitativen und qualitativen Daten präferiert. Darüber hinaus äußerten die Kleinaktionäre ein besonderes Interesse daran, daß die reine Berichterstattung über die relevanten Sachverhalte durch eine ausführliche Kommentierung und Interpretation angereichert wird.

Geprüft wurde auch, wie gut die Unternehmen durch ihre Finanzkommunikation die Ansprüche der Aktionäre erfüllen. Dabei konnte hinsichtlich der Schwerpunktsetzung bezüglich der Inhalte eine hohe Zufriedenheit festgestellt werden. Negativ beurteilt wurde jedoch die nicht den Anforderungen entsprechende Form der Darstellungsweise, insbesondere hinsichtlich der Kommentierung der Daten.

Bei den Kommunikationsmitteln zeigen die Kleinaktionäre am meisten Interesse an schriftlichem Informationsmaterial, wobei die neutrale Berichterstattung in Presse und Fernsehen den originären Druckwerken des Unternehmens wie z.B. Geschäftsbericht oder Aktionärsbrief vorgezogen wird. Persönliche Kommunikationsmittel wie Hauptversammlung oder Unternehmenspräsentation belegen im Ranking die Plätze im Mittelfeld. „Inhaltsarme“ schriftliche Kommunikationsmittel wie Unternehmensbroschüren oder Finanzanzeigen nehmen die hinteren Ränge ein.

Unter den Kommunikationsträgern dominieren eindeutig die Printmedien. Tageszeitung und Fachzeitschriften sind die beliebtesten Medien, über die Kleinaktionäre Finanzinformationen einholen. Hohe Bedeutung wird auch dem Internet und dem Fernsehen eingeräumt. Vergleichsweise geringes Interesse besteht dagegen an den Kommunikationsträgern Wochenzeitung und Hörfunk.

Im folgenden wurde die Frage diskutiert, welche Auswirkungen der Einsatz des Internet für die Ansprache von Kleinaktionären mit sich bringt. Dabei konnte nachgewiesen werden, daß über das Internet die verschiedenen Grundsätze besser eingehalten werden können und daß sich auch für die Verwendung einzelner Kommunikationsmittel wesentliche Vorteile ergeben. Abschließend wurde kurz skizziert - unter Einbeziehen der Befunde zum Untersuchungsaspekt Kommunikationsinhalte -, wie ein System von Web-Seiten für Investor Relations aussehen könnte.

Weiterer Forschungsbedarf

Die vorliegende Arbeit konnte die anfangs angesprochene Forschungslücke natürlich nur zu einem sehr geringen Teil schließen. Möglicherweise hat sie sogar das Gegenteil bewirkt, indem sie durch die Identifikation neuen Forschungsbedarfs die Lücke vergrößert hat. So erscheint es beispielsweise interessant, auch die Informationsbedürfnisse anderer bisher kaum analysierter Zielgruppen zu untersuchen und sie miteinander zu vergleichen. Aber nicht nur eine spezifische zielgruppenorientierte Forschung, sondern auch eine auf bestimmte Unternehmen fokussierte IR-Forschung könnte interessante Erkenntnisse bringen. Denn sicher ist Investor Relations für ein Großunternehmen vollkommen anders zu gestalten als für eine kleines Unternehmen. Mit Bezug auf diese Arbeit kann beispielsweise die These aufgestellt werden, daß die Ansprache von Kleinaktionären für ein Unternehmen mit einem geringeren Emissionsvolumen sicher sehr viel interessanter ist als für ein großes Unternehmen, das zur Deckung seines Kapitalbedarfs auf die Beteiligung großer Fonds angewiesen ist.

Nicht zuletzt ist auch zu überlegen, ob möglicherweise andere Forschungsverfahren zur Ermittlung der Informationsbedürfnisse eingesetzt werden könnten. Gedacht ist beispielsweise an die Durchführung von Laborexperimenten. So könnten beispielsweise Probanden verschieden gestaltete Informationstexte über Unternehmen vorgelegt werden, anhand derer diese beurteilen sollten, durch welchen Text ihr Informationsbedürfnis am ehesten gestillt wurde. Im Gegensatz zu der Erhebung in der Form eines schriftlichen Fragebogens würde durch ein derartiges Verfahren ein Kleinaktionär eher zu intuitiven Äußerungen über sein Informationsbedürfnis angeregt.

Diese Überlegungen deuten darauf hin, daß die Themenbereiche Investor Relations bzw. Informationsbedürfnisse von Anlegern noch eine Vielzahl interessanter Fragestellungen bieten, die zum Nutzen der Praxis in hoffentlich naher Zukunft in wissenschaftlichen Arbeiten behandelt werden.

ANHANG

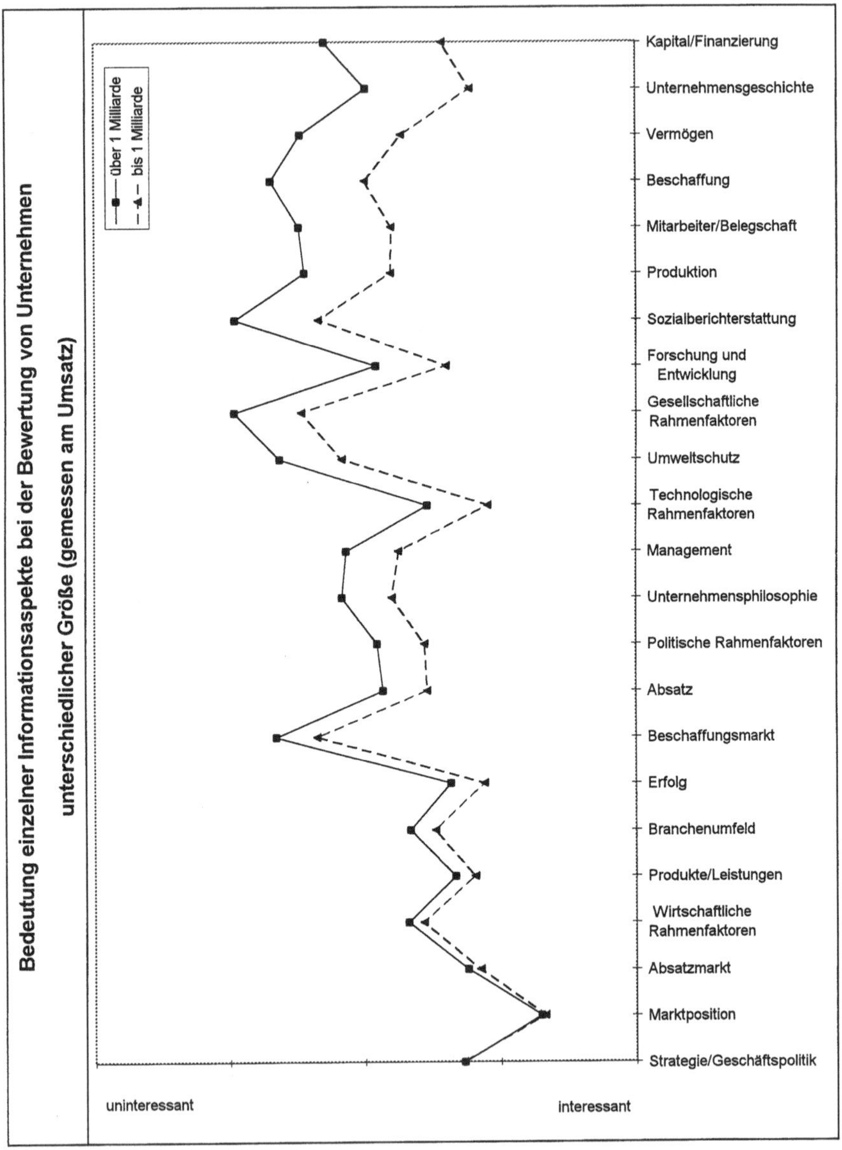

Abb.: Bedeutung einzelner Informationsaspekte in Abhängigkeit von der Größe des Unternehmens (Kontextanalyse)

UNIVERSITÄT MÜNCHEN
INSTITUT FÜR ORGANISATION
Prof. Dr. Dres. h.c. Eberhard Witte

Dipl.-Kfm. Benno Hank

INTERVIEWLEITFADEN

zum Thema

INFORMATIONSBEDÜRFNISSE VON KLEINAKTIONÄREN

Zur Gestaltung von Investor Relations

....
Gesprächspartner

....
Zielgruppe evtl. Unternehmen / Abteilung / Funktion

....
Datum/Zeit

....
Ort

Ludwigstr. 28 80539 München Telefon (089) 21 80 29 82 Telefax 34 92 64

INTERVIEWLEITFADEN: INVESTOR RELATIONS

INVESTOR-RELATIONS-POLITIK ALLGEMEIN

Im Zuge der immer wichtiger werdenden Sharehoder-Value-Orientierung kommt auch der intensiven Betreuung und Kommunikation mit den Aktionären eine steigende Bedeutung zu. Immer öfter fällt in diesem Zusammenhang der Begriff Investor Relations.

⇨ Was fällt ihnen ganz spontan beim Stichwort Investor Relations als erstes ein?

ERLÄUTERUNGEN ZUM FRAGEBOGEN

Unter Investor Relations wird die auf kommunikativen Aktivitäten basierende Beziehungspflege zu den Eigenkapitalgebern sowie zu deren Multiplikatoren verstanden. Aus der folgenden Grafik, in der der Planungsprozeß von Investor Relations dargestellt ist, geht hervor, daß das Wissen um die Bedürfnisse der Adressaten bezüglich der Teilaspekte Grundsätze, Inhalte, Mittel und Träger unerläßlich ist, um ein effizientes Kommunikationsprogramm erarbeiten zu können.

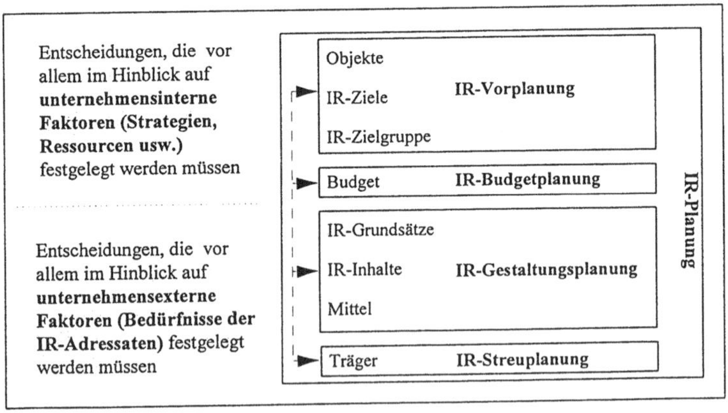

2

INTERVIEWLEITFADEN: INVESTOR RELATIONS

KOMMUNIKATIONSGRUNDSÄTZE DER INVESTOR-RELATIONS-POLITIK

Einhaltung von Kommunikationsgrundsätzen

⇨ Welche Anforderungen, die Sie unter dem Blickwinkel der Bildung von Vertrauen an die Finanzkommunikation eines Unternehmens stellen würden, fallen ihnen spontan ein?

⇨ Würden Sie sagen, daß sich die folgenden Grundsätze hinsichtlich ihrer Wichtigkeit voneinander unterscheiden, also einige überdurchschnittlich oder unterdurchschnittlich wichtig sind?

	unterdurchschnittlich wichtig		überdurchschnittlich wichtig
Grundsatz der Transparenz / Offenheit			
Grundsatz der Wahrheit	1	2	3
Grundsatz der Vollständigkeit	1	2	3
Grundsatz der Aktualität	1	2	3
Grundsatz der Kontinuität	1	2	3
Grundsatz der Gleichbehandlung	1	2	3

Einschränkung von Kommunikationsgrundsätzen

⇨ Fallen ihnen Gründe ein, die eine Einschränkung sinnvoll erscheinen lassen?

⇨ Welche Bedeutung messen Sie den folgenden, einschränkenden Grundsätzen bei?

	völlig unbedeutend				sehr bedeutend
Grundsatz der begrenzten Offenlegung	1	2	3	4	5
Grundsatz der Wesentlichkeit	1	2	3	4	5
Grundsatz der Zielgruppenbezogenheit	1	2	3	4	5

INTERVIEWLEITFADEN: INVESTOR RELATIONS

Verletzung von Kommunikationsgrundsätzen

⇨ Stimmen Sie sich persönlich der Meinung zu, daß seitens der Unternehmen öfter Verletzungen der Grundsätze begangen werden?

⇨ Welche der genannten Grundsätze werden ihrer Meinung nach am häufigsten verletzt?

⇨ Aus welchen Gründen resultieren diese Verletzungen am wahrscheinlichsten:

	sehr wahrscheinlich				sehr unwahrscheinlich
Unachtsamkeit	1	2	3	4	5
mangelndes Wissen hinsichtlich der Bedürfnisse	1	2	3	4	5
Absicht / berechnendes Verhalten	1	2	3	4	5
Sonstiges: ______________________________	1	2	3	4	5

KOMMUNIKATIONSINHALTE DER INVESTOR-RELATIONS-POLITIK

⇨ Erläutern Sie bitte einmal ganz spontan, was für Sie die entscheidenden Informationen sind, die sie bekommen müssen, um über den Kauf einer Aktie entscheiden zu können?

Gesamtwirtschaftliche Faktoren

⇨ Sind gesamtwirtschaftlichen Einflußfaktoren für Sie relevant bzw. welche sind für Sie relevant?

⇨ Sehen Sie es als eine wesentliche Aufgabe an, daß Sie von den Unternehmen selbst über diese nicht direkt unternehmensbezogenen Faktoren informiert werden? Welche Gründe sind für Ihre Haltung verantwortlich?

⇨ Werden Sie vom Unternehmen in dem von Ihnen gewünschten Maße über die bewußten Faktoren informiert?

INTERVIEWLEITFADEN: INVESTOR RELATIONS

Branchenbezogene Faktoren

⇨ Sind branchenbezogene Faktoren für sie relevant bzw. welche sind für Sie relevant?

⇨ Sehen Sie es als eine wesentliche Aufgabe an, daß Sie von den Unternehmen selbst über diese nicht direkt unternehmensbezogenen Faktoren informiert werden? Welche Gründe sind für Ihre Haltung verantwortlich?

⇨ Werden Sie vom Unternehmen in dem von Ihnen gewünschten Maße über die bewußten Faktoren informiert?

Unternehmensbezogene Faktoren

⇨ Welche unternehmensbezogenen Faktoren sind für Sie besonders relevant?

⇨ Werden Sie vom Unternehmen in dem von Ihnen gewünschten Maße über die bewußten Faktoren informiert?

Finanzwirtschaftliche Faktoren

⇨ Welche finanzwirtschaftlichen Faktoren sind für Sie besonders relevant?

⇨ Werden Sie vom Unternehmen in dem von Ihnen gewünschten Maße über die bewußten Faktoren informiert?

Realwirtschaftliche Faktoren

⇨ Welche realwirtschaftlichen Faktoren sind für sie besonders relevant?

⇨ Werden Sie vom Unternehmen in dem von Ihnen gewünschten Maße über die bewußten Faktoren informiert?

Aktie

⇨ Gibt es darüber hinaus spezielle Informationen über die Aktie, die ihrer Meinung nach im Rahmen von IR mitgeteilt werden sollten?

⇨ Werden Sie vom Unternehmen ausreichend mit entsprechenden Informationen versorgt?

INTERVIEWLEITFADEN: INVESTOR RELATIONS

Bedeutung der Themenaspekte

⇨ Wenn Sie noch einmal an die vier Bereiche - gesamtwirtschaftliche, branchenbezogene, unternehmensbezogene und aktienbezogene Informationen - denken, wie wichtig sind die einzelnen Themenaspekte verglichen mit den anderen?

Darstellungsweise

⇨ Wenn Sie über die einzelnen Aspekte informiert werden, in welchem Maß sind Sie dann an **gegenwarts-, zukunfts- oder vergangenheitsbezogenen** Daten interessiert? Wie begründen Sie ihre persönlichen Wünsche?

⇨ Inwieweit kommen die Unternehmen Ihren Wünschen nach?

⇨ Bevorzugen Sie eine Form der Berichterstattung, die sich mehr auf **qualitative Angaben**, d.h. verbale Aussagen, oder mehr auf **quantitative Angaben**, d.h. Zahlen, stützt? Sind Ihre Vorlieben jeweils abhängig von dem Thema, über das berichtet wird.

⇨ Wird seitens der Unternehmen diesen Anforderungen entsprochen?

⇨ Wie stark ausgeprägt ist Ihr Wunsch nach **detaillierten Informationen**? Können Sie diesen anhand von Beispielen beschreiben?

⇨ Erfüllen die Unternehmen Ihren Wunsch nach detaillierten Informationen?

⇨ Wie wichtig ist Ihnen eine **Kommentierung**?

	sehr wichtig				sehr unwichtig
Auswirkungen strategischer Maßnahmen	1	2	3	4	5
Branchenvergleiche	1	2	3	4	5
Zeitvergleiche	1	2	3	4	5
Bilanzierungsregeln	1	2	3	4	5
Aufbereitung von Kennzahlen	1	2	3	4	5
Berechnungsschemata	1	2	3	4	5
Prognose-Zusatzinformationen	1	2	3	4	5

⇨ Findet eine entsprechende Kommentierung in dem von Ihnen gewünschten Maße statt?

INTERVIEWLEITFADEN: INVESTOR RELATIONS

Objektbezogene Einflußfaktoren

⇨ Variieren Ihre Bedürfnisse nach bestimmten Informationen in Abhängigkeit von den Charakteristika des Unternehmens bzw. der Aktie, die Sie bewerten?

- ☐ Branche
- ☐ Unternehmensgröße
- ☐ Alter des Unternehmens
- ☐ Wiederholungshäufigkeit der Bewertung

Subjektbezogene Einflußfaktoren

⇨ Können Sie bzw. bezogen auf welche Punkte können Sie feststellen, daß sie im Gegensatz zu Ihren Kollegen oder sonstigen, Ihnen bekannten IR-Adressaten anders geartete Informationsbedürfnisse aufweisen?

⇨ Worin liegen die unterschiedlichen Informationsbedürfnisse begründet?

- ☐ Alter
- ☐ Finanzwirtschaftliche Bildung
- ☐ Bewertungsmethodik
- ☐ Zeitaufwand

KOMMUNIKATIONSMITTEL DER INVESTOR-RELATIONS-POLITIK

Nutzung

⇨ Auf welche Kommunikationsmittel greifen Sie zurück, wenn Sie sich ein Bild von einem Unternehmen machen wollen?

⇨ Im folgenden werden Ihnen verschiedene Kommunikationsmittel genannt. Welche Bedeutung messen Sie diesen bei?

7

INTERVIEWLEITFADEN: INVESTOR RELATIONS

	sehr unbedeutend				sehr bedeutend
Hauptversammlung	1	2	3	4	5
Unternehmenspräsentationen	1	2	3	4	5
Pressekonferenzen / Pressemeetings	1	2	3	4	5
Presseartikel	1	2	3	4	5
Einzel-/ Round-Table-Gespräche	1	2	3	4	5
Aktionärsmessen / IR-Foren	1	2	3	4	5
Betriebsbesichtigungen	1	2	3	4	5
Aktionärstelefon / E-Mail	1	2	3	4	5
Direct Mails	1	2	3	4	5
Geschäftsbericht	1	2	3	4	5
Zwischenbericht	1	2	3	4	5
Finanzanzeigen	1	2	3	4	5
Werbespots	1	2	3	4	5
Aktionärszeitung / -brief	1	2	3	4	5
Fact Book / Broschüren	1	2	3	4	5

⇨ Durch welche Eigenschaften / Charakteristika zeichnen sich diejenigen Kommunikationsmittel aus, die bei Ihnen auf den ersten bzw. den letzten Plätzen rangieren?

- ☐ Hoher Informationsgehalt
  - ☐ Menge an Informationen
  - ☐ Art der Informationen
  - ☐ Aktualität der Informationen
  - ☐ Glaubwürdigkeit der Informationen
  - ☐ Individuelle Informationsversorgung
  - ☐ Diskussionsmöglichkeit
- ☐ Hoher Erlebniswert
  - ☐ Kontakt mit Entscheidungsträgern
  - ☐ Einstellung/Wertschätzung spüren
  - ☐ Einblick in Interna
  - ☐ Wahrnehmung von Soft Facts

Gewünschter Einsatz von Kommunikationsmitteln

⇨ Werden einige der oben genannten Kommunikationsmittel nicht von den Unternehmen genutzt? Gehen Ihnen diese im Rahmen der IR-Politik von Unternehmen ab?

⇨ Finden Sie, daß einige der oben genannten Kommunikationsmittel nicht mit der Intensität bzw. Häufigkeit genutzt werden, wie sie genutzt werden sollten?

8

INTERVIEWLEITFADEN: INVESTOR RELATIONS

⇨ Sind sie zufrieden mit der Gestaltung der einzelnen Kommunikationsmittel durch die Unternehmen oder sehen Sie - unabhängig von ihrer vorangegangenen Einschätzung - Verbesserungspotentiale (Ausbau der Informations-/Erlebnisfunktion, zielgruppenspezifische Fokussierung), durch deren Realisierung sie für die Adressaten von größerem Nutzen sein könnten?

KOMMUNIKATIONSTRÄGER DER INVESTOR-RELATIONS-POLITIK

Nutzung

⇨ Wie läuft bei Ihnen die Informationssuche hinsichtlich Kapitalmarktinformationen ab?

⇨ Welchen zeitlichen Aufwand betreiben Sie bei der Informationssuche?

⇨ Welche Bedeutung kommt den nachfolgenden Medien zu, wenn Sie sich über ein Unternehmen informieren wollen?

	sehr unbedeutend				sehr bedeutend
Tageszeitungen	1	2	3	4	5
Wochenzeitungen	1	2	3	4	5
Fachzeitschriften	1	2	3	4	5
Hörfunk	1	2	3	4	5
Fernsehen	1	2	3	4	5
Internet	1	2	3	4	5

INTERVIEWLEITFADEN: INVESTOR RELATIONS

⇨ Was sind die ausschlaggebenden Gründe für die Auswahl der von Ihnen genutzten Kommunikationsträger?

- ☐ örtliche Unabhängigkeit
- ☐ zeitliche Unabhängigkeit
- ☐ unkomplizierte Nutzung
- ☐ Zugänglichkeit
- ☐ Wahrheitsgehalt
- ☐ Aktualität der Berichterstattung

⇨ Sie haben bestimmte Mediengattungen angegeben. Welche konkreten Kommunikationsträger innerhalb dieser Gattungen nutzen Sie?

Einsatz neuer Kommunikationstechonogien, insbesondere Internet und E-Mail

⇨ Nutzen Sie die Informationen, die von Unternehmen im Internet angeboten werden? Was nutzen Sie konkret?

⇨ Was sind die ausschlaggebenden Gründe für Ihre Nutzung bzw. für Ihre Ablehnung?

⇨ Nutzen Sie das Angebot zur Kontaktaufnahme über E-Mail? Was sind die ausschlaggebenden Gründe dafür?

Gewünschter Einsatz von Kommunikationsträgern

⇨ Finden Sie, die Verwendung bestimmter Kommunikationsträger durch die Unternehmen sollte intensiviert oder verringert werden?

ABSCHLIEßENDE BEURTEILUNG DER IR-POLITIK VON UNTERNEHMEN

⇨ Wie beurteilen Sie die Investor-Relations-Arbeit deutscher Unternehmen im allgemeinen / im internationalen Vergleich? Wo sehen Sie die größten Mängel / besondere Stärken?

⇨ Welches Unternehmen betreibt Ihrer Meinung nach in Deutschland Investor Relations am besten? Wodurch zeichnet sich dessen Investor-Relations-Arbeit aus?

⇨ Was stellen Sie sich noch einmal - kurz zusammengefaßt - unter optimalen Investor Relations vor?

UNIVERSITÄT MÜNCHEN
INSTITUT FÜR ORGANISATION
Prof. Dr. Dres. h.c. Eberhard Witte
Dipl.-Kfm. Benno Hank

München, 6.12.1997

BEFRAGUNG ZU DEN INFORMATIONSBEDÜRFNISSEN VON KLEINAKTIONÄREN

Sehr geehrte Damen und Herren,

angeregt durch die in Deutschland auflebende Aktienkultur unter privaten Anlegern beschäftige ich mich in meiner Doktorarbeit an der Universität München mit den **Informationsbedürfnissen von Kleinaktionären**. In diesem Zusammenhang wende ich mich heute - dank der freundlichen Unterstützung durch den akademischen Börsenzirkel München e.V. - an Sie mit der Bitte, den beiliegenden Fragebogen zu beantworten. Ziel dieser Befragung ist es zu erfahren, über welche konkreten Aspekte Sie durch die Unternehmen informiert werden wollen, bevor Sie über den Kauf von Aktien entscheiden. Zudem ist es von Interesse, wie Sie die Finanzkommunikation deutscher Unternehmen beurteilen.

Die Ergebnisse dieser Untersuchung bei den Besuchern des heutigen Aktionstages bilden die Grundlage, um konkrete **Empfehlungen für eine adressatengerechte Gestaltung der Finanzkommunikation von Unternehmen** erarbeiten zu können. Nur eine große Zahl beantworteter Fragebögen ermöglicht aussagekräftige Ergebnisse. Für den Erfolg der Untersuchung ist es daher sehr wichtig, daß Sie diesen Fragenbogen vollständig ausfüllen und dadurch dazu beitragen, daß in Zukunft die Finanzkommunikation von Unternehmen besser an den Bedürfnissen der Kleinaktionäre ausgerichtet werden kann.

Um Ihren zeitlichen Aufwand von ca. 25 Minuten Bearbeitungszeit möglichst gering zu halten, können die meisten Fragen durch einfaches Ankreuzen beantwortet werden. Außerdem versichere ich Ihnen selbstverständlich, daß Ihre Angaben **anonym** und **streng vertraulich** behandelt werden.

Ich würde mich sehr freuen, wenn Sie den ausgefüllten Fragebogen noch im Verlauf der heutigen Veranstaltung bei mir abgeben. Sie können ihn aber auch in den nächsten Tagen, spätestens aber bis zum **24. Dezember 1997** im beiliegenden Freiumschlag an mich zurücksenden. Bei Rückfragen oder Anregungen Ihrerseits können Sie mich auch jederzeit unter der Nummer (089) 2180-2982 anrufen.

Für Ihre Mitarbeit bedanke ich mich bereits im voraus recht herzlich und verbleibe mit freundlichen Grüßen

Dipl.-Kfm. Benno Hank

UNIVERSITÄT MÜNCHEN

INSTITUT FÜR ORGANISATION

Prof. Dr. Dres. h.c. Eberhard Witte

Dipl.-Kfm. Benno Hank

FRAGEBOGEN ZU DEN INFORMATIONSBEDÜRFNISSEN VON KLEINAKTIONÄREN

Inhalt des Fragebogens:

A) Fragen zur Nutzung von Kommunikationsmitteln und Medien

B) Fragen zu Ihren persönlichen Informationsbedürfnissen

C) Fragen zur Deckung Ihres persönlichen Informationsbedarfs

D) Fragen zu den Gütekriterien der Finanzkommunikation

E) Fragen zu Ihrer Person

Bitte geben Sie den ausgefüllten Fragebogen entweder noch heute direkt an mich zurück oder senden Sie ihn mir in den nächsten Tagen - falls möglich bis zum **24.12.1997** - zu.

A. KOMMUNIKATIONSMITTEL UND KOMMUNIKATIONSTRÄGER

A.1. Welche Bedeutung messen Sie persönlich den folgenden Kommunikationsmitteln im Rahmen Ihrer Suche und Aufnahme von Finanzinformationen bei?

Beantworten Sie diese Frage **bitte nur für diejenigen Kommunikationsmittel, die tatsächlich von Ihnen genutzt werden**. Andernfalls machen Sie bitte ein Kreuz für „keine Nutzung“.

	sehr bedeutend				sehr unbedeutend	keine Nutzung
Hauptversammlung	1	2	3	4	5	0
Unternehmenspräsentationen	1	2	3	4	5	0
Presseberichte	1	2	3	4	5	0
Börsensendungen im Fernsehen/Hörfunk	1	2	3	4	5	0
Aktionärsmessen / Investor-Relations-Foren	1	2	3	4	5	0
Betriebsbesichtigungen	1	2	3	4	5	0
Hotline (per Telefon oder E-Mail)	1	2	3	4	5	0
Geschäftsbericht	1	2	3	4	5	0
Zwischenbericht	1	2	3	4	5	0
Finanzanzeigen	1	2	3	4	5	0
Werbespots	1	2	3	4	5	0
Aktionärszeitung / -brief	1	2	3	4	5	0
Unternehmens- / Investor-Relations-Broschüren	1	2	3	4	5	0
Investorenhandbuch	1	2	3	4	5	0
Gespräche mit anderen Anlegern	1	2	3	4	5	0
Gespräche mit Anlageberatern	1	2	3	4	5	0

Sonstiges:______________________________

A.2 Welche Bedeutung messen Sie den einzelnen Teilen des Geschäftsberichts bei?

Beantworten Sie diese Frage bitte nur, wenn Geschäftsberichte tatsächlich von Ihnen genutzt werden.

	sehr bedeutend				sehr unbedeutend
Bilanz	1	2	3	4	5
Gewinn- und Verlustrechnung	1	2	3	4	5
Anhang	1	2	3	4	5
Lagebericht	1	2	3	4	5
Sonstige Artikel	1	2	3	4	5
Bericht des Vorstandsvorsitzenden	1	2	3	4	5

A.3 Welche Bedeutung messen Sie persönlich den folgenden **Medien** im Rahmen Ihrer Suche und Aufnahme von Finanzinformationen bei?

Beantworten Sie diese Frage bitte nur für diejenigen Medien, die tatsächlich von Ihnen genutzt werden. Andernfalls machen Sie bitte ein Kreuz für „keine Nutzung".

	sehr bedeutend				sehr unbedeutend	keine Nutzung
Tageszeitungen	1	2	3	4	5	0
Wochenzeitungen	1	2	3	4	5	0
Fachzeitschriften	1	2	3	4	5	0
Hörfunk	1	2	3	4	5	0
Fernsehen	1	2	3	4	5	0
Internet	1	2	3	4	5	0

A.4 Welche **einzelnen Kommunikationsträger** nutzen Sie konkret (z.B. Süddeutsche Zeitung, Nebenwerte-Journal, Börsenbarometer auf Bayern 5 Hörfunk, ntv)?

Beantworten Sie diese Frage bitte für diejenigen Medien, die von Ihnen genutzt werden.

Tageszeitungen: ....

Wochenzeitungen: ....

Fachzeitschriften: ....

Hörfunk: ....

Fernsehen: ....

Internet: ☐ Web-Seiten von Unternehmen

☐ Web-Seiten sonstiger Anbieter von Finanzinformationen: ....

....

A.5 Wieviel Zeit investieren Sie durchschnittlich pro Woche für die Suche und Verarbeitung von Finanzinformationen?

________________ Stunden

!!! Wichtiger Hinweis !!!

Denken Sie nun bitte an **dasjenige Unternehmen, bei dem Sie zuletzt vor der Entscheidung standen, ob Sie von diesem Aktien erwerben sollen**. Dabei ist es unerheblich, ob Ihre Wahl auf ein Unternehmen fällt, dessen Aktien Sie letztendlich gekauft haben oder nicht.

Im Hinblick auf diese konkrete Entscheidungssituation ist es von Interesse zu erfahren,

⇨ welche Informationen Sie **idealerweise erhalten wollten**, um über den Kauf der Aktien entscheiden zu können (Fragen in Block B zum Informationsbedürfnis).

⇨ ob Sie diese gewünschten Informationen in solchen Entscheidungssituationen **tatsächlich erhalten haben** (Fragen in Block C zur tatsächlichen Deckung des Informationsbedarfs).

Bitte beziehen Sie sich - soweit nicht anders angegeben - **bei der Beantwortung der folgenden Fragen immer auf diese Entscheidungssituation.**

Ist Ihre Entscheidung für oder gegen einen Aktienkauf ausgefallen?

- ☐ für einen Aktienkauf
- ☐ gegen einen Aktienkauf

Wie läßt sich das von Ihnen ausgewählte Unternehmen hinsichtlich der folgenden Merkmale charakterisieren?

Branchenzugehörigkeit:
- ☐ ausschließlich tätig in der Branche ....
- ☐ überwiegend tätig in der Branche ....
- ☐ keine eindeutige Zuordnung möglich wg. starker Diversifikation

Größe:
- ☐ mehr als 1 Milliarde DM Umsatz
- ☐ 100 Millionen bis 1 Milliarde DM Umsatz
- ☐ bis 100 Millionen DM Umsatz

Börsennotierung:
- ☐ länger als 10 Jahre
- ☐ kürzer als 10 Jahre
- ☐ Neuemission ⇨ **in diesem Fall bitte fortfahren mit Frage B.2**

B. Informationsbedürfnisse zu Aktien- und unternehmensbezogenen Aspekten

B.1 Aktie: Wie interessiert waren Sie in dieser Situation an folgenden Informationen?

*Beantworten Sie diese Frage bitte **unabhängig davon, ob Sie diese Angaben tatsächlich erhalten** haben. Kennen Sie eine der genannten Kennzahlen nicht, so machen Sie bitte ein Kreuz für **Kennzahl unbekannt**.*

	äußerst interessiert				gar nicht interessiert	Kennzahl unbekannt
Kurs-Gewinn-Verhältnis	1	2	3	4	5	☐
Kurs-Cashflow-Verhältnis	1	2	3	4	5	☐
Kurs-Umsatz-Verhältnis	1	2	3	4	5	☐
DVFA/SG-Ergebnis je Aktie	1	2	3	4	5	☐
Buchwert je Aktie	1	2	3	4	5	☐
Dividende je Aktie	1	2	3	4	5	☐
Dividendenrendite	1	2	3	4	5	☐
Gesamtrendite	1	2	3	4	5	☐
Dividenentwicklung in der Vergangenheit	1	2	3	4	5	☐
Wertzuwächse in der Vergangenheit	1	2	3	4	5	☐
Volatilität	1	2	3	4	5	☐
Marktwerte der Beteiligungen je Aktie	1	2	3	4	5	☐
Aktionärsstruktur	1	2	3	4	5	☐
Handelsvolumina	1	2	3	4	5	☐
Rechte, die mit der Aktie verbunden sind	1	2	3	4	5	☐

B.2 Erfolg des Unternehmens: Wie interessiert waren Sie an folgenden Informationen?

*Beantworten Sie diese Frage bitte **unabhängig davon, ob Sie diese Angaben tatsächlich erhalten** haben. Kennen Sie eine der genannten Kennzahlen nicht, so machen Sie bitte ein Kreuz für **Kennzahl unbekannt**.*

	äußerst interessiert				gar nicht interessiert	Kennzahl unbekannt
Umsatz	1	2	3	4	5	☐
Cashflow	1	2	3	4	5	☐
Jahresüberschuß / Jahresfehlbetrag	1	2	3	4	5	☐
Einzelne Ergebnisquellen (Finanz-, außerord. Ergebnis...)	1	2	3	4	5	☐
Return-on-Investment (ROI)	1	2	3	4	5	☐
Net Asset Value	1	2	3	4	5	☐
Umsatzrendite / -rentabilität	1	2	3	4	5	☐
Eigenkapitalrentabilität	1	2	3	4	5	☐
Umsatzerwartung	1	2	3	4	5	☐
Gewinnprognosen	1	2	3	4	5	☐
Cashflow-Prognosen	1	2	3	4	5	☐

Bitte beziehen Sie sich bei der Beantwortung der folgenden Fragen - wie bisher - immer auf die Entscheidungssituation, die Sie auf Seite 4 gewählt haben.

B.3 Kapital/Finanzierung des Unternehmens: Wie interessiert waren Sie an folgenden Informationen?

*Beantworten Sie diese Frage bitte **unabhängig davon, ob Sie diese Angaben tatsächlich erhalten** haben.*
*Kennen Sie eine der genannten Kennzahlen nicht, so machen Sie bitte ein Kreuz für **Kennzahl unbekannt**.*

	äußerst interessiert				gar nicht interessiert	Kennzahl unbekannt
Kosten der Finanzierung	1	2	3	4	5	☐
Eigenkapital-Quote	1	2	3	4	5	☐
Liquiditätsgrad	1	2	3	4	5	☐
Verschuldungsgrad	1	2	3	4	5	☐
Working Capital	1	2	3	4	5	☐
Anlagedeckungsrelationen	1	2	3	4	5	☐
Zinssensitivität der Kapitalanlagen	1	2	3	4	5	☐

B.4 Vermögen des Unternehmens: Wie interessiert waren Sie an folgenden Informationen?

*Beantworten Sie diese Frage bitte **unabhängig davon, ob Sie diese Angaben tatsächlich erhalten** haben.*

	äußerst interessiert				gar nicht interessiert	Kennzahl unbekannt
Charakterisierung des Anlagevermögens hinsichtlich Alter	1	2	3	4	5	☐
Charakterisierung des Vermögens hinsichtlich Art	1	2	3	4	5	☐
Beteiligungen	1	2	3	4	5	☐
Immaterielle Vermögensgegenstände	1	2	3	4	5	☐
Immobilien	1	2	3	4	5	☐
Abschreibungen	1	2	3	4	5	☐
Stille Reserven	1	2	3	4	5	☐
Veräußerungspreise der Vermögensgegenstände	1	2	3	4	5	☐

B.5 Forschung und Entwicklung: Wie interessiert waren Sie an Erläuterungen zu folgenden Aspekten?

*Beantworten Sie diese Frage bitte **unabhängig davon, ob Sie diese Angaben tatsächlich erhalten** haben.*

	äußerst interessiert				gar nicht interessiert
Forschungsergebnisse	1	2	3	4	5
Forschungskapazitäten	1	2	3	4	5
Forschungsprojekte	1	2	3	4	5
Entwicklungsziele / -stadien	1	2	3	4	5
FuE-Aufwand	1	2	3	4	5

B.6 Bereich Produktion: Wie interessiert waren Sie an Erläuterungen zu folgenden Aspekten?

Beantworten Sie diese Frage bitte ***unabhängig davon, ob Sie diese Angaben tatsächlich erhalten*** *haben.*

	äußerst interessiert				gar nicht interessiert
Standort der Betriebsstätten	1	2	3	4	5
Produktionsverfahren	1	2	3	4	5
Ausschußquote	1	2	3	4	5
Engpaßsituationen	1	2	3	4	5
Kapazitätsauslastung	1	2	3	4	5
Abhängigkeit von Patenten, Produktionsverfahren und Lizenzen	1	2	3	4	5

B.7 Bereich Beschaffung: Wie interessiert waren Sie an Erläuterungen zu folgenden Aspekten?

Beantworten Sie diese Frage bitte ***unabhängig davon, ob Sie diese Angaben tatsächlich erhalten*** *haben.*

	äußerst interessiert				gar nicht interessiert
Langfristige Liefer- und Abnahmeverpflichtungen	1	2	3	4	5
Beschaffungsengpässe	1	2	3	4	5
Abhängigkeit von Lieferanten	1	2	3	4	5

B.8 Bereich Absatz: Wie interessiert waren Sie an Erläuterungen zu folgenden Aspekten?

Beantworten Sie diese Frage bitte ***unabhängig davon, ob Sie diese Angaben tatsächlich erhalten*** *haben.*

	äußerst interessiert				gar nicht interessiert
Auftragseingänge	1	2	3	4	5
Schlüsselmärkte / Schlüsselkunden	1	2	3	4	5
Vertriebsorganisation	1	2	3	4	5
Werbekonzept	1	2	3	4	5
Marketingaufwand	1	2	3	4	5

B.9 Produkte/Leistungen: Wie interessiert waren Sie an Erläuterungen zu folgenden Aspekten?

Beantworten Sie diese Frage bitte ***unabhängig davon, ob Sie diese Angaben tatsächlich erhalten*** *haben.*

	äußerst interessiert				gar nicht interessiert
Produktpalette	1	2	3	4	5
Marktanteile einzelner Produkte/Produktgruppen	1	2	3	4	5
Umsatzanteil einzelner Produkte/Produktgruppen	1	2	3	4	5
Einführungsdatum der Produkte	1	2	3	4	5
Qualität	1	2	3	4	5
Markenbekanntheit	1	2	3	4	5

Bitte beziehen Sie sich bei der Beantwortung der folgenden Fragen - wie bisher - immer auf die Entscheidungssituation, die Sie auf Seite 4 gewählt haben.

B.10 Strategie/Geschäftspolitik: Wie interessiert waren Sie an Erläuterungen zu folgenden Aspekten?

*Beantworten Sie diese Frage bitte **unabhängig davon, ob Sie diese Angaben tatsächlich erhalten haben**.*

	äußerst interessiert				gar nicht interessiert
Ziele	1	2	3	4	5
Aussagen über Zielerreichung	1	2	3	4	5
Abhilfemaßnahmen bei Nichterreichung von Zielen	1	2	3	4	5
Akquisition	1	2	3	4	5
Desinvestition	1	2	3	4	5
Neuproduktentwicklungen	1	2	3	4	5
Erschließung neuer Märkte	1	2	3	4	5
Kapitalerhöhungen / -herabsetzungen	1	2	3	4	5

B.11 Management: Wie interessiert waren Sie an Erläuterungen zu folgenden Aspekten?

*Beantworten Sie diese Frage bitte **unabhängig davon, ob Sie diese Angaben tatsächlich erhalten haben**.*

	äußerst interessiert				gar nicht interessiert
Managementqualität	1	2	3	4	5
Lebensläufe einzelner Entscheidungsträger	1	2	3	4	5
Leistungen der Entscheidungsträger bezogen auf Verantwortlichkeitsbereiche	1	2	3	4	5
Entlohnungssysteme	1	2	3	4	5

B.12 Unternehmensgeschichte: Wie interessiert waren Sie an Erläuterungen zu folgenden Aspekten?

*Beantworten Sie diese Frage bitte **unabhängig davon, ob Sie diese Angaben tatsächlich erhalten haben**.*

	äußerst interessiert				gar nicht interessiert
Abriß über Vergangenheit (z.B. Firmengründer, besondere Erfindungen)	1	2	3	4	5
Finanzielle Entwicklung seit Gründung	1	2	3	4	5

B.13 Marktposition: Wie interessiert waren Sie an Erläuterungen zu folgenden Aspekten?

*Beantworten Sie diese Frage bitte **unabhängig davon, ob Sie diese Angaben tatsächlich erhalten haben**.*

	äußerst interessiert				gar nicht interessiert
Entwicklungstrends bei Marktanteilen	1	2	3	4	5
Stärken / Schwächen des Unternehmens im Vergleich zu Konkurrenten	1	2	3	4	5

B.14 Unternehmensphilosophie: Wie interessiert waren Sie an Erläuterungen zu folgenden Aspekten?

*Beantworten Sie diese Frage bitte **unabhängig davon, ob Sie diese Angaben tatsächlich erhalten** haben.*

	äußerst interessiert				gar nicht interessiert
Stellungnahme gegenüber Gesellschaft / Stakeholder	1	2	3	4	5
Kommunikationskultur	1	2	3	4	5
Führungsstil	1	2	3	4	5
Anreiz- und Sanktionssysteme	1	2	3	4	5
Organisationsstruktur	1	2	3	4	5

B.15 Umweltschutz: Wie interessiert waren Sie an Erläuterungen zu folgenden Aspekten?

*Beantworten Sie diese Frage bitte **unabhängig davon, ob Sie diese Angaben tatsächlich erhalten** haben.*

	äußerst interessiert				gar nicht interessiert
Umweltbelastung nach Art, Umfang und Stellen	1	2	3	4	5
Durchgeführte und geplante Umweltschutzmaßnahmen	1	2	3	4	5
Aufwendungen für Umweltschutzmaßnahmen	1	2	3	4	5
Zielvorstellungen und Zielerreichung im Umweltschutz	1	2	3	4	5

B.16 Mitarbeiter: Wie interessiert waren Sie an Erläuterungen zu folgenden Aspekten?

*Beantworten Sie diese Frage bitte **unabhängig davon, ob Sie diese Angaben tatsächlich erhalten** haben.*

	äußerst interessiert				gar nicht interessiert
Mitarbeiterzufriedenheit	1	2	3	4	5
Aufschlüsselung der Mitarbeiterzahlen	1	2	3	4	5
Fluktuation	1	2	3	4	5
Fehltage	1	2	3	4	5
Ausgabe von Belegschaftsaktien	1	2	3	4	5
Aus- / Fortbildung	1	2	3	4	5
Personalaufwand	1	2	3	4	5

B.17 Sozialbericht: Wie interessiert waren Sie an Erläuterungen zu folgenden Aspekten?

*Beantworten Sie diese Frage bitte **unabhängig davon, ob Sie diese Angaben tatsächlich erhalten** haben.*

	äußerst interessiert				gar nicht interessiert
Entstehung und Verteilung der Wertschöpfung	1	2	3	4	5
Sozialprogramme, z.B. Wohnprojekte	1	2	3	4	5
Freiwillige soziale Leistungen	1	2	3	4	5
Arbeitssicherheit	1	2	3	4	5
Soziales und kulturelles Engagement des Unternehmens	1	2	3	4	5

INFORMATIONSBEDÜRFNISSE HINSICHTLICH GESAMTWIRTSCHAFTLICHER FAKTOREN

Bitte beziehen Sie sich bei der Beantwortung der folgenden Fragen - wie bisher - immer auf die Entscheidungssituation, die Sie auf Seite 4 gewählt haben.

B.18 Technologische Rahmenfaktoren: Wie interessiert waren Sie in dieser Entscheidungssituation an Erläuterungen zu folgenden Aspekten?

Beantworten Sie diese Frage bitte ***unabhängig davon, ob Sie diese Angaben tatsächlich erhalten*** *haben.*

	äußerst interessiert				gar nicht interessiert
Allgemeine technologische Entwicklungen	1	2	3	4	5
Jüngste Forschungsergebnisse	1	2	3	4	5
Forschungsschwerpunkte	1	2	3	4	5

B.19 Wirtschaftliche Rahmenfaktoren: Wie interessiert waren Sie in dieser Entscheidungssituation an Erläuterungen zu folgenden Aspekten?

Beantworten Sie diese Frage bitte ***unabhängig davon, ob Sie diese Angaben tatsächlich erhalten*** *haben.*

	äußerst interessiert				gar nicht interessiert
Konjunkturentwicklung	1	2	3	4	5
Entwicklung des öffentlichen Sektors	1	2	3	4	5
Zinsentwicklung	1	2	3	4	5
Außenwirtschaftliche Entwicklung	1	2	3	4	5
Einkommensentwicklung	1	2	3	4	5
Lebenshaltungskosten / Inflation	1	2	3	4	5
Wechselkursentwicklung	1	2	3	4	5
Einfluß der Gewerkschaften	1	2	3	4	5

B.20 Politische Rahmenfaktoren: Wie interessiert waren Sie in dieser Entscheidungssituation an Erläuterungen zu folgenden Aspekten?

Beantworten Sie diese Frage bitte ***unabhängig davon, ob Sie diese Angaben tatsächlich erhalten*** *haben.*

	äußerst interessiert				gar nicht interessiert
Geldpolitik	1	2	3	4	5
Wirtschaftspolitik	1	2	3	4	5
Steuerpolitik	1	2	3	4	5
Internationale Abkommen	1	2	3	4	5
Gesetzgebungsmaßnahmen	1	2	3	4	5

B.21 Gesellschaftliche Rahmenfaktoren: Wie interessiert waren Sie in dieser Entscheidungssituation an Erläuterungen zu folgenden Aspekten?

*Beantworten Sie diese Frage bitte **unabhängig davon, ob Sie diese Angaben tatsächlich erhalten haben.***

	äußerst interessiert				gar nicht interessiert
Bevölkerungsstruktur	1	2	3	4	5
Werte-/Einstellungswandel	1	2	3	4	5
Bildungsniveau	1	2	3	4	5

INFORMATIONSBEDÜRFNISSE HINSICHTLICH BRANCHENBEZOGENER FAKTOREN

B.22 Branchenumfeld: Wie interessiert waren Sie in dieser Entscheidungssituation an Erläuterungen zu folgenden Aspekten?

*Beantworten Sie diese Frage bitte **unabhängig davon, ob Sie diese Angaben tatsächlich erhalten haben.***

	äußerst interessiert				gar nicht interessiert
Wettbewerbsstruktur allgemein	1	2	3	4	5
Konkurrenzunternehmen	1	2	3	4	5
Eintrittsbarrieren	1	2	3	4	5
Eintritt neuer Wettbewerber	1	2	3	4	5
Entwicklung substitutiver Produkte	1	2	3	4	5

B.23 Absatzmarkt: Wie interessiert waren Sie in dieser Entscheidungssituation an Erläuterungen zu folgenden Aspekten?

*Beantworten Sie diese Frage bitte **unabhängig davon, ob Sie diese Angaben tatsächlich erhalten haben.***

	äußerst interessiert				gar nicht interessiert
Marktpotential	1	2	3	4	5
Marktwachstum	1	2	3	4	5
Exporterwartungen	1	2	3	4	5
Geschäftsklimaindex	1	2	3	4	5
Kundenstruktur, Kundenmacht	1	2	3	4	5

B.24 Beschaffungsmarkt: Wie interessiert waren Sie in dieser Entscheidungssituation an Erläuterungen zu folgenden Aspekten?

*Beantworten Sie diese Frage bitte **unabhängig davon, ob Sie diese Angaben tatsächlich erhalten haben.***

	äußerst interessiert				gar nicht interessiert
Allgemeine Rohstoffverknappung	1	2	3	4	5
Zustand am Arbeitsmarkt im Hinblick auf Rekrutierung von Mitarbeitern	1	2	3	4	5
Verhandlungsmacht der Lieferanten	1	2	3	4	5

B.25 Information zu branchenbezogenen und gesamtwirtschaftlichen Aspekten

Sollte neben der Presse auch das Unternehmen selbst über relevante **gesamtwirtschaftliche** Aspekte informieren?	☐ ja	☐ nein
Sollte neben der Presse auch das Unternehmen selbst über relevante **branchenbezogene** Aspekte informieren?	☐ ja	☐ nein

WEITERE INFORMATIONSBEDÜRFNISSE

B.26 Zeitbezug der Information: Wie interessiert waren Sie an Angaben zu folgenden Aspekten?

*Beantworten Sie diese Frage bitte **unabhängig davon, ob Sie diese Angaben tatsächlich erhalten haben.***

	äußerst interessiert				gar nicht interessiert
Zukünftige Entwicklung des Unternehmens	1	2	3	4	5
Gegenwärtige Lage des Unternehmens	1	2	3	4	5
Entwicklung des Unternehmens in der **Vergangenheit**	1	2	3	4	5

B.27 Kommentierende Informationen: Wie interessiert waren Sie daran, daß...

	äußerst interessiert				gar nicht interessiert
... nicht nur geplante **strategische Maßnahmen** aufgezählt werden, sondern daß auch über deren **erhoffte Auswirkung** aufgeklärt wird?	1	2	3	4	5
... den Kennzahlen des Unternehmens **Vergleichszahlen aus der Branche** gegenübergestellt werden?	1	2	3	4	5
... die Entwicklung von **Kennzahlen im Zeitverlauf** dargestellt wird?	1	2	3	4	5
... auf die zugrundeliegenden **Bilanzierungsregeln** eingegangen wird?	1	2	3	4	5
... **Kennzahlen** wie z.B. der Verschuldungsgrad bereits berechnet, d.h. **aufbereitet** zur Verfügung gestellt werden?	1	2	3	4	5
... **Schemata für die Berechnung** von Kennzahlen angegeben werden?	1	2	3	4	5
... **zu Prognosen auch Zusatzinformationen** mitgeliefert werden, um die Ermittlung der Prognosewerte nachvollziehen zu können?	1	2	3	4	5

B.28 Art des Datenmaterials: Wenn Sie sich allgemein mittels schriftlichen Informationsmaterials informieren, wie interessiert sind Sie dabei an ...

	äußerst wichtig				gar nicht wichtig
... quantitativen Angaben, also **Zahlen bzw. Kennzahlen**?	1	2	3	4	5
... qualitativen Angaben, also **verbalen Aussagen bzw. Texten**?	1	2	3	4	5
... einer Aufbereitung der Angaben in Form von **Grafiken**?	1	2	3	4	5

B.29 Haben Sie darüber hinausgehende Informationsbedürfnisse zu Aspekten, die nicht in den vorangegangenen Fragen angesprochen worden sind?

....

....

....

....

C. DECKUNG DES INFORMATIONSBEDARFS

Bitte beziehen Sie sich bei der Beantwortung der folgenden Fragen - wie bisher - immer auf die Entscheidungssituation, die Sie auf Seite 4 gewählt haben.

C.1 Inwieweit war in der konkreten Entscheidungssituation Ihr persönlicher Informationsbedarf hinsichtlich der folgenden **realwirtschaftlichen** Aspekte gedeckt?

	vollkommen gedeckt				vollkommen ungedeckt
Produktion *(z.B. Standorte, Produktionsverfahren ...)*	1	2	3	4	5
Forschung und Entwicklung *(Forschungsergebnisse, - kapazitäten ...)*	1	2	3	4	5
Beschaffung *(Abnahmeverpflichtungen, Abhängigkeit von Lieferanten ...)*	1	2	3	4	5
Absatz *(Vertriebsorganisation, Werbekonzept ...)*	1	2	3	4	5
Produkte/Leistungen *(z.B. Produktpalette, Markenbekanntheit ...)*	1	2	3	4	5
Strategie/Geschäftspolitik *(Ziele, strategische Maßnahmen...)*	1	2	3	4	5
Unternehmensgeschichte *(Abriß über Vergangenheit ...)*	1	2	3	4	5
Unternehmensphilosophie *(Kommunikationskultur, Führungsstil ...)*	1	2	3	4	5
Marktposition *(Marktanteile bzw. Stärken/Schwächen im Vergleich ...)*	1	2	3	4	5
Management *(Managementqualität, Entlohnungssysteme ...)*	1	2	3	4	5
Umweltschutz *(Umweltbelastungen, Umweltschutzmaßnahmen ...)*	1	2	3	4	5
Mitarbeiter *(Fluktuation, Fehltage, Aus- und Fortbildung ...)*	1	2	3	4	5
Sozialbericht *(Sozialprogramme, Arbeitssicherheit ...)*	1	2	3	4	5

Bitte beziehen Sie sich bei der Beantwortung der folgenden Fragen - wie bisher - immer auf die Entscheidungssituation, die Sie auf Seite 4 gewählt haben.

C.2 Inwieweit war in der konkreten Entscheidungssituation Ihr persönlicher Informationsbedarf hinsichtlich der folgenden **finanzwirtschaftlichen** Aspekte gedeckt?

	vollkommen gedeckt				vollkommen ungedeckt
Aktie *(Kurs-Gewinn-Verhältnis, Volatilität ...)* *(Bitte beantworten, sofern es sich nicht um eine Neuemission gehandelt hat)*	1	2	3	4	5
Erfolg *(Gewinn, Cashflow, Umsatzrendite ...)*	1	2	3	4	5
Kapital/Finanzierung *(Kosten der Finanzierung, Eigenkapitalquote ...)*	1	2	3	4	5
Vermögen/Investition *(Art, Immaterielle Vermögensgegenstände ...)*	1	2	3	4	5

C.3 Inwieweit war in der konkreten Entscheidungssituation Ihr persönlicher Informationsbedarf hinsichtlich der folgenden **gesamtwirtschaftlichen** Aspekte gedeckt?

	vollkommen gedeckt				vollkommen ungedeckt
Technologische Rahmenfaktoren *(allg. technologische Entwicklungen ...)*	1	2	3	4	5
Wirtschaftliche Rahmenfaktoren *(Konjunktur, Zinsentwicklung ...)*	1	2	3	4	5
Politische Rahmenfaktoren *(Geldpolitik, Wirtschaftspolitik ...)*	1	2	3	4	5
Gesellschaftliche Rahmenfaktoren *(Bevölkerungsstruktur ...)*	1	2	3	4	5

C.4 Inwieweit war in der konkreten Entscheidungssituation Ihr persönlicher Informationsbedarf hinsichtlich der folgenden **branchenbezogenen** Aspekte gedeckt?

	vollkommen gedeckt				vollkommen ungedeckt
Branchenumfeld *(Wettbewerbsstruktur, Konkurrenten ...)*	1	2	3	4	5
Absatzmarkt *(Marktpotential, Marktvolumen ...)*	1	2	3	4	5
Beschaffungsmarkt *(Rohstoffverknappung...)*	1	2	3	4	5

C.5 Inwieweit war in der konkreten Entscheidungssituation Ihr persönlicher Informationsbedarf hinsichtlich **Informationen mit unterschiedlichem zeitlichem Bezug** gedeckt?

	vollkommen gedeckt				vollkommen ungedeckt
Hinsichtlich **zukunftsbezogener** Information	1	2	3	4	5
Hinsichtlich **gegenwartsbezogener** Information	1	2	3	4	5
Hinsichtlich **vergangenheitsbezogener** Information	1	2	3	4	5

C.6 Inwieweit war in der konkreten Entscheidungssituation Ihr persönlicher Informationsbedarf hinsichtlich **kommentierender Information** gedeckt?

	vollkommen gedeckt				vollkommen ungedeckt
Hinsichtlich Informationen, die über die **Konsequenzen strategischer Maßnahmen** Aufschluß geben	1	2	3	4	5
Hinsichtlich **Branchen-Vergleichszahlen**, durch die sich die Kennzahlen des Unternehmens interpretieren lassen	1	2	3	4	5
Hinsichtlich **zeitlichen Vergleichszahlen**, durch die sich die Kennzahlen des Unternehmens interpretieren lassen	1	2	3	4	5
Hinsichtlich Informationen zu den **Bilanzierungsregeln**	1	2	3	4	5
Hinsichtlich der **Aufbereitung von Kennzahlen**	1	2	3	4	5
Hinsichtlich der **Berechnungsschemata von Kennzahlen**	1	2	3	4	5
Hinsichtlich erläuternden Zusatzinformationen, durch die eine **Überprüfung von prognostizierten Werten** möglich wird	1	2	3	4	5

C.7 Inwieweit war in der konkreten Situation Ihr persönlicher Informationsbedarf hinsichtlich **qualitativer, quantitativer und graphisch aufbereiteter Information** gedeckt?

	vollkommen gedeckt				vollkommen ungedeckt
Hinsichtlich quantitativer Information, also **Zahlen bzw. Kennzahlen**	1	2	3	4	5
Hinsichtlich qualitativer Information, also **verbalen Aussagen bzw. Texten**	1	2	3	4	5
Hinsichtlich der **graphischen Aufbereitung** der Information	1	2	3	4	5

KOMMUNIKATIONSGRUNDSÄTZE

Bitte beziehen Sie sich bei der Beantwortung der folgenden Fragen - wie bisher - immer auf das Unternehmen, das Sie auf Seite 4 gewählt haben.

D.1 Inwieweit stimmen Sie den folgenden Aussagen über die **Einhaltung von Grundsätzen** bei der Finanzkommunikation durch das besagte Unternehmen zu?

	trifft voll zu				trifft gar nicht zu
Ich wurde bzw. werde **vollständig** informiert.	1	2	3	4	5
Ich wurde bzw. werde **wahr** informiert.	1	2	3	4	5
Ich wurde bzw. werde **aktuell** informiert.	1	2	3	4	5
Ich wurde bzw. werde **kontinuierlich** informiert.	1	2	3	4	5
Ich wurde bzw. werde **in gleichem Maße** wie andere Adressaten, z.B. Großaktionäre oder Analysten, informiert.	1	2	3	4	5

D.2 Inwieweit stimmen Sie den folgenden Aussagen über die **Einschränkung von Kommunikationsgrundsätzen** zu?

	stimme voll zu				stimme gar nicht zu
Zugunsten von Klarheit und Übersichtlichkeit sollte der Anspruch der Vollständigkeit auf wesentliche Informationen beschränkt werden.	1	2	3	4	5
Strategisch bedeutsame Informationen sollten nicht veröffentlicht werden, um die Wettbewerbsposition nicht zu gefährden.	1	2	3	4	5
Anstelle einer vollkommenen Gleichbehandlung sollten lieber gleichartige, aber auf die einzelnen Adressatengruppen, z.B. Kleinaktionäre, zugeschnittene Kommunikationsstrategien verfolgt werden.	1	2	3	4	5

E. DEMOGRAPHISCHE DATEN

Angaben zu Ihrer Person und zu Ihrem Anlageverhalten
(Selbstverständlich werden diese Daten anonym behandelt)

Geschlecht: ☐ männlich ☐ weiblich

Alter: ____________________

Welchen **Beruf** üben Sie aus? ____________________
(sofern Sie bereits im Ruhestand sind: zuletzt ausgeübter Beruf)

Seit wann beschäftigen Sie sich mit der Vermögensanlage in Aktien? Seit ____________ Jahren

Wie würden Sie Ihr **Risikoverhalten** auf einer Skala von 1 (sehr risikofreudig) bis 10 (sehr risikoscheu) bewerten? ________ Punkt(e)

Wie würden Sie den **Zeithorizont** Ihrer Anlagestrategie auf einer Skala von 1 (sehr kurzfristig) bis 10 (sehr langfristig) bewerten? ________ Punkt(e)

Wie viele **verschiedene Titel** haben Sie in Ihrem Aktienportefeuille: ca. ____________ Titel

Welchen **Betrag** haben Sie in Aktien angelegt? ca. ____________ DM

Bei **Rückfragen** wenden Sie sich bitte an:
Dipl.-Kfm. Benno Hank
Tel.: (089) 2180 2982 bzw. Fax: (089) 34 92 64

VIELEN DANK FÜR IHRE MITARBEIT!

BVH
Bundesverband der Börsenvereine an deutschen Hochschulen e.V.

Aktionstag Börse

„Im internationalen Vergleich steht der starken Stellung der deutschen Volkswirtschaft eine vergleichsweise untergeordnete Stellung des deutschen Kapitalmarktes gegenüber. ..." (BVH-Satzung, § 3 Nr. 1, S.3) Unter 100 Einwohnern finden sich in der Bundesrepublik Deutschland gerade fünf Aktionäre, während die entsprechende Quote in den angelsächsischen Ländern und Frankreich über 20%, in Schweden gar 35% beträgt.

Die Börsenvereine an deutschen Hochschulen sowie der BVH wollen dies u.a. mit jährlich fast 500 Veranstaltungen ändern. Somit soll aktiv zur Schaffung einer Aktienkultur in Deutschland beigetragen werden. Der am Samstag, den 6. Dezember 1997 stattfindende Aktionstag Börse wird in dieser Form bereits zum zweiten Male in Deutschland durchgeführt:

An allen deutschen Wertpapierbörsen sowie in Dresden gibt es einen „Tag der offenen Tür", bei dem sich die Öffentlichkeit zu Themen rund um die Börsen informieren kann. Gemeinsam mit an der Förderung des deutschen Börsenwesens interessierten Unternehmen und Verbänden bietet dieser Tag Gelegenheit, Kenntnisse im Wertpapierwesen zu vermitteln und vor allem Vorurteile gegenüber der Aktienanlage abzubauen.

Um sowohl privaten Anlegern ohne Vorkenntnisse als auch dem versierten Fachpublikum etwas bieten zu können, finden neben Grundlagenvorträgen auch Expertenvorträge und Diskussionsforen statt. Daneben besteht die Möglichkeit, sich an Informationsständen der beteiligten Unternehmen, Kreditinstituten, Verbänden und Vereinen zu informieren.

Informationen zum Aktionstag im Internet:
http://www.bvh.org

BVH
Bundesverband der Börsenvereine an deutschen Hochschulen e.V.

Der BVH

Der BVH - mit über 4.000 Mitgliedern Deutschlands größte Studenteninitiative - fungiert als Dachverband für die z.Zt. 47 Börsenvereine an Deutschlands Universitäten. Wie der Bundesverband sind seine Mitglieder als juristische Personen in die Vereinsregister der jeweiligen Hochschulorte eingetragen und verfolgen ausschließlich gemeinnützige Ziele. Die Mitgliedsvereine sind ausdrücklich keine Investment-Clubs.

Der Bundesverband dient als Koordinationsstelle für den Informationsaustausch zwischen den einzelnen Vereinen. Er ist überregionaler Ansprechpartner und Anlaufstelle für Unternehmen und Mitgliedsvereine sowie Organisator ausgewählter bundesweiter Veranstaltungen. Um die Bedeutung und Akzeptanz der studentischen Börseninitiativen in Deutschland zu fördern, bietet der BVH eine Gründungshilfe für entstehende Vereine an. Der BVH stellt seine Aktivitäten sowie die seiner Mitgliedsvereine durch intensive Pressearbeit vor.

Der BVH ist Herausgeber der Zeitschrift *Aktienkultur & BVH-News*, die dem Verband sowie dem wachsenden Kreis seiner Mitgliedsvereine als bundesweites Informations- und Kommunikationsmedium dient. Die Publikation beschäftigt sich inhaltlich mit Themen wie dem Going Public deutscher Unternehmen, Investor Relations, Shareholder Value sowie den Rahmenbedingungen des Finanzplatzes Deutschland. *Aktienkultur & BVH-News* erscheint sechsmal jährlich zuzüglich zweier bundesweiter Terminkalender als Sonderausgaben und ist im Abonnement erhältlich.

Um den Kontakt zur Praxis als auch zur Theorie zu vertiefen, gibt es den aus sieben Unternehmen bestehenden BVH-Förderkreis sowie das BVH-Kuratorium, dessen Professoren die Arbeit und die Aktivitäten des BVH unterstützen.

AKTIONSTAG BÖRSE DEUTSCHLAND

Samstag, 6. Dezember 1997

München

Forum der Technik
Museumsinsel 1
(S-Bahn Haltestelle Isartor
Richtung Deutsches Museum)

unter der Schirmherrschaft von
Prof. Dr. Hans Tietmeyer,
Präsident der Deutschen Bundesbank

BVH, Schloß, 68131 Mannheim

Programm Aktionstag Börse München

Fachvorträge

10:30 **Erwachen der deutschen Aktienkultur**
FIDUKA Depotverwaltung GmbH
Gottfried Heller, Geschäftsführer
Raum Apollo

Venture Capital in Deutschland
Technologieholding VC GmbH
Falk F. Strascheg, Geschäftsführer
Raum Helios

Corporate governance
Deutsche Schutzvereinigung für Wertpapierbesitz e.V.
Daniela Bergdolt, Landesgeschäftsführerin
Raum Selene

11:30 **Asiatische Märkte - Perspektiven für das Jahr 1998**
Fidelity Investmentservices GmbH
Dirk Herrmann, Salesdirector für Süddeutschland und Österreich
Raum Apollo

3. Finanzmarktförderungsgesetz
Bayerische Börse
Andreas Schmidt, stv. Geschäftsführer
Raum Helios

Grundlagen des Aktienhandels
Akademischer Börsenzirkel München e.V.
Donald K. Day, Referent
Raum Selene

12:30 **Aktien als Altersvorsorge**
Deutsches Aktieninstitut e.V.
Dr. Franz-Josef Leven, Volkswirt
Raum Apollo

Einführung in die technische Analyse
Börsenbrief „Finanzwoche"
Ralf Flierl, Wertpapieranalyst
Raum Helios

Investmentclub - Eine ideale Plattform zur Wertpapieranlage
Münchner Investmentclub
Andreas Grünewald, Geschäftsführer
Raum Selene

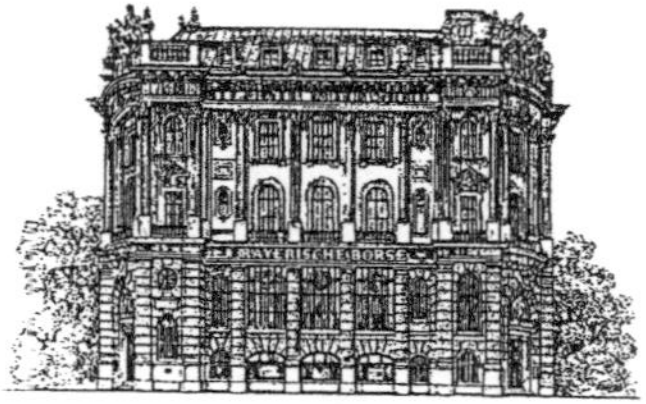

In Kooperation mit der
Bayerischen Börse

13:30 **Investmentpsychologie als modernes Anlagekonzept - vor Aktien wird gewarnt**
Dirk Schellenberger, freier Wirtschaftsjournalist
Raum Apollo

Emissionen am Neuen Markt
DG BANK München
Franz Xaver Jahrstorfer, Advisory Services
Raum Helios

Podiumsdiskussion 14:30 - 16:30 im Raum Apollo

Euromarkt - Anlagefavoriten für das Jahr 1998

Dr. Jens Erhardt
Börsenbrief „Finanzwoche" und „Technobrief",
Herausgeber, Vermögensverwalter, Fondsberater

Dr. Christian Humbert
ADIG Investmentgesellschaft mbH Frankfurt, Geschäftsführer

Dr. Josef Kaesmeier
Merck Finck Invest Kapitalanlagegesellschaft mbH,
Geschäftsführer

Herbert Schuster
Vorsitzender der Kursmaklerkammer der Bayerischen Börse

Moderation:
Dr. Frank Bernhard Werner
Finanzen Verlag GmbH, Chefredakteur

Programm Aktionstag Börse München

Präsentationsstände

- AHAG AG
- UBF Consulting
- Citibank Privatkunden AG
- Deutsche Schutzvereinigung für Wertpapierbesitz e.V.
- Direkt Anlage Bank GmbH
- Dresdner Bank AG
- FINANZEN Verlag GmbH
- Kursmaklerkammer der Bayerischen Börse
- Münchner Investmentclub
- New York Broker Deutschland AG
- Pro 7 Medien AG
- Rheinhold & Mahla AG
- Schutzgemeinschaft der Kleinaktionäre e.V.
- Silverline Neue Medien GmbH
- Union Investment GmbH
- VIAG Aktiengesellschaft

Gewinnspiel

Handelsblatt-Gewinnspiel:

1. Preis: 2 Flugtickets nach New York
2. Preis: Exklusives Wochenende in Frankfurt
3. Preis: 5 Aktien der Preussag AG

HYPOBANK

LITERATURVERZEICHNIS

Aaker, D. A. / Myers, J. G. (Advertising, 1987), Advertising Management, 3. Auflage, Englewood Cliffs 1987.

Akademischer Börsenzirkel München (Mitgliederentwicklung, 1998), Die Mitgliederentwicklung des BZM, Stand.: 16.08.1998, http://www.bwl.uni.muenchen.de/ studini/bzm/mitgl.html.

Allendorf, G. J. (Investor Relations, 1996), Investor Relations deutscher Publikumsgesellschaften - Eine theoretische und empirische Wirkungsanalyse, Oestrich-Winkel 1996.

Apitz, K. / Stoltz, V. (Öffentlichkeitsarbeit, 1982), Öffentlichkeitsarbeit durch PR-Agenturen, in: Öffentlichkeitsarbeit: Dialog zwischen Institutionen und Gesellschaft, hrsg. v. Haedrich, G., Berlin/New York 1982, S. 143-159.

Appleman, M. J. (Rediscovering, 1984), Rediscovering Investor Relations, in: Financial Executive September 1984, S. 10-14.

Arnold, J. / Moizer, P. (Analysts, 1984), A Survey of the Methods Used by UK Investment Analysts to Appraise Investments in Ordinary Shares, in: Accounting and Business Research Summer 1984, S. 195-207.

Atteslander, P. / Kopp, M. (Befragung, 1987), Befragung, 2. Auflage, München/Wien 1987.

Auer, K. (Finanzanalyse, 1991), Methoden der Finanzanalyse, in: WISU 3/1991, S. 163-166.

Backhaus, K. et al. (Analysemethoden, 1994), Multivariate Analysemethoden, 7. Auflage, Berlin u.a. 1994.

Baden, K. (Leerformeln, 1992), Leerformeln, in: Manager Magazin 10/1992, S. 210-219.

Baetge, J. (Rechnungslegungszwecke, 1976), Rechnungslegungszwecke des aktienrechtlichen Jahresabschlusses, in: Bilanzfragen, hrsg. v. Baetge, J. / Moxter, A. / Schneider, D., Düsseldorf 1976, S. 11-30.

Baetge, J. (Bilanzen, 1994), Bilanzen, 3. Auflage, Düsseldorf 1994.

Baker, H. K. / Haslem, J. A. (Needs, 1973), Information Needs of Individual Investors, in: The Journal of Accountancy November 1973, S. 64-69.

Ballwieser, W. (Informationsökonomie, 1985), Informationsökonomie, Rechnungslegungstheorie und Bilanzrichtlinie-Gesetz, in: Zeitschrift für betriebswirtschaftliche Forschung 1/1985, S. 47-66.

Bänsch, A. (Kommunikationspolitik, 1995), Kommunikationspolitik, in: Handwörterbuch des Marketing, hrsg. v. Tietz, B., 2. Auflage, Stuttgart 1995, S. 1186-1200.

Barzen, D. / Wahle, P. (PIMS-Programm, 1991), Das PIMS-Programm - was es wirklich wert ist, in: Harvard Manager 1/1991, S. 100-109.

Bauer, S. (Aktionär, 1990), Der Aktionär wird König, in: Industriemagazin Oktober/1990, S. 231-239.

Beattie, V. / Jones M. J. (Reports, 1992), The Use and Abuse of Graphs in Annual Reports: Theoretical Framework and Empirical Study, in: Accounting and Business Research 88/1992, S. 291-303.

Becker, F. G. (Finanzmarketing, 1994), Finanzmarketing von Unternehmungen, in: Die Betriebswirtschaft 36/1994, S. 295-313.

Beermann, K. / Fülling, F. / Sperl, A. (Zusatzinformationen, 1976), Zusatzinformationen zum Jahresabschluß, in: Bilanzfragen, hrsg. v. Baetge, J. / Moxter, A. / Schneider, D., Düsseldorf 1976, S. 191-203.

Behrens, K. C. (Absatzwerbung, 1963), Absatzwerbung, Wiesbaden 1963.

Bellinger, B. / Vahl, G. (Unternehmensbewertung, 1984), Unternehmensbewertung in Theorie und Praxis, Wiesbaden 1984.

Bender, R. A. (Evolution, 1993), Die Entwicklung in der Schweiz - Evolution of the relations between the Swiss firms and the financial community, in: Effiziente Kommunikation zwischen Unternehmen und der Investment Community, hrsg. v. Loistl, O., Frankfurt/Main 1993, S. 67-79.

Benjamin, J. J. / Stanga, K. G. (Statements, 1977), Differences in Disclosure Needs of Major Users of Financial Statements, in: Accounting and Business Research Summer/1977, S. 187-192.

Bennigsen-Foerder, R. v. (Aktionäre, 1987), Was sind kritische Aktionäre, in: Das Wertpapier 21/1987, S. 1002-1004.

Berliner, R. W. (Analysts, 1983), Do Analysts Use Inflation-Adjusted Information? Results of a Survey, in: Financial Analysts Journal March/April 1983, S. 65-72.

Berndt, R. (Marketing, 1995), Marketing II: Marketing-Politik, 3. Auflage, Berlin u.a. 1995.

Beyer, A. (Shareholder Policy, 1996), Shareholder Policy als Führungsaufgabe, in: Aktienkultur & BVH News 3/1996, S. 8-13.

Beyer, A. (Information, 1996), Ganz oben steht die Qualität der Information, in: Handelsblatt 221/1996, S. 16.

Bidlingmaier, J. (Werbeziele, 1970), Festlegung der Werbeziele, in: Handbuch der Werbung, hrsg. v. Behrens, K. C., Wiesbaden 1970, S. 403-416.

Bierbaum, D. (Anleger, 1991), Was institutionelle Anleger interessiert - Kommunikation mit Vermögensverwaltern und Portfoliomanagern, in: Imageprofile '91, hrsg. v. Demuth, A., Düsseldorf u.a. 1991, S. 79-86.

Bittl, A. (Vertrauen, 1997), Vertrauen durch kommunikationsintendiertes Handeln, Wiesbaden 1997.

Bittner, T. (Investor Relations, 1996), Die Wirkungen von Investor Relations-Maßnahmen auf Finanzanalysten, Lohmar 1996.

Blechner, N. (Aktionärszeitung, 1994), Duftende Aktionärszeitung, in: PR-Magazin 7/1994, S. 26-27.

Born, K. (Unternehmensanalyse, 1995), Unternehmensanalyse und Unternehmensbewertung, Stuttgart 1995.

Bortz, J. (Forschung, 1984), Lehrbuch der empirischen Forschung für Sozialwissenschaftler, Berlin u.a. 1984.

Bortz, J. (Statistik, 1985), Statistik für Sozialwissenschaftler, 2. Auflage, Berlin u.a. 1985.

Brantley, W. F. (Approach, 1990), Taking a Strategic Approach to International IR, in: The Journal of Business Strategy March/April 1990, S. 9-13.

Braun, T. (Aktionärsinformation, 1994), Verbesserte Aktionärsinformation in der Schweiz, in: Der Schweizer Treuhänder 4/1994, S. 281-286.

Breuer, R.-E. (Institution, 1991), Was die Börse übelnimmt - Kommunikation mit einer sensiblen Institution, in: Imageprofile '91, hrsg. v. Demuth, A., Düsseldorf u.a. 1991, S. 70-78.

Breuer, R.-E. (Finanzplatz, 1994), Neues Leben für den Finanzplatz Deutschland, in: Die Bank 8/1994, S. 444-449.

Breuer, R.-E. (Aktienkultur, 1994), Wie man die Aktienkultur verbessern kann, in: Der Arbeitgeber 1994, S. 868-869.

Brosius, G. / Brosius, F. (SPSS, 1995), SPSS: Base System und Professional Statistics, Bonn u.a. 1995.

Bruhn, M. (Marketing, 1989), Planung des Kommunikationsmix von Unternehmen, in: Handbuch des Marketing, hrsg. v. Bruhn, M., München 1989, S. 397-432.

Bruns, H.-G. (Aktienplazierung, 1998), Aktienplazierung an ausländischen Kapitalmärkten - Überlegungen, Erfahrungen, Folgerungen, in: Die Betriebswirtschaft 3/1998, S. 382-400.

Buchner, R. (Finanzanalyse, 1981), Grundzüge der Finanzanalyse, München 1981.

Budd, J. F. (Perspective, 1988), Broadening your IR Perspective, in: The Journal of Business Strategy March/April 1988, S. 14-18.

Bühner, R. (Unternehmenssteuerung, 1996), Kapitalmarktorientierte Unternehmenssteuerung, in: Wirtschaftswissenschaftliches Studium 7/1996, S. 335-338.

Büschgen, H. (Börsen-Lexikon, 1989), Das kleine Börsen-Lexikon, 18. Auflage, Stuttgart 1989.

Busse von Colbe, W. (Informationsinstrument, 1993), Die Entwicklung des Jahresabschlusses als Informationsinstrument, in: Zeitschrift für betriebswirtschaftliche Forschung Sonderheft Nr. 32 /1993, S. 11-30.

Ceyp, M. (Erlebnis-Marketing, 1996), Erlebnis-Marketing, in: IfM-News 1/1996, S. 29-31.

Chenhall, R. H. / Juchau, R. (Needs, 1977), Investor Information Needs - An Australian Study, in: Accounting and Business Research Spring/1977, S. 111-119.

Chrubasik, B. / Zimmermann, H.-J. (Schlüsselfaktoren, 1987), Evaluierung der Modelle zur Bestimmung strategischer Schlüsselfaktoren, in: Die Betriebswirtschaft 4/1987, S. 426-450.

Chugh, L. C. / Meador, J. W. (Analysts, 1984), Break the barrier between you and your analysts, in: Financial Executive September/1984, S. 16-21.

Claussen, R. / Klein, J. / Schlosser Ch. (Investor-Relations, 1997), Investor- und Creditor-Relations für Genossenschaftsbanken, in: Kreditwesen 8/1997, S. 359-364.

Coenenberg, A. G. / Haller, A. (Rechnungslegung, 1993), Externe Rechnungslegung, in: Ergebnisse empirischer betriebswirtschaftlicher Forschung - Zu einer Realtheorie der Unternehmung, hrsg. v. Hauschildt, J. / Grün, O., Stuttgart 1993, S. 557-599.

Craven, B. M. / Marston, C. L. (Investor Relations, 1997), Investor Relations and Corporate Governance in Large UK Companies, in: Scholary Research and Theory Papers 3/1997, S. 137-151.

Cunningham, J. H. / Murphy, I. C. M. (Advertising, 1993), Advertising and Marketing Communication Management, Orlando 1993.

Daumenlang, K. (Längsschnittmethoden, 1987), Querschnitt- und Längsschnittmethoden, 2. Auflage, München/Wien 1987.

Day, J. F. S. (Annual Reports, 1986), The Use of Annual Reports by UK Investment Analysts, in: Accounting and Business Research Autumn 1986, S. 295-307.

Deller, D. / Stubenrath, M. / Weber, C. (Internetpräsenz, 1997), Die Internetpräsenz als Instrument der Investor Relations, in: Der Betrieb 32/1997, S. 1577-1583.

Demming, C. / Scheld, G. A. (Aktienanalyse, 1995), Technische Aktienanalyse, in: WISU 8-9/1995, S. 667-670.

Demuth, A. / Garbett, Th. / Richter, G. (Unternehmenswerbung, 1984), Unternehmenswerbung Corporate Advertising, Hamburg 1984.

Deutsches Aktieninstitut (Hrsg.) (DAI-Factbook, 1996), DAI-Factbook, Frankfurt/Main 1996.

Diehl, U. (Investor Relations, 1993), Investor Relations, in: Betriebswirtschaftliche Forschung und Praxis 2/1993, S. 173-183.

Dietz, H. (Kapitalflußrechnungen, 1976), Die Berücksichtigung von Geld- und Sachwertänderungen in Kapitalflußrechnungen, in: Bilanzfragen, hrsg. v. Baetge, J. / Moxter, A. / Schneider, D., Düsseldorf 1976, S. 273-293.

Diller, H. (Marketingplanung, 1980), Marketingplanung, München 1980.

Dillman, D. A. (Surveys, 1978), Mail and Telephone Surveys. The Total Design Method, New York u.a. 1978.

Dohmen, J. (Planung, 1982), Planung von Werbemaßnahmen, in: Praktisches Lehrbuch der Werbung, hrsg. v. Poth, L. et al., 3. Auflage, Landsberg/Lech 1982, S. 126-163.

Drill, M. (Aktiensparen, 1997), Telekom macht Kleinanlegern das Aktiensparen schmackhaft, in: Invest / Magazin zur Ausgabe 61 der "Finanz und Wirtschaft" 1997, S. 26-29.

Drill, M. (Investor Relations, 1995), Investor Relations: Funktion, Instrumentarium und Management der Beziehungspflege zwischen schweizerischen Publikums-Aktiengesellschaften und ihren Investoren, Bern u.a. 1995.

Edler, F. (Werbetheorie, 1966), Werbetheorie und Werbeentscheidung, Wiesbaden 1966.

Ellis, C. D. (Investor Relations, 1985), How to Manage Investor Relations, in: Financial Analysts Journal March/April 1985, S. 34-41.

Ewert, R. / Wagenhofer, A. (Unternehmenspublizität, 1992), Unternehmenspublizität und Konkurrenzwirkungen, in: Zeitschrift für Betriebswirtschaft 3/1992, S. 297-324.

Falkenhahn, H. G. / Bleul, W. (Planung, 1981), Die Werbung als integrierte Kommunikation mit prozessualer Planung, in: Die Werbung - Band 1: Rahmenbedingungen, Sachgebiete, und Methoden der Kommunikation und Werbung, hrsg. v. Tietz, B., 1981, S. 154-170.

Fenkart, P. (Investor-Relations, 1997), Investor-Relations in der Schweiz. Bedeutung, Instrumente, Akzeptanz, in: Index 1/1997, S. 12-13.

Feuerhake, R. (Kommunikationskultur, 1993), Kommunikationskultur und Unternehmenskontrolle, in: Effiziente Kommunikation zwischen Unternehmen und der Investment Community, hrsg. v. Loistl, O., Frankfurt/Main 1993, S. 97-109.

Fischer, H. (Marketingkommunikation, 1980), Marketingkommunikation und Werbepraxis, in: Zeitschrift für betriebswirtschaftliche Forschung 12/1980, S. 1072-1083.

Flach, U. E. / Wilhelm S. (Going Public, 1997), Besonderheiten beim Going Public von Small- und Mid-Cap-Gesellschaften, in: Die Börse der Zukunft: Märkte, Plätze, Netze, hrsg. v. Gerke, W., Stuttgart 1997, S. 97-113.

Förschle, G. / Glaum, M. / Mandler, U. (Ergebnisse, 1995), US-GAAP, IAS und HGB: Ergebnisse einer Umfrage unter deutschen Rechnungslegungsexperten, in: Betriebswirtschaftliche Forschung und Praxis 4/1995, S. 393-413.

Fridson, M. S. (Bondholders, 1989), Creating Effective Relationships with Bondholders, in: The Handbook of Investor Relations, hrsg. v. Nichols, D. R., Homewood/Illinois 1989, S. 84-99.

Friedrich, M. (Jo-Jo, 1993), Jo-Jo gespielt, in: Wirtschaftswoche 17/1993, S. 56-58.

Friedrichs, J. (Sozialforschung, 1984), Methoden empirischer Sozialforschung, 12. Auflage, Opladen 1984.

Frings, P. A. (Berichterstattung, 1972), Berichterstattung deutscher und amerikanischer Aktiengesellschaften im jährlichen Geschäftsbericht, Bonn 1972.

Fritz, W. (Schlüsselfaktor, 1990), Marketing - ein Schlüsselfaktor des Unternehmenserfolges?, in: Marketing 2/1990, S. 91-110.

Gaede, W. (Gestaltungs-Konzept, 1982), Das Gestaltungs-Konzept, in: Die Werbung - Band 2: Die Werbebotschaften, die Werbemittel und die Werbeträger, hrsg. v. Tietz, B., Landsberg/Lech 1982, S. 997-1019.

Garcia, B. E. (Media, 1989), Creating Effective Relationships with the Financial Media, in: The Handbook of Investor Relations, hrsg. v. Nichols, D. R., Homewood/Illinois 1989, S. 100-111.

Gburek, M. (Kapital, 1991), Kampf um Kapital, in: Wirtschaftswoche 18/1991, S. 150-152.

Gburek, M. (Eigentümer-Pflege, 1993), Eigentümer-Pflege, in: Das Wertpapier 9/1993, S. 21.

Gburek, M. (Rechner, 1988), Reigen der Rechner, in: Wirtschaftswoche 30/1988, S. 32-38.

Gburek, M. (Anleger, 1993), Real: Anleger hoffen, Manager streiten, in: Das Wertpapier 9/1993, S. 18-21.

Geipel, U. / Müller, P. (Erfahrung, 1993), Erfahrung mit Investor Relations, in: Die Bank 3/1993, S. 144-146.

Gentz, M. (Finanzierung, 1995), Investor Relations im Spannungsfeld zwischen den Erwartungen der Finanzanalysten und den Vorschriften zur Vermeidung von Insidertrading, in: Globale Finanzmärkte: Konsequenzen für Finanzierung und Unternehmensrechnung, hrsg. v. Schmalenbach-Gesellschaft, Stuttgart 1995, S.107-112.

Gerke, W. / Arneth, S. (Insiderinformationen, 1997), Die Wirkung von Insiderinformationen an Börsenmärkten, in: Die Börse der Zukunft: Märkte, Plätze, Netze, hrsg. v. Gerke, W., Stuttgart 1997, S. 165-185.

Gibson, C. (Analysts, 1987), How Chartered Financial Analysts View Financial Ratios, in: Financial Analysts Journal 1987, S. 74-76.

Göbel, E. (Stakeholderansatz, 1995), Der Aktionär wird König, in: Zeitschrift für Planung 1995, S. 55-67.

Goebel, A. (US-GAAP, 1995), Die Konzernrechnungslegung nach HGB, IAS und US-GAAP, in: Die Betriebswirtschaft 50/1995, S. 2489-2492.

Goebel, A. / Ley, T. (Jahresabschluß, 1993), Die Auswirkungen der Investor Relations auf die Gestaltung des handesrechtlichen Jahresabschlusses, in: Deutsches Steuerrecht 45/1993, S. 1679-1684.

Goldman, A. I. (Develop, 1982), How to Develop an Investor Relations Program, in: Financial Executive July 1982, S. 26-33.

Götz, J. (Ad hoc-Publizität, 1997), Ad hoc-Publizität aus Unternehmenssicht, in: Die Börse der Zukunft: Märkte, Plätze, Netze, hrsg. v. Gerke, W., Stuttgart 1997, S. 137-148.

Graves, J. J. (Recipe, 1984a), A recipe for investor relations success, in: Financial Executive September/1984, S. 22-31.

Graves, J. J. (Dollars, 1984b), Stop wasting your communication dollars, in: Financial Executive May 1984, S. 28-31.

Greer, R. P. (Shareholders, 1989), Creating Effective Relationships with Employee-Shareholders, in: The Handbook of Investor Relations, hrsg. v. Nichols, D. R., Homewood/Illinois 1989.S. 112-118.

Grimm, R. / Grünthal, R. (Werbeträger, 1982), Werbeträger, in: Praktisches Lehrbuch der Werbung, hrsg. v. Poth, L. et al., 3. Auflage, Landsberg/Lech 1982, S. 164-200.

Gröppel, A. (Erlebnisstrategien, 1990), Erlebnisstrategien im Einzelhandel, Heidelberg 1990.

Günther, T. / Otterbein, S. (Gestaltung, 1996), Die Gestaltung der Investor Relations am Beispiel führender deutscher Aktiengesellschaften, in: Zeitschrift für Betriebswirtschaft 4/1996, S. 389-417.

Hartmann, H. (Investor Relations, 1968), Die große Publikumsgesellschaft und ihre Investor Relations, Berlin 1968.

Hartung, J. / Epelt, B. (Statistik, 1989), Multivariate Statistik: Lehr- und Handbuch der angewandten Statistik, 3. Auflage, München/Wien 1989.

Haubrock, A. (Anleger, 1990), Neue Wege für den Dialog mit dem Anleger, in: Das Wertpapier 17/1990, S. 1060.

Hauck, K.-W. (Anleger, 1990), Dialog mit dem Anleger, in: PR-Magazin 3/1990, S. 14-15.

Hauschildt, J. (Schaden, 1983), Aus Schaden klug, in: Manager Magazin 10/1983, S. 142-152.

Häusele, S. (Investor Relations, 1997), Investor Relations: Grundlagen und Bedeutung in der Versicherungswirtschaft, in: Zeitschrift für die gesamte Versicherungswissenschaft 1-2/1997, S. 131-155.

Helling, N. (Unternehmensbewertung, 1994), Strategieorientierte Unternehmensbewertung: Instrumente und Techniken, Wiesbaden 1994.

Hennes, M. (Anleger, 1990), Anleger im Visier, in: Wirtschaftswoche 21/1990, S. 121-122.

Herget, J. / Hensler, S. (Informationsvermittlung, 1992), Informationsvermittlung zu Beginn der 90er Jahre (Teil 3), in: Nachrichten für Dokumentation 43/1992, S. 385-392.

Hielscher, U. (Aktienanalyse, 1995), Technische Aktienanalyse, in: Enzyklopädie der Betriebswirtschaftslehre (Band 6) - Handwörterbuch des Bank- und Finanzwesens 1995, S. 1817-1830.

Higgins, R. B. / Bannister B. D. (Communication, 1992), How Corporate Communication of Strategy Affects Share Price, in: Long Range Planning 3/1992, S. 27-35.

Higgins, R. B. / Diffenbach, J. (Strategy, 1989), Communicating Corporate Strategy - The Payoffs and the Risks, in: Long Range Planning 3/1989, S. 133-139.

Hill, W. (Marketing, 1982), Marketing II: Die Marketinginstrumente - Integration des Marketing, 5. Auflage, Bern/Stuttgart 1982.

Hirschbil, H. (Identität, 1990), Investor Relations - Identität vermarkten, in: Wirtschaftswoche 29/1990, S. 100-101.

Hoffmann, D. L. / Novak, T. P. (Marketing-Paradigma, 1997), Ein neues Marketing-Paradigma für den elektronsichen Handel, in: Thexis 1/1997, S. 39-43.

Hommelhoff, P. (Gesellschafter, 1983), Der Jahresabschluß als Überwachungs- und Kontrollinstrument der Gesellschafter in der GmbH, in: Der Jahresabschluß im Widerstreit der Interessen, hrsg. v. Baetge, J., Düsseldorf 1983, S. 241-268.

Holoyda, O. (Analysts, 1989), Creating Effective Relationships with Security Analysts, in: The Handbook of Investor Relations, hrsg. v. Nichols, D. R., Homewood/Illinois 1989, S. 75-83.

Husman, N. (Börsen-Zapping, 1998), Börsen-Zapping, in: Capital 2/1998, S. 182-185.

Huss, B. H. / Pecen, Y. / Trix, B. A. (Preisbildungsmechanismen, 1998) Preisbildungsmechanismen und Verhandlungsstrategien im Lichte der neoinstitutionalistischen Theorien von Siedler und Junta, unveröffentlichtes Arbeitspapier, München 1998.

Huth, R. (Media-Analyse, 1982), Media-Analyse und -Planung, in: Praktisches Lehrbuch der Werbung, hrsg. v. Poth, L. et al., 3. Auflage, Landsberg/Lech 1982, S. 201-231.

Huth, R. / Pflaum, D. (Werbelehre, 1996), Einführung in die Werbelehre, 6. Auflage, Stuttgart u.a. 1996.

Jacob, A.-F. (Vertrauenskapital, 1991), Finanzierungsregeln, Vertrauenskapital und Risikoaversion, in: Unternehmensdynamik, hrsg. v. Kistner, K.-P. / Schmidt, R., Wiesbaden 1991, S. 111-131.

Jacob, H. (PIMS-Programm, 1983), Das PIMS-Programm, in: WISU 6/1983, S. 262-267.

Janke, E. (Dokumentenbeschaffung, 1990), Dokumentenbeschaffung für das Deutsche Informationszentrum für technische Regeln im DIN, in: Nachrichten für Dokumentation 41/1990, S. 165-169.

Jensen, M. C. / Meckling, W. H. (Agency Costs, 1976), Theory of the Firm: Managerial Behaviour, Agency Costs and Ownership Structure, in: Journal of Financial Economics 3/1976, S. 305-360.

Jobber, D. (Response, 1986), Improving Response Rates in Industrial Mail Surveys, in: Industrial Marketing Management 15/1986, S. 183-195.

Jütten, H. (Finanzplatz, 1994), Finanzplatz Deutschland wird attraktiver, in: Die Bank 1/1994, S. 34-39.

Kass, K. P. (Meinungsführung, 1987), Meinungsführung, München u.a. 1987.

Kellenberger, R. (Berichterstattung, 1981), Die bedürfnisorientierte externe Berichterstattung, Zürich 1981.

Kellerhoff, P. (Investitionsfinanzierungsbank, 1983), Der Jahresabschluß aus der Sicht einer Investitionsfinanzierungsbank, in: Der Jahresabschluß im Widerstreit der Interessen, hrsg. v. Baetge, J., Düsseldorf 1983, S. 297-314.

Kennedy, R. E. / Wilson, M. H. (Analysts, 1980), Are Investor Relations Programs Giving Analysts What They Need, in: Financial Analysts Journal March/April 1980, S. 63-69.

Kietzmann, M. (Aktionär, 1993), Ein Aktionär packt aus, in: Das Wertpapier 9/1993, S. 14-16.

Kirschhofer-Bozenhardt, A. von / Kaplitza, G. (Fragebogen, 1991), Der Fragebogen, in: Die Befragung, Band 1, hrsg. v. Holm. K. v., Tübingen 1991, S. 92-126.

Kißling, V. (Dienstleistungen, 1998), Beschaffung professioneller Dienstleistungen - Eine empirische Untersuchung zum Transaktionsverhalten (Druck in Vorbereitung), Berlin 1998.

Kohl, H. W. / Hübener, M. (Börsen, 1991), Wie man ein deutsches Unternehmen an internationalen Börsen positioniert: Die globale Aktienmarkt-Strategie des Bayer-Konzerns, in: Imageprofile '91, hrsg. v. Demuth, A., Düsseldorf u.a. 1991, S. 95-104.

Kohlhaussen, M. (Investor Relations, 1996), Investor Relations: wichtiger denn je, in: Die Banken auf dem Weg ins 21. Jahrhundert: Strategien und Konzepte, hrsg. v. International Bankers Forum, Wiesbaden 1996, S. 421-427.

Kotler, P. (Marketing Management, 1994), Marketing Management - Analysis, Planning, Implementation and Control, 8. Auflage, Englewood Cliffs/New Jersey 1994.

Krekeler, M. (Zielgruppe, 1989), Zielgruppe entdeckt, in: Wirtschaftswoche 23/1989, S. 62-63.

Kroeber-Riel, W. (Kosumentenverhalten, 1992), Konsumentenverhalten, München 1992.

Krüger, R. (Jahresabschluß, 1983), Der Jahresabschluß aus der Sicht des Aufsichtsrates, in: Der Jahresabschluß im Widerstreit der Interessen, hrsg. v. Baetge, J., Düsseldorf 1983, S. 269-296.

Krüger, W. (Unternehmenserfolg, 1988), Die Erklärung von Unternehmenserfolg: Theoretischer Ansatz und empirische Ergebnisse, in: Die Betriebswirtschaft 1/1988, S. 27-43.

Krumnow, J. (Unternehmenskommunikation, 1993), Banken: Katalysator oder Vorreiter in der Unternehmenskommunikation, in: Effiziente Kommunikation zwischen Unternehmen und der Investment Community, hrsg. v. Loistl, O., Frankfurt/Main 1993, S. 3-15.

Krystek, U. / Müller, M. (Investor Relations, 1993), Investor Relations - Eine neue Disziplin nicht nur für das Finanzmanagement, in: Der Betrieb 36/1993, S. 1785-1789.

Kuster, P. (Internet-Auftritt, 1997), Vorhang auf für den Internet-Auftritt, in: Invest / Magazin zur Ausgabe 61 der "Finanz und Wirtschaft" 1997, S. 67-69.

Küting, K. / Hütten, C. / Lorson, P. (Kommunikationsstrategie, 1995a), Shareholder Value: Grundüberlegungen zu Benchmarks der Kommunikationsstrategie in der externen Berichterstattung (Teil 1), in: Deutsches Steuerrecht 46/1995, S. 1805-1809.

Küting, K. / Hütten, C. / Lorson, P. (Kommunikationsstrategie, 1995b), Shareholder Value: Grundüberlegungen zu Benchmarks der Kommunikationsstrategie in der externen Berichterstattung (Teil 2), in: Deutsches Steuerrecht 47/1995, S. 1846-1851.

Kutzer, H. (Information, 1997), Die Inflation der Information, in: Die Börse der Zukunft: Märkte, Plätze, Netze, hrsg. v. Gerke, W., Stuttgart 1997, S. 115-122.

Labhart, P. / Volkart, P. (Internet, 1997), Das Internet als Medium für Investor Relations, in: Der Schweizer Treuhänder 6-7/1997, S. 515-522.

Lange, C. (Unternehmensbeurteilung, 1989), Jahresabschluß-Informationen und Unternehmensbeurteilung, Stuttgart 1989.

Lasswell, H. D. (Communication, 1960), The Structure and Function of Communication in Society, in: Mass communications, hrsg. v. Schramm, W., 2. Auflage, Urbana u.a. 1960, S. 117-130.

Lehmann, B. (Investor Relations, 1997), Investor Relations- Innovation in der Unternehmensführung, in: Public Relations Forum 3/1997, S. 50.

Liener, G. (Investor Relations, 1993), Investor Relations in einem globalen Kapitalmarkt, in: Die deutsche Aktie - Unternehmensfinanzierung und Vermögenspolitik vor neuen Herausforderungen, hrsg. v. Fritsch, U. / Liener, G. / Schmidt, R., Stuttgart 1993, S. 325-339.

Liener, G. (Rechnungslegung, 1992), Internationale Unternehmen brauchen eine globalisierte Rechnungslegung, in: Zeitschrift für Betriebswirtschaft 3/1992, S. 269-292.

Lindental, E. (Angepriesen, 1992), Angepriesen wie tränenfreie Zwiebelschneider, in: PR-Magazin 10/1992, S. 22-25.

Lingenfelder, M. / Walz, H. (Finanzmarketing, 1988), Investor Relations als Element des Finanzmarketing, in: Wirtschaftswissenschaftliches Studium 9/1988, S. 467-469.

Link, R. (Finanzmarketing, 1995), Finanzmarketing, in: Handwörterbuch des Marketing, hrsg. v. Tietz, B., 2. Auflage, Stuttgart 1995, S. 690-701.

Link, R. (Aktienmarketing, 1994), Die Hauptversammlung im Rahmen des Aktienmarketing und der Investor Relations, in: Die Aktiengesellschaft 8/1994, S. 364-369.

Link, R. (Investor Relations, 1993), Investor Relations im Rahmen des Aktienmarketing von Publikumsgesellschaften, in: Betriebswirtschaftliche Forschung und Praxis 2/1993, S. 105-133.

Link, R. (Publikumsgesellschaften, 1991), Aktienmarketing in deutschen Publikumsgesellschaften, Wiesbaden 1991.

Loehr, H. (Anleger, 1990), Wie Bayer sich um die Anleger bemüht, in: Das Wertpapier 17/1990, S. 1052-1054.

Loehr, H. (Bewertung, 1993), Bewertung von Unternehmen an Kapitalmärkten, in: Handbuch des Finanzmanagements: Instrumente und Märkte der Unternehmensfinanzierung, hrsg. v. Gebhardt, G., München 1993, S. 177-195.

Loistl, O. (Wertpapiermanagement, 1996), Computergestütztes Wertpapiermanagement, 5. Auflage, München/Wien 1996.

Loistl, O. (Insiderregelung, 1993), Insiderregelung und informationseffiziente Kapitalmarktregulierung, in: Die Bank 8/1993, S. 456-460.

Mahoney, W. F. (Investor Relations, 1991), Investor Relations: The Professional's Guide to Financial Marketing and Communications, New York u. a. 1991.

Mahoney, W. F. / Wessendorf, C. (Investors, 1996), How to get investors online, in: Financial Executive January/February 1996, S. 41-43.

Maier, M. (Shareholder-Marketing, 1992), Shareholder-Marketing, München 1992.

Mandler, U. (Rechnungslegung, 1996), Harmonisierung der Rechnungslegung: Bridging the GAAP?, in: Zeitschrift für Betriebswirtschaft 6/1996, S. 715-734.

Marr, R. / Picot, A. (Absatzwirtschaft, 1991), Absatzwirtschaft, in: Industriebetriebslehre - Entscheidungen im Industriebetrieb, hrsg. v. Heinen, E., 9. Auflage, Wiesbaden 1991, S. 623-727.

McCaslin, T. E. / Stanga, K. G. (Needs, 1986), Similarities in Measurement Needs of Equity Investors and Creditors, in: Accounting and Business Research Spring/1986, S. 151-156.

McNally, G. M. / Eng, L. H. / Hasseldine, C. R. (Financial Reporting, 1982), Corporate Financial Reporting in New Zealand: An Analysis of User Preferences, Corporate Characteristics and Disclosure Practices for Discretionary Information, in: Accounting and Business Research Winter 1982, S. 11-20.

Meffert, H. (Marketing, 1986), Marketing - Grundlagen der Absatzpolitik, 7. Auflage, Wiesbaden 1986.

Merbold, C. (Medienlandschaft, 1985), Der Werbeträger "Zeitschrift" in der Medienlandschaft der Zukunft, in: Markenartikel 3/1985, S. 108-117.

Meyer, P. W. (Wirtschaft, 1973), Die machbare Wirtschaft - Grundlagen des Marketing, Essen 1973.

Meyer, P. W. / Hermanns A. (Wirtschaftswerbung, 1981), Theorie der Wirtschaftswerbung, Stuttgart u.a. 1981.

Miller, K. L. (Rich Kids, 1998), Rich Kids, in: Business Week v. 16.2.1998, S. 22-26.

Mindermann, H.-H. (Beratungsaufgabe, 1995), Beratungsaufgabe Investor Relations, in: Die Bank 4/1995, S. 250-252.

Mindermann, H.-H. (Investor Relations, 1992), Investor Relations vernachläßigt, in: Die Bank 4/1992, S. 224-226.

Moizer, P. / Arnold, J. (Appraisal, 1984), Share Appraisal by Investment Analysts - Portfolio vs. Non-Portfolio Managers, in: Accounting and Business Research Autumn 1984, S. 341-348.

Möller, A. (Insiderrecht, 1994), Das neue Insiderrecht - Eckpfeiler funktionsfähiger Wertpapiermärkte, in: Betriebswirtschaftliche Forschung und Praxis 2/1994, S. 99-113.

Moxter, A. (Bilanzierung, 1995), Zum Verhältnis von handelsrechtlichen Grundsätzen ordnungsmäßiger Bilanzierung und True-and-fair-view-Gebot bei Kapitalgesellschaften, in: Rechenschaftslegung im Wandel, hrsg. v. Förschle, G., München 1995, S. 419-429.

Müller, E. (Interessen, 1983), Der Konzernabschluß im Konfliktfeld verschiedener Interessen, in: Der Jahresabschluß im Widerstreit der Interessen, hrsg. v. Baetge, J., Düsseldorf 1983, S. 213-239.

Müller-Berghoff, B. H. (Kommunikationskultur, 1993), Kommunikationskultur aus Sicht eines internationalen Konzerns, in: Effiziente Kommunikation zwischen Unternehmen und der Investment Community, hrsg. v. Loistl, O., Frankfurt/Main 1993, S. 17-27.

Müller-Hagedorn, L. (Konsumentenverhalten, 1986), Das Konsumentenverhalten: Grundlage für die Marktforschung, Wiesbaden 1986.

Neilson, W. C. / Barnes, D. M. (Keys, 1982), Five keys to better IR, in: Public Relations Journal April/1982, S. 16-17.

NOP / UK (InternetTrak, 1998), Studie: InternetTrak Q 2 1998, Stand 03.08.1998, http://www.wuv.de/aktion/trak.html.

o. V. (Aktionäre, 1998), Eine Million Deutsche wurden Aktionäre, in: Süddeutsche Zeitung 02.01.1998, S. 30.

o. V. (Aktionäre, 1993), Anleger-Report: Wo Aktionäre am besten gepflegt werden, in: Das Wertpapier 11/1993, S. 66-70.

o. V. (Structure, 1984), Structure your investor relations for the good times and the bad, in: Financial Executive April 1984, S. 20-27.

o. V. (Analysten, 1996), Die Macht der Analysten wächst, in: Süddeutsche Zeitung v. 25.10.1996, S. 23.

o. V. (Bilanzgewinne, 1987), Bilanzgewinne für alle, in: Industriemagazin 11/1987, S. 111-116.

o. V. (Primär-Insider, 1996), Analysten sind keine Primär-Insider, in: Süddeutsche Zeitung 245/1996, S. 30.

o. V. (Meinungsspiegel, 1993), Meinungsspiegel, in: Betriebswirtschaftliche Forschung und Praxis 2/1993, S. 184-206.

o.V. (Geschäftsbericht, 1988), Geschäftsbericht, in: Gabler Wirtschafts-Lexikon, hrsg. v. Sellien, R. / Sellien, H., 12. Auflage, Wiesbaden 1988, S. 2082.

o.V. (Wandel, 1996), Ein tiefgreifender Wandel in den Beziehungen, in: Das Wertpapier 11/1996, S. 56-61.

o.V. (Aktionäre, 1998), Das Tor zu einem Volk von Aktionären ist offen, in: Frankfurter Allgemeine Zeitung v. 31.3.1998, S. 31.

o.V. (IR-Preis, 1991), IR-Preis: Neuer Wettbewerb (Ausschreibung), in: Wirtschaftswoche 38/1991, S. 111.

o.V. (Aussagefähigkeit, 1982), Aussagefähigkeit verbessern, in: Das Wertpapier 21/1982, S. 996.

o.V. (Story, 1998), Das Unternehmen vermarkten - Selling the Story, in: Vision and Money 1/1998, S. 16-26.

o.V. (Going Public, 1987), Going Public, in: Absatzwirtschaft 2/1987, S. 28-34.

Obermeier, G. (Unternehmensinformation, 1993), Shareholder Value: Dreh- und Angelpunkt der Unternehmensinformation, in: Effiziente Kommunikation zwischen Unternehmen und der Investment Community, hrsg. v. Loistl, O., Frankfurt/Main 1993, S. 81-96.

Oeckl, A. (Public Relations, 1981), Die Public Relations im Überblick, in: Die Werbung - Band 1: Rahmenbedingungen, Sachgebiete und Methoden der Kommunikation und Werbung, hrsg. v. Tietz, B., Landsberg/Lech 1981, S. 272-288.

Olfert, K. (Finanzierung, 1994), Finanzierung, 8. Auflage, Kiel 1994.

O'Reilly, C. A. / Chatman, J. A. / Anderson, J. C. (Message, 1983) Message Flow and Decision Making, in: Handbook of Organizational Communication, hrsg. v. Jablin, F. M. / Putnam, L. L. / Roberts, K. H. / Porter, L. W., Newbury Park u.a. 1987, S. 600-623.

Pape, U. (Controlling, 1997), Wertorientierte Unternehmensführung und Controlling, Berlin 1997.

Paul, W. (Bedeutung, 1993), Umfang und Bedeutung der Investor Relations, in: Betriebswirtschaftliche Forschung und Praxis 2/1993, S. 133-162.

Paul, W. (Börseneinführung, 1992), Börseneinführung in Tokio - demonstriert am Beispiel BASF, in: Zeitschrift für betriebswirtschaftliche Forschung 10/1992, S. 914-955.

Paul, W. (Investor, 1991), Investor Relations-Management - demonstriert am Beispiel der BASF, in: Zeitschrift für betriebswirtschaftliche Forschung 10/1991, S. 923-945.

Paul, W. / Zieschang, M. (Investor Relations, 1994), Wirkungsweise von Investor Relations, in: Die Betriebswirtschaft 30/1994, S. 1485-1487.

Pauly, C. (Waschmittel, 1991), Investor Relations: Wie Waschmittel, in: Wirtschaftswoche 38/1991, S. 110-112.

Pellens, B. (Publizität, 1995), Publizität, in: Enzyklopädie der Betriebswirtschaftslehre (Band 6) - Handwörterbuch des Bank- und Finanzwesens, hrsg. v. Gerke, W. / Steiner, M., 2. Auflage, Stuttgart 1995, S. 1589-1599.

Pepels, W. (Werbepraxis, 1987), Marketing- und Kommunikationsplanung in der Werbepraxis, Frankfurt/Main 1987.

Pepels, W. (Lexikon, 1996), Lexikon des Marketing, München 1996.

Pepels, W. (Marketingpraxis, 1993), Handbuch Moderne Marketingpraxis - Band 2: Die Instrumente im Marketing, Düsseldorf u.a. 1993.

Perk, R. (Aktienanalyse, 1990), Professionelle Aktienanalyse für jedermann, 2. Auflage, München 1990.

Perridon, L. / Steiner, M. (Finanzwirtschaft, 1997), Finanzwirtschaft der Unternehmung, 9. Auflage, München 1997.

Peters, H.-W. (Aktienmarktanalyse, 1987), Kapitalmarkttheorie und Aktienmarktanalyse, Frankfurt/Main u.a. 1987.

Peters, T. J. / Waterman, R. H. (Spitzenleistungen, 1991), Auf der Suche nach Spitzenleistungen, 14. Auflage, Landsberg/Lech 1991.

Pickert, M. (Konzeption, 1994), Die Konzeption der Werbung: Determinanten, Strategien, Kommuniqués, Heidelberg u.a. 1994.

Picot, A. (Theorien, 1991), Ökonomische Theorien der Organisation - Ein Überblick über neuere Ansätze und deren betriebswirtschaftliches Anwendungspotential, in: Ökonomische Theorie und Betriebswirtschaftslehre, hrsg. v. Ordelheide, D. / Rudolph, B. / Büsselmann, E., Stuttgart 1991, S. 143-170.

Picot, A. / Reichwald, R. (Informationswirtschaft, 1991), Informationswirtschaft, in: Industriebetriebslehre - Entscheidungen im Industriebetrieb, hrsg. v. Heinen, E., 9. Auflage, Wiesbaden 1991, S. 241-393.

Picot, A. / Sennewald, N. (Kommunikationsmedium, 1998), Die Internet-Technologie als betriebswirtschaftliches Informations- und Kommunikationsmedium, in: Globale Netze - Innovative Potentiale für Informationsmanagement und Controlling, hrsg. v. Reichmann, T., München 1998, S. 60-90.

Pike, R. / Meerjansen, J. / Chadwick, L. (Shares, 1993), The Appraisal of Ordinary Shares by Investment Analysts in the UK and Germany, in: Accounting and Business Research 92/1993, S. 489-499.

Pilz, H.-J. (Kommunikationskultur, 1993), Unternehmerische Kommunikationskultur: Ein Erfahrungsbericht aus Analystensicht, in: Effiziente Kommunikation zwischen Unternehmen und der Investment Community, hrsg. v. Loistl, O., Frankfurt/Main 1993, S. 49-57.

Plaut, T. C. (Analysten, 1991), Wie Wertpapier-Analysten informiert werden wollen, in: Imageprofile '91, hrsg. v. Demuth, A., Düsseldorf u.a. 1991, S. 105-114.

Pohle, K. (Investors Relations, 1991), Investors Relations, in: Lexikon des Rechnungswesens, hrsg. v. Busse von Colbe, W., 2. Auflage, München/Wien 1991, S. 281-282.

Pressmar, D. (Quantifizierung, 1989), Quantifizierung und Bewertung, in: Handwörterbuch der Planung, hrsg. v. Szyperski, N. / Winand, U., Stuttgart 1989, S. 1679-1688.

Rappaport, A. (Shareholder Value, 1994), Shareholder Value: Wertsteigerung als Maßstab für die Unternehmensführung, Stuttgart 1994.

Rau, F. H. (Aktienanalyse, 1993), Was kann die Aktienanalyse heute leisten - und was nicht?, in: Zeitschrift für das gesamte Kreditwesen 18/1993, S. 846-848.

Rehkugler, H. (Unternehmenskommunikation, 1993), Entspricht die Unternehmenskommunikation der Analystenqualität?, in: Effiziente Kommunikation zwischen Unternehmen und der Investment Community, hrsg. v. Loistl, O., Frankfurt/Main 1993, S. 37-47.

Reichwald, R. (Kommunikation, 1993), Kommunikation, in: Vahlens kompendium der Betriebswirtschaftslehre - Band 2, hrsg. v. Bitz, M. et al., 3. Auflage, München 1993, S. 447-494..

Reim, J. (Werbeplanung, 1986), Die Praxis der Werbeplanung, Sindelfingen 1986.

Remmers, J. (Aktienpräsentationen, 1993), Aktienpräsentationen für den privaten Anleger, in: Die deutsche Aktie - Unternehmensfinanzierung und Vermögenspolitik vor neuen Herausforderungen, hrsg. v. Fritsch, U. / Liener, G. / Schmidt, R., Stuttgart 1993, S. 319-323.

Riedl, J. / Busch, M. (Marketing-Kommunikation, 1997), Marketing-Kommunikation in Online-Medien, in: Marketing ZFP 3/1997, S. 163-176.

Ries, H. C. (Elite, 1995), Die Elite ist nur Mittelmaß, in: Börse Online 50/1995, S. 10-17.

Ripperger, T. (Ökonomik, 1998), Ökonomik des Vertrauens - Analyse eines Organisationsprinzips, Tübingen 1998.

Robbins, W. A. (Consensus, 1984), Consensus Between Preparers and Users of Municipial Annual Reports: An Empirical Analysis, in: Accounting and Business Research Spring/1984, S. 157-162.

Rogala, D. P. (Konturen, 1990), Konturen gefragt, in: PR-Magazin 3/1990, S. 13-18.

Rogge, H.-J. (Werbung, 1996), Werbung, 4. Auflage, Ludwigshafen 1996.

Roop, J. J. (Marketing, 1982), Marketing an Investor Relations Program, in: Financial Executive June 1982, S. 30-35.

Roop, J. J. / Lee, S. F. (Weapon, 1990), Investor Relations as a Competitive Weapon, in: The Journal of Business Strategy March/April 1990, S. 4-8.

Rosen, R. v. (Unternehmen - Emission, 1996), Unternehmen nach Emission künftig besser betreuen, in: Handelsblatt v. 19.08.1996, S. 25.

Rosen, R. v. / Achatz H. (Finanzplatz Deutschland, 1997), Weiterentwicklung der Aktienkultur am Finanzplatz Deutschland - Aufbruchstimmung bei Neben- und Wachstumswerten, in: Die Börse der Zukunft: Märkte, Plätze, Netze, hrsg. v. Gerke, W., Stuttgart 1997, S. 73-85.

Rubach, J. / Köhler, W. (Chemie, 1990), In der Chemie stimmt's, in: Wirtschaftswoche 16/1990, S. 120.

Ruffer, J. (Informationsvermittlung, 1989), Qualitätskriterien innerbetrieblicher Informationsvermittlung, in: Nachrichten für Dokumentation 40/1989, S. 309-312.

Sander, M. (Planungsprozeß, 1993), Der Planungsprozeß der Werbung, in: Handbuch Marketing-Kommunikation, hrsg. v. Berndt, R. / Hermanns, A., Wiesbaden 1993, S. 261-284.

Schäfer, S. (Erfolgsfaktoren, 1996), Erfolgsfaktoren von deutschen Lebensversicherungsunternehmen, Wiesbaden 1996.

Schätzle, R. (Finanzmarketing, 1989), Innovatives Finanzmarketing, Landsberg/Lech 1989.

Scheld, G. A. / Demming, C. (Aktienanalyse, 1993), Fundamentale Aktienanalyse, in: WISU 4/1993, S. 298-306.

Schering AG (Hrsg.) (Finanzkommunikation, 1987), Die Finanzkommunikations deutscher Aktiengesellschaften, o.O. 1987.

Schering AG (Hrsg.) (Information Policy, 1988), Case Study - Schering investor relations information policy and communication problems, o.O. 1988.

Scheuch, E. K. (Interview, 1973), Das Interview in der Sozialforschung, Stuttgart 1973.

Scheuch, F. (Marketing, 1996), Marketing, 5. Auflage, München 1996.

Schineis, M. (Öffentlichkeitsarbeit, 1992), Absatzwerbung und Öffentlichkeitsarbeit, in: Integrierte Marketingfunktionen, hrsg. v. Meyer, P. W., 3. Auflage, Stuttgart u.a. 1992, S. 108-141.

Schirmacher, A. F. (Kommunikation, 1991), Wie man es richtig macht - Kommunikation mit der Finanzpresse, in: Imageprofile '91, hrsg. v. Demuth, A., Düsseldorf u.a. 1991, S. 52-59.

Schmalen, H. (Kommunikationspolitik, 1992), Kommunikationspolitik, 2. Auflage, Stuttgart u.a. 1992.

Schmitz, R. H. (Aktionäre, 1993), Die Aktionäre der Aktiengesellschaft: Beziehungen über das Gesetz hinaus, in: Zeitschrift für das gesamte Kreditwesen 18/1993, S. 8-10.

Schmitz, R. H. (Finanzierung, 1988), Finanzierung als strategischer Hebel, in: Handbuch Strategische Führung, hrsg. v. Henzler, H. A., Wiesbaden 1988, S. 295-311.

Schneider, B./ Rentmeister, J. (Informationen, 1997), Präsentation von Informationen im Internet, in: Information Management 1/1997, S. 50-59.

Schneider, K. (Hrsg.) (Werbung, 1995), Werbung, 3. Auflage, Waiblingen 1995.

Schneider, M. (Dienstleistungen, 1998), Innovation von Dienstleistungen - Eine empirische Analyse der Organisation von Innovationsprozessen (Druck in Vorbereitung), Wiesbaden 1998.

Schnell, R. / Hill, P. B. / Esser, E. (Sozialforschung, 1993), Methoden der empirischen Sozialforschung, 4. Auflage, München/Wien 1993.

Schnitzler, L. (Schnaps, 1994), Investor Relations - einen Schnaps, in: Wirtschaftswoche 43/1994, S. 118-121.

Schnitzler, L. (Buchstaben, 1992), Flackernde Buchstaben, in: Wirtschaftswoche 24/1992, S. 58-66.

Schnitzler, L. (Aktionäre, 1992), Druck der Aktionäre, in: Wirtschaftswoche 24/1992, S. 63-66.

Schoeffler, S. (PIMS-Program, 1983), The PIMS-Program, in: The strategic management handbook 1983, S. 23/1 - 23/10.

Schreib, H. P. (Anleger, 1993), Investor Relations aus Sicht der Anleger, in: Betriebswirtschaftliche Forschung und Praxis 2/1993, S. 163-172.

Schreib, H. P. (Jahresabschluß, 1983), Der Jahresabschluß aus Sicht der Streubesitzaktionäre (Teil 2), in: Das Wertpapier 13/1983, S. 597-600.

Schreib, H. P. (Investor Relations, 1990), Was sind Investor Relations, und was sollen sie sein?, in: Das Wertpapier 17/1990, S. 1043-1044.

Schumann, H. / Presser, S. (Surveys, 1981), Questions and Answers in Attitude Surveys: Experiments on Question Forms, New York u.a. 1981.

Schweiger, G. / Schrattenecker, G. (Werbung, 1986), Werbung - eine Einführung, Stuttgart/New York 1986.

Schweizer, M. (Chancen, 1993), Das Marketing der Anbieter ökonomischer Chancen, in: Marketing-Systeme: Grundlagen des internationalen Marketing, hrsg. v. Meyer, P. W. / Meyer, A., 2. Auflage, Stuttgart u.a. 1993, S. 139-172.

Schwuchow, W. (Informationsdienste, 1993), Qualitätsmanagement für Informationsdienste, in: Cogito 1/1993, S. 3-15.

Seed, A. H. (Shareholder, 1985), Winning Strategies for Shareholder Value Creation, in: The Journal of Business Strategy 2/1985, S. 44-51.

Seeger, C. (Profis, 1998), Anlegen wie die Profis, in: Manager Magazin 7/1998, S. 132-137.

Sieben, G. / Zapf, G. (Hrsg.) (Unternehmensbewertung, 1981), Unternehmensbewertung als Grundlage unternehmerischer Entscheidungen, Stuttgart 1981.

Sienel, W. (Aktienanalyse, 1995), Aktienanalyse: Meist positiv, in: Wirtschaftswoche 31/1995, S. 78-79.

Speckbacher, G. (Stakeholder Ansatz, 1997), Shareholder Value und Stakeholder Ansatz, in: Die Betriebswirtschaft 5/1997, S. 630-640.

Steiner, M. / Bruns, C. (Wertpapiermanagement, 1995), Wertpapiermanagement, 4. Auflage, Stuttgart 1995.

Strenger, C. (Kommunikation, 1993), Effiziente Kommunikation zwischen Unternehmen und der Investment Community aus Sicht eines großen Anlegers, in: Effiziente Kommunikation zwischen Unternehmen und der Investment Community, hrsg. v. Loistl, O., Frankfurt/Main 1993, S. 59-66.

Strenger, C. (Informationsanspruch, 1996), Investor Relations: Gestiegener Informationsanspruch, in: Die Bank 8/1996, S. 467-469.

Strixner, K. (Ansprache, 1994), Gezielte Ansprache macht sich immer bezahlt, in: Der Arbeitgeber 23/1994, S. 870-872.

Süchting, J. (Finanzmanagement, 1995), Finanzmanagement - Theorie und Politik der Unternehmensfinanzierung, 6. Auflage, Wiesbaden 1995.

Süchting, J. (Finanzmarketing, 1986), Finanzmarketing auf den Aktienmärkten, in: Zeitschrift für das gesamte Kreditwesen 14/1986, S. 654-659.

Süchting, J. (Bankmanagement, 1992), Bankmanagement, 3. Auflage, Stuttgart 1992.

Süchting, J. (Communications, 1991), Financial Communications: Wie müssen Unternehmen kommunizieren, um vom Kapitalmarkt verstanden zu werden, in: Imageprofile '91, hrsg. v. Demuth, A., Düsseldorf u.a. 1991, S. 10-18.

Süchting, J. (Unternehmung, 1980), Zum Finanzmarketing der Unternehmung, in: Führungsprobleme industrieller Unternehmungen, hrsg. v. Hahn, D., Berlin/New York 1980, S. 217-233.

Taylor, R. / Bowley, G. / Simonian, H. (Shareholders, 1998), Shareholders hit at Vickers on deal for R-R Motors, in: Financial Times v. 30.4.1998, S. 1.

Thomas, K. (Jahresabschluß, 1983), Erkenntnisse aus dem Jahresabschluß für die Bonität von Wirtschaftsunternehmen, in: Der Jahresabschluß im Widerstreit der Interessen, hrsg. v. Baetge, J., Düsseldorf 1983, S. 69-84.

Thompson, C. R. (Company, 1982), Investor Relations For the New-Issue Company, in: Public Relations Journal April/1982, S. 46-49.

Tiemann, K. (Investor Relations, 1997), Investor Relations, Wiesbaden 1997.

Tietz, B. / Zentes, J. (Werbung, 1980), Die Werbung der Unternehmung, Reinbek bei Hamburg 1980.

Tomczak, T. / Gräf, H. (Online-Marketing, 1997), Online-Marketing in der Konsumgüterbranche - Status quo und Perspektiven, in: Thexis 4/1997, S. 14-29.

Trenner, D. (Aktienanalyse, 1988), Aktienanalyse und Anlegerverhalten, Wiesbaden 1988.

Trommsdorff, V. (Konsumentenverhalten, 1993), Konsumentenverhalten, Stuttgart 1993.

Ulrich, S. (Kurs, 1990), Hoch im Kurs, in: Manager Magazin 9/1990, S. 198-207.

Unger, F. (Werbemanagement, 1989), Werbemanagement, Heidelberg 1989.

Velte, G. (Kür, 1992), Kommunikative Kür, in: PR-Magazin 12/1992, S. 44-47.

Verboom, E. (Investor Relations, 1992), Investor Relations Aktivitäten deutscher Aktiengesellschaften, in: Praxis und Theorie der Unternehmung: Produktion - Information - Planung, hrsg. v. Hansmann, K.-W. / Scheer, A.-W., Wiesbaden 1992, S. 333-343.

Verlagsgruppe Handelsblatt / IRES Marketing GmbH (Hrsg.) (Investor Relations, 1991), Investor Relations von Aktiengesellschaften: Bewertungen und Erwartungen, Düsseldorf 1991.

Vollmar, J. (Finanzwerbung, 1989), Finanzwerbung, in: Zeitschrift für das gesamte Kreditwesen 4/1989, S. 148-154.

Walker, B. J. / Kirchmann, W. / Conant, J. S. (Response, 1987), A method to improve Response to industrial mail surveys, in: Industrial Marketing Management 16/1987, S. 305-314.

Waschkowski, H. (Insiderrichtlinien, 1995), Insiderrichtlinien im Wertpapiergeschäft einer großen Sparkasse, in: Zeitschrift für das gesamte Kreditwesen 14/1995, S. 707-710.

Weber, B. / Wohlfarth, J. (Publizitätspflichten, 1986), Publizitätspflichten im Bilanz- und Börsenrecht, in: Der Betriebsberater 11/1986, S. 699-703.

Weber, C.-P. (Informationsgehalt, 1993), Informationsgehalt der originären u. derivativen Rechnungslegungsgrößen: Jahresüberschuß vs DVFA/SG, in: Effiziente Kommunikation zwischen Unternehmen und der Investment Community, hrsg. v. Loistl, O., Frankfurt/Main 1993, S. 111-120.

Weeser-Krell, L. M. (Marketing-Kommunikation, 1986), Marketing-Kommunikation, Beitrag Nr. 40, in: Marketing, hrsg. v. Poth, L., Neuwied 1986, S. 1-24.

Weinberg, P. (Erlebnismarketing, 1992), Erlebnismarketing, München 1992.

Weis, H. C. (Marketing, 1995), Marketing, 9. Auflage, Ludwigshafen 1995.

Welcker, J. (Aktienanalyse, 1986), Technische Aktienanalyse, 4. Auflage, Zürich 1986.

Werba, G. (Analysts, 1982), What Analysts want to hear, in: Public Relations Journal April/1982, S. 18-20.

Wiswede, G. (Wirtschaftspsychologie, 1991), Einführung in die Wirtschaftspsychologie, München/Bern 1991.

Witte, E. (Informationsverhalten, 1988), Informationsverhalten, in: Innovative Entscheidungsprozesse, hrsg. v. Witte, E. et al., Tübingen 1988, S. 227-239.

Witte, E. (Organisationsforschung, 1980), Empirische Organisationsforschung, Methodik der, 2. Auflage, Stuttgart 1980.

Witte, E. (Nutzunganspruch, 1981), Nutzungsanspruch und Nutzungsvielfalt, in: Der praktische Nutzen empirischer Forschung, hrsg. v. Witte, E., Tübingen 1981, S. 13-40.

Wittich, G. (Ad hoc-Publizität, 1997), Insiderrecht und Ad hoc-Publizität, in: Die Börse der Zukunft: Märkte, Plätze, Netze, hrsg. v. Gerke, W., Stuttgart 1997, S. 123-136.

Zdral, W. (Geschäftsbericht, 1989), Der beste Geschäftsbericht, in: Industriemagazin 10/1989, S. 88-96.

Zimmerer, C. (Rechnungslegung, 1983), Anforderungen an die Rechnungslegung aus der Sicht des Analytikers, in: Der Jahresabschluß im Widerstreit der Interessen, hrsg. v. Baetge, J., Düsseldorf 1983, S. 85-93.

Zimmerer, C. (Geschäftsbericht, 1989), Was im Geschäftsbericht auch stehen sollte, in: Industriemagazin 11/1989, S. 66.

FSC
www.fsc.org
MIX
Papier | Fördert gute Waldnutzung
FSC® C083411

Kolibri 360 GmbH
Ferdinand-Jühlke-Straße 7
99095 Erfurt, Deutschland
produktsicherheit@kolibri360.de

Druck:
CPI Druckdienstleistungen GmbH
im Auftrag der
Kolibri 360 GmbH
Ferdinand-Jühlke-Str. 7
99095 Erfurt